教育部人文社会科学研究规划基金项目"大学教学激励机制生成机理与优化路径研究"(19YJA880025)

贵州大学2020年引进人才科研项目〔贵大人基字(2020)020号〕

贵州省研究生教育教学改革重点课题项目

本书得到贵州大学社科学术出版基金和贵州大学马克思主义经济学发展与应用研究中心基金给予的资助

大学教学激励机制
生成机理与优化路径研究

李 侠 著

浙江大学出版社
ZHEJIANG UNIVERSITY PRESS

序

李侠博士的学位论文要出版，邀我作序。我虽感为难，但又实在觉得责无旁贷，只好带着压力"欣然"应邀。这也是导师对学生应尽的一份责任吧！

2017 年，李侠的导师英年早逝，李侠转入我的门下。彼时，她已经完成了课程学习和开题报告，进入毕业论文撰写阶段。但我对她的选题"大学教学激励机制生成机理与优化路径研究"缺乏前期研究，在指导时颇感吃力。正因如此，这段指导经历，成为真正意义上的教学相长。我希望她更多地关注大学教学激励机制的内在实践逻辑，从行动与结构的双向建构来思考问题；而她持续不断地提问则迫使我走进大学教学激励机制的内部，与她一起探究激励究竟通过什么力量发挥作用，院系在教学激励中的所谓自由裁量权是什么，受哪些因素影响等等。可以说，我们师生是在共同学习、相互辩难、共同成长中磕磕绊绊地完成了她的毕业论文。而我必须承认，直到今天，我对她文中的某些经济学阐释，依然还不能说已完全领会。这是由我个人知识结构局限性造成的。

我认为，李侠博士撰写的《大学教学激励机制生成机理与优化路径研究》一书超越了教师个体对教学投入的理解和实践，将大学内部各级组织行为与教师群体的教学行为及策略联结起来，以"组织层级—制度类型—组织表现—行动逻辑"为线索，将历史与现实相结合，阐明了大学教学地位的变迁，及"重科研"惯习统辖之下教学的边缘化过程，深入剖析了校级层面、学院层面以及教师层面教学激励机制的运行机理和生成逻辑，并进行了较为深刻的反思，提出了优化现有教学激励机制的建议。

李侠在研究中发现,大学教学激励机制的生成及产生的效果是层级结构与教学行动者共同作用结果,即各层级教学相关制度与对应组织主体在此制度规约之下的行为选择的互动结果。大学教学激励机制的生成是连续、动态的过程,具有制度化扩散、松散联合的特征,并有垂直和水平两条鲜明的生成路径。校级、院级、教师三个层级的教学激励机制形成后,相互之间会发生互动,最终形成"稳定—优化—稳定"循环的教学激励机制体系。正式激励和非正式激励形成的协同性力量对教师的教学工作产生了影响。大学校级权力规则对院级实施教学激励具有框定和制约的作用,但基层学院行动者的专业属性、角色认知和资源禀赋的差异使得他们表现出一定的自由裁量行为。大学作为一个底部沉重的组织,其教学激励机制的运行是否有效取决于大学组织行动者积极参与教学工作的方式。"校—院"教学激励机制通过教师个体的心理契约影响教师的行为策略。教师是否坚守"教书育人"的目标,是否为该目标的实现竭力作出贡献是教学激励机制能否起作用的关键影响因素。教师是教学文化建构的主体,教师集体的教学行动策略是对教学激励机制的反馈,推动教学激励制度进行修正。

在揭示了大学教学激励机制的生成机理及实施效果之后,李侠尝试提出了相应的优化建议。第一,在政府迫切寻求保证教育质量的时候,教学评估制度的合理推行是有必要的和有作用的。大学在这个共同操作的基本框架中可以根据规模、地理位置、在高等教育场域中的位置采取各不相同的措施。第二,教学评估制度关注的应该不是所有大学都提高教学质量的统一性和同质化的问题,而是应当避免教学评估过程中具体细节的一致性。第三,大学权力和责任的下放并不是使大学放任自流,而是国家与大学之间形成一种相互扶助、相互监督的网络。第四,学校组织的权力应该进一步下放到基层学院,鼓励自我更新能力的发展比行政命令更有可能激发创新以达到期望的目标。第五,要优化教师文化,注重教师教学伦理建设,培育基于生命自觉的教学责任感,以教师文化的更新与变革再造教学激励机制。

我认为,该著作在研究视角、研究方法上都有创新和突破。第一,以"组织社会学理论""结构与行动交互生成理论"和"组织激励理论"作为基本的理论工具,构建了"组织层级—制度类型—组织表现—行动逻辑"的理论分析框架,避免将教学激励机制的探讨限于"委托代理理论"单一分析框架,拓宽了教学激励机制研究的视野。第二,以 A 大学作为扎根理论的案例应用,通过扎根研究呈现出大学教学激励机制的生成过程,通过三级编码逐渐形成理论模型。

博士毕业后,李侠回到母校贵州大学继续从教,繁忙的日常工作并没有限制她的学术思考。她一直没有放弃对大学教学激励机制的持续关注与思考,也不断地跟我交流自己新的想法与收获。现在,她把作为阶段性努力结晶的文稿交付出版,我为她高兴! 也祝愿李侠能够以此为新起点,沿着这个课题持续奋进,推出更多有品质的学术成果。

孙元涛

2021 年冬于杭州

前　　言

通过建构有效的激励机制,保障和提升大学教师的教学投入和教学绩效,这是当前中国大学治理中面临的一个重要课题。其重要性,既植根于大学使命的内在规定性,也植根于当前普遍存在的大学教学职能弱化的现实。

近年来,政府和大学自身对教学问题的关注度不断提升,相继出台了一系列的教学激励制度和政策。但与此同时,相当多的大学教师对教学却保持着"低度投入、低度关心"的状态。随着科研绩效考核的盛行,大学教师"重科研、轻教学"的倾向有愈演愈烈之势。这两种看似相互矛盾的现象的并存蕴含着一系列值得深究的问题:是现有教学激励的效用太低,不能起到激励作用?还是激励政策在实施中被扭曲了,偏离了预期目标?大学教师投入教学的内在行动逻辑是什么?哪些因素深刻影响了教师的教学投入?如何才能构建更有效的大学教学激励机制,真正使教学成为大学的第一要务?对这些问题的探究,不仅有助于破解一系列教学激励和评价的实践问题,也有助于相关理论研究的深化和拓展。

本书将"组织激励理论""组织社会学理论"和"结构与行动交互生成理论"作为基本的理论工具,构建了"组织层级—制度类型—组织表现—行动逻辑"的理论分析框架,对大学教学激励机制进行了全面的审视,探讨了教学激励机制的生成机理、基于教学激励机制的教师行动策略,以及二者之间的交互生成关系。

本书以个案研究法和文本分析法为具体的研究方法,以 A 大学作为个案。作者在 2016—2017 年对 A 大学进行了实地调研,对校级管理者、

11 个学院的院长和副院长、不同学科的教师进行了深度访谈,整理了 7 万字左右的访谈稿。基于访谈稿,借助 NVivo 软件对访谈材料进行了三级编码,提炼出 58 个开放性编码、17 个选择性编码和 9 个理论性编码。通过相关理论与文献研读,结合 A 大学实证研究的核心范畴,完善了"组织层级—制度类型—组织表现—行动逻辑"的理论分析框架。本书分别从校级、院级和教师三个层级对教学激励机制进行了研究,不仅构建了校级教学激励机制、院级教学激励机制和教师个体教学激励机制的单层级教学激励机制生成模型,而且构建了层级间教学激励机制的生成模型。

本书通过理论分析框架下的实证研究,得出以下结论:(1)大学教学激励机制的生成路径分为垂直路径和水平路径;(2)大学教学激励机制具有制度化扩散的特征;(3)大学教学激励机制的生成具有松散联合的特征;(4)大学教学激励机制的生成是一个动态的过程。

与前人研究相比,本书的主要贡献在于:第一,研究的系统性。从校级、院级和教师三个层级对教学激励机制进行了全面的审视,单层级教学激励机制和层级间教学激励机制的交互研究使得教学激励机制的探讨并不仅仅局限在单一层面的教学激励制度和策略,而是体现了一定的系统性。第二,丰富了教学激励机制的相关研究。本书所构建的"组织层级—制度类型—组织表现—行动逻辑"的理论框架避免了将教学激励机制的探讨限于委托—代理理论单一分析框架的缺陷,拓宽了教学激励机制研究的视野。第三,拓展了教学激励机制的实证研究。本书采用 NVivo 软件对访谈材料进行了详细的分析,归纳出教学激励机制的生成过程,通过实证研究验证了组织层级、层级影响要素、行动者行动策略是教学激励机制生成的核心影响要素。本书拓展了组织社会学和结构与行动交互生成理论的本土化应用。第四,增加了结论的可用性。本书的结论有可能为大学教学激励机制的优化提供一定的参考,还可能为政府和大学更好地实施教学激励机制提供一定的实证证据。

本书所得结论对于优化教学激励机制具有以下几点启示:一是优化问责制,将绩效评价由强科研主导转向"科研与教学并重",限制技术性激励的应用范围,将教学评估由奖励性激励导向发展激励;二是优化层级教学激励治理,实施层级管理问责制度和扩大基层学院的教学事务权、物权和财权;三是优化正式与非正式教学激励制度,突出制度与非制度激励并重;四是优化教师文化,注重教师教学伦理建设,培育基于生命自觉的教学责任感,以教师文化的更新与变革反塑教学激励机制。

目　　录

第一章 导 论

第一节 研究缘起

美国学者帕克·帕尔默(Parker J. Palmer)在《教学勇气》一书中指出:"真正好的教学不能降低到技术层面,真正好的教学来自于教师的自身认同与自身完整。"[①]就教师个体与其对教学投入的理解和实践而言,这一论断不仅是正确的,更是应当在教师共同体之间极力提倡的。但是,对一种牵涉面极广的组织行为而言,只是倡导或鼓吹带有情怀性质的自身认同和对自我完整性的内在觉知,这是远远不够的。如何建构有效的激励机制,保障和提升大学教师的教学投入和教学绩效,这是当前中国大学治理中面临的一个重要课题。其重要性,既植根于大学使命的内在规定性,也植根于当前普遍存在的大学教学职能弱化的现实。

一、教学激励逐渐成为国家关注的热点

18世纪以来,大学功能逐渐从"教学"扩展到"人才培养、科学研究、社会服务、文化传承与创新"。[②] 大学教师已不再是纯粹的解惑者,他们不仅要承担教学任务,而且要承担科研任务,服务社会,并为文化传承与创新贡献自己的力量。20世纪90年代以来,我国高校正在以史无前例的速度扩

[①] 帕尔默.教学勇气:漫步教师心灵:十周年纪念版[M].吴国珍,等译.上海:华东师范大学出版社,2014:2.

[②] 姜斯宪.科研与教学:不能以"零和"思维做选择[J].教育发展研究,2016,36(11):3.

招,高等教育由精英阶段逐渐向大众化阶段过渡,教育规模日益扩大,但这种较短时间内数量上的激增并不意味着教育质量上的提升。与此同时,以科研为导向的考核机制被许多大学视为迎接各种挑战的重要激励举措。奈杜(Rajani Naidoo)指出了市场对于教学与科研关系的影响,他认为压缩高等教育财政经费的做法,不仅导致了教学、科研内涵和形式的变化,而且使二者的关系发生扭曲。[①] 这种扭曲和大学功能的拓展使得大学的"育人"功能从"唯一"变成"之一",甚至还不是最重要的"之一",这在很大程度上削弱了大学的育人功能,使得大学教师的生存环境发生了较大的改变。

因此,从培养人才的高度,国家日益重视大学教学激励问题,出台了大量的相关政策,制定了相关的评估标准,以期通过外部的推动力量提升教师的教学积极性,从而提高教学质量。尤其是 2018 年几个重要会议的召开,本科教学在大学中的重要地位再次得到了重申。2018 年 6 月 21 日,教育部在四川成都召开了新时代全国高等学校本科教育工作会议,这是第一个专门以本科教学为议题的会议,陈宝生提出本科教育要坚持"以人为本",推进"四个回归"。2018 年 9 月 10 日,习近平在全国教育大会上对本科教学工作提出了许多要求和部署。2018 年 11 月 24 日,教育部高等教育司司长吴岩在第十一届"中国大学教学论坛"上作了题为"建设中国金课"的报告,为本科教学的发展指明了方向。国家所采取的本科教学的激励举措已经从关注教学整体发展逐渐细化到各种具体措施,如"教学改革""收入分配""教学表彰""教学评估"等,如表 1.1 所示。

目前,大学实施教学激励主要有四种举措:其一,物质与精神奖励,通过设立三级(国家、省级、校级)教学奖、教学名师,对具有教学贡献的教师进行物质和精神奖励;其二,资助教学改革项目,通过项目制度设计,资助教师进行教学改革创新;其三,资助和鼓励教师参加教学发展项目,以便提高教师的教学能力,促进教师反思;其四,将本科教学作为教师晋升和考核的基本条件,反复提及与强调本科教学激励对人才培养的重要性,大学应通过相应的制度来规约教师,使其尽心投入本科教学。

---

① NAIDOO R. University in the Marketplace:The Distortion of Teaching and Research[M]//BARNETT R. Reshaping the University:New Relationships Between Research, Scholarship and Teaching. Maidenhead:Mc Graw-Hill/Open University Press,2005.

表 1.1　我国主要的教学激励政策(1985—2020 年)

年份	文件名/会议名称	内　容
1988	《关于加强普通高等学校本科教育工作的意见》	设立国家级教学成果奖,每 4 年一次
2005	《关于进一步加强高等学校本科教学工作的若干意见》	牢固确立人才培养是高等学校的根本任务,牢固确立质量是高等学校的生命线,牢固确立教学工作在高等学校各项工作中的中心地位——以更多的精力、更大的财力进一步加强教学工作,全面提高人才培养质量
2010	《国家中长期教育改革和发展规划纲要(2010—2020 年)》	要把教学作为首要任务,不断提高教育教学水平
2011	《教育部财政部关于"十二五"期间实施"高等学校本科教学质量与教学改革工程"的意见》	发挥国家级项目在教学改革方向上的引导作用、在教学改革项目建设上的示范作用、在推进教学改革力度上的激励作用和在提高教学质量上的辐射作用
2012	《教育部关于全面提高高等教育质量的若干意见》	高校制订具体办法,把教授为本科生上课作为基本制度,将承担本科教学任务作为教授聘用的基本条件,让最优秀教师为本科一年级学生上课。鼓励高校开展专业核心课程教授负责制试点。倡导知名教授开设新生研讨课,激发学生专业兴趣和学习动力。完善国家、地方和高校教学名师评选表彰制度,重点表彰在教学一线作出突出贡献的优秀教师。定期开展教授为本科生授课情况的专项检查。完善国家、地方、高校三级"本科教学工程"体系,发挥建设项目在推进教学改革、加强教学建设、提高教学质量上的引领、示范、辐射作用

续表

年份	文件名/会议名称	内容
2018	《中共中央国务院关于全面深化新时代教师队伍建设改革的意见》	扩大高等学校收入分配自主权,高等学校在核定的绩效工资总量内自主确定收入分配办法和教学奖励的核心重要性。建立"仪式"奖励,加大教师表彰力度。大力宣传教师中的"时代楷模"和"最美教师"。开展国家级教学名师、国家级教学成果奖评选表彰,重点奖励贡献突出的教学一线教师。做好特级教师评选,发挥引领作用
2018	全国教育大会	习近平提出要扭转不科学的教育评价导向,从根本上解决教育评价指挥棒问题。并提出随着办学条件不断改善,教育投入要更多向教师倾斜,不断提高教师待遇,让广大教师安心从教、热心从教
2018	新时代全国高等学校本科教育工作会议	陈宝生提出坚持"以本为本",推进"四个回归",回归常识、本分、初心、梦想。其中初心指的是引导教师热爱教学、倾心教学、研究教学,潜心教书育人。坚持以师德师风作为教师素质评价的第一标准,在教师专业技术职务晋升中实行本科教学工作考评一票否决制

续表

年份	文件名/会议名称	内容
2020	《深化新时代教育评价改革总体方案》	改进高等学校评价。推进高校分类评价,引导不同类型高校科学定位,办出特色和水平。改进本科教育教学评估,突出思想政治教育、教授为本科生上课、生师比、生均课程门数、优势特色专业、学位论文(毕业设计)指导、学生管理与服务、学生参加社会实践、毕业生发展、用人单位满意度等。改进学科评估,强化人才培养中心地位,淡化论文收录数、引用率、奖项数等数量指标,突出学科特色、质量和贡献,纠正片面以学术头衔评价学术水平的做法,教师成果严格按署名单位认定、不随人走。探索建立应用型本科评价标准,突出培养相应专业能力和实践应用能力。 坚持把师德师风作为第一标准。坚决克服重科研轻教学、重教书轻育人等现象,把师德表现作为教师资格定期注册、业绩考核、职称评聘、评优奖励的首要要求,强化教师思想政治素质考察,推动师德师风建设常态化、长效化。 突出教育教学实绩。把认真履行教育教学职责作为评价教师的基本要求。把参与教研活动,编写教材、案例,指导学生毕业设计、就业、创新创业、社会实践、社团活动、竞赛展演等计入工作量

二、"低度关心和低度投入"是教师的"教学投入常态"

大学是研究和传授科学知识的殿堂,是教育新人成长的世界,是个体之间富有生命力的交往的场所,是学术勃发的世界。^① 大学是作为培养人才、发展科学、服务社会使命的文化机构而存在的。学术性、教育性、社会服务性是大学组织的基本属性。洪堡(Wilhelm von Humboldt)认为,大学兼有双重任务,即对科学的探求以及个性与道德的修养。纽曼(John Henry Newman)则认为,大学是一个传授普遍知识的地方,传授普遍知识是大学的本质所在。相对于其他组织而言,大学的独特使命就在于高深学问的保存、传授和发展。^② 概而言之,教育性和学术性是大学的本质属性。

然而,大学教学的重要性正在发生变化。前哈佛大学校长德里克·博克(Derek Bok)认为,现代大学逐渐失去对大学教学卓越性追求的根本原因是因为大学过度追求科研的声望。^③ 美国前卡耐基基金会主席欧内斯特·博耶(Ernest L. Boyer)认为,美国大学的教学现状是因为大学将研究看成"机会"而把教学当作"负担"。^④ 从整体上而言,大学教师对教学的"低度关心和低度投入"成为高校最难以消除的顽疾,其主要体现在以下几个方面。

第一,相对于科研时间的投入,教师的教学时间投入少。许多对高校教师的大规模调查研究均证实,相对于科研而言,单从客观投入的时间上来看,大学教师尤其是青年教师对教学的时间投入显著小于对科研的时间投入。例如,我国学者沈红等对全国 11 个省份 68 所大学 3212 名大学教师进行了高校教师时间分配的调查,发现教师的科研投入时间远大于教学时间。^⑤ 同样的研究结论在其他文献中也有显示,如廉思等对北京、上海、广州、武汉、西安上百所高校的 5400 余名 40 岁以下的青年教师的调研结果亦如是^⑥,张志远等对四川、山西、河南三省 12 所高校 600 名青年教师的统计同样表明此一结果。^⑦

① 雅斯贝尔斯.什么是教育[M].邹进,译.北京:生活·读书·新知三联书店,1991:150.

② 沈映春.高校的社会责任[M].太原:山西人民出版社,2015:82.

③ 博客.回归大学之道[M].侯定凯,译.上海:华东师大出版社,2008:17-44.

④ 博耶.关于美国教育改革的演讲[M].涂艳国,方彤,译.北京:教育科学出版社,2007:77-78.

⑤ 沈红,谷志远,刘茜.大学教师工作时间影响因素的实证研究[J].高等教育研究,2011(9):55-63.

⑥ 廉思,张琳娜.转型期"蚁族"社会不公平感研究[J].中国青年研究,2011(6):15-20.

⑦ 张志远,李俊林,赵金安.中西部地区地方高校青年教师生存状态的调查与研究[J].国家教育行政学院学报,2014(3):9-15.

第二,教师的教学精力投入少。较为普遍的情况是,教师在改善和提升本科教育质量方面缺乏足够的压力和动力,在教学工作方面更是安于现状,即使教师个体内心喜欢教学,关心学生,也于事无补。教师的教学精力投入低主要表现在对于授课质量的"过关要求"而非"高要求",授课技巧的单一化以及教学内容的长时间不更新等。当教学活动不能激发教师的"自我荣誉感",使教师体现自我价值的时候,教学就成了"责任田",教师就缺乏探索更新更好的教学方法的动力,仅仅将完成课时量作为最终的教学目标。李泽彧与曹如军指出:"许多非研究型大学甚至于一些新建本科院校,也在简单复制研究型大学处理教学与科研关系的模式。它们同样热衷于把科研作为学校的核心职能,无论是在学校各项政策的制定上,还是在经费与物质的投入上,都以科研作为决定因素,从而把教学的职能和地位边缘化。"①徐颖认为,目前我国大学普遍存在着"重科研、轻教学"或者"重教学、轻科研"的现象,主要表现为,教学与科研本末倒置及二者相互割裂。②姚利民等对湖南省 5 所大学的 310 名学生进行了调查,发现有12.5%和24.4%的大学生认为教师"很少"和"较少"以学生能接受的方式组织教学内容。在教学方式中,一言堂的讲授方法成为教师的主要授课形式,而65.2%的学生认为,这种授课方式的效率是有限的。③ 而且,在现有的教学体系中,院系教师往往倾向于进行"教学专业分工",即单个教师承担某一门或几门固定课程,在较长的教学生涯里教师都在重复几乎相同的教学内容。一门课的教学方案、上课大纲、教材长期不变,很容易形成一成不变的固定教学模式。

第三,教师的教学学术反思少。一方面,在科研压力之下,教师们普遍不愿意在教学事务中投入更多精力,更不可能尽心对自己的教学行为进行深度反思与重建。另一方面,教师在教学设计与实施中,并未表现出很强的教学目标意识。教学,更多地表现为一种在已有知识基础上加入个人理解,而后传递和传播给学生的知识流转行为。教学尚未成为一种"学术"。

---

① 李泽彧,曹如军.大众化时期大学教学与科研关系审视[J].高等教育研究,2008(3):51-56.
② 徐颖.大学教学与科研非良性互动成因及对策[J].中国高等教育,2011(12):54-55,61.
③ 姚利民,成黎明.期望与现实——大学教师教学现状调查分析[J].中国大学教学,2007(3):37-40.

克拉克(Shirley M. Clark)对大学教师的调查结果表明,许多学校在决定教师晋升、职称评定和授予教师终身职位时,往往更看重教师科研成果的数量和质量,而对教学质量和效果的要求则相对具有弹性。[①]

第四,教师对教学能力提高的投入少。教学是教师的一种能力,而能力需要进行后期的持续投资,如通过培训提升授课能力、更新授课知识。但是纵观各大高校教师,除了新进教师的岗前培训外,鲜有教师再进行后续教学能力的培训。即便在制度上规定了教师在职培训的时间及内容,大多也流于形式,效果甚微。

三、研究问题的提出

国家和大学对教学激励问题的关注度不断提升,但是大学教师却普遍对教学保持着"低度投入、低度关心"的状态,而且随着科研绩效考核的盛行,大学教师"重科研、轻教学"的倾向愈演愈烈。这两种看似相互矛盾的现象的并存蕴含着一系列值得深究的问题:是现有教学激励的效用太低,不能起到激励作用?还是激励政策在实施中被扭曲了,偏离了预期目标?大学教学激励机制是如何运行的?什么影响了教学激励机制的效果?教学激励机制如何影响教师的行动策略?如何才能构建更有效的教学激励机制促使大学将教学真正地视为第一要务?

随着中国高等教育场域的制度环境发生变化,高等学校呈现出多层次、多类型、多功能的发展趋势。武书连将大学划分为研究型、教学研究型、教学型、专业型四种类型。[②] 之后,他修正和完善了大学分类的标准,即以学科比例和科研规模作为新的大学分类标准,该标准使得大学类型更为丰富。尽管不同类型的大学的教学激励机制具有差异,但也有共性的问题。相对研究型和教学型大学的定位而言,教学研究型大学在发展过程中面临着"双重"定位的难题,不仅需要追求高水平科学研究,也必须将教学放在首要的地位。教学科研型大学在急速发展的过程中,出台了与研究型大学同质化的各种教学激励制度,使得科研与教学之间存在较高的现实冲

---

① CLARK S M. The academic profession and career: Perspectives and problems[J]. Teaching Sociology,1986,14(1):24-34.

② 武书连.再探大学分类[J].中国高等教育评估,2002(4):51-56.

突,并引发了较为突出的科研激励与教学激励的矛盾。基于此,本书将大学教学激励机制的研究放入教学研究型大学的情境中,以便能够更好地探讨以上问题。

第二节　文献综述

作者以"教学激励机制"为关键词,在 CNKI 中搜索 1993—2021 年的学术期刊论文和学位论文,一共有 60 篇文献,其中包括 10 篇硕士论文。到目前为止,国内没有直接以"教学激励机制"为核心研究问题或研究主题的博士论文,但这并不意味着它是一个未被研究的领域。作者发现,教学激励机制的相关文献集中在问责制、教学发展、教学评估、教学管理、教学治理等关键领域。与此同时,作者也通过 EBSCO(学术资源检索平台)以教学激励(faculty motivation on teaching;initiative on teaching;promote the scholarship of teaching)、教学奖(teaching award)为核心关键词搜索相关文献,发现国外教学激励机制的研究集中在大学教师层面的教学激励因素和教学激励的实施效果等方面。

一、国内相关文献

目前,国内学者对教学激励机制的研究主要集中在教学激励机制的内涵与构成、教学激励机制的影响要素、教学激励机制的效能与教学激励机制的优化等三个方面。

（一）大学教学激励机制的内涵与构成

关于教学激励机制的内涵,研究者主要从激励机制的本质、系统论、制度等三个维度进行阐释。

第一,从激励机制的本质来看,教学激励机制的最本质目的是通过教师教学水平和教学质量的提高促进学生的发展。高洪波认为,教学激励机制是以人才培养目标为导向,以教学过程的内在规律为依据,以提高教学质量为核心,综合运用激励的理论和方法,对学生的学习动机进行激发、诱导和鼓励等过程的作用机理和联结方式的总和。[①] 钟春玲与杨晓翔认为,教学激励机制就是大学根据教师的教学业务和心理特点及学校发展定位,通过设立明确的目标,应用一系列相互关联的激励手段来刺激教师参与教学工作的意愿,激发教师提升教学绩效的工作动机,从而引导教师教学行为良性发展的一种管理机制。[②]

第二,持有系统论观点的学者认为,教学激励机制是一种激励机制总和与激励系统。教学激励机制就是一种刺激教学积极性目的的机制总和,是由相互关联、相互作用的激励要素构成的一个整体,包括激励过程、激励层次、各种激励因素。谢峰等人认为,教学激励机制是激发教师创造性地进行教学的激励系统。[③]

第三,将教学激励制度等同于教学激励机制。陈超等认为,教学激励机制主要由教学奖、教师发展资助项目、晋升和薪资、教学团队建设等制度构成。[④] 吴迪以研究型大学作为个案进行研究,通过问卷调查,搜集了 120份有效问卷,验证了内部教学报酬、外部教学报酬、平衡感、教学奖酬、教师教学能力素质、外部条件、职业观和合理感知是教学激励模式的核心因素。他认为,教学激励主要是制度问题,如教师教学奖酬、教师教学业绩考评。[⑤] 曾粤等从教学发展的视角探讨激励教学发展的核心制度,从大学内部教学发展机构的设置探讨如何营造卓越教学文化。他认为,要通过向教师个体提供咨询促进其教学发展,推进教学改革。[⑥]

(二)大学教师教学激励要素及优化路径

关于大学教师教学激励的影响因素的研究,学者们有不同的分类标准和结论。实证研究显示,晋升制度、教学奖励制度、教学报酬等对教师教学投入具有显性影响。魏冠凤与何静选取国内部分研究型教育机构的教学科研人员,对影响他们教学和科研努力程度的激励因素进行了分析。她们

① 高洪波.启用激励机制提高教学质量[J].山东工业大学学报(社会科学版),1994(3):73-76.

② 钟春玲,杨晓翔.基于期望理论的大学教师教学激励机制优化研究[J].福建医科大学学报(社会科学版),2012,13(3):51-55.

③ 谢峰,胡志金,汪海涛.加强高校人才培养的内部动力建设[J].教育研究,2014(6):155-158.

④ 陈超,郗海霞.美国研究型大学的教学激励机制及其启示[J].高等教育研究,2011(5):70-76.

⑤ 吴迪.高校教师教学激励模式研究[D].哈尔滨:哈尔滨工业大学,2014.

⑥ 曾粤,姚利民.美国高校教师教学发展机构设置与职责[J].中国大学教学,2015(3):84,89-93.

把激励因素分为 13 项,教学方面的激励源为"教学工作量和职称晋升的要求""教学评估的压力""教学奖励""教学相长""传道授业解惑固有的乐趣"以及"促进科研水平的提高"。[①] 殷进功认为,教师教学激励的影响因素主要有以下几个方面:报酬因素、能力因素、压力因素、权力因素,以及其他主要由教师个性所决定,却可以通过外在因素加以引导的因素,如工作伦理的正确定位、个人理性程度的引导等。[②] 赵鑫全将教师教学激励因素分为四个向量:教师待遇及福利、教学支持体系、教师教学成就感、教师的激励因素。[③] 马鹰认为,教师教学激励因素主要有"个体成长、工作自主、业务成就"等三个。[④]

　　基于对教师教学激励要素的讨论,学者们从晋升制度、教师绩效制度、教学发展激励、发展教学学术四个方面提出了优化教师教学激励的制度路径。

　　第一条路径是优化晋升制度,扭转"偏重科研"的现状,将教学激励放在核心位置。陆一认为,目前大学组织中只有专业上达到一流的学者才有充分投入教学的底气,大学晋升制度中的教学激励认可是最核心的教学激励。[⑤] 康健认为,大学过于关注教师的晋升等级分化,大学的核心任务"培养学生"存在危机。[⑥] 司俊峰与唐玉光指出,"偏重研究"不能成为衡量大学办学和教育质量的唯一或首要指标,要改变大学所在组织域内"偏重研究"的制度逻辑,努力推行涉及大学教育质量评估、岗位管理与聘用、教师专业技术职务晋升等制度在内的一系列深层次改革,纠正"偏重研究"倾向的各项改革举措,进行统筹规划,多措并举,系统推进。[⑦] 刘振天认为,激励的适用性和有效性是必须要考虑的,晋升制度不能仅仅由科研成果设

---

① 魏冠凤,何静.教学科研人员激励制度有效性的实证研究[J].管理评论,2009,21(5):70-76.

② 殷进功,汪应洛.高校教师激励因素及其相互关系研究.科学教学研究,2004,22(2):179-182.

③ 赵鑫全.激励因素对高校教师教学效能的影响[J].中国劳动关系学院学报,2012,26(3):107-109.

④ 马鹰.教师群体激励机制的探究——不同地区教师工作积极性比较研究[D].上海:华东师范大学,2001.

⑤ 陆一.重奖激励教学勿止步宣传效应[N].中国教育报,2014-09-15(02).

⑥ 康健.大学"去行政化"难在哪里?[J].北京大学教育评论,2010(3):180-187.

⑦ 司俊峰,唐玉光.高等教育"学术漂移"现象的动因探析——基于社会学制度主义的视角[J].高等教育研究,2016,37(9):38-44.

定,应改变教授、副教授的评定条件和任职资格,教学激励应该是晋升制度中的核心,能激发教师教学变革的意愿和行动,并使投身于教学变革的教师普遍能够得到最大收益。① 宋鑫等人通过对北京大学的实证研究证实,教学态度、教学投入时间与教学学术水平呈现正相关。他们提出,人事制度中的晋升和考核、助教制度、教学发展的支持与服务需要体现科研与教学,追求卓越的教与学是大学应有之责,"以学定教"的原则需要坚持。②

第二条路径是优化教师绩效制度,将教学激励纳入其中。鲍威与吴红斌认为,教师绩效制度需要体现教学激励,要合理提升高校教师薪资水平,保持教师教学与学术产出的边际效益与薪资定价的一致性,适度控制市场化驱动机制对于教师薪资的影响。③ 李楠认为,教学绩效制度能够提高教师的教学积极性,提高教学在大学中的地位,评价目的应以发展性为主、奖惩性为辅,既面向未来,专注于开发教学的更多功能,又面向过去,发挥甄别和选拔功能。④ 王晓宇认为,大学实施教学与科研等效评价是调动教师教学积极性的核心途径,应建立科研反哺教学机制,为教师创造一个良好的教学环境,在教与学中共同提高知识水平和研究能力,在评价教学质量高低的指标中引入学术活动要素。⑤ 赵俊伟等人认为,教学激励机制就是教学激励制度(教学名师、教学奖、教学改革、晋升制度等)的优化,就是在充分尊重教师主体地位的前提下为促进教师自身专业发展而建立的一套激励制度及其相互作用的方式。它是主体取向的激励,是重发展而非重功利的激励,是整体目标指向的激励,是即时性和过程性的激励,是正向激励与反向约束的有机统一。⑥

---

① 刘振天.拿什么来激励教师教学变革[N].中国教育报,2012-07-09(05).
② 宋鑫,魏戈,游蠡,等.国内一流大学教师教学现状探究——基于北京大学的实证调查[J].高等理科教育,2014(6):9-19.
③ 鲍威,吴红斌.象牙塔里的薪资定价:中国高校教师薪资影响机制[J].北京大学教育评论,2016(2):113-132,191.
④ 李楠.我国高等学校教师绩效评价研究——以教学绩效评价为主[D].北京:首都经济贸易大学,2012.
⑤ 王晓宇.高校教学与科研等效评价机制研究——教师激励的视角[D].杭州:浙江工业大学,2011.
⑥ 赵俊伟,张新民,曹中秋.地方高校构建发展性教师激励机制的探索与实践[J].中国大学教学,2008(11):70-72,78.

第三条路径是优化教学发展激励。从工作激励的角度,国内研究者认为,提高教师的教学能力可激励教学发展。吕林海承认了教学发展中心对教学激励的重要性。[①] 章建丽认为,要以教学发展中心为平台,将经费、评估、培训、获奖合为一体,构成基于教学能力提高、教学实践反思的教学激励促进机制。[②] 柯伯杰指出,教学发展中心搭建了教师教学交流平台,通过对项目教学、教师工作坊、学生教学咨询项目等的资助,不仅激励教师积极教学,还通过教学发展的组织保障,提高教师的教学能力,激励教师更好地教学。[③]

第四条路径是发展教学学术。曾洁等人从教师的教学行为出发,提出要建立以"教学学术"为导向、注重满足教师成就感与自我实现等高级需要、内外部合力驱动的教学激励机制。这种教学激励机制能够激发教师发展教学学术的积极性,能够产生教学学术行为,取得教学学术成果和绩效,实现组织教学目标,促使教师从"知识传授型""科研型""技能型"走向"教学学术型"。[④]

（三）大学教学激励机制的影响因素

国内学者从定性与定量两方面对教学激励机制的影响因素进行了探讨。从组织层面看,与教学激励机制密切相关的影响因素主要是问责制与层级教学管理。

问责制对教学激励机制的影响是有限的,严苛的问责甚至会产生负面影响,加重教师的负担。阚阅认为,教学评估并没有提高教育质量,政府对大学的绩效考核制度导致了学术泡沫和教学懈怠。在多数高校,教师认为教学和科研的质量需要得到保障,但他们往往抵制问责制,认为教学和科研评估成为一种负担。这种"无休止的官僚制度"给每一所院校和教师造

① 吕林海,SHEN C.大学教学的内部支持性机构及其经验借鉴研究——澳大利亚纽卡斯尔大学"学习与教学中心"的个案调研报告[J].比较教育研究,2010(8):45-50.
② 章建丽.英国剑桥大学的大学教师发展及其启示[J].外国教育研究,2008(9):51-54.
③ 柯伯杰,熊卫雁,叶会元.构建高等教育教学标准:教师专业发展中心在四所世界一流大学的实践与应用[J].北京大学教育评论,2014,12(2):27-46,189-190.
④ 曾洁,李志峰,马瑞.基于"教学学术"的高校教师教学激励机制构建[J].江苏高教,2018(5):48-53.

成了困扰。① 陈玉现认为，评估对教学的效果难以直接测量，评估、奖励和惩罚对教师的教学改进都是有限的。② 王斌华认为，教学评价制度的推行和执行导致了教学激励指标的技术性特征，使得部分教师的教学情感受到了伤害，在评价教师的教学方面缺乏认同，而发现性教学评价才能更好地提升教师的教学动力，促使教师更好地投入教学。③ 李蔚等人通过对教学评估标准、评估方式和评估程序的改进的探讨，认为形成性教学评估能够更好地激励教师教学。④ 总的来说，学者普遍认为，终结性的教学评估方式对提高教师教学积极性的作用不大。教学评估制度作为一种问责制对大学教学工作既有正面影响，又有负面影响。教师对教学评价机制的认同在一定程度上影响着教师的教学行为和教学投入。

层级教学管理对教学运行具有正面影响。这里的层级管理主要是指层级结构（校级与院级层级）之间的决策与权力。洪艺敏认为，层级之间的教学运行配套系统需要合理配置责权利。⑤ 钟勇为等学者认为，层级教学改革项目的申报制度很难调动教师的积极性，一线专业教师和基层学院的专家（而不是政府和教学领导）应当成为大学教学改革最大的决策者。⑥ 许多研究者认为，权力应下移到学院，才能够实现教学的有效管理。郭冬生认为，大学层级人、财、物、时间、信息等资源进行合理调配才能够激发学院的活力。⑦ 宣勇认为，学院的办学自主权能够激发其办学的活力，自主理财权、自主用人权和自主配置能够给教学工作带来合理性和科学性。⑧ 以上研究都认同，大学学院制是教师为本、学生为本的教学的前提和保证。学院制是教学管理制度优化和教师获得更多教学学术事务参与权的核心保障。

---

① 阙阅.当代英国高等绩效评估研究[M].北京:高等教育出版社,2010:124
② 陈玉现.教育评价学[M].北京:人民教育出版社,1999:104.
③ 王斌华.教师评价:绩效管理与专业发展[M].上海:上海教育出版社,2005:8.
④ 李蔚,周杰,段远源.研究型大学多模式、个性化教学评价体系的建立和发展[J].清华大学教育研究,2009(4):108-111.
⑤ 洪艺敏.高等学校教学运作配套管理组织问题研究[J].教育教改,2008(4):36-40.
⑥ 钟勇为,于萍.我国大学教学改革的利益生态调查研究[J].国家教育行政学院学报,2013(11):72-77.
⑦ 郭冬生.大学教学管理制度论[M].北京:高等教育出版社,2005:30.
⑧ 宣勇.论大学的校院关系与二级学院治理[J].现代教育管理,2016(7):1-5.

二、国外相关文献

国外对于教学激励机制的研究主要集中在三个方面：一是大学教师个体的教学激励要素；二是高等教育场域内教学激励机制的形成研究；三是大学内部教学激励的实施效果研究。这些实证研究主要是大范围的问卷调查，或是从某个大学的个案研究出发，探讨不同教学激励制度或措施的执行效果。

（一）大学教师层面的教学激励要素

关于教师层面的教学激励要素的研究主要从两个方向展开：一是提炼和归纳教学激励要素；二是对教学激励要素进行实证验证。

第一，大学教师教学激励要素的提炼和归纳。按照特质、能力和价值，教学个体能力、教师对教学效果的自我认可、教师个人价值、教师对教学工作的身份认同、教学情绪等要素都会影响教师的教学行为。基思·特里格维尔（Keith Trigwell）等人认为，教学激励来源于教师对教学能力的自身认可和教师投入教学的意愿和偏好。[①] 珀斯特瑞夫（L. Postareff）等人认为，大学教师个人价值观和教师的个人教学能力影响他们的教学投入。[②] 查南-莫兰（Megan Tschannen-Moran）等人认为，大学教师如果发现他的教学是有效的，或是当教师能够正确地评价自己的教学能力并且期望他的教学是有效的，就会激励他更好地投入教学。[③] 哈格里夫斯（Andy Hargreaves）的研究结果显示，教学情绪对于大学教师积极教学具有显性影响；政策、制度和规定对于教师教学情绪存在影响。[④] 乌什图洛格鲁（E. Üstünlüoglɯ）认为，工作特性、岗位工作的条件和自身因素会影响教师对

① TRIGWELL K, ASHWIN P, LINDBLOM-YLANNE S, et al. Variation in approaches to teaching: the role of regulation and motivation[C]//European Association For Research on Learning and Instruction(EARLI). Higher Education Special Interest Group Conference. Stockholm: Sweden, 2004.

② POSTAREFF L, LINDBLOM-YLANNE S, NEVGI A. The effect of pedagogical training on teaching in higher education[J]. Teaching and Faculty Education, 2007,23(5):571-577.

③ TSCHANNEN-MORAN M, HOY A W, HOY W K. Teacher efficacy: its meaning and measure[J]. Review of Educational Research, 1998, 68(2):202-248.

④ 哈格里夫斯. 远离焦虑与怀旧[M]//奥恩斯坦,霍伦斯坦,帕荣克. 当代课程问题:第3版. 余强,等译. 杭州:浙江教育出版社,2004:189-199.

教学的态度。①

　　第二,大学教学激励要素的实证验证,主要是探讨不同教学激励要素对教师教学投入的影响。贝利(Jeffrey G. Bailey)和特里格维尔(Keith Trigwell)等人通过层次分析法提炼出大学教师教学激励的核心要素,分别为效用(efficacy)、教学兴趣和教学投入程度(effort)。② 维瑟-温文(Gerda J. Visser-Wijnveen)等人在特里格维尔的研究基础上,通过结构方程构建了大学教师教学激励因素模型,验证了效用、教学兴趣和教学投入与努力程度对教师的教学投入影响最为显性,其中效用包括三个方面,即教师个人体验的教学效用(personal efficacy)、教学过程有效(teaching efficacy)、教学结果有效(outcome efficacy)。③

　　(二)大学教学激励机制的形成研究

　　政府在推动教学激励机制中具有重要的作用。学者对实践中的教学激励机制的运行,对授权与集权治理、基准划拨和竞争经费划拨为特点的教学激励机制进行了探讨(具体见表1.2)。麦卡利斯(M. McAleese)等人以欧洲国家为例探讨了自上而下的教学发展项目的运行现状。他们认为,政府授权为主的治理模式形成了正式与非正式的教学发展组织,并推动大学关注教学学术。④ 丽贝卡·特纳(Rebecca Turner)探讨了英国高等教育委员会(HEFCE)在卓越教学中心的成立和运行过程中的授权行为,卓越教学中心的成立有助于在大学内部形成重视、奖励与认可教学的共识。⑤ 他的研究显示,教学激励制度的形成是由国家层面首先推动的,专

---

① ÜSTÜNLÜOGLU E. Understanding misbehavior at university level: Lecturer perceptions from the US and Turkey[J]. Egitim ve Bilim-Education and Science,2013,38(169):224-235.

② BAILEY J G. Academics' motivation and self-efficacy for teaching and research[J]. Higher Education Research & Development, 1991,18(3):343-359.

③ VISSER-WIJNVEEN G J, STES A, VAN PETEGEM P. Development and validation of a questionnaire measuring teachers' motivations for teaching in higher education[J]. Higher Education, 2012, 64(3): 421-436.

④ MCALEESE M, BLANDH A, BERGER V, et al. Report to the European commission on improving the quality of teaching and learning in Europe's higher education institutions [R]. Luxembourg: Publication Office of the European Union, 2013:27.

⑤ TURNER R, GOSLING D. Rewarding excellent teaching: The translation of a policy initiative in the United Kingdom[J]. Higher Education Quarterly, 2012, 66(4):415-430.

表 1.2 英国、澳大利亚、美国各层面的教学激励机制

各层面的教学激励机制	英国	澳大利亚	美国
国家层面实施教学激励的主体	英国高等教育委员会(HEFCE)	澳大利亚高等教育部门	①美国卡内基教学促进基金会(Carnegie Foundation for the Advancement of Teaching) ②美国卡内基教学学术研究学会(CASTL) ③美国高等教育协会(the American Association for Higher Education,AAHE) ④卡内基学者委员会(The Carnegie Scholars)
国家层面实施教学激励的表现形式	资助建立卓越教与学中心(CETL)	学习与教学表现基金计划(Learning and Teaching Performance Fund,LT-PF)	①美国高等教育协会合作成立的教学发展项目(The Campus Program) ②教学的教师奖励计划(Form on Faculty Roles and Rewards) ③SoTL(The Scholarship of Teaching and Learning)
大学层面实施教学激励的主体	①卓越教与学中心 ②学科发展中心(Subject Center)	教学发展中心	①教学发展中心 ②学科导向的教学学术组织 ③教与学的教学学习共同体 ④教学学术组织(Teaching Academy,TA)

续表

各层面的教学 激励机制	英国	澳大利亚	美国
大学层面实施教学激励的表现形式	①优秀教与学的发展项目 ②专业导向的教学技术培训 ③教学创新与课程改革的结合 ④晋升制度中体现教学认可 ⑤教学物质与精神奖励	①优秀教与学的发展项目 ②晋升制度中体现教学认可 ③教学物质与精神奖励	①优秀教与学的发展项目 ②专业导向的教学技术培训 ③教学创新与课程改革的结合 ④教师共同体项目（Faculty Learning Community，FLC） ⑤学术发展项目（Academic Development Programme，ADP） ⑥晋升制度中体现教学认可 ⑦教学物质与精神奖励
教学激励实施的特点	①授权治理权 ②依据卓越中心的表现划拨经费 ③教学发展项目培训的经营权	①对大学实施统一的标准的拨款 ②基础划拨（benchmark allocation） ③竞争性划拨（competitive allocation）	①授权治理权 ②基金组织实施的竞争性划拨

项经费、组织化推动在一定程度上改变了英国大学内部以科研发表为核心的激励体系。特里·沃尔什（Terry Walshe）探讨了澳大利亚公立大学的教学奖励和卓越教学认可机制。澳大利亚高等教育部门通过学习与教学表现基金计划（Learning and Teaching Performance Fund，LTPF）对大学实施专项资助，通过基础划拨（benchmark allocation）和竞争性划拨（competitive allocation）对大学差异性的教学表现实施教学激励。他认为，完全基于过去教学工作获得的卓越成绩进行经费资助具有一定的缺陷，这种额外经费的分配以竞争性资助方式为特征，经费容易单一流向有

积累的大学,对于致力于教学创新的大学产生负激励的作用。^① 卡罗琳·克雷布斯(Caroline Kreber)探讨了美国卡内基教学促进基金会(Carnegie Foundation for the Advancement of Teahching)、大学内部教与学的教学学习共同体(Faculty Learning Community,FLC)、教学的教师奖励计划(Form on Faculty Roles and Rewards)在实施教学激励中的核心作用。他得出结论,国家层面和大学内部以教师教学表现而不是科研表现作为奖励指标,在一定程度上修正了科研的权重,实现了教学和科研之间的平衡。^② 哈里斯(A. Harris)认为,授权和竞争治理模式正在影响大学教学的质量。他们认为竞争性过强的资助方式并不能更好地激励教师走向卓越教学。^③

(三)大学教学激励制度的效果研究

国外研究者更关注大学教学激励制度的效果,他们分别从教学评估制度、教学学术组织和教学奖、终身制等入手对教学激励的实施效果进行了充分的研究。

1. 教学评估制度的实施效果存在冲突

学者们对教学评估制度的激励效果的探讨并不多,目前的研究主要集中在两个方面。第一,教学评估制度推动了大学组织实施教学的行动,对大学教学绩效结果产生了影响。教学评估制度的推行,一方面使大学的教学成果产出增多,另一方面却使大学实施了技术性绩效导向的教学激励。达利(J. Darley)指出,教学评估是一种问责制度,增强了大学的教学绩效产出。^④ 第二,教学评估制度在形成性评价上有一定的局限,在教师行为的改变方面收效甚微。珍妮·奥克斯(Jeannie Oakes)等人提出,形成性教学评价对于教师教学动机的影响有限,而"发展性评价"能够帮助教师及时

---

① WALSHE T. Rewarding excellence and promoting improvement in higher education teaching in Australia[J]. Journal of Higher Education Policy and Management,2008,30(3):273-282.

② KREBER C. Controversy and consensus on the scholarship of teaching[J]. Studies in Higher Education,2002,27(2):151-167.

③ HARRIS A. Teacher leadership and distributed leadership:An exploration of the literature [J]. Leading and Managing,2004,10(2):1-9.

④ DARLEY J. Setting standard seeks control,risks distortion,IGS Public Affairs Report[R]. Berkeley:University of California at Berkeley,1991.

反思和调整教学,加强教学建设,提高教学的有效性。① 简·奈特(Jane Knight)和彼得·斯科特(Peter Scott)认为,全球化加速了社会对高等教育的重视,使新型的课程和资格受到认可,形象和技术推动了新型教学法和教学改革的实施,但形成性评价对教师教学的激励效果并不能确定。②

2. 教学发展项目的实施效果研究

美国卡内基教学促进基金会前主席欧内斯特·博耶在《学术认可》(*Scholarship Reconsidered：Priorities of the Professoriate*)一书中提出了学术的组合。他认为,学术包括相互联系的四个方面:发现(discovery)、整合(integration)、应用(application)和教学(teaching)的学术。③ 他的观点为高等教育场域内大学教学发展组织在激励教师卓越教学方面提供了合法性基础。舒尔曼(Lee Shulman)将教学学术组织定义为一种组织形式,他认为,跨学科研究中心(the interdisciplinary center)、研究生教育学院(the graduate education academy)、教学技术中心(the centre for technology)和专业学术中心(the distributed academy)都是教学发展组织的形式,并指出教学发展组织有利于大学教学学术的形成和发展。④ 泰勒(J. S. Taylor)等人通过调研发现,美国大学的教学学术组织形式主要划分为正式组织形式和非正式组织形式。一方面,教学学术组织(Teaching Academy,TA)通过学术发展项目(Academic Development Programme,ADP)资助吸引和激励教师参与教学专业发展项目;另一方面,通过非正式教学学术组织,即教师群体学习共同体(Faculty Learning Community,

---

① 奥克斯,等.教学与社会变革[M].程亮,等译.上海:华东师范大学出版社,2008:244-248.

② KNIGHT J. Cross-Board Education：An Analytical Framework for Programs and Provider Mobility[M]//SMART J C. Higher Education：Handbook of Theory and Research. Dordrecht, Netherlands：Springer, 2006：348-349.

SCOTT P. Globalization and higher education：challengers for the 21st Century[J]. Journal of Studies in Higher Education, 2006, 4(3)：5-6.

③ BOYER E. Scholarship Reconsidered：Priorities of the Professoriate[M]. Princeton, NJ：Jossey-Bass,1990.

④ SHULMAN L S. Visions of the Possible：Models for Campus Support of The Scholarship of Teaching and Learning[M]//BECKER W E, ANDREWS M L. The Scholarship of Teaching and Learning in Higher Education：Contributions of Research Universities. Bloomington：Indiana University Press, 2004：9.

FLC)的形式进行教学学术活动。①

　　目前学者们的研究重点在于教学学术组织运行的效果。教学发展项目的教学激励效果具有非线性的特征。第一,教学发展组织在实施教学激励方面具有正向效果。科克斯(M. Cox)指出,正式和非正式的教学学术组织的核心目的都是激励教师在教学学术方面的发展。② 费尔滕(P. Felten)等人通过个案研究验证了大学内部教学学术组织是激励教学学术发展的核心组织。③ 大卫·高斯林(David Gosling)和安德鲁·汉纳(Andrew Hannan)通过实证研究验证了英国卓越教与学发展中心的实施效果,获得项目资助的竞争性和教师参与项目的体验在一定程度上激励更多的教师申请和执行该项目。④ 奇兹姆(Nancy Van Note Chism)等人通过多个案研究发现教学学术组织(Teaching Academy,TA)实施教学激励的效果是明显的,基于服务性的和以教师教学需求为导向的教学发展项目能够获得最好的教学激励效果。⑤ 第二,教学发展组织对不同类型教师的激励效果的差异性突出。丽贝卡·特纳(Rebecca Turner)对 74 个卓越教学发展中心(Centres for Excellence in Teaching and Learning)进行了调研与访谈,研究结果显示,中心的运行对教师的行为影响具有差异,以科研为学术生涯的教师并不会改变他们的行动策略,而对具有教学偏好的教师产生了激励效果,该效果的获得主要是由于教学发展项目激发了教师内心的教学动力。⑥ 奥康奈尔(C. O'Connell)认为,尽管缺乏外部激励,教师依然

　　① TAYLOR J S, FAGHRI S, AGGARWAL N, et al. Developing a peer-mentor program for medical students[J]. Teaching and Learning in Medicine, 2013, 25(1):97-102.

　　② COX M. Proven faculty development tools that foster the scholarship of teaching in faculty learning communities[J]. To Improve the Academy, 2003(21):109-142.

　　③ FELTEN P, KALISH A, PINGREE A, et al. Toward a scholarship of teaching and learning in educational development[J]. To Improve the Academy, 2007(25): 93-108.

　　④ GOSLING D, HANNAN A. Responses to a policy initiative: the case of centres for excellence in teaching and learning[J]. Studies in Higher Education, 2007, 32(5):633-646.

　　⑤ CHISM N V N, FRASER J M, ARNOLD R L. Teaching academies: honoring and promoting teaching through a community of expertise[J]. New Directions for Teaching and Learning, 1996(65): 25-32.

　　⑥ TURNER R, GOSLING D. Rewarding excellent teaching: The translation of a policy initiative in the United Kingdom[J]. Higher Education Quarterly, 2012, 66(4):415-430.

有动力参与教学发展项目以改进他们的教学。① 珍妮·琼斯(Jennie Jones)通过英国布莱顿大学的个案研究验证了教学法相关的教学发展项目能够较好地提高教师的教学投入。参与教学法培训和项目的教师投入到教学法研究和将教学法运用到本专业的实践,在这个过程中教师的教学兴趣获得提升,从而能够拓展他们在教学工作上的创新。② 约翰·坎宁(John Canning)认为,教学发展项目具有明显的教学激励效果,但这种激励效果针对特殊的教师群体,对参与教学发展项目的教师具有明显的效果,而对不参与教学发展项目的教师的激励效果并不明显。③

3. 教学奖的实施效果无法与科研激励相抗衡

不同国家的大学组织通过认可和激励教学以平衡偏向科研的激励,尽管教学激励的效果获得了一定的认同,但教学学术仍然不是大学、教师个人发展的主流。麦克诺特(C. McNaught)和安维尔(J. Anwyl)对澳大利亚 37 所大学实施教学奖的效果进行调研,发现了教学奖存在的问题和教学奖的积极影响。④ 安吉拉·布鲁(Angela Brew)认为,研究和教学一体化的成功取决于以不同的视角进行研究、教学和求知的战略,取决于特定学科领域内学术的性质,同时以悉尼大学为例,指出其设计的科研引导教学和为引导教师与学生之间的合作伙伴关系而设立的教学奖学金制度是教学和科研融合的基石。⑤ 卡罗尔(A. O. Carroll)认为,教学奖的激励效果有限,卓越教学奖在透明性、卓越性和评价性方面的缺陷限制了激励的效果。⑥ 弗雷姆(P. Frame)和泰勒(I. Taylor)等人通过社会学话语论证

① O'CONNELL C. College polices off target in fostering faculty development[J]. Journal of Higher Education,1983(54):662-675.

② JONES J. Building pedagogic excellence:Learning and teaching fellowships within communities of practice at the University of Brighton[J]. Innovations in Education and Teaching International,2010,47(3):271-282.

③ CANNING J. The invisible developers? Academic coordinators in the UK Subject Centre Network[J]. Teaching in Higher Education,2010,47(3):271-282.

④ MCNAUGHT C,ANWYL J. Awards for Teaching Excellence at Australian Universities [M]. Melbourne:Center for the Study of Higher Education,University of Melbourne,1993:32.

⑤ BREW A. Learning to develop the relationship between research and teaching at an institutional Level[J]. New Directions for Teaching and Learning,2006,107(8):13-22.

⑥ CARROLL A O. How professors think:Inside the curious world of academic judgment by M. Lamont[J]. British Journal of Sociology,2010,61(2):393-394.

了美国高等教育国家教学奖是一种大学流行的文化,运用资源配置理论分析了教学奖本身和教学奖机制的正面和负面影响。[①][②] 詹姆斯·布拉沃(James Brawer)等人对美国1998—2000年获得教学奖励的教师进行了问卷调查,发现93%的获奖者对教学奖的评价很高,45%的获奖者表示该奖励的获得能够激励他们对教学的持续投入。[③]

4. 教授终身制的实施效果较为明显

教授终身制对教学学术的认可已经成为学界的共识,但教学学术认可对教师的教学激励效果是不明确的。因为科研自近代以来逐步成为大学发展的核心,大学对科研的激励权重使得教师更加关注学术论文的发表。约翰·哈蒂(John Hattie)和马什(H. W. Marsh)建议改变大学的教学方式,同时让最好的研究者承担本科教学任务,建立教师教学的职责评价体系,以激励更多的教师向学者型教师转型,难点则在于院校要确保教学奖励和科研奖励在教师聘任和晋升时具有平等的效力。[④] 高梅兹-梅吉亚(Luis R. Gomez-Mejia)以委托代理理论为分析框架,研究了科研对教学的影响,认为过多关注科研业绩会导致教师教学投入减少。[⑤] 凯茨(Daniel Katz)通过实证研究验证了论文发表与教师收入具有相关性,但教学与收入的关系不大。[⑥] 费弗(Jeffrey Pfeffer)等人认为,尽管教学学术获得认可,但大学教师仍然更加关注有益于论文发表的学术研究。[⑦] 在这种对比

① FRAME P, JOHNSON M, ROSIE A. Reward or award? Reflections on the initial experiences of winners of a National Teaching Fellowship[J]. Innovations in Education and Teaching International,2006,43(4):409-419.

② TAYLOR I. Pursued by excellence: Rewards and performance culture in higher education[J]. Social Work Education, 2007, 26(5): 504-519

③ BRAWER J, STEINERT Y, ST-CYR J, et al. The significance and impact of a faculty teaching award: Disparate perceptions of department chairs and award recipients[J]. Medical Faculty, 2009, 28(7):614-617.

④ HATTIE J. MARSH H W. The relationship between research and teaching a meta-analysis[J]. Review of Educational Research, 1996, 66(4):507-542.

⑤ GOMEZ-MEJIA L R, BALKIN D B. Determinants of faculty Pay: An agency theory perspective[J]. Academy of Management Journal,1992, 35(5): 921-955.

⑥ KATZ D. Faculty salaries, Promotions and productivity at a large university[J]. American Economic Review, 1973(63): 469-477.

⑦ PFEFFER J, DAVIS-BLAKE A. Determinations of salary dispersion in organization[J]. Industrial Relations, 1990(29):38-45.

条件下,学者认为提高教学学术在教授终身制度中的认可度是有其重要意义的,可以更好地或者说能长期调动教师的教学积极性。弗雷泽(K. Fraser)等人认为,研究型大学虽然重视科研,但教学学术也已经被大学认可为学术并一直处于发展中。[①] 吉布斯(G. Gibbs)的研究显示,大学治理结构、激励制度和文化最能够影响教学激励实施的效果。[②]

三、简要评论

由以上研究文献可知,学界对大学教学激励机制已经进行了一定的探索,在定义、内涵、影响因素与优化等方面有了一定的研究成果,这些都为本书提供了丰富的研究素材,是本书立足的起点,其重要的贡献与不足如下。

第一,现有文献对大学教学激励机制的探讨具有两种较为突出的思路。第一种,探讨外部激励和内部激励如何影响教师的教学行为。第二种,将管理者和被管理者的关系简化为委托人和代理人的关系,主要以委托代理理论为理论分析框架探讨大学制度规约下的教师如何在科研和教学工作之间协调的理性行为。

第二,现有文献大都研究大学教学激励机制的单一方面,鲜有系统性的大学教学激励机制运行研究。例如大学教学激励机制的表现形式、影响因素、大学教学激励机制对教师行为的影响等,缺乏对大学教学激励机制形式、绩效、影响因素、优化等全系统性的整体研究。

第三,现有文献更多关注大学教学激励机制的绩效与形式,较少涉及教学激励机制的内部生成机理。大学教学激励机制的内部生成机理是对教学激励机制运行的理论探讨。现有文献主要从外部表现来反应机制的绩效,比如教师的兴趣程度、学生的满意度,这种微观细致的研究非常有借鉴价值,但是从内部机理来分析教学激励机制生成逻辑的相关研究则非常欠缺。

---

① FRASER K, GOSLING D, SORCINELLI M D. Conceptualizing evolving models of education development[J]. New Directions for Teaching and Learning, 2010(122):49-58.

② GIBBS G. Reflections on the changing nature of educational development[J]. International Journal of Academic Development,2013,18(1): 4-14.

第四,国内外文献主要以定性分析为主,定量分析较少。研究大学教学激励机制运行的现有文献多以定性逻辑分析为主,较少采用定量分析方法。但对于大学教学激励机制的生成机理运用定量分析是非常必要的,一方面定量分析能从教师层面反推教学激励机制的运行逻辑,另一方面定量分析能从客观上反映大学教学激励机制的生成情况。

基于以上分析,本书系统性地以组织层级结构为维度对教学激励机制进行研究,具体而言是通过制度环境、校级、院级和教师层面探讨与剖析垂直维度和水平维度的教学激励机制的生成。此外,本书运用 NVivo 软件实现整体的制度分析,并通过个案进行质性研究,在对事实的归纳总结的基础上得出较为科学的结论,从而弥补传统定性研究方法的不足,保证研究的客观性和科学性。

第三节　基本概念界定

一、激励与教学激励

激励是组织行为学文献的研究重点之一。斯蒂尔斯(Richard M. Steers)和波特(Lyman W. Porter)将工作激励定义为"对组织环境中的行为进行激发、引导和保持的过程"。[①] 激励的来源可以分为遵从规章、外部奖励和内在激励。[②] 学者对内在激励具有不同的界定。凯茨(Daniel Katz)和卡恩(Robert L. Kahn)将内部激励分为自我表现和内在价值。自我表现来源于角色扮演,内在价值是在集体目标被纳入个体价值体系时产生的。[③] 内在激励更多强调个体的特征、能力、价值,使个体具有内在工作的

---

①　奥特,帕克斯,辛普森,编.组织行为学经典文献:第3版[M].王蔷,朱为群,孔晏,等译.上海:上海财经大学出版社,2009:206.

②　奥特,帕克斯,辛普森,编.组织行为学经典文献:第3版[M].王蔷,朱为群,孔晏,等译.上海:上海财经大学出版社,2009:206.

③　奥特,帕克斯,辛普森,编.组织行为学经典文献:第3版[M].王蔷,朱为群,孔晏,等译.上海:上海财经大学出版社,2009:206.

动力。① 经济学家拉齐尔(Edward P. Lazear)指出,激励就是使用物质上或精神上的报酬来促使雇员采取与组织目标一致的行为。②

激励的维度划分主要有三种观点。第一种,德西(E. L. Deci)、瑞恩(R. M. Ryan)根据引起行为的原因,将激励划分为内在激励和外在激励。③④ 格林伯格(J. Greenberg)和利伯曼(M. Liebman)将外部激励划分为物质性奖励、社会性奖励和活动性奖励三类。⑤ 第二种,古利特(D. Goulet)根据激励内容,将激励划分为物质激励和精神激励。⑥ 物质激励是易察觉的奖励和惩罚,正面物质激励包括金钱、服务以及具体的奖品或奖金,负面物质激励包括监禁、罚款以及某些物品的剥夺。精神激励包括非物质的奖励和惩罚,如具有正面性质的表扬、认可、荣誉、职位晋升以及负面性质的排斥和公开羞辱等手段。第三种,根据激励的作用,罗特巴特(M. Rothbart)⑦和毕雪阳⑧将激励划分为正激励(奖励)和负激励(惩罚)。

按照激励维度的划分,本书将教学激励划分为内部激励和外部激励。内部激励是指教师个体由于教学活动本身固有的兴趣、快乐和满足而从事教学活动,而不是为了获得教学活动的某项结果才进行教学投入。外部激励是指个体受到工作之外的目标期望的影响、承诺的奖励。外部激励包括奖励性激励、任务性激励、管理性激励和社会性激励。⑨ 报酬和奖励的改变对受到外部奖励的教师能够产生预期的影响,管理风格的变化对受到内

---

① 奥特,帕克斯,辛普森,编.组织行为学经典文献:第3版[M].王蓓,朱为群,孔晏,等译.上海:上海财经大学出版社,2009:209.

② 周雪光.组织社会学十讲[M].北京:社会科学文献出版社,2003:188.

③ DECI E L. The effects of contingent and noncontingent rewards and controls on intrinsic motivation[J]. Organizational Behavior and Human Performance,1972(8):217-229.

④ RYAN R M, DECI E L. Intrinsic and extrinsic motivations: Classic definitions and new directions[J]. Contemporary Educational Psychology, 2000(25):54-67.

⑤ GREEBERG J, LIEBEMAN M. Incentives: The missing in strategic performance[J]. Journal of Business Strategy, 1990(7-8):8-11.

⑥ GOULET D. Material and moral incentives as economic policy instruments [J]. Humannomics, 1994,10(1):5-24.

⑦ ROTHBART M. Effects of motivation, Equity and compliance on the use of reward and punishment[J]. Journal of Personality and Social Psychology,1968,9(4):353-362.

⑧ 毕雪阳.管理心理学[M].上海:上海财经大学出版社,2010.

⑨ 奥特,帕克斯,辛普森,编.组织行为学经典文献:第3版[M].王蓓,朱为群,孔晏,等译.上海:上海财经大学出版社,2009:222.

部自我激励的教师的影响是强烈的。奖励性激励涉及正式的激励制度的设计和执行,如晋升和考核绩效制度。任务性激励是指教学工作和任务的设置。管理性激励具有的激励性质来自于大学教师对管理者领导方式和教学管理方式的接受程度。社会性激励是对教学工作组织中或群体中的行为具有激励性影响,如教学名师评选和教学奖等。

二、制度与教学激励制度

不同的学派、学者对制度进行定义的出发点不同,目前主要有以下几种主流观点。(1)制度是一种规则。"制度是一个社会的博弈规则,或者更规范地说,它们是一些人为设计的、形塑人们互动关系的约束。"①(2)制度是一种习惯。"制度实质上就是有关个人和社会的特定关系及特定功能的一般思想习惯。"②(3)制度是一种博弈模式。"制度的本质是对均衡博弈路径显著或固定特征的一个浓缩性表征,该表征被相关域内的几乎所有人所感知,认为是与他们的决策相关的。"③

本书主要采用的是美国学者道格拉斯·诺斯(Douglass C. North)对制度的定义,即第一种观点。诺斯认为制度是一种规则,他在《制度、制度变迁与经济绩效》中对于制度的规则性质有具体的描述。这些规则和契约是人们设计的。诺斯指出,"制度是人类设计的,构造着政治、经济和社会相互关系的一系列约束。制度是由非正式约束(道德约束、禁忌、习惯、传统和行为准则)和正式的法规(宪法、法令、产权)组成"④。所有的规则对人们都有约束力,因为"制度是一系列被制定出来的规则、守法秩序和行为道德、伦理规范,它旨在约束主体福利或效用最大化利益的个人行为"⑤。制度分为正式制度与非正式制度两种类型。正式制度是指这样一些规则与规范,以某种明确的形式被确定下来,并且由行为人所在的组织进行监督和用强制力保证实施。⑥ 非正式制度是指那些靠长时间的经验积累产

---

① 诺斯.制度、制度变迁与经济绩效[M].杭行,译.上海:格致出版社,2008:3.
② 凡勃伦.有闲阶级论:关于制度的经济研究[M].蔡受百,译.北京:商务印书馆,2005:138.
③ 青木昌彦.比较制度分析[M].周黎安,译.上海:上海远东出版社,2001:28.
④ 诺斯.制度、制度变迁与经济绩效[M].杭行,译.上海:格致出版社,2008:4.
⑤ 诺斯.制度、制度变迁与经济绩效[M].杭行,译.上海:格致出版社,2008:266.
⑥ 诺斯.制度、制度变迁与经济绩效[M].杭行,译.上海:格致出版社,2008:50-75.

生的,对人的行为不成文的限制,包括价值信念、伦理规范、道德观念、风俗习惯和意识形态等。[①]　按照诺斯对制度的界定和划分,本书也将教学激励制度划分为正式教学激励制度和非正式教学激励制度。正式教学激励制度更多基于功利和仪式化的设计。非正式教学激励制度则是在教学工作的各个环节中不断被调整进而演化而来。

第一,正式教学激励制度。

正式教学激励制度包含着自上而下的等级制,主要提供一种规范,用以约束教师的教学行为。正式教学激励制度具有一般性和普适性,具体是指,制度是一般而抽象的、确定而开放的。制定正式教学激励制度要比描述与准确勾画人类曾用以规范人类互动的那些非正式的行为方式容易得多。正式教学激励制度,如教学工作的行事准则、行为规范,为教学工作提供了秩序,但也只是形塑教师教学行为选择的约束的一部分,尽管非常重要。非正式教学激励制度普遍存在,如教学工作的惯例、大学组织内部传递的信息、教学文化渗透等,在很大程度上支配着教师的教学行为。正式教学激励制度虽然是非正式教学激励制度的基础,但在日常教学工作中,他们却极少是形成教师选择的明确而直接的来源。

第二,非正式教学激励制度。

尽管非正式教学激励制度并不能被详述,但它们却是重要的,是普遍存在的。非正式制度的出现是为了协调重复进行的人类活动。首先,它是正式制度的延伸、阐释和修正。其次,它是由社会制裁约束的行为规范,同时它也是内部实施的行动标准。大学组织中非物质、非正式的人际关系以及道德的基础是正式教学激励制度的补充。非正式教学激励制度在本质上是自我执行的,是一种"软制度"。教学激励中的物质激励仅仅是"微弱的刺激"。教师对教学工作的投入更多基于教师的心理和社会的动机。在大学组织中,人际关系纽带可以创造一个"沟通的环境",是组织中正式教学激励制度的基础。非正式教学激励制度主要是基层学院在长期的教学工作中,根据专业的特点、课程的特点从经验中演化出来的,包括教学习惯、教学伦理规范等。而正式教学激励制度则是自上而下被设计出来的。

---

① 诺斯.制度、制度变迁与经济绩效[M].杭行,译.上海:格致出版社,2008:56.

　　非正式教学激励制度体现为将集体目标与教师的道义整合在一起。教学管理的特殊性在于,它不仅需要遵从复杂的专业规范,还需要教师的道德规范才得以执行。道德规范包括普遍公认的保障、创造和激发组织"士气"的常规、习俗、传统或惯例等,也就是将观念、对教学认真负责的态度和忠诚灌输到大学组织教学协作系统中,引入客观权威系统中,使得个人利益与个人规范从属于整个协作体系的利益。当一个团体中几乎所有人都遵从惯例时,惯例就凝聚了道德的力量。同时,若个人遵从惯例并且与其交往的其他人也都遵守了惯例,"合作的道德"就演化出来了。从教学文化中衍生出来的非正式教学激励制度不会立即对正式教学激励制度的变化作出反应,因此改变了的正式教学激励制度与原先存在的非正式教学激励制度之间的紧张关系所导致的教学行为后果就会出现。非正式教学激励制度包括声誉、普遍接受的教学行为标准(其有效性表现在教师的教学行为能被容易地观察到),以及因重复行为而产生的惯例。

　　第三,正式与非正式教学激励制度的关系。

　　正式与非正式教学激励制度之间,只存在程度上的差异。社会的日益复杂化,精确的、标准化的度量方法需要正式教学激励制度。正式教学激励制度能够补充和强化非正式教学激励制度的有效性,降低信息、监督以及实施的成本。"正式规则包括政治(和司法)规则、经济规则和契约,这些不同层次的规则——从宪法到成文法、普通法,到具体的内部章程,再到个人契约——界定了约束,从一般性规则直到特别的界定。"契约包含了专属于交换的某个特定合约的条款。[①]　教学契约属于正式规则。正式教学激励制度使人们表达个人偏好的成本变得很低,那么个人的主观偏好在决定选择时的作用就是举足轻重的。

　　基于正式教学激励制度和非正式教学激励制度的界定,本书进一步从大学组织层级对教学激励制度进行划分。

　　首先,将校级对学院的教学激励制度划分为正式制度和非正式制度。正式制度体现为权力激励的制度安排。权力激励主要是一种层级间的控制权激励,是通过决定是否授予其特定控制权以及授权后如何制约其行为

　　①　诺斯.制度、制度变迁与经济绩效[M].杭行,译.上海:格致出版社,2008:56.

的一种激励方式,包括校级与院级之间权威性资源和配置性资源分配的规定,也就是层级间人权、物权、事权的正式规定,具体体现为由大学层级治理模式或治理结构下的激励契约构成的层级间的激励制度。而层级之间的非正式制度主要指的是校级层面对基层学院的非常规、非正式的经费划拨和精神奖励(表扬与宣传)等。

其次,将校级层面对教师的教学激励制度划分为正式制度和非正式制度。正式制度主要包括职称制度、岗位绩效考核制度、教学奖励制度和教学惩罚制度。教师职称制度指的是教师依据学术表现获得不同类别的支持,职称不仅与工资晋级相关,更重要的是,职称是教师在大学组织中所处的位置,是最重要的晋升激励。作为一种相对的绩效考核办法的职称晋升制度就是一种激励机制。晋升制度考量个体使之产生从最高到最低的排序,但监督成本较高或是不一定可信时,将对最优秀者进行奖励。晋升制度规定了何种教学成果、教学奖和教学项目能够使教师获得晋升。岗位绩效制度指的是大学组织对教师投入产出的效率评价和控制的规则。绩效制度除了支付给教师固定工资以外,根据教师努力程度与大学组织的产出情况,给予额外的物质与精神奖励。教学奖励制度包括各种物质奖励和非物质奖励,比如称号奖励(教学名师、教学奖)等。教学惩罚制度主要指的是与职称、岗位契约相关联的教学事故惩罚条例。大学通过职称、绩效考核、教学奖励和惩罚制度进行制度化激励。非正式教学激励制度是指大学内部传递的影响教学行为的社会符号规则。

最后,将学院层面对大学教师的教学激励制度划分为正式制度与非正式制度。正式制度主要是指学院按照学校晋升、绩效制度制定的学院内部的教学奖励、惩罚规则等。非正式制度指的是无法以规则、规章、组织规程和习俗惯例的形式正式发挥作用的教学激励方式,主要体现为情感、惯例、习惯和传统文化。基层学院管理者通过情感、道德规范与习俗、机会分配等实施教学激励。

三、机制、激励机制、教学激励机制

(一)机　制

"机制"在《现代汉语词典》中的释义是:"(1)机器的构造和工作原理;

(2)机体的构造、功能和相互关系;(3)某些自然现象的物理、化学规律。"机制最初被用来指机器运转过程中的各个零件之间的相互联系、相互制约、互为因果的联结关系的运转方式。① 后来,许多学科借用"机制"一词来研究特定对象的构造、功能及其内在因素之间的相互关系,以及其各部分功能之间相互作用的过程和方式。机制泛指一个复杂的工作系统中各子系统的构造和工作方式及它们的相互关系②,通常被理解为"行为主体围绕系统目标进行聚合、关联的稳定形式,是隐含的、明确的原则、规范、规则和程序等等"③。邦奇(Elizabeth E. Bruch)认为,"机制就是一个系统稳定发展、一个实体运行所依赖的一切体制、制度、办法、习惯的总和"。④ 现有对机制的研究逐渐开始关注机制运行中的因果关系,认为机制能够提高因果解释关系,或是对机制影响的结果进行解释。卡斯特(M. Castells)认为机制就是那些被组织起来的主体和行为,它们能够有规律地产生从开始到结束的变化。⑤ 斯威德伯格(R. Swedberg)认为,机制是一个准确、抽象和基于行动的解释,这个解释能够说明触发事件的发生是如何规律性地产生待解释的结果类型。⑥ 埃尔斯特(Jon Elster)认为,机制通过黑匣子并展示机械内部的轮和齿来进行解释,机制是给我们提供一个在解释项和被解释项之间的连续和相连的因果及意图的链条。⑦

(二)激励机制

通过上述对激励和机制的分析可知,激励机制是指为事物提供行为动

① 李以渝.机制论:事物机制的系统科学分析[J].系统科学学报,2007(4):22-26.

② 汤普金斯,编.公共管理学——组织理论与公共管理[M].夏镇平,译.上海:上海译文出版社,2010:6-8.

③ 社会约制亦称社会控制。西方社会学的一个重要概念。20世纪60年代以前在美国社会学界曾流行一时。他们把风尚、习惯、宗教、法律、教育、行为规范等看成是社会约制的,是达到社会和谐和稳定的必要途径。社会约制的方式可分为:团体、社区或社会对其成员的行为实行外在的制约方式;个人通过社会化及再社会化过程的内在的自我约制方式,社会成员的自我约制程度愈高,则社会秩序愈稳定。参见程继隆,主编.社会学大辞典[M].北京:中国人事出版社,1995:272.

④ BRUCH E E, MARE R D. Neighborhood Choice and Neighborhood Change[J]. American Journal of Sociology, 2006,112(3):667-709.

⑤ CASTELLS M. The Rise of the Network Society[M]. Malden: Blackwell, 2000:15-17.

⑥ HEDTROM P, SWEDBERG R. Social mechanisms[J]. Acta Sociologica,1996(39):281-308.

⑦ SCHMIDTZ D. The cement of society: A study of social order by Jon Elster[J]. American Journal of Sociology, 1989,101(3):653-655.

力的各因素之间的作用方式。激励机制是调动管理活动主体积极性的一种机制。激励机制是指在组织系统中,激励主体通过激励因素、手段与激励客体相互作用的关系的总和,是激励内在关系结构、运行方式和发展演变规律的总和。激励机制是动力机制(系统)与制约机制(系统)的矛盾统一体。激励机制可以理解为组织系统中激励主体通过激励因素与激励对象(或称激励客体)之间相互作用的方式,或简单地说,在组织中用于调动其成员积极性的所有制度的总和。激励机制是诱导因素集合(权力、物质、精神激励因素)、行为导向制度(价值观、目标与方向)、行为幅度制度(奖酬与绩效)、行为时空制度(时期和空间)和行为归化制度(惩罚与培训)的有机统一,其中诱导因素起到激发行为的作用,后四者起到规范行为和制约行为的作用。[①] 组织激励机制是由激励源(对特定对象提供诱因的实施者)、激励对象(组织中各种诱因的接受者)、激励内容(诱因载体),包括有形物质财物、成文规章制度、无形的情感信息、激励方式(实施激励的方法)以及激励环境(实施激励的内外条件)等要素共同构成。[②]

(三)大学教学激励机制

大学教学激励机制是指大学组织内部形成的激励教师积极教学的组织运行机制。大学教学激励机制是指以"人才培养"为根本目标,由激励原理、原则、激励制度及其运作方式、激励手段等构成的机制,是一个包含价值基础、制度保证和激励方式三方面内容的复杂体系。它是具有奖励性、任务性、管理性和社会性的激励系统。

本书认为大学教学激励机制包括大学层级组织架构、层级治理机制和大学内部的规则和惯例。大学教学激励机制可以划分为校级—院级、院级—教师、校级—教师三个层面。校级与院级构成了层级教学激励机制,校级—教师和院级—教师构成了大学组织对教师的激励机制。教学激励机制是一个互动的机制,校级与院级、校院两级与教师的行动策略都能够对教学激励机制的生成实施影响,并推动教学激励机制的不断变迁或扩散。

第一,教学激励的主体和客体。激励的主体是指发出激励指令的主体

---

① 刘正周.管理激励与激励机制[J].管理世界,1996(5):213-215.

② 李恒,刘益.关于企业组织激励的探讨[J].数量经济技术经济研究,1999(5):35-39.

或个人,这里主要指教学管理者。激励的客体是指激励主体激励的对象,主要指大学教师。

第二,教学激励目标。这个目标是激励主体为激励客体设置的。目标的设置使激励对象的行为能够符合激励主体的要求。激励目标是促使教师更好地投入教学。

第四节　研究思路、内容与意义

一、研究思路

本书按照"现状探讨—机理分析—优化建议"的思路开展,在对国内外经典理论与主要文献进行回顾的基础上,建立本书的分析框架,并对扎根理论研究方法的应用性进行了阐释,然后从大学不同理念之间、理念与现实之间的冲突着手,对教学激励机制实施的环境进行了剖析,接着深入分析教学激励机制的运行机理,分别从校级层面、学院层面以及教师层面进行相应的行为决策分析,描绘教学激励机制的生成逻辑。最后,在上述分析的基础上,对现有教学激励机制进行反思,以此提出优化现有教学激励机制的建议。本书的具体思路、研究内容与研究方法如图 1.1 所示。

二、研究意义

大学作为传授知识与培养人才的地方,教学质量是实现大学办学目标的关键因素。大学教师是实施高等教育的主体,也是决定大学教学质量与教学声誉的主体。因此,要提高大学教学质量,更应该关注大学教师的教学行为。现阶段,国家高度重视大学的教学质量问题,各大高校也出台了相应的教学激励政策,但是收效甚微,"重科研、轻教学"的现象是大学绩效评估中的常态。在此背景下,本书以 A 大学为案例,既致力于对大学教学激励机制的一般议题进行研究,也对 A 大学教学激励机制通过多种途径作用于教师的教学行为的过程、缘由、效果等进行深度剖析,冀望在理论和实践层面实现某些预期意义。

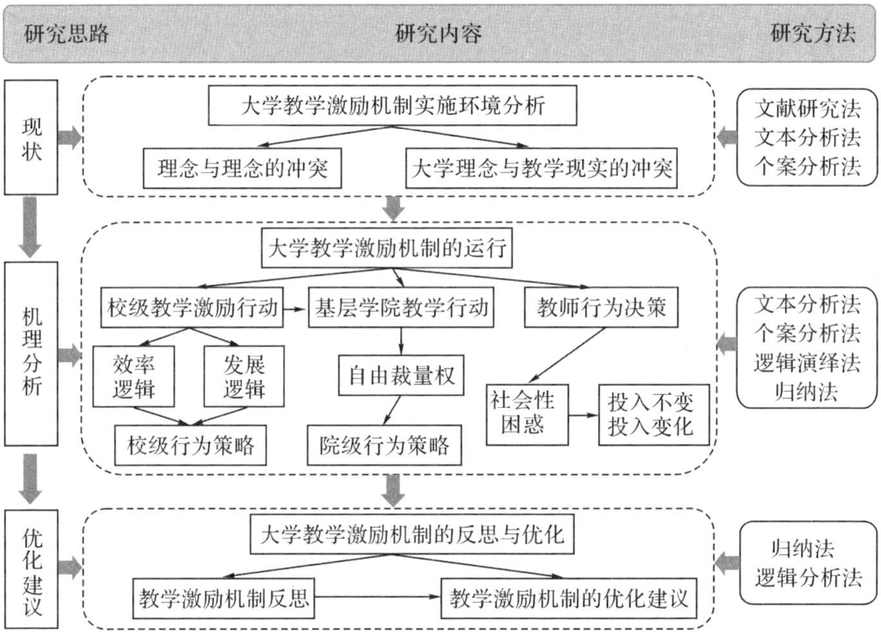

研究思路	研究内容	研究方法

图 1.1   研究思路、研究内容与研究方法

　　本书的理论意义主要在于:有助于组织社会学理论、组织激励理论和"结构与行动交互生成理论"的拓展与本土化研究。学界对教学激励问题的探讨大都从委托代理理论出发,主要分析与解释制度或机制约束下人的行为。本书借鉴组织社会学理论、组织激励理论和"结构与行动交互生成理论"构建了"组织层级—制度类型—组织表现—行动逻辑"的理论分析框架,分别从校级、院级和教师三个层次探讨教学激励机制的生成机理,丰富已有教学激励机制的解释逻辑。

　　本书的现实意义主要在于:首先,分析制度环境对大学实施教学激励机制的影响,以便对大学激励机制的历史和现实困境有更深切的理解和剖析;其次,厘清教学评估制度与大学实施教学激励的逻辑关系,以便对教学激励机制的生成机理展开分析,打开教学激励机制如何发挥作用的"黑箱",有助于提升认识,从教学激励现象深入到大学教学激励机制的本质;最后,在对大学教学激励机制的生成及存在的问题进行分析的基础上,提出优化大学教学激励机制的对策建议。对大学教学激励机制的优化路径的分析与归纳的研究可作为其他高校调整教学激励机制时的参考。

三、研究内容

本书的研究内容主要包括三个方面:一是高等教育场域下合法性机制如何影响大学实施教学激励;二是大学教学激励机制运行中不同层级是如何实施教学激励的,涉及组织结构制约下的行为决策、层级自由裁量权等;三是教学激励机制作为结构性力量是如何促进或阻碍教师能动性的。本书共八章,分为五个主要部分。第一部分是导论,即第一章;第二部分是理论与方法部分,即第二、三章;第三部分为历史与现实基础,即第四章;第四部分为教学激励机制剖析部分,包括第五、六、七章;第五部分为教学激励机制的反思与优化,即第八章。具体章节内容如下。

第一章"导论"。首先,通过大学教师"低教学投入"的常态现象与国家关注大学教学激励的趋势引出本书的研究的问题。其次,对与本书紧密相关的文献进行梳理与评述,形成本书的研究文献基础。再次,为了结论的准确性与适应性,对本书的核心概念进行界定。最后,提出本书的研究目的与意义,围绕研究的问题,进行研究思路、内容的介绍。

第二章"理论基础与分析框架"。本书主要运用了三个关键理论。第一个是组织社会学理论,具体包括组织结构下的行为策略、自由裁量权与合法性机制三个核心概念。第二个是结构与行动交互生成理论,具体包括布尔迪厄的"实践逻辑"与吉登斯的"结构二重性理论"。第三个是组织激励理论,具体包括不完全契约、锦标赛机制和心理契约三个概念框架。

第三章"扎根理论的研究方法"。本章将致力于呈现扎根理论研究的方法论、扎根理论的实现步骤和扎根理论在案例中的运用三个方面的内容。首先,从方法论探讨扎根理论对扎根理论学派的解释,呈现扎根理论研究方法论的核心要素;其次,从技术性层面呈现如何运用 NVivo 软件实现三级编码;最后,以大学教学激励机制的生成机理为例,呈现如何在这个案例中提炼出理论模型,具体包括校级、基层学院和教师等的访谈材料收集的过程、不同层级访谈对象的抽样与抽样说明,运用 NVivo 软件对不同层级研究对象的访谈材料进行三重编码和分析等。

第四章"理念与现实的冲突:大学教学地位变迁"。本章是历史与现实的基础部分,是对教学激励机制的实施环境进行分析。教学激励机制的实施面临着两重困境:第一重困境是不同大学理念之间的冲突,主要从纵向时序角度,论述随着国家高等教育目标的演变,教学的地位发生相应变迁的过程与特征;第二重困境是理念与现实之间的冲突,即大学理念与教学现实之间的冲突。

第五章“校级层面教学激励机制的生成”。本章是从学校层面对教学激励的运行机制进行分析,是本书的三大运行机制之一。一方面,阐释大学教学激励的实施目标与条件。教学评估是其中最重要的推动力量,它使大学实施教学激励的行为依循效率逻辑与发展逻辑,在此基础上呈现校级层面教学激励机制的生成。另一方面,在大学实施教学激励的目标与条件下,分析大学教学行为决策下的教学激励效果。

第六章“基层学院教学激励机制的生成”。本章是从学院层面对教学激励的运行机制进行分析,是本书的三大运行机制之二。本章主要回答如下问题:学院层面实施教学激励机制的资源与权力是什么?在资源与权力制约下,院级的行动逻辑如何形成?本章对基层学院实施教学激励的自由裁量权的缘由、内涵及影响要素进行了探讨,在此基础上剖析学院层面教学激励机制的生成。

第七章“制度约束下的教师教学投入与行动策略”。本章是从教师层面探讨制度约束下的教师教学行动。本章主要对大学组织中的“激励困境”进行分析,并对困境下的教师行为决策进行逻辑分析。即回答,教师在教学时具体面临什么样的困境?教学激励机制与教师个体心理契约如何影响教师的行动策略,在此基础上评价教学激励机制对教师的激励效果。

第八章“大学教学激励机制的反思与优化”。本章是对策建议部分,主要是总结前文,并在此基础上对教学激励机制进行反思,然后提出优化教学激励机制的对策建议。

第五节　创新点与不足

一、创新点

本书的研究主要有以下四个创新点。

第一,研究的系统性。本书从校级、院级和教师三个层面对教学激励机制进行了全面的审视,单层级教学激励机制和层级间教学激励机制的交互研究使得教学激励机制的探讨并不仅仅局限在单一层面的教学激励制度和策略,体现了一定的系统性。

第二,视角的创新性。本书以组织社会学理论、组织激励理论和"结构与行动交互生成理论"作为基本的理论工具,构建了"组织层级—制度类型—组织表现—行动逻辑"的理论分析框架,避免将教学激励机制的探讨限于委托代理理论的单一分析框架的缺陷,拓宽了教学激励机制研究的视野。

第三,方法的科学性。本书采用了 NVivo 软件对访谈材料进行了详细的分析,归纳出教学激励机制的生成过程,通过实证研究验证了组织层级、层级影响要素、行动者行动策略是教学激励机制生成的核心影响要素,从而构建了两类模型:三个单层级教学激励机制生成模型(院级、校级和教师个体)以及层级间教学激励机制的交互模型。该实证研究拓展了"组织社会学理论"和"结构与行动交互生成理论"的本土化应用。

第四,增加结论的可用性。本书的结论有可能为大学教学激励机制的优化提供一定的参考,还可能为政府和大学更好地实施教学激励机制提供一定的实证根据。

二、研究不足

本书采用的是个案研究方法,相对于代表性概率样本的定量研究,其普遍性会受到质疑。个案研究始终面临着如何处理特殊性与普遍性、微观与宏观之间关系的问题。[①] 定量方法的冲击更使个案研究处于风雨飘摇之中。建立在统计学基础上的定量研究以其精密的计算、无懈可击的从样本到总体的推论使个案研究相形见绌,个案研究继续存在的正当性和意义便成了亟待解决的问题。

第一,在研究设计方面,本书在数据收集和分析方面有一定的限制。首先,本书的参与者主要集中在 A 大学,A 大学教学管理者和教师群体与

① 卢晖临,李雪.如何走出个案——从个案研究到扩展个案研究[J].中国社会科学,2007(1):118-130,207-208.

教学科研型大学的管理者与教师群体相比必然显得单薄。因此,可能还会存在影响教学激励机制生成的其他因素,有待挖掘。其次,由于教学激励这一敏感性的话题给数据收集带来了一定的困难,教学激励的行动逻辑和效果并不一定被受访者完全拿出来分享。最后,本书主要采用的分析材料是教学管理者实施教学激励的自我认知,以及教师感知教学激励的自我认知,这使得研究存在一定的局限,因为教学管理者和教师在情感的自述中不可避免会加入主观性,教师个体的情感体验在频率和强度上也会存在差异,造成数据无法完全反映教学激励的现实。

第二,在质性研究中,研究者本人是研究工具。研究者本人理论背景的欠缺,使得数据分析和讨论有待进一步深入。因此,在概念分析框架与三级编码的挂钩上仍然还有再提炼的空间。

第二章　理论基础与分析框架

对大学教学激励机制的研究首先要回答"激励机制是什么"这一最基本的问题。这就要从研究的理论基础出发，即从组织激励理论、组织社会学理论和吉登斯结构二重性理论中来探寻。本章从梳理组织激励机制的相关内容出发，从基点探寻教学激励机制的实质，然后以"结构与行动"的关系为主线，围绕组织社会学理论与"结构与行动"的交互生成理论来梳理与本书相关的内容。

组织激励理论探讨了激励的本质，并强调了激励的重要性。"结构与行动"的关系一直是社会学理论研究中的重要问题，也是组织社会学理论的核心问题。吉登斯从关系思维的视角来考虑结构和能动性的关系。组织作为社会的基本单位，构成了对行动者的制约，行动者的行为必然是集体性的。组织被结构化了，组织具有运行的逻辑或制度规则。当然，结构与能动性之间还不是单向度的决定论关系，而是一种相依相生的交互关系。在组织社会学中，组织是具有一定结构并有规定角色的。组织社会学家发现，组织作为"结构"并不能完全限制其成员的行动自由。一方面，组织倾向于尽可能精确地规定每个成员的任务、职位、特权及其应该作出的贡献，组织内部的调节方式和非中立的评判标准对不同层级的成员存在一种结构约束，使得行动者的行为都依循一定的组织行动的逻辑。结构形成了能够影响其成员的关系、决策和行动方向的社会体系。另一方面，个体的行为不仅仅限于制度的制约，个体能够根据他在一个时期内希望达到的和可能实现的目标，来调节自己的行为。个体具有行动的能动性。基于此，组织总体的结构和运行的游戏逐渐被建构。

<h1 style="text-align:center">第一节　组织激励理论</h1>

激励问题一直是组织激励理论的核心,主要关注激励要素和激励如何发生作用。组织激励理论主要有三条发展线索:一是管理学的线索,二是经济学的线索,三是心理学的线索。管理学视角的激励理论主要包括以人的心理需求和动机为研究对象的内容型激励理论,以动机的形成过程为研究对象的过程型激励理论,以及多种因素相互影响的综合激励理论。经济学视角的激励理论主要以委托代理理论为核心问题,其中不完全契约和锦标赛是重要的激励机制。心理学视角的激励理论主要以心理契约(psychological contract)为核心问题,探讨和解释不同形式的心理契约对行动者的行动策略的影响。为了使研究框架与研究问题更为契合,本节主要从经济学和心理学视角呈现激励机制的相关研究。

一、经济学视角的激励理论

经济学对激励的研究主要是以经济人为出发点,以利润最大化或效用最大化为目的。1937 年,罗纳德·科斯(Ronald H. Coase)提出了交易成本理论。美国经济学家利奥尼德·赫维兹(Leonid Hurwitz)在 20 世纪 70 年代为了研究在什么样的激励机制下可以达到社会公认的经济目标或伦理目标,创立了经济机制的设计理论。委托代理理论是现代西方产权经济学的一个重要分支,是谈论经济学视角的激励理论所无法回避的。20 世纪 70 年代以来,经济学将动态博弈理论引入委托代理关系的研究之中。委托代理理论的最基本框架就是将契约各方归入到一个委托代理模型中,契约的一方称为委托人,另一方称为代理人。委托人向代理人分配任务,并承担代理人行为的后果,因此委托人往往代表了组织利益。委托代理理论的核心内容就是运用一种有效的激励机制,使得代理人获得足够的动力与激励,为委托人努力工作,实现委托人的期许目标,最终双方在动态的博弈过程中实现双赢。

(一)不完全契约

组织激励问题的核心是通过激励设计降低利益冲突,提升组织效率。

组织激励主要依赖于契约设计以提升组织效率,即通过制度、契约使得组织成员在明确个人利益的同时也增加组织的效率或绩效。为了寻求合作和竞争利益,组织参与者之间进行交易时,组织管理者会通过计算、计划和分析以协调和激励参与者的行为。信息在激励问题中扮演重要的角色。并不是所有人都获取了相同的信息,当存在信息的不对称,存在利益分歧时,就会出现激励问题。组织激励存在的问题也是"分蛋糕"的问题,如果过多的资源被分配给一类人,则另一类人获得资源的机会就减少了。组织激励的主要问题是如何在组织环境中通过制度或规则实现资源的最优配置。

契约的不完全性作为不完全契约理论的研究起点,是指一个契约不能准确地描述与交易有关的、所有未来可能出现的状态,以及每种状态下契约各方的权力和责任。决策者对组织环境的反应各不相同,这种区别可以用理性程度予以把握,可以用决策者的认知能力与其面对问题的复杂程度的比值加以衡量。在参与者完全理性的情况下,完全契约可以解释参与人的行为决策;在有限理性下,不完全契约更好地解释了参与者的行为决策。与完全契约相比,在现实环境中不完全契约更能够解释"有限理性"参与者的行动策略。

不完全契约大都被纳入委托代理理论的解释框架。委托代理模型是对利益冲突和信息不对称问题的标准描述。最简单的委托代理关系包含两个人,由其中一人(委托人)雇佣另一个人(代理人)去完成某一任务,两个人的关系通过一项由委托人选择并制定的契约来控制。委托代理理论主要研究委托理论框架基础上的激励问题,换言之,就是通过建立科学的激励机制,在几种可行的激励方式间进行抉择,以实现委托人与代理人之间利益的平衡。委托代理理论论证了在多次重复代理关系情况下,竞争、声誉等隐性激励机制的作用。

委托代理模型中存在四个方面的问题:一是有限理性,即不完全契约中所有要素对所有人来说都是不可观察的,并且可观察的信息也是无法证实的;二是存在机会主义,机会主义行为指的是代理人会利用他或她的信息优势为自己谋利;三是决策顺序和信息结构,首先委托人选择契约的条例,其次代理人决定是否接受契约,最后代理人选择具体行动;四是隐藏行动。不对称信息使委托代理关系变得非常有趣。如果在契约设计阶段委托人和代理人双方拥有相同的信息,但是一旦契约被代理人接受,代理人的决定及具体的环境只有代理人清楚,这时就会出现隐藏行动问题。

隐藏行动问题可以分为三个阶段:首先由委托人选择或者设计一项契约,然后代理人就是否接受契约作出决定,最后代理人选择投资或努力水平。产出水平并不必然是度量代理人努力水平的好指标,因为产出也会受到外部环境的影响。这一信息上的不对称被代理人在决定其投入时恰当或不恰当地利用,因为委托人并不能够准确地判断出产出水平差的原因。代理人在执行任务的过程中对这一信息不完全性的利用被称为怠工。隐藏行动问题也被称为道德风险问题。在隐藏特征问题中,委托人不知道其所面对的代理人的特征。

隐藏行动问题与隐藏特征问题的第一个区别在于,在隐藏特征问题中委托人能够观察到代理人的决定,但是在隐藏行动问题中委托人无法观察到代理人的决定。第二个区别是关于代理人的类型或特征的信息:在隐藏行动问题中委托人知道代理人的所有特征(能力、对努力的偏好、风险偏好),但是在隐藏特征问题中这一假定被放松了,代理人知道其决定的真实动机,而委托人则无法确切地知道这些。对于委托人提供的同一份契约,具有不同特征的代理人的反应各异,一些代理人会接受契约而另一些会拒绝。只有具有特定特征的代理人才会选择接受委托人提供的契约,也就是说,这里存在对接受契约的代理人的类型选择。不同代理人接受契约的行为被称为"逆向选择"。

有限理性是不完全契约存在的两个主要原因之一,是源于对未来事件、外在环境无法完全预期。另一个原因是交易成本,是指交易双方会对未来进行预测,从而达成协议并写入契约,以确保协议的执行。在有限理性与交易成本的前提下,缔约各方有意遗漏许多内容,或有意留待以后出现事件时再行协商,这是在交易过程中的常态。

不完全契约存在于组织中人与人之间的关系、部门与部门之间的关系、上级与下级之间的关系中。由于不完全契约的内容包括了资源分配、利益分配、任务与责任等规则,不完全契约中的激励条款会影响到组织中人的行为,形成代理人行动决策的参与约束和激励相容约束。这里的参与约束指的是委托人设计的不完全契约必须使得代理人接受契约的所得至少与其机会成本一样多。[①] 激励相容约束指的是一个不完全契约的意图必须与代理人的利益相一致，如果委托人希望实现一个高水平的产出，那么不完全契约就应当提供实现高产出的激励。[②] 这就意味着委托人期望的代理人行为会如愿地被代理人所选择，因为契约的规则使得如此选择会为代理人带来高收益。正是存在不完全契约，可以将契约划分为正式契约和非正式契约，也可以划分为显性契约和隐性契约。

正式契约是一种显性契约。正式契约是有第三方验证，并在法律上可以强制执行的契约。在组织中的劳动工资和岗位合同都属于正式契约。非正式契约是一种隐性契约，是指由习俗、组织外部文化和内部文化所形成的行为规范，一般体现为一些默认的和口头上的承诺。这些行为规范不能够正式写明，或者可以写明但不能由第三方验证，从而在法律上不可能强制执行。由于缺乏强制力，隐性契约只能够依靠相互间的利益关系来履行。隐性契约的存在显然是与信息的不完全联系在一起的。如果信息是完全的，则可以将条款全部写入正式契约。由于不完全信息是普遍存在的，因此隐性契约是正式契约的重要补充。

（二）锦标赛激励机制

锦标赛体制（tournament system）最早是 1981 年由美国人事经济学家拉齐尔（Edward Lazear）和罗森（Sherwin Rosen）提出，并在企业管理领域广泛应用的。这一机制的核心在于股东按照公司职位建立拉开差距的薪酬制度，将经理人的相对业绩排名与其报酬联系起来，激励经理人为了报酬和晋升而竞争，以达到改善企业绩效的目的。[③] 锦标赛作为一种激励机制的特性是参赛人的竞赛结果的相对位次，而不是绝对成绩、决定最终的胜负，因而易于比较和实施。各参赛人为了赢得比赛而竞相努力，以取得比别人更好的比赛名次，这是锦标赛的激励效果。在一定条件下（比如参

---

① 亨德里克斯.组织的经济学与管理学：协调、激励与策略[M].胡雅梅，张学源，曹利群，译.北京：中国人民大学出版社，2007：86.

② 亨德里克斯.组织的经济学与管理学：协调、激励与策略[M].胡雅梅，张学源，曹利群，译.北京：中国人民大学出版社，2007：87.

③ LAZEAR E P，ROSEN S. Rank-order tournaments as an optimum labor contracts[J]. Journal of Political Economy，1981，89（5）：841-864.

赛人的风险倾向是中性的),锦标赛可以取得最优的激励效果。[①]

关于锦标赛制的优点,马诺夫(Michael Manove)认为,所有的工作合同大致可以分为两类。一类为终止性合同,它为受雇者设定了具体的工作要求和水准,受雇者一旦不能达到要求就会被解雇。这种合同的问题在于,雇主必须能够为受雇者设定清晰的工作要求和目标。如果目标不清晰就难以操作,且可能带来道义上的风险。另一类则是锦标赛制合同。它不需要对每个人界定清晰的产出要求,而仅要求雇主根据其以往业绩表现把所有雇员分为几类——在报酬总额确定的前提下,以往绩效表现最优者获得回报最多。[②]

菲尔伯恩(J. A. Fairburn)等人指出,等级晋升被普遍认为是一种有关锦标赛制的践行方法,它相对灵活且带有激励功能。他认为,"晋升的重要特征有两个:第一,管理者把业绩与回报相关联,这确保他们关注的得到晋升的人是最适合于更高层次工作的人;第二,在晋升与收入增长间存在固定的联系"。[③] 由于个人的回报与所在等级有关,特别是在高一等级岗位有限的情况下,个体之间势必出现竞争,由此形成一种不需要委托人付出高额监管成本的自我激励机制。不过,需要强调的是,与晋升等级对应的回报结构必须能够真正体现等级间明显的收益差异,否则激励机制就会失效。如贝克尔(B. E. Becker)等指出,因为锦标赛制结构与收入结构间存在对应关系,个人收益不会因为其多产而变化,如果收入结构过于扁平,这种激励系统就会失去效用甚至引发人们的不良行为。[④]

总体而言,在一个组织内部,提拔锦标赛的优胜者到更高的职位并不花费委托人的额外资源,职位在事前是固定的,如果有空缺的话,无论如何需要提拔一人填补它,因此在决出优胜者之后委托人没有改变事前承诺的激励,在这个意义上说,锦标赛对参赛人的奖励具有良好的事前承诺的性

① LAZEAR E P, ROSEN S. Rank-order tournaments as an optimum labor contracts[J]. Journal of Political Economy,1981,89(5):841-864.

② 阎光才.学术等级系统与锦标赛制[J].北京大学教育评论,2012,10(3):8-23,187.

③ FAIRBURN J A, MALCOMSON J M. Performance, promotion, and the peter principle[J]. The Review of Economic Studies, 2001,68(1):45-66.

④ BECKER B E, HUSELID M A. The incentive effects of tournament compensation systems [J]. Administrative Science Quarterly, 1992,37(2):336-350.

质。锦标赛激励在契约理论中通常被视为相对绩效评估的一种形式。相对绩效评估的好处在于,当多个代理人从事的任务中涉及某种共同的未被观察的因素,比较代理人的相对绩效可以剔除这些共同因素的干扰,增加评估的精确度,从而提高激励契约的激励强度。

二、心理契约:心理学视角的激励理论

契约理论认为制度或契约是重要的激励机制。从心理学视角看,心理契约(psychological contract)是重要的激励机制,是行动者行为决策的中介机制。心理契约理论主要探讨和解释不同的心理契约形式对行动者的行动策略的影响。

(一)心理契约的内涵

在早期的研究中,心理契约主要指向个体和组织两个水平,强调员工与雇主对相互责任与义务的共同感知。"心理契约"是 1960 年美国著名组织心理学家克里斯·阿吉里斯(Chris Argyris)教授在《理解组织行为》一书中首先使用的,用来说明员工与雇主之间的关系,但他并没有赋予"心理契约"明确的定义。1962 年,哈里·莱文森(Harry Levinson)等明确提出心理契约的概念,将其描述为"未书面化的契约",是组织与员工相互期望的总和。[①] 1973 年,约翰·科特(John P. Kotter)将心理契约界定为个人与组织之间的一份内隐协议,协议中指明了在彼此关系中一方期望另一方付出的内容和得到的内容。[②] 美国麻省理工学院斯隆管理学院教授施恩(E. H. Schein)认为,心理契约是"个人将有所奉献与组织欲望有所获取之间,以及组织将针对个人期望收获而有所提供的一种配合"。[③] 它以无形契约的方式发挥着一种有形契约的影响。衡量员工在组织中心理状态的三个基本概念是工作满意度、工作参与和组织承诺。

20 世纪 80 年代后期,学者们对心理契约的认识进一步加深(见表 2.1),

---

① LEVINSON H, PRICE C R, MANDEN K. J. Men, Management and Mental Health[M]. Cambridge: Harvard University Press,1962.

② KOTTER J. P. The Psychological Contract[J]. California Management Review,1973,15(3): 91-99.

③ 施恩.职业的有效管理[M].仇海清,译.北京:生活·读书·新知三联书店,1992.

"心理契约"的概念逐渐分化并形成了两个学派,即"古典学派"和"卢梭学派"。"古典学派"以英国学者盖斯特(David E. Guest)、赫里奥特(Peter Herriot)和彭伯顿(Carole Pemberton)等人为代表,该学派强调心理契约是雇佣双方对交换关系中彼此义务的主观理解,强调组织与个人之间的互惠关系,以及各背景因素的重要影响力,后来被称为广义的心理契约。"卢梭学派"以美国学者卢梭(Denise M. Rousseau)、克拉茨(Matthew S. Kraatz)和罗宾森(Sandra L. Robinson)为代表,研究的重心从组织层面转向了个体层面。该学派强调心理契约是雇员个体对双方交换关系中彼此义务的主观理解,后来被称为狭义的心理契约。这两个学派的主要不同在于对心理契约的主体认知的不同。

表 2.1　国外心理契约的内涵

年份	学者	关键概述	观点
1960	Chris Argyris	工作心理契约 (psychological work contract)	员工与组织之间的微妙关系
1962	Harry Levinson	不成文契约 (unwritten contract)	组织与员工相互之间的期望的集合
1973	John P. Kotter	内隐协议 (implicit contract)	组织与员工之间对希望获得的回报及付出代价的具体化
1978	G. H. Schein	期望 (unwritten contract)	个体成员与管理者之间,任何时候都存在没有明文规定的一整套期望
1995	Denise M. Rousseau	信念	心理契约只是员工的单方面行为,是员工对组织期望的一个综合
1997	Petter Herriot	知觉	雇佣双方对彼此之间权利义务关系的认知

20 世纪以后,心理契约的概念有所拓展,其应用领域也得到了延伸。国内关于心理契约概念的研究取得了一定进展,在师生关系、旅游舆情形成机制、农产品区域品牌建设、高校教师引进、虚拟社区科研人员行为等等方面有所扩宽。陈加洲等人认为,心理契约是雇佣双方对雇佣关系中彼此权利与义务的主观心理约定,约定的核心成分是雇佣双方内隐的不成文的

相互责任。① 王徽等人认为,心理契约是在以非完全契约为基础的长期交易关系中,时刻存在于契约方主观意识中且各自对双方所享有权利和所承担义务的一种未成文的、内隐的心理感知或知觉。② 当事人并未直接而明确地进行意思表达,但却通过各种心理暗示的方式,使双方相互感知并认可各自的期望,进而形成一套隐性权利义务关系的协议。③ 概而言之,国内的研究并没有脱出国外研究的基本路径,在广义与狭义的心理契约的范围内继续深化对心理契约本质的认识与理解,其应用性与实证性的研究在不断增多,但要防止心理契约的概念往空洞无物的陈词滥调的方向发展,也要防止概念的滥用。

(二)心理契约的类型

对于心理契约类型的研究,根据不同的划分方式,主要有两种、三种、四种、六种类型等,其中以二维结构与三维结构居多。如果将契约期限分为长期和短期,雇主的绩效要求按照清晰度分为明确界定和未明确界定,可以将心理契约分为四种类型:交易型,有详细的任务,雇主提供短期报酬;过渡型,没有详细的任务,雇主提供短期报酬;平衡型,任务非常详细明确,而且雇主提供长期报酬;关系型,任务不明确,但雇主提供长期报酬。④具体见表2.2。

1993年,卢梭与帕克斯(J. M. Parks)提出,在心理契约的个体性与特异性之外,基本可以分为两类:关系型心理契约和交易型心理契约(见表2.3)。⑤ 关系型心理契约反映的是广泛的、长期的、灵活的交互关系,如员工以长期工作、忠诚和情感投入来换取组织提供的培训、职业发展和长期工作保障等。对于与组织建立了较好关系型心理契约的员工来说,他们相信自己能够从组织中获得更多的好处,除了表现为与组织有较为亲密的关

---

①　陈加洲,方俐洛,凌文铨.心理契约的测量与评定[J].心理学动态,2001(3):253-257.

②　王徽,杨琳.心理契约本质内涵及其外延拓展[J].兰州学刊,2007(4):124-126.

③　曹威麟,朱仁发,郭江平.心理契约的概念、主体及构建机制研究[J].经济社会体制比较,2007(2):132-137.

④　ROUSSEAU D M. Psychological Contracts in Organizations: Understanding Written and Unwritten Agreements[M]. California: Sage,1995.

⑤　ROUSSEAU D M, PARKS J M. The contract of individuals and organizations[J]. Research in organizational behavior, 1993(15):1-43.

系之外,还有可能会获得更多的职业成长和晋升机会。① 关系型心理契约中的员工在工作中更愿意发挥自己的主观能动性,表现出更多对组织有益的行为。② 交易型心理契约反映的是具体的、短期的、固定的交互关系,如员工通过发挥和使用自身已有的知识和技能为组织作出贡献,进而获得组织提供的薪酬、奖励、晋升等。交易型心理契约下的员工可能更看重组织中公平的薪酬体系,因此更多的是为了追求经济回报而付出行动。③

表 2.2　心理契约的四种类型

契约期限	绩效要求	
	明确界定	未明确界定
长期	交易型(transactional) 特征:明确的契约条款;易离职或高离职;低成员承诺;自由达成新契约;完全用不着学习;高的整合或认同	过渡型(transitional) 特征:模糊的和不确定的契约条款;高离职或易终止;不稳定
短期	平衡型(balanced) 特征:高团队承诺;高的整合或认同;正进行开发活动;相互支持;有动力	关系型(relational) 特征:高团队承诺;高情感承诺;高的整合或认同;稳定

表 2.3　交易型与关系型心理契约的差异

内容	交易型心理契约	关系型心理契约
关注点	追求经济的、外在需求的满足	追求社会情感方面需求的满足
时间框架	有限期的	无限期的
稳定性	稳定的、无弹性的	动态的、有弹性的
范围	涉及更少的雇员个人生活	涉及更多的雇员个人生活
明确程度	雇员责任的界限分明	雇员责任的界限不清晰

① GRIMMER M, ODDY M. Violation of the psychological contract: The mediating effect of relational versus transactional beliefs[J]. Australian Journal of Management,2007,32(1):153-174.

② KUMAR K, BHATTACHARYA S, HICKS R, et al. Employee perceptions of organization culture with respect to fraud-where to look and what to look for[J]. Pacific Accounting Review,2018,30(2):187-198.

③ HUI C, LEE C, ROUSSEAU D M. Psychological contract and organizational citizenship behavior in China: investigating generalizability and instrumentality[J]. Journal of Applied Psychology,2004,89(2):311-321.

1994 年,罗宾森等人对心理契约的内容进行了实证研究,对"组织责任"和"员工责任"进行因素分析,确证了两个公共因素:交易因素和关系因素。研究显示,组织责任主要归结为:丰富的工作、公平的报酬、成长的机会、晋升、充分的工具和资源、支持性的工作环境、有吸引力的福利,员工责任主要包括:对组织忠诚、加班工作、自愿做分外工作、接受工作调动、拒绝支持竞争对手、为组织保密、离职前提前告知、至少在组织工作两年。[①]

1996 年,弗里斯(Charissa Freese)与沙克(Rene Schalk)提出,心理契约有三种类型。平衡型:正常情境中员工对于组织为他们提供的内容的认知与员工认为自己为组织提供的内容是平衡的,在此范围内可能有一些波动但能被双方接受,不需要修改心理契约中的内容。当员工感觉到组织提供的内容超出了被认可的范畴,会出现修改型和遗弃型两种类型。修改型就会重新修订心理契约,形成与以往内容不同的新契约。遗弃型就会终止已有的心理契约。[②]

1999 年,卢梭和蒂乔里瓦拉(Snehal A. Tijioriwala)在以往研究的基础上,对美国注册护士进行了调查,认为心理契约由交易维度、关系维度和团队成员维度构成。团队成员维度是指员工与组织注重人际支持和良好的人际关系。[③]

2000 年,科伊尔 · 夏皮罗(Jacqueline A-M. Shapiro)和凯斯勒(Ian Kessler)则将雇主责任分为交易责任、培训责任和关系责任。交易责任是指与经济物质有关的组织责任,包括提供与责任挂钩的、与同行业员工相同的报酬和福利,并随着生活水平的提高增加工资。培训责任是指与员工知识和能力增长有关的责任,包括必要的工作培训、新知识新技能培训和组织支持。关系责任是指与员工个人前途有关的责任,例如提供长期的工

① ROBINSON S, KRAATZ M, ROUSSEAU D. Changing obligations and the psychological contract a longitudinal study[J]. Academic of Management Journal,1994,37(1):137-152.

② FREESE C, SCHALK R. Implications of differences in psychological contracts for human resources management [J]. European Journal of Work and Organizational Psychology, 1996(5):221-233.

③ ROUSSEAU D M, TIJORIWALA S A. What's a good reason to change? Motivated reasoning and social accounts in promoting organizational change[J]. Journal of Applied Psychology, 1999,84(4):514-528.

作保障和良好的职业前景。①

　　2001年,基库尔(Jill Kickul)和莱斯特(Scott W. Lester)从工作性质和工作结果的角度出发,以246名在职MBA学员为调查对象得到的11项雇主责任进行因素分析,把心理契约雇主责任划分为外在契约和内在契约。外在契约涉及雇主所作的与员工工作完成有关的允诺,如灵活的工作时间、安全的工作环境、有竞争力的工资和奖金。内在契约则关联雇主所作的与员工工作性质有关的承诺,如工作自我选择、自主决策、自我控制、从事挑战性工作、提供组织支持、参与决策、有发展机会等。②

　　国内学者李原发现,中国企业员工的心理契约由三个维度构成:规范性责任、人机型责任和发展型责任。规范型责任表现为企业给员工提供经济利益和物质条件,员工遵规守纪完成基本的工作要求,类似于交易契约。人际型责任是指企业给员工提供人际环境和人文关怀,员工为企业创造良好的人际环境,类似于关系契约。发展型责任是指企业为员工提供更多的发展空间,员工自愿在工作中付出更多努力。③根据心理契约主体的不同组合会形成不同的心理契约关系。每个组织在其背景下存在个体行为、群体行为和组织行为这三个层次,在心理层面上有个体心理、群体心理和组织心理三个水平。心理契约关系客观上有六种基本类型:个体与组织、个体与群体、个体与个体、群体与群体、群体与组织、组织与组织的心理契约等。④

　　从国外的研究来看,对于心理契约的交易型和关系型的二维分类得到了大部分研究的支持与认可。其他的扩展分类是在此基础上的进一步细分。国内研究虽然对于心理契约类型的命名不同,但是其实质内容也没有脱离交易型和关系型的分类,或者是在更宏观的层面上对心理契约进行

---

　　① COYLE-SHAPIRO J, KESSLER I. Consequences of the psychological contract for the employment relationship[J]. Journal of Management Studies,2000,37(7):903-930.

　　② KICKUL J, LESTER S W. Broken promises:Equity sensitivity as a moderator between psychological contract breach and employee attitudes and behavior[J]. Journal of Business and Psychology,2001,16(2):191-213.

　　③ 李原,郭德俊.员工心理契约的结构及其内部关系研究[J].社会学研究,2006(5):151-168,245.

　　④ 曹威麟,朱仁发,郭江平.心理契约的概念、主体及构建机制研究[J].经济社会体制比较,2007(2):132-137.

划分。

（三）心理契约的破坏与违背

在愈发竞争激烈和快速变迁的社会环境中,大多数组织的管理方式、人员结构以及雇佣关系都发生了变化,软性的管理方式受到更多的推崇,这就增加了原有心理契约改变的可能性。心理契约破坏(psychological contract violation)和心理契约违背(psychological contract breach)是心理契约改变的表现形式。在早期,学者认为这两个概念近似等同。后期,学者认为这两个概念是不同的,并进行了界定和区分。心理契约破坏主要指向主观认知,即使组织没有事实上的破坏,如果员工自身认定的话,也可以判定心理契约破坏存在。心理契约违背主要指向情绪或情感性反应。

心理契约破坏和违背成正相关。[①] 莫里森和罗宾森提出,心理契约违背是心理契约破坏的后果。心理契约破坏是员工对于组织未能履行心理契约中与员工贡献相称的一种或多种责任的主观感知,是员工对组织未能完成其在心理契约中应承担责任的认知性评价(cognitive assessment)。心理契约违背是指员工因组织违背心理契约而产生的一种短期的、相对激烈的情绪或情感反应(emotional or affective reaction),如失望、愤怒、悲痛等。[②]

心理契约破坏与心理契约违背都会影响组织的运转,对员工的情感、态度和行为会产生广泛的负面影响。第一,导致员工的不信任感。情感反应(affective reactions)指员工由于强烈的工作事件所产生的情绪体验。[③]不信任是心理契约破坏的典型的情感反应。员工在以信任为基础的关系中进行情感投资。当心理契约破坏,员工可能质疑组织的真诚度,对组织

---

①　ZHAO H, WAYNE S J, GLIBKOWSKI B C, et al. The impact of psychological contract breach on work-related outcomes: A meta-analysis[J]. Personnel Psychology, 2010, 60(3):647-680.

②　MORRISON E W, ROBINSON S L. When employees feel betrayed: A model of how psychological contract violation develops[J]. The Academy of Management Review, 1997,22(1):226-256.

③　石晶,崔丽娟. 国外心理契约破坏及结果变量与调节变量:述评与展望[J]. 心理科学,2011,34(2):429-434.

持怀疑态度或充满敌意。① 第二,削弱员工对组织的认同度
(identification)。当员工在组织中感受到不公平感时,员工对组织的信任
就会降低,当不信任积累到一定程度,认同度就越发降低,直到完全不认同
自身所在的组织,并且不以身为组织的一员而骄傲。② 第三,导致员工工
作态度的降低,包括工作满意度和组织承诺。工作态度(work attitudes)
是员工对组织及工作的一般性评价。工作满意度是个体对其期望从工作
中获得及实际获得之间的关系的感知,组织给予员工的承诺与员工实际得
到的差异越大,通常满意度越低。③ 组织承诺指个体认同并参与一个组织
的强度。在组织承诺里,员工确定了与组织连接的程度,当心理契约破坏
产生,员工对组织认同度降低,组织承诺无疑达不成。员工的策略在于通
过降低对组织的情感承诺进行反击④,比如离职意向提高。离职意向是雇
员产生在未来某个不确定的时间将自动离职的心理倾向,是对负性工作事
件的反应。第四,导致员工工作行为出现偏差。(1)心理契约破坏对组织
公民行为具有负面影响⑤,降低组织公民行为的可能性。组织公民行为
(organizational citizenship behavior)是指非规定性的,具有自由裁量性,不
受职业规定的限制,不由正式的薪酬体系所明确或直接确认,却有利于组
织绩效提高的个人行为。当员工与组织处于一种负面关系中,员工进行组
织公民行为的可能性极大降低。罗宾森和莫里森通过纵向研究发现,心理

① DEERY S J, IVERSON R D, WALSH J T. Toward a better understanding of psychological contract breach: A study of customer service employees[J]. Journal of Applied Psychology, 2006,91 (1):166-175.

② RESTUBOG S L D, HORNSEY M J, BORDIA P, et al. Effects of psychological contract breach on organizational citizenship behavior: Insights from the group value model[J]. Journal of Management Studies, 2008,45(8): 1377-1400.

③ RESTUBOG S L D, BORDIA P, TANG R L. Effects of psychological contract breach on performance of IT employees: The mediating role of affective commitment[J]. Journal of Occupational and Organizational Psychology, 2006,79(2):299-306.

④ RESTUBOG S L D, BORDIA P, BORDIA S. The interactive effects of procedural justice and equity sensitivity in predicting responses to psychological contract breach: An interactionist perspective [J]. Journal of Business and Psychology, 2009,24(2):165-178.

⑤ ROSEN C C, CHANG C H, JOHNSON R E, et al. Perceptions of the organizational context and psychological contract breach: Assessing competing perspectives[J]. Organizational Behavior and Human Decision Processes, 2009,108(2):202-217.

契约破坏越严重,一年后的组织公民行为越低。① (2)导致员工减少角色内行为,程度严重的甚至出现反公民行为。角色内行为(in-role behavior)是员工依据组织制度和工作职责所产生的一系列行为,属于组织正式的薪酬系统。当员工发现组织没有履行其责任时,就可能减少角色内行为,从而降低角色内绩效。② (3)导致员工反公民行为和偏差行为的出现。反公民行为(anti-citizenship behavior)是员工对组织的破坏行为,例如降低角色内行为和自由裁量行为(discretionary behaviors)、直接干扰同事的工作等。心理契约破坏有时候能够预测员工的反公民行为,也就是说心理契约破坏越严重,员工的反公民行为越强烈。③ 心理契约破坏与员工的偏差行为呈正相关,并且主要影响组织偏差行为,对人际偏差行为的影响相对较小。员工偏差行为(deviant behavior)是指其违反组织规则,损害组织功能和组织成员利益的自主行为。员工偏差行为可分为人际偏差和组织偏差,其中人际偏差主要与个体特质相关,组织偏差主要与个体对组织情境的知觉有关。④

　　心理契约破坏由于出发点是个体,因此它的影响因素主要集中在个体因素上,在某种程度上这些个体因素也是中间调节变量。通过对心理契约破坏的影响因素的分析,组织要重视这些中介因素来降低心理契约破坏的不良结果。个体因素主要包括个人特质和个体对组织的感知,个人特质主要包括人格、公平敏感性、自我控制、成就动机、归因风格,个体对组织的感知主要包括程序公平、分配公平、组织政治知觉等。

　　从个人特质来看,个体的尽责性、随和性和情感稳定性等对心理契约

　　① ROBINSON S L, MORRISON E W. Psychological contracts and OCB: The effects of unfulfilled obligations on civic virtue behavior[J]. Journal of Organizational Behavior,1995,16(3):289-298.

　　② LESTER S W, TURNLEY W H, BLOODGOOD J M, et al. Not seeing eye to eye: Differences in supervisor and subordinate perceptions of and attributions for psychological contract breach[J]. Journal of Organizational Behavior, 2002,23(1): 39-56.

　　③ KICKUL J R, NEUMAN G, PARKER C, et al. Settling the score: the role of organizational justice in the relationship between psychological contract breach and anticitizenship behavior[J]. Employee Responsibilities and Rights Journal,2002,13(2):77-93.

　　④ BENNETT R J, ROBINSON S L. Development of a measure of workplace deviance[J]. Journal of Applied Psychology, 2000, 85(3):349-360.

破坏与结果具有调节作用。其一,尽责性影响心理契约的形成,甚至能预测员工的工作表现、离职意向等。一般而言,越尽责的员工,工作表现越佳,离职意向越低。其二,公平敏感性(equity sensitivity)是个体对公平的不同偏好。这种偏好导致个体对公平或不公平的结果有稳定且个性化的反应。公平敏感性是一个连续变量,从低到高是大公无私(benevolent)到自私自利(entitled)。公平敏感性越低的人越偏好对组织的高投入,满足于对组织的贡献;公民敏感性越高的人,更看重工作的回报,对于成本与收益的对比较为注重。其三,自我控制(self-control)是指个体克制自己消极行为倾向的能力。自我控制能力越强的员工,工作偏差的可能性越低,对心理契约破坏的容忍度越高,以免导致问题进一步复杂化或产生破坏性的后果。其四,成就动机是个体追求自己认为重要的有价值的工作,并使之达到完美状态的动机,即一种以高标准要求自己力求取得活动成功的动机。成就动机越高的人,越容易为了自己的行为目标而忽视心理契约破坏所带来的影响,能够有更专注于工作目标的良好态度,对于工作价值本身以及工作所预示的前景更关注。其五,归因风格是指个体对特定事件(成功或失败)的解释倾向。[①] 外部归因倾向的员工更容易对心理契约破坏给出负面的工作反应,将工作失败的结果归结于组织本身而非个人错误;内部归因倾向的员工对成功或失败的结果主要归因于个人,更可能作出积极的工作反应。

从个体对组织的感知来看,员工个体对组织情境的知觉对于心理契约破坏的结果具有很大的影响。员工个体对心理契约破坏的决策不仅受到结果的公平性和可接受度的影响,因而考量程序公平和分配公平,还受组织政治知觉以及领导成员关系的影响。其一,程序公平指员工对用来确定结果的程序和方法的公平性的知觉。其二,分配公平指员工感知在贡献和得到的奖励之间是否存在数量上的公平。其三,组织政治知觉主要关涉员工自身或相关利益团体的利益分配,不受组织准则和目标约束的行为存在于非正式结构中,包括三个维度:一般政治行为、与有权力的人交往、薪酬与晋升。其四,领导成员关系是指员工对直属领导与其下属之间人际社会

---

① 石晶,崔丽娟.国外心理契约破坏及结果变量与调节变量:述评与展望[J].心理科学,2011,34(2):429-434.

交换关系质量的知觉。高质量的领导成员关系有助于减少心理契约破坏
出现的可能性。①

第二节　组织社会学理论

组织社会学理论是研究人与组织、组织与社会的相互关系,揭示组织
及其活动规律性的理论体系。组织社会学理论在发展过程中形成了三条
基本线索:第一,对组织结构的探讨,研究问题集中在组织结构的分类以及
组织结构规约下的行为策略,包括正式结构、非正式结构、决策结构和权力
结构;第二,探讨组织结构制约下的自由裁量权,以及自由裁量权影响下的
行动者的行动逻辑与策略;第三,探讨制度环境对组织行为的影响,其中组
织中的新制度主义用"合法性机制"为分析框架对制度环境与组织行为的
关系进行了解析。

一、组织结构

组织结构的研究具有不同的视角:一是以马克斯·韦伯(Max Weber)
为代表提出的科层制下的正式组织结构;二是以切斯特·巴纳德(Chester
Irving Barnard)为代表提出的非正式结构;三是以法国米歇尔·克罗齐耶
(M. Crozier)和埃哈尔·费埃德伯格(E. Friedberg)为代表提出的权力
结构。

(一)正式结构

马克斯·韦伯的科层制理论基本是理性的正式结构的组织理论。他
认为,正式组织是一种正式结构,这种正式结构体现为权威结构。权威结
构是具有"理性"的制度。在权威结构下,下级只能够按照正规制度或标准
行动。正式结构使得上级对下级施加影响,下级遵循上级的规则展开自己
的行动。正式结构下的权威是一种"法定"权威,这种权威存在于一个正式

---

① 石晶,崔丽娟.国外心理契约破坏及结果变量与调节变量:述评与展望[J].心理科学,2011,34
(2):429-434.

建立的社会规范体系中,其目的是促使组织行为理性地为特定的目标而奋斗。[①] 韦伯提出的理性正式结构界定获得了学界的认同和拓展。

西蒙(Herbert Simon)和马奇(James G. March)把组织结构描绘成"一系列织结在一起的行动计划",即组织结构是一种包括目标具体化和结构正式化的决策结构,有着两组命题关系。正式结构下的组织成员缺乏能动性,只有在受到激励和诱导时才会参与组织行动系统,但组织目标与个人目标不一致时就会产生冲突。组织成员不仅是决策者,也是问题解决者,他们形成的决策方式和问题解决方式成为理解行为的关键。詹姆斯·汤普森(James Thompson)认为,理性正式结构是组织实现有限工具的重要途径。斯科特(W. Richard Scott)则认为结构本身就存在理性,而不是来自于参与者。真实结构是一种控制节奏,激励参与者执行特定行为的奖赏系统。[②] 总体而言,理性的结构正式化指的是对约束行为的规则作出明确的显性表述,确定结构中各个角色和角色之间关系的规范。[③] 正式结构可以通过标准化和管制提高对行动的预期。

(二)非正式结构

非正式结构是在正式结构发展下提出的,以巴纳德、怀特(William H. Whyte)、乔治·埃尔顿·梅奥(George Elton Mayo)为代表。

巴纳德提出了协作系统,他认为,组织本质是一个连接所有参与者的有目的的沟通协调系统,这个系统中上级的目的能够被下属接受,从而成为他们行动的基础。[④] 巴纳德认为,成功的组织最关键的要素是要有一个在道义上将参与者约束在一起的集体目标。人际关系的变化和发展决定了交往双方是否能得到所需要的满足,如果能够,双方关系就会形成接近、友好、信赖的心理关系,这是正向的关系,反之就是反向的关系。组织中的人际关系是组织成员之间的一种契约性的角色联系。彼得·布劳(Peter

---

① 布劳,斯科特.正规组织:一种比较方法[M].夏明忠,译.北京:东方出版社,2006:36.
② 斯科特,戴维斯.组织理论:理性、自然与开放系统的视角[M].高俊山,译.北京:中国人民大学出版社,2011:64.
③ 斯科特,戴维斯.组织理论:理性、自然与开放系统的视角[M].高俊山,译.北京:中国人民大学出版社,2011:42.
④ 斯科特,戴维斯.组织理论:理性、自然与开放系统的视角[M].高俊山,译.北京:中国人民大学出版社,2011:80.

Michael Blau)认为,人际关系、非正式准则和对有关规定不执行都属于官僚组织发展行为的合理模式。[①] 他认为,非正式行为不能一概被视为机制功能失调,非正式行为比正式结构更能有效地达到组织的目标,非正式的合作形式具有积极的效果。

非正式结构是基于具体参与者的个人特点和人际关系的规范和模式。[②] 非正式结构是一种协作系统和关系模式、非正式的人际关系结构[③]、非正式准则、情感逻辑和道德规范。非正式结构影响下的行动路径强调的是非理性、人际关系、情感等,这些因素都会影响组织中行动者的行动。非正式结构强调人的友善与进取、人的社会性以及激励因素的复杂性在引导和激励人在组织中的行为中的重要作用。非正式结构为人的行动提供了新的解释力度。但非正式结构(关系结构)的分析者并没有否定规范、合理的组织结构对提高组织效率的重要性。他们所强调的是:仅仅依靠理性,组织的正式结构无法全面持久地提高工作效率。行动者具有自我的能动性,行动者的行为策略并不仅仅受到利益的驱动。作为一个能动者,行动个体的各种利益诉求和自我能动性使得制度环境并不能完全决定行动者的行为。这一类的研究者都强调外部环境会使组织调整自身的行为以适应外部环境的要求。他们强调行为结构,更大的兴趣在于考察实际做了什么而不是决定或计划做什么。他们并不否认高度正式化的结构,而是强调非正式结构的出现对于规范行为同样产生重要的影响。正式结构是那些人为的规范和行为模式,与具体的个体行动者的特点无关。具体行动者的个人特点、人际关系和模式构成了非正式结构,也就是说社会结构不仅包括正式结构,也包括个体参与者独特的信仰、能动性形成的非正式结构。

(三)权力结构

组织结构也被认为是一种权力结构。埃默森(Richard M. Emerson)

---

① 拉法耶.组织社会学[M].安延,译.北京:社会科学文献出版社,2000:19.

② 斯科特,戴维斯.组织理论:理性、自然与开放系统的视角[M].高俊山,译.北京:中国人民大学出版社,2011:72.

③ 斯科特,戴维斯.组织理论:理性、自然与开放系统的视角[M].高俊山,译.北京:中国人民大学出版社,2011:33.

对权力依赖关系进行了系统表述,他认为权力已经与组织结构联系在一起。① 处于不同组织结构下的权力是不同的。权力指的是组织成员有影响他人行为的能力,也就是使他人执行其命令或使他人支持其规范。正式结构中上层对下层就有强制性权力。在组织中,控制成员的权力即执行权力主要决定于行动者的组织地位和个人特质。不同职位的行动者具有不同的权力。职位权力可以是规范的和强制的。在科层制中,领导者和具有高级职位的人更具有权力。1964 年,布劳指出,"一个掌控他人所需的服务并且不受他人支配的人,通过根据对方的服从来满足他们需求而获得对这些人的权力"。布劳认为权力构成了权力结构。该结构是一种不平等交换关系的服务,这种不平等关系越显著,那些缺乏资源回报这些服务的人,在不想失去这些服务却又无法从别处获得它们时,只有一个选择:"他必须服从提供服务的人,遵循后者的意愿,将对自己的权力作为奖赏诱导他人提供所需的帮助。"②萨拉曼(Graeme Salaman)和本森(J. K. Benson)都特别强调组织权力的重要性,并把它们与社会总的权力理论相联系。③ 安德鲁·邓西尔(Andrew Dunsire)认为,在组织的这些不同层级之间,存在着控制、协调和沟通以及如何将这些层级中的项目连接起来等方面的问题。

权力结构主要有权力系统、权力关系、游戏结构等几个关键概念。

权力系统。克罗齐耶明确提出组织是一个权力系统,在组织系统中,结构特点与那些致使组织中的一些参与者比其他参与者拥有更大权力的要素相互影响。克罗齐耶认为,权力关系是一种博弈关系,他对权力的理解不仅仅限于正式结构中的强制权力,他认为权力包括四种来源:第一个建立在能力或很难替代的专门化功能基础上;第二个建立在对外界环境关系掌握的基础上;第三个建立在对内部信息掌握的基础上;第四个建立在对组织规则运用的基础上。最后一种构成了上级与下属等级权力关系不可忽视的根源。④

　　① 　SCOTT W R. Organizations: Rational, Natural and Open Systems[M]. 5th ed. Upper Saddle Reiver, N J: Prentice-Hall, 2003.

　　② 　斯科特,戴维斯.组织理论:理性、自然与开放系统的视角[M].高俊山,译.北京:中国人民大学出版社,2011:232.

　　③ 　黑尧.现代国家的政策过程[M].赵成根,译.北京:中国青年出版社,2004:142-143.

　　④ 　拉法耶.组织社会学[M].安延,译.北京:社会科学文献出版社,2000:40-41.

权力关系。权力关系是指组织中不同权力来源的特定参与者,通过他们在组织中不可或缺的地位,控制和影响结构的方式。不同的权力来源使得权力不仅限于阶层的关系,而且存在于行动者定位和把握不确定因素根源的能力上,也就是不管行动者在组织中处于什么地位,行动者总是拥有一定自由的余地。

游戏结构。权力结构也体现为一种基于权力关系的游戏结构。组织中的行动者在规则下行动,他的行动受到组织规则的约束和其他行动者的约束与影响。不同行动者的权力来源构成了不同的权力关系。不同的权力关系形成了不同行动者的游戏结构。这种游戏结构具有非自然性与人为设计的特征,也具有集体的特征和权力关系特征。游戏制约合作的行动者及其对手的行动自由,限定他们进行活动的自主领域,对他们单方面利用对方的可能性进行约束。作为一种整体的社会机制,游戏结构一方面强调秩序,即尽管行动者是自由的,但他们都受到游戏规则的制约,行动者可以作出合乎意愿的选择,但他们还是不得不在一定程度上服从游戏规则;另一方面,强调游戏者的被构造性,即游戏始终呈现为开放状态,行动者的行为也不断地动态形塑着游戏规则。

（四）大学组织结构

1985 年,弗里蒙特·卡斯特(Fremont E. Kast)认为,大学组织是由正式结构与非正式结构组成的。正式结构是指校级—院级的松散结构,非正式结构是指行动者目标和动机的社会心理系统。他将行动者划分为学生、系科和管理人员。他认为系科是一个由各种不同成员构成的社会心理系统。

迈耶(John W. Meyer)等人认为,学校是对社会的合法性起着重要作用的结构,是受制度高度影响的组织,具有很强的仪式性。学校是一种松散联结的组织,组织内部结构的松散性使得组织缓冲了来自外部的影响,保护了组织核心的教学获得。他认为学校与外部环境之间存在一种信任逻辑。外界主要是看学校在仪式上是否具有符合学校的外部体制,外界对学校的检查、评估都是仪式上的。迈耶认为外部环境虽然导致了学校的部

分制度化,但技术系统并不是不能发挥作用。① 之后,伯顿·克拉克
(Burton R. Clark)认为,大学本质上是一个围绕学科和行政单位组织的矩
阵型组织。② 克拉克将赛尔兹尼克(P. Selznick)的思想引入大学组织中,
他对教育组织的特征、组织结构进行了提炼与分析。他在《开放学院》中提
出,社区学院是公立学校同时也是学院的双重性导致了它们在地位、认同
和自主性方面的困境。社区学院的特征体现为,在教育当局直接控制下,
具有对政府依赖的特征。他运用组织特征、组织能力与组织价值化目标和
理念相联系,突出了社区学院的制度化过程,特别是理性组织的行为。伯
顿·克拉克在《特色学院》一书中分析了组织的创造者和领导者在组织创
造过程中的作用以及这些组织能够维持的条件和过程。③

　　克拉克是较早将组织社会学引入到大学组织分析的理论学家,他对大
学组织的分析体现了行动者利益与权力的斗争、领导过程、制度化过程、组
织结构的变迁等主题。托尼·布什(Tony Bush)运用环境、目标、结构、领
导等四个核心概念概括了西方教育管理的各种模式。④ 斯蒂文·布林特
(Steven Brint)和卡拉贝尔(Jerome Karabel)提出,高等教育场域是一个权
力关系的舞台,权力关系体现在政府、学校和商业组织之间。政府和商业
组织的权力导致学校处于一种被剥夺地位。⑤ 奥利弗·威廉姆森(Oliver
Williamson)提出了社会分析的四个层次,较高的层次对较低的层次强加
限制,顶层是社会嵌入性层次,是规范、习惯、传统存在的地方。⑥

　　海因兹-迪特·迈耶(Heinz-Dieter Meyer)与布莱恩·罗恩(Brian
Rowan)提出,高等教育场域是"松散联结"的,大学较少追求技术效率。大

---

　　① MEYER J W, ROWAN B. The Structure of Educational Organizations[M]//MEYER J W,
SCOTT W R. Organizational Environments: Ritual and Rationality. California: Sage,1985:71-98.

　　② 陈玉琨,戚业国.论我国高校内部管理的权力机制[J].高等教育研究,1999,(3):41-44.

　　③ 郭建如.社会学组织分析中的新老制度主义与教育研究[J].北京大学教育评论,2008,6(3):
136-151.

　　④ SCOTT W R. Institutions and Organizations[M]. Albany, NY: Sage Publications,2002:42.

　　⑤ BRINT S, KARABEL J. Institutional Origins and Transformations: The Case of American
Community Colleges [M]//POWELL W W, DIMAGGIO P J. The New Institutionalism in
Organizational Analysis. Chicago: The University of Chicago Press,1991: 337-356.

　　⑥ 斯梅尔瑟,斯威德伯格.经济社会学手册:第2版[M].罗教讲,张永宏,等译.北京:华夏出版
社,2014:65.

学组织的变化被认为是一种同形的过程,国家和学术专业人员制度化了规范、价值和技术知识。大学是被"接受的"组织,被动地遵守制度环境的要求,通过遵从制度而不是追求技术效率来确保成功。① 迈耶指出,政府将新的问责规则的制度化对学校的内部运行技术产生了实质性的影响。② 罗文认为,大学组织是高等教育环境中的关键行动者,他将利益和权力置于制度分析的框架下,强调制度建构中的权力与冲突导致了组织中的制度变迁。③

二、组织结构下的行动策略

组织结构下的行动策略研究关注三个方面:一是行动者策略受到有限理性的影响;二是行动者具有一定的能动性,具有一定的自由裁量权;三是不同组织结构中的行动者存在策略互动。

（一）有限理性决策

西蒙认为,组织模式为个人行动者的行为提供了行动模式,根据某些特定价值而形成的行动和角色的分化,组织的规则、计划和固定化的行为限制了选择,也避免了每次选择的困难。巴纳德提出协作系统之后④,西蒙和马奇吸收了巴纳德的观点,他们开始质疑完全理性的观点,并且开始关注组织决策过程中行动者的选择,他们指出决策过程是理解组织的关键。

首先,西蒙在 1957 年的《管理行为》一书中描述了组织的动机理论,他认为组织向其参与者提供的诱因和参与者对组织所作的贡献是一种平衡的动机理论。他认为决策过程是一个利益与目标经常相互冲突的个人之

---

　① MEYER H D, ROWAN B. The New Institutionalism in Education[M]. New York:State University of New York Press, 2006.

　② MEYER H D, ROWAN B. The New Institutionalism in Education[M]. New York:State University of New York Press, 2006:1-14.

　③ MEYER H D, ROWAN B. The New Institutionalism in Education[M]. New York:State University of New York Press, 2006:15-36.

　④ 巴纳德强调组织本质是一个整合个体参与者贡献的协助系统。巴纳德认为正式组织是一种有意识的、审慎的、有意图的人们之间的合作。

间的互动过程。① 其中,组织中的决策者首先是行动者,但行动者决策不是行动者个体单方面行为的产物,而是在复杂的组织背景下促成的,决策贯彻于管理的各个方面,决策者是组织结构中的行动者或行动者群体。

其次,西蒙和马奇在 1958 年提出了"有限理性"和"最小满意标准级别"的命题,其核心在于个人选择和组织制度结构的关系,即提出了一种强有力的替代理论——"有限理性理论"。② "有限理性"的模型巧妙地将强调目的和意图的主张与对限制这种理性行为的认知和社会约束的认识联系起来。③ 与此同时,他们开始接受环境对组织会形成影响的观点,他们开始关注到,组织及其决策者需要对他们的环境更加开放,集中探讨了环境下组织的复杂性以及组织的内部决策机制等问题。

（二）自由裁量权

学界目前对于自由裁量权的定义最有影响的可能是戴维斯(Kenneth Culp Davis)所作出的解释,他认为,"一个公共官员拥有自由裁量权,意味着无论对他的权力有怎样有效的限制,他依然具有在作为和不作为的可能系列中作出选择的自由"④。杰弗里·乔维尔(Geoffrey Jovier)进一步发展了戴维斯对自由裁量权的研究,他对自由裁量权的定义与戴维斯相似,将其界定为"决策者所拥有的决定策略空间"⑤,认为关键是要确保决策者不能专横随意地决策。他认为规则可能与自由裁量权对立,自由裁量权也可以定义为行动受到规则限定的程度。⑥ 布尔(D. Bull)认为,自由裁量权意味着一线官僚的行为更为符合工作的需求。⑦ 唐斯(Anthony Downs)认为,授予自由裁量权的必要性在于官僚结构的等级制。⑧ 米切尔·黑尧(Michael Hill)认为,所有的自由裁量权在某种程度上蕴含在一种规则结

---

① 黑尧.现代国家的政策过程[M].赵成根,译.北京:中国青年出版社,2004:82.

② 鲍威尔,迪马吉奥.组织分析的新制度主义[M].姚伟,译.上海:上海人民出版社,2008:21-22.

③ 斯科特,李国武.对组织社会学 50 年来发展的反思[J].国外社会科学,2006(1):7-14.

④ 黑尧.现代国家的政策过程[M].赵成根,译.北京:中国青年出版社,2004:158.

⑤ 黑尧.现代国家的政策过程[M].赵成根,译.北京:中国青年出版社,2004:159.

⑥ 黑尧.现代国家的政策过程[M].赵成根,译.北京:中国青年出版社,2004:160.

⑦ 黑尧.现代国家的政策过程[M].赵成根,译.北京:中国青年出版社,2004:167.

⑧ 唐斯.官僚制内幕[M].郭小聪,等译.北京:中国人民大学出版社,2006:142.

构中。[①] 可见,自由裁量权是在一定规则限定下的"决策者所拥有的决定策略空间"。

　　组织结构中每一层级都可看作是自由裁量权的行为主体,在实施某种政策的过程中,都介入了具体规则的制定过程。西蒙指出,在组织系统中,存在着一系列自由裁量的空间,任何一个人在自己的上级所提供的一般性的大框架之内,都有解释自己任务的自由。[②] 利普斯基(Michael Lipsky)认为,基层官僚的自由裁量权主要归结为上一层政策制定的不确定性和模糊性。他认为基层管理者拥有自由裁量权有其必要性,拥有自由裁量权的基层官僚既是政策的制定者,也是政策的执行者。[③] 艾茨尼(Amitai Etzioni)认为,拥有自由裁量权的行动者具有三种决策类型:"疏远性的""计算性的"和"伦理性"的。[④] 自由裁量权的讨论必须放入具体的情景中,组织复杂程度、报酬制度、动力和道德都会影响自由裁量权下的策略行动。韦伯提出了三种行动类型:惯例支配的行动、受习俗支配的行动和受利益资本驱动的行动。[⑤] 可见,组织因素就是以这种方式,影响着一个主体对政策所可能施加的压力的程度,以及这种压力可能的方向。本书讨论的自由裁量权指的是规则下的有限决策,即行动者在上一层规则下能够根据具体的情景进行有限的决策。

　　弗里蒙特·卡斯特(Fremont E. Kast)认为,大学中不存在单一的以明确而统一的等级结构为基础的管理系统。系一级具有自由裁量权,是大学的基本组织单位。系具有围绕某一知识或学科协调单个教学人员活动的基本职能,在制度教学方面具有一定的决策权。学院是由系构成的,学院为教学计划和控制方面的决策提供进一步的协调统一。它将对课程的范围、学院内需要主修的科目以及各种学位计划的性质制定根本性的决策。决策的过程将是一个获取一致同意的过程,而不是学院层面集中给予指令的过程。学院管理者在使用权力取得一致协议的过程中有重要的作用。

---

①　黑尧.现代国家的政策过程[M].赵成根,译.北京:中国青年出版社,2004:170.
②　黑尧.现代国家的政策过程[M].赵成根,译.北京:中国青年出版社,2004:161.
③　西蒙.管理行为[M].杨砾,韩春立,徐立,译.北京:北京经济学院出版社,1988:223.
④　利普斯基.基层官僚:公职人员的困境[M].苏文贤,译.台北:学富文化事业有限公司,2010:22.
⑤　黑尧.现代国家的政策过程[M].赵成根,译.北京:中国青年出版社,2004:167.

（三）行动策略的博弈互动

克罗齐耶与费埃德伯格不认同自然模型理论的假设条件。他们认为人性假设和理性假设经不起具体经验的检验，组织并非一种自然形成的现象，而是人为的一种建构。他们提出了行动者具备改变自己行为能力的假设。他们认为，理性的模式产生了单一的因果关系，分析和理解组织应该采用一种因果关系更灵活的视角。他们提出将结构、行动与博弈的分析方式相结合，认为权力关系和策略互动构成了组织。

首先，他们提出，人们之所以要建构组织，"其目的在于解决集体行动的问题，而其中最为重要的是合作的问题"。① 其次，他们认为组织的行动者不是在与一种抽象的环境进行互动，处于博弈的行动者具有不同的目标和行动的自由度。他们的核心观点体现为：一是规则约束了行动者的行动；二是组织中的行动者具有有限的行动自由权；三是行动者的行为是有限理性的，行动者的行动会相互影响；四是组织内部的共识或是凝聚力和博弈双方的权力关系构成了行动的道德依赖。因此，有限理性、权力关系和道德依赖、行动者有限自由行动空间共同影响了行动者的行动策略，并且行动者的相互交换和相互影响交织成了组织环境的游戏结构。

三、环境与组织行动关系的相关理论

组织与这些组织周围的和渗透到组织内部的要素之间的关系具有互惠性。组织是一个自我调节的系统，各部分都能积极响应系统其他部分的变化。组织中的有些要素与其他要素之间的联系相对松散，它们各自可以独立行动。组织的规则结构与行动结构之间的联系是松散的，规则并不总能够制约行动：某条规则的改变可能并不影响行动。环境被认为是系统延续离不开的物质、能量和信息的终极来源，环境还被视为秩序的来源。斯科特（W. Richard Scott）把结构看作组织的外在环境与内部各子系统的纽带。组织需要从环境获取输入，这一事实对组织的内部结构有着重要的影

---

① CROZIER M，FRIEDBERG E. Actors and System：The Politics of Collective Action[M]. Chicago：The University of Chicago Press，1980：3.

响。[①] 总而言之,可以认为:制度环境是影响组织行动的要素;制度环境与组织行动之间存在互动行为;合法性机制对组织行动具有重要影响。

（一）制度环境与组织行动的关系

组织是由其所处环境中的现象所构建,并且组织与其环境有趋同的趋势。对类似趋同性的一个解释是,正式组织通过技术和交换的相互依赖性来与自身的环境相匹配。[②] 权变学派、资源依赖理论以及组织生态理论、新制度主义学派从不同角度阐明了制度环境与组织行动的关系。

1. 权变学派对制度环境与组织行动关系的解读

在传统的行为管理理论中,环境变量被完全忽视或作为已给定的因素而被省略。权变学派清醒地认识到,环境变量不仅是影响企业管理的重要因素,而且是权变管理理论不可分割的重要组成部分。权变学派认为,环境变量由外部环境变量与内部环境变量两部分构成。一般而言,外部环境通常松散地由社会、技术、经济和政治法律环境构成,内部环境变量通常由组织、结构、技术及管理者的决策、沟通和控制构成,内部环境变量受外部环境变量的影响。劳伦斯(D. H. Lawrence)和洛施(J. W. Lorsch)是权变学派的代表人物,他们认为组织结构和环境都是可变的,具有不确定性。组织的绩效最终依赖于组织和环境的互相适应。他们将组织视作一个有应变能力的个体,它会改变自己的结构,把握自己的方向。当环境存在不确定性时,管理人员会通过选择策略和改变结构,来维系组织的生存。

总体而言,权变理论认为,影响组织形式的权变因素可以从外部环境与内部环境两个方面来考虑。第一,组织是个开放系统,它必须与其外部环境保持动态平衡,并能对付外部环境的各种威胁。影响组织形式的主要环境因素是市场状况、技术和经济条件。第二,权力与组织结构:企业员工对权力承认的程度、权力结构的层次、运用权力的方式都会影响组织形式。第三,人与组织结构:组织成员的文化程度、价值观、经验、偏爱、目标和行为方式都影响着组织结构的形式。

---

① 斯科特,戴维斯.组织理论:理性、自然与开放系统的视角[M].高俊山,译.北京:中国人民大学出版社,2011:106-121.

② 张永宏.组织社会学的新制度主要学派[M].上海:上海人民出版社,2007:8.

2. 资源依赖理论对制度环境与组织行动关系的解读

组织进化是不断优化资源配置的过程。1978 年,费弗和萨兰西克提出了资源依赖理论,认为组织与环境之间存在权力关系。拥有资源的组织就是有权力的组织。[①] 资源依赖理论认为,组织间关系即为资源依赖关系,可通过资源替代或相互合作降低这种依赖。随着资源依赖理论的发展,舍尔(L. K. Scheer)等人以成本和利益为基础对依赖进行了划分[②],将依赖概念延伸为基于转换成本和基于关系价值的依赖[③]。不管哪一种类型划分,资源依赖理论都强调权力的资源依赖的核心地位,即一种权力重塑或约束吸收行为。[④]

3. 组织生态理论对制度环境与组织行动关系的解读

组织生态理论是由汉南(Michael T. Hannan)和费里曼(John H. Freeman)提出的。他们认为组织的力量从属于环境[⑤],而惯习会使得组织缺乏变革的动力。这些理论的共同点在于,他们都认为环境的改变会引起组织内部秩序的变化。1957 年,赛尔兹尼克强调,将组织作为一种制度来研究具备必要性。他将组织与其外部环境和在组织内部发展起来的非正式社会系统都联系起来。他认为,组织成员与外部环境会形成复杂的关系模式,同时组织内部也会形成一个类似的关系网络。

---

① 布劳,迈耶. 现代社会中的科层制[M]. 马戎,时宪民,邱泽奇,译. 上海:学林出版社,2001:116.

② SCHEER L K, MIAO C F, GARRETT J. The effects of supplier capabilities on industrial customers' loyalty: The role of dependence[J]. Journal of the Academy of Marketing Science,2010, 38(1):90-104.

③ SCHEER L K, MIAO C F, PALMATIER R W. Dependence and interdependence in marketing relationship: meta-analytic insights[J]. Journal of the Academy of Marketing Science, 2015,43(6):694-712.

④ CASCIARO T, PISKORSKI M J. Power imbalance, mutual dependence and constraint absorption: A closer look at resource dependence theory[J]. Administrative Science Quarterly, 2005, 50(2):167-199.

⑤ 布劳,迈耶. 现代社会中的科层制[M]. 马戎,时宪民,邱泽奇,译. 上海:学林出版社,2001:123.

4. 制度学派对制度环境与组织行动关系的解读

制度学派将组织视作自然与有机系统,认为研究组织应该分析组织的整体,而要了解整个组织则必须分析组织的有机特性,特别是要详细分析某些组织的过程,认识组织的自然历史。因为现时的组织是以过去的组织形态为基础发展而来的,没有一个组织可以不受过去环境的制约,虽然人类世界充满各种机会让组织选择,但是过去的环境仍然会限制这种选择。组织是一个有机体,以一种自然的方式成长。如果能像生物学或心理学的分析一样,分析组织的自然发展过程,就能充分了解组织的结构与功能的形成。制度学派通过研究组织结构如何对组织运作过程的需求作出反应,发现组织中的某些妥协和改变是出乎意料的。其中赛尔兹尼克、汤普森都是该学派的核心代表人物。

赛尔兹尼克认为,由于风俗习惯和先例的影响,组织形成了自己的独特性。环境的不确定性导致了组织之间的差异。重要的认知形式是价值、规范和态度。当人们把价值认为是个人的目标时,组织的制度化就实现了。参与者的偏好被规范形塑,反映了他们在对事物的评价上具有一定的共识。组织价值的内化,实现了行动者对组织的投入。[1] 赛尔兹尼克强调的是组织表现出来的"矛盾性",它一方面是"服从于可计算的正式结构",另一方面又是"不可避免地嵌入制度矩阵中"的社会结构。[2] 他的研究对组织社会理论的主要贡献包括以下几点:一是指出了组织会发生变异,变异的来源与环境对组织决策的影响有关;二是组织内在运转的逻辑和方向受到不确定环境的影响;三是组织是一个有机体,能够适应环境。他的核心观点是环境对组织具有影响,组织对环境有相当的依赖,而且会努力去适应环境。

1967 年,汤普森提出了层次模型。他提出,所有组织在本质上都是开放的系统;所有组织都必须通过精心设计合适的结构来适应环境;组织是一个分化的系统,受环境的影响。[3] 汤普森提出,"个人和社会之间的关

---

① 丘海雄. 组织社会学理论回顾(下)(续上期)[J]. 中山大学学报论丛,1996(1):14-24.

② SELZNICK P. Foundations of the theory of organization[J]. American Sociological Review, 1948,13(1):25-35.

③ 汤普森. 行动中的组织:行政理论的社会科学基础[M]. 敬乂嘉,译. 上海:上海人民出版社, 2007:序言 10.

系,或行动和社会结构之间的关系问题,是社会理论和社会科学哲学的一个核心问题"。他认为环境与组织的影响并不是一成不变的,它们的强度在不断地变化。制度环境和组织处于一个相互影响的过程,其中制度环境被看作是由深深地根植于时间和空间之中的规则和资源所构造的规范化的实践。① 汤普森以同质性——异质性和稳定——变动两个向度对环境进行分类,研究环境对组织结构的影响,指出在同质性而且稳定性高的环境中,组织的结构会趋向简单化,决策权力集中,与环境直接互动的单位较少,功能分化的程度较低,强调标准化的规则;而在异质性而且变动性高的环境中,组织的结构会趋向复杂化,决策权力分散,强调弹性沟通和调适,较少依赖标准化规则。科层组织存在回归与无限伸延的特性,因此分析组织必须首先分析组织的上一层次与下一层次。②

（二）合法性机制和制度同形

组织分析中的新制度理论学家的基本假设:组织是制度体系的一部分,是与其功能一样的各种价值取向和意义的载体。③ 他们通过分析制度环境和文化信仰如何塑造组织行为,改变了组织研究的方向,提出了组织社会学的新制度主义之最初主张。这种独特的分析视角指出,正式组织结构不仅反映了技术要求以及资源依赖,而且受到更广泛的环境因素的影响。其核心思想是,组织的结构和实践通常反映了比组织更大的社会中存在的规则、信念和惯例。迪马吉奥(Paul J. DiMaggio)等认为,强迫性机制、模仿机制、社会规范机制导向共识,表现出相似的结构和行为。迈耶等人运用合法性机制来解释组织同构这一现象。他们认为,制度环境对组织的影响主要体现在两个方面:一是组织之间的趋同现象,即为了与制度环境保持一致,得到认可,每个组织都采用了类似的结构。由于组织所处的大环境是一样的,所以它们对于组织结构的做法都非常相似。二是组织之间的相互模仿学习,这种模仿行为也减轻了组织的动荡,因为它追随制度环境中的准则,得到了合法性,不容易受到环境的冲击。因此,即使这些组

---

① 黑尧.现代国家的政策过程[M].赵成根,译.北京:中国青年出版社,2004:45.

② 斯科特,李国武.对组织社会学50年来发展的反思[J].国外社会科学,2006(1):7-14.

③ 布劳,迈耶.现代社会中的科层制[M].马戎,时宪民,邱泽奇,译.上海:学林出版社,2001:124.

织效率不高,它们也可以生存下去。合法性本身能够提高组织的生存能力,由此衍生出了合法性机制、制度同形、耦合等核心概念。

1. 合法性机制

合法性机制建立在合法性概念的基础上。合法性受到了马克斯·韦伯的注意,他认为合法性作为一种秩序是行动的模板,合法性指的是"决定行动模式的公理和准则等"。[①] 塔尔科特·帕森斯(Talcott Parsons)认为,合法习惯是一种广泛的社会价值观,他强调组织目标与社会功能的一致性。迈耶和罗恩(Brian Rowan)认为,合理的制度环境所传递的规定和指引是一种合法性。[②] 可见,合法性强调社会认知的重要性,强调在一定的制度环境下,合法性成为连接组织行为和环境的桥梁,并迫使组织为了完成制度环境的要求,其行动不得不与规则、规范、社会理念或文化等保持一致。基于合法性的探讨,迪马吉奥和鲍威尔(Walter W. Powell)提出了合法性机制,他认为组织趋同的根源是合法性机制,是受到了强制性机制、模仿性机制和规范性机制这三种扩散性机制的推动[③]:一是强制性趋同来源于其他组织和社会文化期待施加于组织的正式和非正式压力,如政府法令、法规、问责制等;二是组织间的模仿性趋同,主要是指场域中处于较低位置的组织模仿处于较高位置或是同一位置的组织行为;三是社会规范趋同。斯科特在迪马吉奥和鲍威尔的研究基础上提出了合法性机制的扩散模式,他认为强制性机制、模仿性机制和规范性机制的合法性基础分别是规则合法性(regulative legitimacy)、认知合法性(congnitive legitimacy)和规范合法性(normative legitimacy),分别体现为法律约束、文化认可和道德治理。[④] 周雪光在前人研究的基础上将合法性机制定义为"诱使或迫使组织采取在组织外部环境中具有合法性的组织结构或做法的制度力

① 斯科特.制度与组织:思想观念与物质利益[M].姚伟,王黎芳,译.北京:中国人民大学出版社,2010:159.

② 斯科特.制度与组织:思想观念与物质利益[M].姚伟,王黎芳,译.北京:中国人民大学出版社,2010:160.

③ 迪马吉奥,鲍威尔.关于"铁笼"的再思考:组织场域中的制度性同形与集体理性[M]//鲍威尔,迪马吉奥,主编.组织分析的新制度主义.姚伟,译.上海:上海人民出版社,2008:72.

④ 斯科特.制度与组织:思想观念与物质利益[M].姚伟,王黎芳,译.北京:中国人民大学出版社,2010:59.

量"。① 也就是说,"同形"最能体现组织同质化过程的实质。

2. 同形、组织同形、制度同形

"同形"出现的原因有不同的解释:一是认为同形是一个限制性过程,迫使处于同一制度环境下的不同组织之间逐渐相似;二是认为同形的出现是非优化的组织形式被淘汰,或者组织中的决策者为了适应制度环境相应地调整自己的行为。"同形"的出现源于一种优胜劣汰。迈耶等人认为,合法性机制是形成"同形"的推动机制。② 在同一场域内的组织所处的大环境是一样的,组织同形的过程都非常相似。组织同形或同构指的是组织为了与制度环境保持一致,得到认可,每个组织都采用了类似的结构。③ 组织中的新制度主义强调行动建构,即秩序形成是通过共享的规制体系实现的,环境影响着组织行动者观察世界和各种结构行动和思想的范畴。他们认为,组织层级运作过程中的制度化会出现制度同形现象。④ 迈耶特别指出,当一项制度理性上升为"神话"时,对组织将会产生巨大的影响。⑤

3. 耦合和脱耦

按照组织的新制度主义观点,耦合和脱耦既是组织的行为策略,也是组织行为选择的生存逻辑,是组织为了获得合法性所采取的一系列形式化的做法。耦合逻辑指的是制度环境的正式规则与实际的运行呈现出了较为明显的一致性。脱耦逻辑指的是组织与制度环境的非耦合状态,即组织以某种方式抵制制度环境的影响,来策略性地应对环境的要求。⑥

① 周雪光.组织社会学十讲[M].北京:社会科学文献出版社,2003:74.
② 斯科特.制度与组织:思想观念与物质利益[M].姚伟,王黎芳,译.北京:中国人民大学出版社,2010:157.
③ 斯科特.制度与组织:思想观念与物质利益[M].姚伟,王黎芳,译.北京:中国人民大学出版社,2010:157.
④ 丘海雄.组织社会学理论回顾(下)(续上期)[J].中山大学学报论丛,1996(1):14-24.
⑤ 迈耶,罗恩.制度化的组织:作为神话与仪式的正式结构[M]//鲍威尔,迪马吉奥,主编.组织分析的新制度主义.姚伟,译.上海:上海人民出版社,2008:55.
⑥ 斯科特.制度与组织:思想观念与物质利益[M].姚伟,王黎芳,译.北京:中国人民大学出版社,2010:157.

第三节　结构与行动:交互生成理论

皮埃尔·布尔迪厄(Pierre Bourdieu)和安东尼·吉登斯(Anthony Giddens)是结构与行动交互生成理论的代表者,均强调结构与能动性的相互关系。布尔迪厄关注结构对于个人的"形塑机制",以及在个人场域、特定时空结合点上,根据实际情境变动"即兴发挥"而展现出的实践特征。吉登斯则是将客体主义者强调的社会中的结构、制度、制约性,和主体主义者强调的主观性、能动性和创造性,实现融通整合,揭示其相互影响和交互生成的特征。

一、布尔迪厄的"实践逻辑"理论

布尔迪厄的"实践逻辑"理论,可以通过场域、惯习与实践逻辑等核心概念较为直观地呈现出来。

（一）场域

场域是在各种位置之间存在的客观关系的网络(network)或构型(configuration)。[①] 从布尔迪厄的论述中,能够清晰地把握住以下几点。

第一,场域是一种关系网络。"场域"这一概念实际上表达的是人与其身所处的社会空间结构之间的相互作用。一个场域的结构还可以通过它对资本的分配来理解。资本类型包括文化资本、社会资本、符号资本以及经济资本,而这些资本类型又分别有着自己的亚型。[②]

第二,场域有自己无形的边界。场域是实存的,因为在每一个特殊的共同体那里,参与者都会感受到场域的存在,也能够感受到场域边界的排斥作用和内聚力。但是,场域的存在又是无形的。因此,场域具有一定的"虚灵性",无形却又实存,无所在却又无处不在,这就是场域的特点。

---

① 布迪厄,华康德.实践与反思:反思社会学导引[M].李猛,李康,译.北京:中央编译出版社,1998:134.

② 布迪厄,华康德.实践与反思:反思社会学导引[M].李猛,李康,译.北京:中央编译出版社,1998:134.

第三,场域是一个社会动力学概念。场域不是一个静止的空间和场所,也不是一个有形的环境,而是一种无形的"场",是一个各种力量彼此冲突又相互依赖、相互博弈的关系网络。场域中所有博弈者为了实现和扩大自己的利益而相互争斗,其中的某些博弈者能够在或长或短的时间内向别的博弈者施加"博弈的规则"。在场域中,无论是个体还是小型的亚群体,都既感受着场域的保护作用,亦承受着场域所带来的压力。

(二)惯习

布尔迪厄指出,"惯习首先体现了一种组织化行动的结果,其含义与结构之类的用语相近,惯习还意指某种存在方式,某种习惯性状态(尤其是身体的状况),还包括了其他许多方面,特别是某种性情倾向、某种习性,或是某种爱好"[①]。可见,布尔迪厄提出的"惯习"有着结构与倾向的本质。可以将惯习理解为双重含义:其一,惯习所指的不是个体性的、技能性的熟练习惯,即个体作出的选择是由他们先前作出的选择建立起来的,即"惯习是个体没有意识的自发性"[②];其二,惯习就是指不同领域间获得的统一原则,主要指的是一种集体性的、持久的规则行为的生成机制。

惯习的双重含义呈现了一种个体行为选择由外转向内的过程,该过程就是一种个体社会化的过程,也是外部条件结构转变为自我期待的结果。在等级化的社会中,不同的社会群体将实际生成的可能性内化而形成种种不同的行动倾向,这些不同的行动倾向也就是不同的惯习。惯习在制约行为的同时也在产生行为。惯习是行为的结构性限制,但又是行动的生成模式。同时,布尔迪厄认为,惯习也指一种"存在的方式,一种习惯状态(尤指身体),特别是一种趋向、倾向、素质、偏好"。[③]

(三)实践逻辑

布尔迪厄关注个体的行为和社会结构的关系。他反对把人的行动归于自己的、不经中介的对于外在因素的反映,他也不认为行动是内在因素

①　布迪厄,华康德.实践与反思:反思社会学导引[M].李猛,李康,译.北京:中央编译出版社,1998:134.

②　洛佩兹,等.社会结构[M].允春喜,译.长春:吉林人民出版社,2007:150.

③　徐贲.布迪厄的科学知识分子和知识政治[M]//陶东风,金元浦,等.文化研究:第4辑.北京:中央编译出版社,2003:29.

比如主观意图、精心计算的简单结果。在他看来,实践的逻辑就是不要割裂相互排斥的解释形式,实践的结构理论能够把行动与文化、结构、权力联系起来。[①]"社会规则在身体内内化成信念,也就是在实践中的惯习;然后在实践的场域中,这种惯习会与场域的规则进行互动,形成一种即时性的实践感来支配实践者的行为选择;实践者就是根据实践感产生的策略来重新组合自己的行为,来实现最终的目的;这个过程展现出来的实践面貌就是所谓的实践逻辑。"[②]布尔迪厄通过论证所有的实践——不论它是指向物质还是象征的对象——本质上都是与"利益相关的",而"利益"的观念扩展到包括非物质的商品。他认为,所有的实践分析都"指向物质的或符合的利益的最大化"。但他并不是指正统经济学的效用最大化逻辑,而是指一种实践形塑着一种经济,它遵循某种固定的理性,但这种理性不能局限于经济理性,而是一种实践经济。[③]布尔迪厄认为行动者不一定是遵循理性的,但总是合情合理的。他们知道怎样去识别适合他们的未来,他们面对的各种客体现象已经被他们内化了,很多时候他们认为不得不去做、不得不去说的事情,其实是他们唯一能做、唯一能说的事情。

二、吉登斯的结构二重性理论

(一)"结构"的解读

结构是社会科学的核心概念,吉登斯在《社会的构成》(*The Constitution of Society*)的引言部分专门对"结构"作了定义,"社会系统作为再生产的规则和资源"[④],并判定"结构是构成社会系统实践的中介和结构"[⑤]。吉登斯对结构的解读有以下几个要点。

①　斯沃茨.文化与权力:布尔迪厄的社会学[M].陶东风,译.上海:上海译文出版社,2012:48-49.

②　姜艳.实践逻辑下的社会资本产生——浅读布迪厄《实践感》[J].世纪桥,2007(5):40.

③　布迪厄,华康德.实践与反思:反思社会学导引[M].李猛,李康,译.北京:中央编译出版社,1998:162.

④　吉登斯.社会的构成:结构化理论纲要[M].李康,李猛,译.北京:中国人民大学出版社,2016:引言18.

⑤　吉登斯.社会理论的核心问题:社会分析中的行动、结构与矛盾[M].郭忠华,徐法寅,译.上海:上海译文出版社,2015:5.

　　第一，社会系统中必然存在结构。社会系统指的是时空中与人类相连的，经验上可以观察到的，相交或者相互连接的社会实践。社会系统应该包含社会科学研究者所说的"各种社会"。吉登斯认为，社会系统设计个人与群体之间相互依赖的规律性关系，这种关系最好被看作是循环往复的社会实践，并以组合的方式存在于时间流中。在这个术语体系中，系统中存在结构，或者更准确地说，系统具有结构的性质，但其本身不是结构。① 社会系统与结构并不是相互独立的，没有独立于实践之外的社会体系，实践组成社会体系，且也由结构的"递进的"（重复的）机制再生产出来。吉登斯认为，社会系统不是由角色而是由实践（再生产）构成的，实践（而不是角色）才是行动与结构之间的"连接点"，而结构是构成实践的一系列准则。

　　第二，结构是规则的结构。结构是由"规则和资源"构成的。吉登斯用索绪尔（Ferdinand de Saussure）提出的"语言"与"言说"之间的差异类比结构与实践之间的差异。据此，结构与实践的关系就像语言（造成符合语法的句子的抽象规则）和言说（口头表达或真实句子的生成）的关系。② 因此，结构就如语言，是包含复杂规则的虚拟存在，而实践则是这些规则与时空中的呈现。因此有时候吉登斯宣称结构是"虚拟"的存在。③ 他认为，"作为规则的结构"是一种"虚拟"秩序。④ 这种虚拟秩序指的是社会系统被再生产出来的社会实践，并不具有什么"结构"，结构是"虚拟"的，结构是实践在社会生活之中生产与再生产的表达。但同时他认为，作为时空在场的结构只是具体落实于这类实践，并作为记忆痕迹，引导具有认识能力的人类行动者的行为。因此，吉登斯认为，可以将总体中时空延伸程度最大的实践活动称作制度。吉登斯这里的规则指的是一种社会生活再生产中的普遍性程序。⑤ 规则是普遍与转换性的，规则不仅仅被归纳为时间和空

　　① 吉登斯.社会理论的核心问题：社会分析中的行动、结构与矛盾[M].郭忠华，徐法寅，译.上海：上海译文出版社，2015：73.

　　② GIDDENS A. New Rules of the Sociological Method[M]. London：Hurxhinaon，1976：118-122.

　　③ GIDDENS A. The Constitution of Society：Outline of the Theory of Structuration[M]. Cambridge：Polity Press，1984：17.

　　④ 吉登斯.社会的构成：结构化理论纲要[M].李康，李猛，译.北京：中国人民大学出版社，2016：16.

　　⑤ 吉登斯.社会的构成：结构化理论纲要[M].李康，李猛，译.北京：中国人民大学出版社，2016：17.

间中某个特定的阶段或者某种特殊的实践形式,也可存于潜在的可能性与更大的未定范围中。

第三,结构是资源的结构。结构不应该仅仅被视为规则的结构,也必须被视为"资源"的结构。吉登斯认为,所谓的资源指的是一些模式,这些模式体现出各种形式的支配与权力。他强调,结构并非只作为规则,而是资源与规则,或"规则—资源共同体"而存在的。^① 资源是"在社会互动的惯习程序中提供动力的而且具有转换能力的媒介",指的是社会互动中提供动力的一切事物。他对资源的论述主要指的是权威性和配置性资源。"权威性"被定义为"向人发号施令的能力",而"配置性"则是"向物或原料发号施令的能力"。权威性资源主要指的是人力资源,包括获取、保持、控制和增加人力或非人力资源的知识、情感共识等,这种非物质资源确定了物质的机制和社会性权力。而分配性资源是物质资源,包括自然生成或者人造的物。这两种资源都能够用来保证和增加动力,也是动力的中介。人力和非人力资源都是被社会成员所掌控的。吉登斯强调资源作为结构的特征,其主要目的在于强调权力的核心重要性。权力是一种能力,而"结构是被重复组织的规则与资源"。^②

（二）结构与行动的互动生成

吉登斯从能动性角度对结构与行动的互动生成进行了阐述,并将行动者称为"能动者"(agent)。在"结构二重性"理论中,吉登斯认为人的能动性并非可以随意地自由创造,它须引用一定的结构性原则(即结构)方可推进实践,在引用结构的同时,也实现了对结构的再生产。其理论核心在于能动性与规则结构互动、能动性与权力结构互动的论述上。

第一,能动性与规则结构的互动。首先,行动者具有认知能力,能动性指的是行动者能够改变规则、改变关系或者资源分配,使得行动者对社会世界具有某种影响能力。在参与社会结构的过程中,行动者具有某种权力,会创造、遵守规则并利用资源,这种具有转换能力的权力使得行动者的

---

① GIDDENS A. The Constitution of Society: Outline of the Theory of Structuration[M]. Cambridge: Polity Press, 1984:377.

② 吉登斯. 社会理论的核心问题:社会分析中的行动、结构与矛盾[M]. 郭忠华,徐法寅,译. 上海:上海译文出版社,2015:97.

行为构成了社会结构的持续生产和再生产。结构化理论强调"结构二重性",一是结构对行动者的行为具有一定的影响,二是行动者"能够应用"并采取不同的行动策略,行动者的能动性也能够对结构场域产生影响。吉登斯认为,能动性存在于"理解过程之中,通过这种理解过程,行动者在与不断变化的环境进行持续对话的同时,设想各种选择,对这些选择进行评价,并随机地对这些选择进行重构"。① 其次,行动者的行为受到某种合法习惯秩序的普遍影响,这种合法性秩序作为社会行动的某种限定物而存在。但是,作为合法性秩序的"普遍性程序"(规则)必须通过行动者在具体情境中有效地调动各种资源,才能得到维持、重视和再生产。最后,行动者在再生产结构性特征的同时,也再生产出促进这种行动的条件。吉登斯把个体和集体行动者的实践看作是他们复制和转化他们赖以行动的条件的方式。行动性的实践是通过那些既能促使、又能限制它们的制度和关系结构实现的,但它们也借助那些用来产生结构的恰好规则的帮助。这种在规则的结构中发现的双重性是一个手段,通过这个手段,吉登斯认为社会和个体在那些组织实践的社会结构中是相互依赖的。"结构是构成社会系统之实践的中介和结果。"②结构限制实践,但实践也构成(再生产)了结构。由此看来,人类施为与结构远非对立,实际上两者互补,且无法独立成立。那些吉登斯称之为"有知识的"(knowledgeable)人类施为者(即是指知其性也知其法的人)限定了结构,而施为者亦实践了那些结构化的知识。从而,"不应该简单认为,结构只是对人类施为诸多的限制,它也促进了施为"。③ 人类施为者是"有知识的"和"有能力的",也就意味着行动者有能力创造性或创新性地运用结构性构成的能力。如果足够多的人或小部分有足够能量的人采取了新的方式,他们的行动就有可能改变赋予自己行动能力的结构。

第二,能动性与权力结构的互动。权力是从支配结构的再生产场所和渠道产生出来的,它们在不同类型的社会中构成了具有扩展性的中介。在

---

① 吉登斯.社会理论的核心问题:社会分析中的行动、结构与矛盾[M].郭忠华,徐法寅,译.上海:上海译文出版社,2015:96-101.

② GIDDENS A. A Contemporary Critique of Historical Materialism [M]. London: The Macmillan Press Ltd, 1981:27.

③ GIDDENS A. New Rules of the Sociological Method[M]. London: Hurxhinaon,1976:161.

权力概念作为"转换能力"(transformative capacity)的条件下,吉登斯将行动与权力在逻辑上联系在一起。权力是行动者用来达到其目的的能力,体现为转换能力。[①] 吉登斯认为,行动者尽管在结构性制约的限制下行事,但他们或多或少地拥有一定程度的自主权,能够以一种不同的方式行事。当权力被认为是一种转换能力时,权力就体现于行动中,这是一种常规的例行化的现象。权力通过转换能力以及支配结构才能产生和运作起来。资源是权力行使和支配结构再生产的媒介,它也是权力分析的关键性概念,作为转换能力和支配结构的权力概念依赖于资源的使用。在社会互动过程中,资源是作为权力的转换能力得以行使的媒介,但资源同时又是社会系统的结构性要素,通过社会互动过程中的应用不断地得到重构。

第四节　理论分析框架

本书以组织社会学理论、组织激励理论和结构与行动交互生成理论为基础,借鉴已有文献,建立本书的理论分析框架(具体见图 2.2)。本书认为,教学激励机制的生成与效果是结构与行动者的共同作用,即教学激励机制的形成是各层级教学相关制度与对应组织主体在此制度下的行为选择的互动的结果。

第一,理论及理论运用点。本书主要运用了组织社会学理论、组织激励理论和结构与行动交互生成理论。其中,组织社会学理论具体运用了组织结构、合法性机制与自由裁量权三个概念框架。组织结构主要分为正式结构、决策结构与权力结构,依据此分类,本书将与大学教师教学激励相关的大学组织层级分成三个层级,分别是校级、院级以及教师层级。这三个层级的组织结构,均属于正式结构,其对应的决策结构与权力结构逐级递减。合法性机制在本书中被运用在外力对组织的影响中,尤其指外力对校级组织层面的影响,比如科研考核制度和教学评估制度等政府推动的外力。本书将自由裁量权理论运用在组织内部之间的权力影响中,如校级对

① 吉登斯.社会的构成:结构化理论纲要[M].李康,李猛,译.北京:中国人民大学出版社,2016:97.

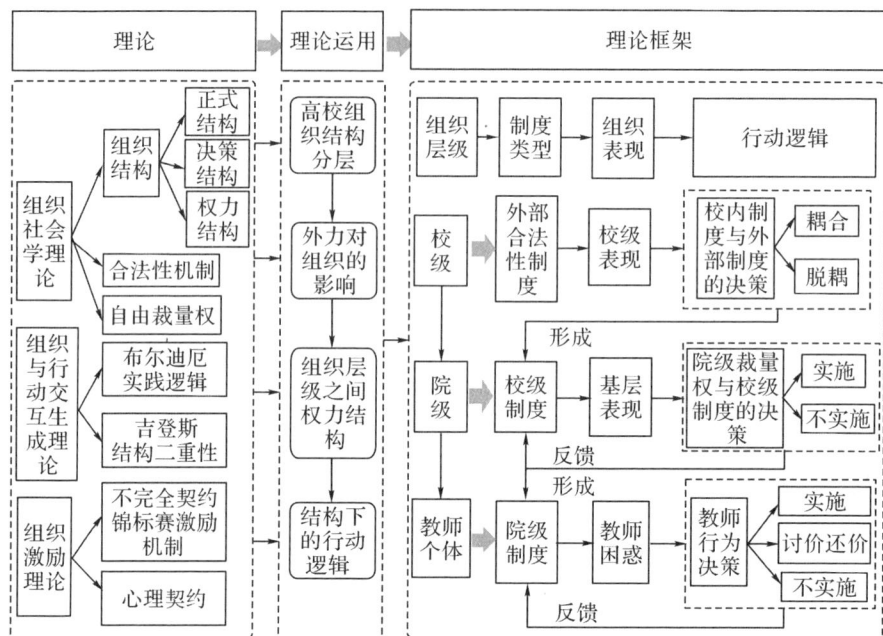

图 2.2   理论分析框架

院级、院级对教师个体的影响中。组织激励理论具体运用了不完全契约、
锦标赛机制和心理契约三个概念框架,从契约和机制设计上解释激励机制
运作下不同行动者的行为策略。结构与行动交互生成理论主要使用了布
尔迪厄的"实施逻辑"与吉登斯的"结构二重性"理论,这两个理论均用在分
析结构制约下的行动逻辑上,用以解释各层级制度下的行动原因。

第二,基本理论框架逻辑。本书遵循"组织层级—制度类型—组织表
现—行动逻辑"的分析逻辑。具体而言,组织层级是本书研究对象大学的
内部结构,具体分成校级、院级与教师层级。组织表现是在对应层级制度
下,组织所表现出来的特征。行动逻辑是该组织层级的行为选择,是组织
表现的解释。由于合法性机制和自由裁量权的存在,组织层级之间的制度
不是孤立存在的,一方面组织层级之间的制度会受到上一层级或者外力的
影响,另一方面组织层级内部制度还会受到层级内组织行动的影响,所以
层级制度是多方博弈、动态调整的。因此,本书要回答的问题是每个组织

层级对应的教学激励制度是什么？在该制度下该层级的组织表现形式是什么？在该表现形式下，各组织层级的教学行动逻辑是什么？

第三，层级内的"制度类型—组织表现—行动逻辑"。不同决策、权力结构的组织层级，存在差异性的制度、组织表现与行动逻辑。校级是决策、权力结构最大的组织层级，其制定的制度不仅受到校级制度目标的影响，还会受到外部合法性制度的影响，会形成对应的校级表现，在校内制度与外部制度共同作用下，校级有着"耦合"与"脱耦"两种行为选择。院级是承上启下的中间组织层级，其对应的校级制度会形成自由的基层表现，在校级制度与院级自由裁量权的决策环境中，院级有着"实施"与"不实施"的行为选择。教师个体层级是制度的最终行动者，也是形成教学制度绩效的关键。个体层级所面临的是院级制度，在院级制度下教师多样性的困惑是个体层面的表现，在教师行为决策中，教师有着"增加教学投入""保持教学投入"与"减少教学投入"等三种选择。在各层级内的"制度—表现—行动"逻辑中，行为会通过反馈影响制度，促成制度的调整过程。如在院级层级，院级的"实施"行为与"不实施"行为会直接反馈到院级所最初面临的校级制度上，此行为会调整原始制度、形成新的均衡制度。在教师个体层级，教师的行为选择会反馈影响初始院级制度，最终会形成一个新的均衡的院级制度。

第四，层级之间的关联性分析。层级之间的关联性体现在层级之间制度的影响上。院级所面临的校级制度是校级教学相关制度的调整结果，是校级在外部合法性机制与初始校级制度"耦合"或"脱耦"行为下的调整结果；教师个体层级所面临的校级和院级制度的调整结果，是校级和院级实施教学激励时相互制约与互动的调整结果。

第五，进一步延伸的两个问题。(1)该框架是循环体系，但本书只研究静态的"制度—表现—行动"的单一过程。一方面，本书研究的落脚点是教学激励的效果，即教学激励的表现与行动逻辑，而不是教学激励制度的形成。另一方面，制度与行动的循环是一个长期持续的动态调整过程，换而言之，大学一直都处于制度调整中，因此很难区别始点与终点来进行完整周期的研究。(2)框架中的教师层级理论上应该是教师群体，而本书关注教师个体。理论上只有形成群体的集体行动才能对制度产生影响，完整形成制度绩效。但是由于大学教师众多,全面调查和访谈均不可能,因此本书只关注了典型的教师代表,即部分教师个体。通过个体教师的共性行为提炼出群体特征,以此处理个体与群体之间的关系。

第三章　扎根理论的研究方法

　　1967 年,美国社会学家格拉泽(Barney G. Glaser)和施特劳斯(Anselm L. Strauss)率先发起质性研究革命的先声,以弥补经验研究与理论研究的二元对立为初衷,首次提出了扎根理论(Grounded Theory)。自此以后,扎根理论成为社会科学领域影响广泛且具有基石地位的质性研究方法,越来越多的教育研究者开始加入扎根理论的方法应用与理论实践中。2000 年,陈向明在其专著《质的研究方法与社会科学研究》中首次将扎根理论系统地引至我国教育研究领域。从概念而言,扎根理论并不是一种实体的理论,而是一种研究路径。① 它将实证研究与理论建构紧密联系,提供一套科学系统的方法指导与资料分析步骤,使研究者可以“自下而上”地发展概念并建构理论。② 它能通过“文献回顾与资料收集—资料编码与备忘录撰写—理论抽样的策略—理论评判的标准”③这一系统的知识生产链,使知识生产过程合法化。扎根理论的实现过程能够从经验资料的基础上构建理论④,该方法逐渐成为一种新的研究范式,被教育研究者关注与青睐。

　　本章致力于呈现扎根理论研究的方法论、扎根理论的实现步骤和扎根理论在案例中的运用。扎根理论研究的方法论关注对扎根理论学派的解

---

　　①　陈向明.扎根理论在中国教育研究中的运用探索[J].北京大学教育评论,2015,13(1):2-15,188.

　　②　GLASER B G, STRAUSS A L. The discovery of grounded theory: Strategies for qualitative research[J]. Nursing Research,1967(4): 377-380.

　　③　吴继霞,何雯静.扎根理论的方法论意涵、建构与融合[J].苏州大学学报(教育科学版),2019(1):35-49.

　　④　陈向明.扎根理论的思路和方法[J].教育研究与实验,1999:58-63,73.

释以及扎根理论研究方法论的核心要素。扎根理论实现的步骤关注如何
运用 NVivo 软件实现三级编码。扎根理论的案例运用是以大学教学激励
机制的生成机理为例,表明如何在这个案例中提炼出理论模型,具体包括
校级、基层学院和教师访谈材料收集的过程,不同层级访谈的抽样与抽样
说明,运用 NVivo 软件对不同层级访谈材料进行编码和分析等。

第一节 扎根理论的方法论与程序

研究者运用扎根理论研究过程问题具有适切性。一是理解现实世界
中发生了什么? 二是呈现研究对象发生了何种变化,或是事件发生的路径
是什么? 三是研究事件中人际关系、权力关系、利益关系互动的过程。总
体而言,过程性问题更适合使用扎根理论进行研究。

一、扎根理论的方法论

扎根理论是一种从资料中建立理论的特殊方法论,是一种在质性材料
分析基础上进行理论建构的方法,是一种思考及研究社会现象的方法。任
何方法论都取决于知识以及认知的本质。随着知识与认知的变化,扎根理
论方法论也一直处于变迁中。

(一)实证哲学和知识论假设对扎根理论方法论的影响

早期实证哲学和知识论假设为扎根理论方法论提供了发展的基础。
扎根理论的方法论与知识论经历了两步的演化:芝加哥互动论(Chicago
Interactionism)传统和实用主义哲学的部分理念。[①] 杜威(John Dewey)认
为,"观念不是对是什么或已经是什么的陈述,而是对将要实施的行为的陈
述"。[②] 杜威强调,一切反思性研究都是由一个问题情境开始的,也就是说
研究问题并不在于研究者的事前假设,而是可以从情境中获取的。无论是
杜威还是米德(George Herbert Mead),都强调知识是从具有自我反思性

---

① 科宾,施特劳斯.质性研究的基础:形成扎根理论的程序与方法:第 3 版[M].朱光明,译.重庆
大学出版社,2015:2
② DEWAY J. The Quest for Certainty[M]. New York: G. P. Putnam, 1929:138.

的人的行动和互动中产生的。这就意味着理论构建不仅基于问题情境中，也依赖具有反思性的研究者的研究。

受到实证哲学方法论的影响，扎根理论的方法论认为世界是非常复杂的，事物并没有简单的解释。相反，事件的多种因素一起作用，并以复杂且常常是预料之外的方式互动。基于这个基本思想，扎根理论方法论认为情境是复杂的，研究者需要在情境中捕捉情境中的复杂性，从多个维度对过程性问题进行解读。任何过程性问题都涉及行动、互动、情感等方面，可以从不同层次抽象的概念构成作为对过程性问题的分析基础。扎根理论方法论的核心，是通过自然呈现和发现以获得理论性成果，如果仅仅是描述性的研究，无法对问题进行理论性的解读，则不能被认为是扎根理论。

（二）后现代主义和后建构主义对扎根理论方法论的影响

科宾（Juliet M. Corbin）和施特劳斯（Anselm L. Strauss）在《质性研究的基础：形成扎根理论的程序与方法》中论述了后现代主义、建构主义对扎根理论方法论的影响，并形成了对质性研究最新方向的判断。研究者在做质性研究时，会出现发生的事情超过研究者的阐述或解释能力的情况。事件本身并不是研究的核心议题，不同的研究者都会按照他或者她自己的经历或经验对事件本身的意义进行解读。这就存在研究者不可能完全理解或重新解构的情况。扎根理论方法论强调的是，概念和理论都是由研究者从故事当中建构的，"没有一个实在在那儿等着被发现"[①]这些故事则由研究参与者所建构，他们努力向研究者和他们自己说明和解释他们的经历和事件发生的脉络，对其中出现的现象或行为进行概念化。在这些多重的建构中，研究者通过概念、模型和图式来理解经验，并根据新的经验不断地检验和修正这些概念，并构建了他们认为是知识或者是理论的东西。

二、扎根理论方法的特征与资料收集

米莱（M. B. Miles）和休伯曼（A. M. Huberman）指出，质性研究中收集

---

① 科宾，施特劳斯. 质性研究的基础：形成扎根理论的程序与方法：第 3 版[M]. 朱光明，译. 重庆大学出版社，2015：12.

的资料大多是文字资料,而不是数字资料。① 数据收集之后,需要开始进行数据的整理与分析。质性研究指的是"以研究者本人作为研究工具,在自然情境下采用多种方法收集资料对社会现象进行整体性探究,使用归纳法分析资料和形成理论,通过与研究对象互动对其行为和意义建构获得解释性理解的一种活动"。② 扎根理论的研究方法主要包括三个版本:一是格拉泽和施特劳斯的原始版本;二是施特劳斯和科宾的程序化版本;三是卡麦兹(Kathy C. Charmaz)的构建型扎根理论。其中施特劳斯和科宾的程序化扎根理论更多地被研究者所运用。扎根理论方法包括一些系统而有灵活的准则(guideline),以实现数据收集和分析,并在数据分析上建构理论。但需要注意的是,这些分析数据的准则主要是为了给研究者提供一套规范性的程序和启发性工具,不能被僵硬地视为机械性的程序。

(一)扎根理论方法的核心特征

扎根理论方法能够通过程序化的路径分析经验中的事实,并赋予这些经验以意义。该方法的目的包括三个方面:一是将经验定位根植在某一种情境框架中;二是描述行动者的行动、行动互动和情感过程;三是寻找后果,将后果与行动联系在一起,提炼行动过程和后果之间的联系。在这些目的的基础上,扎根理论方法具有四个方面的特征。

1. 文献延迟回顾

文献回顾与扎根理论是一个互动的过程。首先,文献阅读与研究问题存在一个先后次序的问题。扎根理论方法强调理论"空置",即在对一个事实性问题进行理论解读时,需要对事实中浮现的路径和原因保持自由和开放的态度,以便提炼出研究问题,因此事实研究先于文献研究。文献研究延迟的目的在于三个方面:一是找到研究问题相关的研究路径;二是为研究问题寻找理论分析框架;三是寻找文献可以挖掘的领域,并将该领域与研究问题对话,以找到理论的突破点或是新的研究领域。可见,文献延迟回顾是扎根理论的核心特征之一。其次,文献回顾先于事实研究。回顾文献的目的是为研究初期提供兴趣和学术视角,其出发点是发展而非限定其

① MILES M B, HUBERMAN A M. Qualitative Data Analysis: A Sourcebook of New Methods [M]. New York: Sage, 1984.

② 陈向明. 质的研究方法与社会科学研究[M]. 北京:教育科学出版社, 2000:12.

研究思路,也可以理解为研究者为其研究问题收集理论资料。① 不管文献回顾与事实研究的先后次序如何,其核心目的都是为该研究问题的理论分析框架服务。必须认识到,任何一个研究者都无法做到"理论悬置",强调文献回顾滞后的原因在于不希望研究者带着以往的"理论假设"来解读事实问题,需关注的是事实的自动呈现。实践中,研究者通过研究事实的"浮现",初步形成理论路径和概念。更多时候,文献回顾是为初步的理论分析提供"理论材料",以便研究者更好地形成较为合理的理论分析框架。

2. 研究问题的自然呈现

研究问题的来源有很多,主要包括:一是导师建议或是指定;二是来自技术文献和非技术文献;三是来自个人和专业经验的问题;四是来自研究本身出现的问题。第四种研究问题具有探索性特征。这种探索性研究问题关注的是提出假设而不是验证假设,需要研究者对探索性问题保持一定的自由度和弹性。由于扎根理论对事实中的研究问题的关注,使得田野研究、案例研究成为发现研究问题的重要途径。扎根理论的研究问题不是提前设想的,而是可以通过扎根理论程序去挖掘的,因此需要对研究事实中不断涌现的问题保持充分的注意力,对事实问题保持开放度。这就出现了事实浮现的研究问题和研究者有兴趣的研究问题之间的冲突。扎根理论要求研究者对真实的研究问题具有敏感性,能够通过事实研究发现研究问题(事实浮现的研究问题),以便调整自己之前关注的研究问题(兴趣导向的研究问题)。扎根理论特别强调从事实中发现问题以及问题形成的路径。研究者必须认识到,一个事先设想的问题不一定是真实存在的,而事实浮现的研究问题才是真正的研究问题,对"真研究问题"的理论分析才具有理论意义和实践意义。

3. 概念化的过程

格拉泽认为,扎根理论是一个自然呈现和概念化相互结合的,由范畴及其特征所组成的行为模式。② 运用扎根理论的过程中需要形成一个中

① 费小冬.扎根理论研究方法论:要素、研究程序和评判标准[J].公共行政评论,2008(3):23-43,197.

② GLASER B G. The Grounded Theory Perspective: Conceptualisation Contrasted With Description[M]. Mill Valley: Sociology Press, 2001.

心范畴,其目的在于形成新的概念和理论,而不仅仅是描述研究发现。扎根理论方法处理的不是数据而是文字材料,需要对一手访谈材料或二手材料进行分析,并提取核心概念。概念化的过程本质上是一个抽象的过程。概念化包括三个特征:一是"情境中"出现的概念,也就是本土化概念;二是理论性概念,可以是自上而下形成的,也可以是自下而上形成的;三是通过不同概念可以形成不同的维度和类属,从而形成中心范畴。

4. 理论模型的可推广性

通过扎根理论获得的理论模型应该是可以推广的,也就是在相同实质领域中或其他实质领域中对同一类研究问题具有一定的解释度,也就是已经形成的理论框架能够对同质性问题中出现的行为进行理论解读。

(二)扎根理论方法的资料收集

扎根理论方法包括一些系统而有灵活的准则,通过分析质性数据,在数据中建构理论。这些准则提供了一套基本原则和启发性工具。研究者进行数据分析时,就是概念建构的过程。扎根理论方法的程序在于实现三个目的:一是研究情境是什么?二是研究对象与研究问题是如何连接的?三是研究者如何解释研究者自己的言论及行为,并如何解读被研究者的行为。

质性研究的优点之一就是有很多资料来源,研究者可以通过访谈法来收集第一手资料,用文献法来搜集二手资料。访谈法是研究者通过口头谈话的方式从被研究者那里收集第一手资料的一种研究方法,一种有特定目的和一定规则的研究性访谈。文献法是指按照研究目的搜集相关文献的方法。文献这个词语指涉一个广泛的领域,包括书写的和符号的记录,以及任何可取得的材料和资料。文献包括任何先于调查和与调查同步存在的东西,包括历史描述或新闻描述、艺术品、相片、备忘录、鉴定记录、电视记录、报刊、小册子、会议日程和记录、录音带或录像带、预算或报账陈述、学生或老师的笔记、演讲和其他的案例研究。[①]

资料收集需要注意"三角验证"的问题,也就是在资料收集的过程中考

---

① 欧兰德森,哈里斯,史克普,等.做自然主义研究——方法指南[M].李涤非,译.重庆:重庆大学出版社,2007:62.

虑不同类型材料的收集,以形成多维度的材料分析。如做田野访谈时需要对访谈对象进行分层,同一层的访谈对象需要具有差异性的样本特征。更重要的是需要采取非结构性访谈,也就是说不是事先确定好一套问题。非结构性访谈并不是"空着脑袋"去访谈,而是确定要访谈的大致方向,带着开放的心灵和一个开放的计划进行访谈。更多的时候可以这样问,"您如何看待教学激励?"或"教学激励实施过程中您的经验是什么?"在访谈的过程中,被访谈者会呈现他们实施教学激励的个人经验或实践,研究者据此可以挖掘被访谈者在实施教学激励过程中关注的问题。

运用非结构性访谈并不意味着研究者对访谈过程没有影响。研究者可以准备几个备用问题,以激发被访谈者的记忆,使被访谈者更加主动地陈述他们的经验。必须认识到,这是访谈者和被访谈者之间的一种开放性对话,研究者提问和被访谈者回答的范式都依赖于研究者归纳和提炼的能力。被访谈者在开放性问题下呈现自己的信念、角色、行动、感情和意图,研究者则基于理论背景提炼出研究问题的解释逻辑。

三、扎根理论方法的三级编码与备忘录

研究者在进行资料分析时需要提取概念。概念驱动是资料收集和研究分析的重点。资料分析过程中研究者须不断调整自己的立场,真实客观地呈现出事实的逻辑。研究者也需要从多个维度对生成的研究问题进行探讨,以找到与已经存在的研究或理论相结合的概念。在整个分析资料的过程中,现有文献、研究者本身及其研究对象的观点、理论素养、个人经历都会影响研究者分析材料的视角和深度。

具体而言,资料分析包括一定的编码程序与步骤。编码是指通过多事件之间和事件与概念之间的不断比较,形成更多的范畴、特征及对数据的概念化。① 编码一般被划分为开放性编码、选择性编码和理论性编码。开放性编码指的是前期阶段,在这个阶段研究者需要不断地对自己提问,"数据中真实发生了什么?""如何理解被访谈者的语义和信息?",等等。开放性编码是在确定中心范畴和其特征编码之前的一个不断比较分析的过程。

---

① 费小冬.扎根理论研究方法论:要素、研究程序和评判标准[J].公共行政评论,2008(3):23-43 +197.

从文本分析的过程看,开放性编码是形成很多本土性语句的过程。选择性编码则是在开放性编码上形成某个中心范畴和其特征的过程。在这个阶段,研究者需要关注不同类型的编码之间的关联性,并为下一步的数据收集和理论性采样进行指导。在选择性编码中如果发现概念的维度缺失,可以再次回到情境现实中进行访谈,以弥补概念化过程中的维度不足。选择性编码的过程也是理论性采样的过程。选择性编码决定下一步要收集什么数据和从哪里可以找到这些数据,以弥补中心范畴多维度的要求。这个数据收集过程是根据理论维度来确定的,而不是事先决定的变量。随着选择性编码过程的结束,中心范畴和范畴之间的逻辑关系也逐渐呈现。这时依然需要对事件与事件、概念与事件、概念与概念等进行比较,以形成概念饱和。概念饱和也是概念之间对话的过程,也可以看作是概念与文献、概念与理论对话的过程。扎根理论方法的最后一个编码过程是理论性编码。理论性编码是编码的概念化结构,是实质性编码之间的隐性的相互关系,可用来解释研究对象所关注的问题。理论性编码是自然呈现的,其形成的概念已经构成了一个完整的理论,该理论能够对事件过程给予理论解释。

（一）开放性编码

开放性编码具有一定的逻辑,体现为几个方面的问题:这些数据是关于什么的研究?这些质性数据表明了什么?宣称了什么?从谁的观点得出?这一具体数据指向哪个理论类属?因此,开放性编码应该紧紧贴着数据,立足于开放性、比较与标记的原则。开放性能够激发研究者思考,导致新概念的出现。比较原则指的是质性材料中会出现差异性的特征,从中可以形成概念属性。通过对事件、访谈对象或文字的比较,能够理解观察结果,获得分析性见解,发现相同与差异。而且,对同一个事件或同一个访谈对象可以进行连续的比较。标记原则指的是当研究者与被研究者之间对一个过程、行动或信念的定义存在差异性观点时,需要进行记录。这种记录非常重要,可以引导研究者发现隐蔽的意义和行动,进而发现现象背后的真实逻辑。通过比较研究者和访谈者之间的理论逻辑和经验逻辑,能够探寻两者之间的关系。

开放性编码的方法并不唯一,归纳起来包括"逐字""逐句""逐个事件"的编码方法。无论选择哪一种编码方法,都需要体现"契合"和"相关"两个标准。① 所谓契合标准,就是当研究者构建初始代码后,能够使代码成为呈现研究对象的经验具体化的类属,这时研究就契合了经验世界,亦即是"接地气"的研究。契合的研究迫使研究者以新的不同于研究对象的解释方式来思考材料。所谓相关标准,指的是研究者通过开放性编码能够提出一个清晰的分析框架,能够解释发生了什么,能够在固有的过程和可见的结构之间建立联系。相关标准能够使研究者发现不同的关系脉络。

作者在进行开放性编码的时候更多地结合了逐字和逐行编码,即对关键词进行编码以形成"原生代码"、呈现本土概念,进而进行逐行编码。

第一,原生代码的形成。

研究对象经常用自己的一些独特词语作为原生代码(本土代码)。② 原生代码能够保留研究对象自己的观点和行动的意义,通过提炼原生代码能够形成研究对象谈话和意义的符号表征。比如,本书的研究对象大学教师认为自己是大学中的"第三等人",教学更多是"单打独斗"。从这个例子可以看出,原生代码非常生动,后期能够为整合提炼到更高级别的编码提供基础。通过原生代码,能够密集标记重要的本土概念,能够创造某种意义或经验术语,也能够标记反映某一特殊群体观点的特别术语。通过原生代码可以使研究问题逐渐浮现出来,从而引导研究者挖掘它们内含的意义,分析这些概念形成的逻辑是什么,为更高一级编码的类属形成提供坚实的依据。原生代码反映了假设、行为和决定行动的驱动力。研究这些代码,探究代码中的线索,能够对教学激励机制的生成过程有更深入的理解。以下面的访谈材料为例。

　　学院到目前为止有科研绩效,但从来没有教学绩效。教学绩效都是理论的,文件上规定的,但并没有在现实中发放。
　　我们都是超负荷完成,有人就是不愿意干活。(T004)

从上面的访谈材料中,本书作者提炼出"科研绩效""教学绩效""文件规定""现实发放""超负荷""不愿意干活"等核心关键词。其中"超负荷"属于原生代码。"超负荷"与"不愿意干活"共同构成了大学教师教学行动的

① 卡麦兹.建构扎根理论:质性研究实践指南[M].边国英,译.重庆:重庆大学出版社,2016:69.
② 卡麦兹.建构扎根理论:质性研究实践指南[M].边国英,译.重庆:重庆大学出版社,2016:70.

两种类型,并提供了进一步访谈的线索。如教学行为的文献大都表明,科研强的人不愿意教学,然而在访谈中却发现,科研强的教师承担了大量的教学工作,成为集"科研和教学"工作超负荷运行的大学教师。与之相比,也存在"科研和教学"都低负荷的大学教师群体。于是"超负荷"和"混日子"生动地呈现了两种教师类型的"镜像"。另外,教学绩效的缺失也使"超负荷"教师对教学逐渐失去了动力。可见在访谈过程中,研究对象都会有自己的一些呈现和浓缩意义的方式,研究者可以此来进行编码,并通过比较浓缩行动的意义,形成不同的"镜像",从而归纳出大学教师的不同教学类型。

第二,逐行编码。

逐行编码指的是对整理好的访谈材料进行逐行命名。[①] 在编码的过程中,尽管不是每一行都包含一个完整的句子,也不是每一个句子都很重要,但这种编码方法为主题分析提供了大量的数据。在逐行编码的过程中,研究者的想法不断浮现,这也是研究者和被研究者之间的一种对话。通过逐行编码,能够将质性数据拆分成不同的部分或属性,并能够比较不同的数据,形成清晰的行动与意义。随着编码的分类,能够形成不同层级的类属,对这些类属进行挖掘有助于理论类属的形成。

在对上面这段文字逐行编码的过程中,可以发现"变迁"的路径很明显,迫使研究者重新看待数据。通过研究对象来呈现教学激励的变迁过程,可以发现兴趣是激励大学教师教学投入的起点,但如果没有制度认可,兴趣无法一直支持教师对教学的高投入。即使竞赛认可已经被纳入教学激励制度,但强度不够仍然会使高教学投入难以持续(参见表3.1)。逐行编码能够启发研究者思考,"如何解释行动过程","研究对象是如何行动的","在教学投入的过程中,研究对象的心理发生了什么变化,为什么以及怎样发生变化的","这个过程投入的结果是什么"? 通过逐行编码,研究者将知道接下来需要收集什么类型的数据,并不断通过寻找不同类型的研究对象以形成不同的类属。

---

① 卡麦兹.建构扎根理论:质性研究实践指南[M].边国英,译.重庆:重庆大学出版社,2016:64.

表 3.1　逐行编码示例

逐行编码	访谈材料摘录
统计大赛震撼 感觉到美好、有趣 没有意识到高教学投入 缺乏重视 缺乏制度认可 兴趣无法支持高教学投入 精神认可也缺乏 教学激励制度正在改变 制度化激励形成 教学激励强度弱 学院激励差异性高	统计大赛让我震撼了。我就想给学生看看。我感到很好玩,有意思。但你感到这个美时,学生就被震撼了。当时没有想到投入很多。我有兴趣,教务处没有重视这个事情。你做这个事情是我们都没有想到的事情。我学的数学,我有兴趣。当时如果有制度持续时,我也再没有做了。但是也没有特别的,制度可以保证事情的可持续性,可以是一种认可。我也没有遇到这样的学生。我也没有预料到这样的教学投入,我现在也不会做了。还有一个就是科技挑战杯,我带的 08 级的学生,也获得社会实践的三等奖。学院、学校都没有资金,也没有网站,也没有宣传。现在学校和学院把这个发在制度上了,但仍然没有足够重视。我也没有获得任何认可,学院很重视这个工作。他们的评估做得很好,有机制的建立。本科量少,2008 年国家教学评估,他们两年前就准备了。他们就改造办公室,很多理念很好。学院得对教学制度做适应性调整(T006)

（二）选择性编码

选择性编码指的是类属的属性和维度具体化[1],意味着使用最重要的和出现最频繁的初始编码,用大量的数据来筛选代码,目的在于发现新的分析线索。选择性编码具有指向性、选择性和概念性。从初始编码到选择性编码并不完全是一个线性的过程,先形成不同的类属,然后分类、综合和组织大量的数据,并重新排列它们。选择性编码是为了建立"围绕类属"之轴的密集关系网络,是使数据再次恢复为连贯整体的策略。选择性编码回答"哪里、为什么、谁、怎样以及结果如何"等问题。有了这些问题,研究者就能够更加充分的描述被研究者的经验了。

部分研究者对选择性编码进行了规范化的程序操作,具体包括三个方面:一是条件,即指形成被研究对象结构的环境或情境。这部分选择性编

---

[1]　卡麦兹.建构扎根理论:质性研究实践指南[M].边国英,译.重庆:重庆大学出版社,2016:76.

码是用条件去回答为什么、哪儿、怎样发生以及何时等问题。二是行动/互动,研究对象对主题、事件或问题的常规性或策略性反应。这部分选择性编码是用谁和怎样的问题来回答。三是结果、行动/互动的结构。这里选择性编码回答由于这些行动\互动发生了什么这样的问题。虽然这种程序性编码为研究者提供了一个应用框架,但会对问题的分析过于约束。不同的主题和研究问题应具有不同的分析框架。选择性编码应该是分析框架形成的过程,但不是都必须使用条件、行动、结果的分析框架。

本书作者通过对研究对象访谈材料的初始编码,形成"身份认知"这一选择性编码(见表3.2)。不同的研究对象对自己的身份具有不同的认知。"身份认知"使教师更愿意与学生互动,愿意看到好学的学生不断成长。当研究对象对"教师"这个身份具有高认知,他们就愿意对教学进行高投入。如果教师对"身份认知"较低,研究对象缺乏与学生互动的动机。通过开放性编码形成"身份认知"这一选择性编码。于是"身份认知"就成为一个类属,并成为一个理论化概念,作为其他研究者用来研究的起点。

表 3.2 选择性编码示例

开放性编码	访谈材料摘录
愿意和学生一起互动 愿意深度分享知识 鼓励学生探索 培养模式的结果很好 教与学是互动的	我觉得我愿意和学生打交道,就是说只要学生愿意学,我可以把我自己懂的东西教给他们,然后鼓励他们去做,就像我刚才说的那三位学生,他们都保送到比较好的学校去了,他们当时能够保送的时候都是我写的推荐信,就是因为他们愿意学(T005)
选择性编码→"身份认知"	

选择性编码的过程并不是在描述的水平上,而应该是在概念的水平上。概念化使得更多的类属被归纳到一个更大的概念下。作者将"身份认知""教学认知"归纳到"认知"概念上,这使得"身份认知"从类属变为"亚类属"。"认知"类属的分类,是类属精细化的过程。通过相关类属的整合,逐渐形成了一个有意思的大学教师教学行动的行动理论。

(三)理论性编码

理论性编码(theory coding)就是需要形成类属之间的关系编码。理

论编码是整合性的,能够使分析性的故事变的理论化。[①] 在对大学管理者
进行访谈的过程中,大学资源分配的方式、教学评估的实施都在影响大学
教学激励机制。作者发现合法性机制能够为大学实施教学激励的行动提
供理论性的解释,可以成为理论性编码(见表 3.3)。理论性编码能够澄清
和加强理论分析,但不能将理论强加在分析上。理论性编码必须是从材料
中逐渐浮现的,并成为理论分析的理论分析框架。

　　理论性编码的形成过程需要问以下几个问题:一是合法性机制是不能
够反映所描述的实施经验;二是合法性机制是不是大学实施教学激励的起
点;三是合法性机制是否能够呈现部分类属的整体关系。理论性编码为事
实描述和理论分析之间架起了桥梁。

表 3.3　理论性编码示例

开放性编码	访谈材料摘录
评估导向与激励导向一致 人才培养是目标 培养模式是关键 精品课程建设 教学名师评审与奖励 示范性教学 教学经费配置导向 教学激励导向与评估导向 一致是"名正言顺"	我们的工作重点与激励重点是一致的。作为教学管理者,我们的目标就是以提高高等教育人才培养质量为目的,进一步深化高等学校的培养模式、课程体系、教学内容和教学方法改革。那么基础课程教学,建设精品课程,改造和充实基础课教学实验室、鼓励名师讲授大学基础课程,评选表彰教学名师。建设一批示范教学基地和基础课程实验教学示范中心,强化生产实习、毕业设计等实践教学环节就是我们的工作重点。我们的经费投入也按照工作的重点进行投入。教学经费本来就不多,我们不能撒"胡椒面"。教学改革项目投入、教学名师、教学成果奖励、教学竞赛奖励就是我们"名正言顺"的激励方向(X004)

选择性编码→"制度同形""配置性资源"
理论性编码→合法性机制

（四）撰写备忘录

　　撰写备忘录是数据收集和论文写作之间的关键中间步骤。备忘录撰写
是扎根理论的一个关键方法,能够从研究过程早期就开始分析数据和代码。

---

① 卡麦兹.建构扎根理论:质性研究实践指南[M].边国英,译.重庆:重庆大学出版社,2016:80.

　　备忘录能够呈现研究者的思想,使研究者追求的问题清晰化。通过写备忘录,研究者可以和自己进行交谈,新的想法和洞见会在写作过程中出现。备忘录能够不断修改,能够呈现研究者的思想过程,并调整研究者对数据样本的收集。备忘录能够激发研究者很多的观点,更重要的是使研究者对研究问题更为客观。从表3.4可以看到,随着访谈的深入,研究者能够逐渐明晰大学如何实施教学激励的过程,并逐渐将理论与经验事实相结合,不断挖掘教学激励实施的逻辑。

表 3.4　备忘录撰写示例

备忘录撰写	访谈材料摘录
备忘录1: 　　科研是大学评估的重点,学术论文质量与数量是必须要突破的瓶颈。大学实施科研激励是制度评估的核心要求。 　　科研成为大学获得资源和评估的核心。资源依赖理论应该可以解释大学为何更关注科研激励	2013版《教师职称和岗位考核制度》执行以来,我们对老师的要求更加明确了,但文章质量和项目基本还需要上一个档次。到目前为止,我们大学除个别拔尖教授外,几乎没拿到过自然科学基金重点项目,都是面上的。我们要认真分析问题,深刻反省这些问题的深层次原因(X003)
备忘录2: 　　2013年以前,A校教师晋升制度都没有将教学成果纳入认可规则,导致了教师群体,特别是年纪较大的老师的强烈反对。基于"教学质量有所下降"和"重视教学"的各种呼声过高,2013年A大学出台了新的教师晋升制度。可见,大学组织在制度设计上也考虑现实中教学缺乏鼓励的问题。制度调整具有"自下而上"的路径。教学激励制度设计也反映了大学教师的声音。 　　从访谈看,A大学实施教学激励并不完全基于教学评估指标的导向,也是为了满足大多数长期在一线的教师的教学发展的需求。教学激励制度的出现受效率和发展双重逻辑的影响	我们也意识到制度上的确强调科研激励,很多学院也反映教学受到了一定程度的影响。我们也开始意识到职称制度中过于强调科研对教师教学行为的确产生了影响。2013年学校明确认可晋升中体现教学成果,在晋升制度中加入了对各种教学成果、教学奖、教学名师、教学竞赛的认同规则,这是我们目前能够提供最强的教学激励(X003)

续表

备忘录撰写	访谈材料摘录
备忘录3： 　　随着教学激励需求的不断增长,大学教学激励制度处于不断修订中,特别是教师晋升中也加强了教学认可。 　　可见,大学管理者并不是没有意识到教学激励的重要性。当我访谈校级领导者时,他们对教学现状、教学经费、教学激励模式都经过了长期的思考。当他们比较科研与教学激励差异时,他们也认为并不公平。这时,我意识到制度不是单个个人可以改变的,个人的力量并不足以改变制度。只有"自上而下"和"自下而上"的互动才能够推动教学激励制度的改变	我们接纳老师们的意见。2015 年修正版我们加强了很多和教学工作相关的内容。2015 版将教学成果质量和数量都进行了非常具体的规定(X003)

　　可见,备忘录是分析思考的实时记录。表 3.4 的示例显示,刚刚开始备忘录大都是描述性的。随着研究的开展,备忘录会变得像小结。这意味着后面的备忘录常常包含整合的线索。早期分析是为了获得洞见以及提出最初的概念。为了理解整理的意义,研究者必须在备忘录中"咀嚼""消化"和"感受"它。研究者必须担当起他者的角色,试着从参与者的视角理解参与者。应该说,备忘录是跟踪研究进展而逐步形成的复杂思想和累积起来的观念。随着备忘录开始出现更多的概念和维度时,整理就变得越来越困难。

第二节　扎根理论的案例应用

　　本书的研究以 A 大学作为扎根理论的案例应用,通过扎根理论方法呈现出大学实施教学激励的过程。第一阶段获取资料以后,对原始资料进行开放性编码,该过程主要涉及对访谈资料进行微分析,从中提取原始概念和本土化概念。第二阶段进行选择性编码,对原始概念和本土化概念进行开放性编码范畴化,并对范畴化的编码进行重要范畴化的提取。第三阶段,通过理论性编码形成大学实施教学激励的理论模型。

一、资料收集方法

A 大学的发展历程具有中国大学发展的一般性规律,大学发展战略和人事制度改革变迁具有同质性的规律。2005 年 9 月 8 日,经教育部、财政部、国家发改委三部门批准,A 大学进入"211 工程"大学建设行列,成为一所非部属、地方财政资助的"211 工程"大学。2011 年,财政部、教育部决定,启动"中西部高校综合实力提升工程"(以下简称"提升工程"),在"无直属 13 省"各专项中重点支持一所办学实力最强、办学水平最高、有区域优势的高水平大学。2017 年,A 大学入选国家首批世界一流学科建设高校名单。2005 年至今,A 大学的发展过程体现了"学术漂移"的过程特征,并伴随着教师激励制度的改革过程。2005 年 A 大学进入"211 工程",开始实施科研目标分解的职称制度,并分别于 2008 年、2012 年、2016 年实施了职称、岗位竞聘和岗位考核制度,这些制度的制定、变化与实施都改变了 A 大学的制度环境并影响大学行动者(管理者和教师)的行动策略(表 3.5)。

表 3.5   A 大学近年的主要发展历程

时间节点	具体事件
2004	在教育部与地方政府的推动下 A 大学经历了"合并"过程
2005	A 大学经教育部、财政部、国家发改委三部门批准进入"211 工程"大学建设行列
2005	A 大学实施第一次教师职称制度改革
2008	A 大学实施第二次教师职称制度和岗位改革
2012	A 大学入选教育部"中西部高校综合实力提升工程"14 所重点建设大学
2012	A 大学实施第三次教师职称制度和岗位竞聘改革
2016	A 大学实施岗位竞聘和绩效改革
2017	A 大学入选国家首批世界一流学科建设高校名单

A 大学具有一定的典型性和特殊性,对 A 大学的研究能在一定程度上透视出我国大学教学激励机制运行的情况。教师群体中的社会性困惑问题较为突出。2016 年,A 大学共有教职工 4024 人,其中专任教师 2538

人,具有博士学位 745 人,硕士学位 1074 人;教授 474 人(含其他正高级 10 人),副教授 913 人(含其他副高级 46 人)。全校全日制本科学生 29397 人。2016 年,A 大学折合在校生与教师的比是 17.5∶1。学校目前有 39 个学院,12 个学科门类。A 大学的职称结构、学历结构与研究性大学相应的结构差异比较大,科研对教学工作的挤压性影响较为突出。博士学位占比低,教师来源于"985"和"211"大学的比例低、职称结构偏低。这些情况导致教师群体的晋升压力大,形成了教学困惑的结构性问题。

对 A 大学实施教学激励的资料的收集主要通过两种途径进行。

第一个途径,通过访问不同类型大学的网站收集各种与教师管理的相关材料及数据。本书采用 NVivo 11 Plus 质性分析软件为研究工具,对 2015—2018 年 9 所不同类型的大学(研究型、教学科研型、教学型)出台的有关职称、岗位考核、教学与科研奖励的政策文本进行编码与分析,归纳出大学教学激励、晋升与绩效制度性同形的演变和基本类型。

第二个途径,通过访谈收集第一手资料,并且为研究者和研究对象之间进行互动沟通提供了天然桥梁。[①] 本书中的访谈集中在 A 大学,分别对 A 大学校级层面、基层学院的管理者和教师群体进行了深度访谈。

二、A 大学内部的多个案理论性抽样

第一,A 大学校级层面的教学管理者。

作者对 A 大学校级层面的管理者进行了访谈,具体情况见表 3.6。为了保护被访谈者,在引用访谈材料的时候,本书被访谈人姓名和被访谈人的职位都不显示,访谈者的姓名以字母和数字的形式,即代码的形式出现。

第二,A 大学基层学院抽样。

质的研究选择的样本一般都比较小,有时甚至只有一个人或一个地点,而且抽样时遵循的是"目的性抽样"的原则,即根据具体情境抽取可以为研究问题提供最大信息量的人和事。[②] 2008—2012 年 A 大学获得国家

---

① 王重鸣.专家与新生决策知识的获取与结构分析[J].心理科学,1992,5(1):1-4.
② 陈向明.从一个到全体——质的研究结果的推论问题[J].教育研究与实验,2000(2):1-8,72.

表 3.6　校级层面访谈对象的基本情况

代码	性别	职称	年龄	学位
X001	男	教授	50	博士
X002	男	NA	48	学士
X003	女	NA	50	博士
X004	男	教授	40	博士
X005	男	教授	51	博士
X006	男	教授	45	博士
X007	女	NA	50	学士

级教学质量工程的项目有 25 个,获得校级教学质量工程的有 195 个,分散在各个学院。按照 2008—2012 年基层学院获得国家级教学质量工程的项目比例,作者将教学成果的数量和质量以及学院规模作为基层学院抽样的核心标准,将 A 大学的学院划分为高、中、低三个类型。学院规模以基层学院在校生人数为依据。根据基层学院在校生人数可以判断学院规模及可支配的教学经费数额。基层学院课时费收入主要依据学生人数和专业学费。2007 年以来,A 大学教学经费对课时费的分配从未改变。作者从 39 个学院中选择了 11 个学院作为 A 大学基层学院的典型代表。作者在 2016—2017 年期间对 A 大学的 11 个学院的 11 个管理者进行了访谈,主要内容为"如何实施教学激励",访谈次数在 1～2 次,每次访谈时间为 1～1.5 小时,为了保护被访谈者,被访谈人姓名、被访谈人所在的学院名称都被隐藏,以代码的形式标明所属学院,具体访谈情况见表 3.7。

第三,A 大学教师访谈说明。

作者在 2016—2017 年期间对 A 大学对不同学科的 30 名教师进行了访谈,最后选择了 9 名教师的访谈材料对教学激励制度的认同和行动策略进行了质性研究。访谈次数在 1～2 次,每次访谈时间为 1～1.5 小时。为了保护被访谈者,在引用访谈材料的时候,被访谈人姓名、被访谈人所在的学院名称都被隐藏,以代码的形式标明,具体情况见表 3.8。

表 3.7　基层学院管理者访谈情况表

代码	学院类属	性别	职称	年龄	学位
M001	社会科学	女	教授	45	博士
M002	工科	男	教授	46	博士
M003	工科	男	教授	40	博士
M004	工科	男	副教授	47	硕士
M005	工科	男	教授	42	博士
M006	社会科学	男	教授	51	硕士
M007	社会科学	女	副教授	49	硕士
M008	社会科学	男	教授	55	博士
M009	理科	女	副教授	45	博士
M010	社会科学	女	教授	46	博士
M011	理科	男	副教授	43	博士

表 3.8　教师访谈情况表

代码	性别	职称	年龄	学位
T001	女	教授	45	博士
T002	男	教授	46	博士
T003	男	教授	40	博士
T004	男	副教授	47	硕士
T005	男	教授	42	博士
T006	男	教授	51	硕士
T007	女	副教授	49	硕士
T008	男	教授	55	博士
T009	女	副教授	45	博士

三、初始材料的微分析

微分析是在扎根理论研究的起始阶段非常重要的分析方式,"目的是将资料拆分开来,提出观念,让研究者深入资料中,将注意力集中到那些看起来相关但其意义仍然模糊的资料上,思考各种可能的意义"。[①] 这种意义的实现,有赖于研究者本人对碎片化、缺乏逻辑的资料进行重新梳理、改编,使其符合逻辑,最终能达到发展理论的目的。微分析是不可或缺的一步,因为它类似于高倍放大镜,研究者通过微分析可以近距离接触和观察每一份资料。下面以对教师的访谈资料片段的微分析为例,来展示微分析的具体过程(见表3.9)。

表 3.9　初步的属性—维度表(对片段资料的微分析)

名称	材料来源	参考点
微分析	2	26
规则	1	6
行政人员缺乏约束	1	3
行政人员是一等人	1	2
约束规则都是针对教师的	1	1
愤怒	2	8
不通知教师就动用学生	1	1
措手不及	1	1
单打独斗	1	1
痛心	1	1
教师的时间不是时间	1	1
辛辛苦苦	1	1
一直等	1	1
等了很久都不来	1	1
没有人来	1	1
影响上课进度	1	1
管理者应对	1	5
抱歉	1	1
不了了之	1	1
掉链子	1	1

---

① 林小英.分析归纳法和连续比较法:质性研巧的路径探析[J].北京大学教育评论,2015(1):16-39.

续表

名称	材料来源	参考点
管理者的问题	1	1
管理者难堪	1	1
行动	1	7
较真	1	3
停下来	1	1
无法上课	1	1
遇到事情敢说	1	1
暂停上课	1	1

通过这一片段的微分析获取并整理出维度与属性,归纳出等级、规则、行动。虽然这些属性显得比较"单一"和"零散",但依据扎根理论的思路,在这个阶段,只要对资料进行分析,更关注的是提炼概念和本土化概念,并不强求开放性编码的系统性和完美性。随着研究的逐步深入,多维度的编码可以不断地修正开放性编码的类属,并不断地提炼出上一维度的核心类属,构建教学激励机制的生成模型。

四、对资料的编码与理论模型的呈现

通过访谈,作者一共收集了约7万字的文本数据。本书的数据整理与分析过程是在通读所有数据后,将原始文本(field text)转变成研究文本(research text)的过程,这是个案研究探究的过程,也是访谈数据导入NVivo软件的过程。作者将访谈材料严格按照扎根理论的三级编码程序——开放性编码、选择性编码和理论性编码的步骤展开相关研究。作者运用Nvivo plus 11软件,对数据中所提取的概念和范畴进行了深刻思考,经过分析—概念—归纳的多轮次循环,从原始资料中抽取了开放性编码、选择性编码和理论性编码。开放性编码的基本步骤是贴标签、发现类属、通过属性和维度发展类属。本书分别对校级、院级和教师的访谈资料进行了整理,形成文字稿后,逐段逐字进行分析,对访谈资料进行开放性编码。通过反复阅读资料,不断修改,形成了58个编码。选择性编码是在所有类属

中选择一个核心类属（core category），其他类属则成为支援类属（subsidiary category），然后通过一个整合图式（integrating scheme）或故事线（story line），将各种理论要素（类属、属性、假设）整合起来。[①] 核心类属指的是，能够将所有其他类属整合起来的中心概念。选择性编码的目的是为了进一步发现类属，这个过程需要不断对编码进行概括和抽象。本书对 58 个编码进行提炼，把可以归入同一类的概念，用一个上位概念来代替，总共形成 17 个选择性编码。然后将 17 个选择性编码进行再归类与概念化，形成 9 个理论性编码（见表 3.10）。

表 3.10　教学激励机制概念构思的结构体系

理论性编码	选择性编码	开放性编码范畴化	
XXX1 校级实施教学激励的行动逻辑	XX1　发展逻辑	X1	教学发展的观念
		X2	教学学术导向
		X3	内在的教学改革动力
		X4	学生发展
	XX2　效率逻辑	X5	成果奖励
		X6	计算观念
		X7	评估指标导向
		X8	项目资助
XXX2 校级实施教学激励的行动策略	XX3　制度性激励	X9	教学奖
		X10	教学竞赛
		X11	教学名师
		X12	教学项目资助
		X13	晋升中的教学认可

---

① 陈向明.扎根理论在中国教育研究中的运用探索[J].北京大学教育评论,2015,13(1):2-15,188.

续表

理论性编码	选择性编码	开放性编码范畴化
XXX3 校级实施教学激励的决定因素	XX4　层级激励规则	X14　顶层制度设计
		X15　配置性资源
		X16　权威性资源
	XX5　合法性机制	X17　规范化符号
		X18　评估文化
		X19　评估制度内化
		X20　评估秩序
		X21　认知性符号
		X22　制度同形
		X23　组织同形
XXX4 校级实施教学激励的效果	XX6　耦合	X24　激励多元化
		X25　绩效增强
		X26　教学认同
	XX7　脱耦	X27　观念维持
		X28　激励扭曲
XXX5 重科研的惯习生成	XX8　激励结构	X29　低教学奖励
		X30　晋升中的重科研认可
		X31　物质激励低
	XX9　激励制度同形	X32　锦标赛
		X33　目标分解
XXX6 院级实施教学激励的决定因素	XX10　专业认证	X34　专业认证制度化
		X35　专业认证投入
		X36　专业认证的认同感
		X37　专业认证的动力
	XX11　学院内部激励要素	X38　自筹经费
		X39　角色认知
		X40　层级教学激励规则
	XX12　外部激励动因	X41　权威性资源
		X42　配置性资源

续表

理论性编码	选择性编码	开放性编码范畴化	
XXX7 院级实施教学激励的行动策略	XX13 制度化激励	X43	专业环节中的物质补贴
		X44	项目导向的激励
		X45	物质奖励
	XX14 非制度化激励	X46	精神激励
		X47	情感关系
		X48	机会配置
		X49	道德与认同
		X50	文化与传统
XXX8 大学教师个人行动策略	XX15 行动策略	X51	保持教学投入
		X52	减少教学投入
XXX9 教师个人教学策略的决定因素	XX16 心理契约	X53	交易心理契约
		X54	自我激励心理契约
		X55	教师与学生的心理契约
	XX17 社会性困惑	X56	经济人身份下的价值困惑
		X57	学术人身份下的价值困惑
		X58	权利主体自由与权力困惑

　　本书通过三级编码的过程形成了两类模型:三个单层级教学激励机制生成模型和一个层级间教学激励机制交互模型。

　　第一,校级教学激励机制的生成。

　　校级教学激励机制的形成受到合法性机制与大学内部教学制度的约束,其中合法性机制指自上而下的教学评估制度,它构成了学校以外的机制压力,大学内部制度是指大学顶层设计和层级授权规则,它们构成了校级层面实施教学激励制度的内部机制动力(具体见图3.1所示)。校级教学激励最终在学校层面形成以制度化激励为主的制度,在校内进行扩散与实施。在校级教学激励制度的强制压力下,会形成校内实施教学激励的一系列行动,包括院级行动以及教师个体的行动,最终产生教学激励的效果。

　　第二,学院教学激励机制的生成。

　　院级教学激励机制的形成受到院级组织外部要素与组织内部要素的

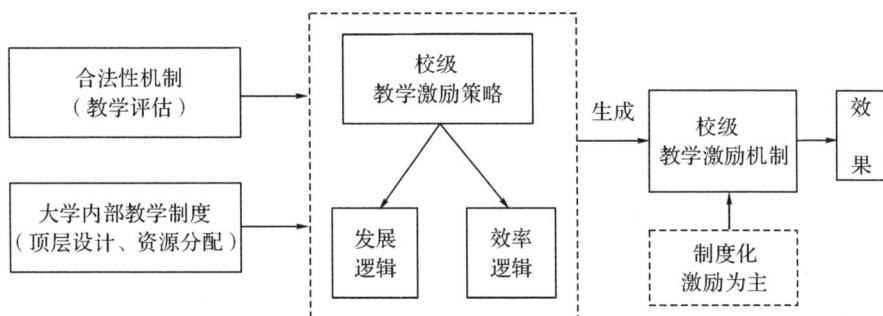

图 3.1 校级教学激励机制的生成模型

影响,以及教学环境与行动者认知要素的共同影响(具体见图 3.2 所示)。院级组织外部要素是指院级组织以外的影响要素,包括校级扩散至院级的正式教学激励制度、层级执行规则。院级组织内部要素是指院级组织内部的影响要素,包括院级管理者的角色认知和院级资源禀赋,情境要素主要指的是专业评估制度。在各种因素的影响下形成了院级制度化激励与非制度化激励双重融合的激励机制,导致了院级的行动策略选择,最终产生激励效果。

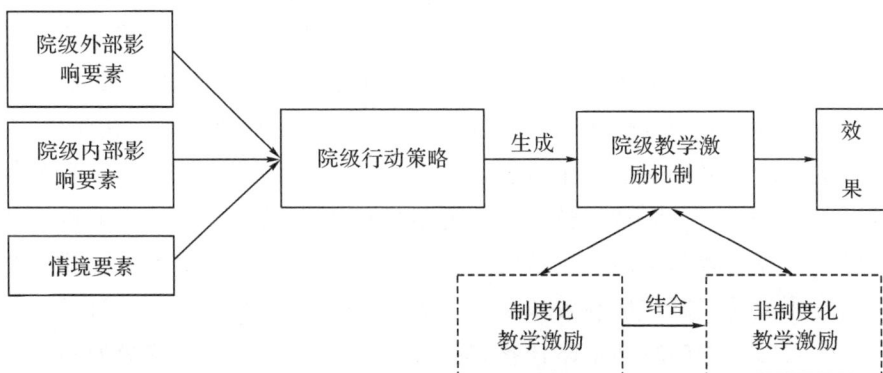

图 3.2 基层学院教学激励机制的生成模型

第三,教师个体教学激励机制的生成。

教师个体作为激励机制的最终受众,是教学成果的直接产出者,他们会受到来自校级与院级两个层级的制度化激励以及重科研惯习的影响(具

体如图3.3所示)。在三种机制的共同作用下,教师群体出现了对教学的
社会性困惑,并形成教师个体的心理契约。教师个体的心理契约本质上是
作为能动者的教师与制度约束下互动形成的教学激励机制,该机制直接影
响教师个体的行动策略。

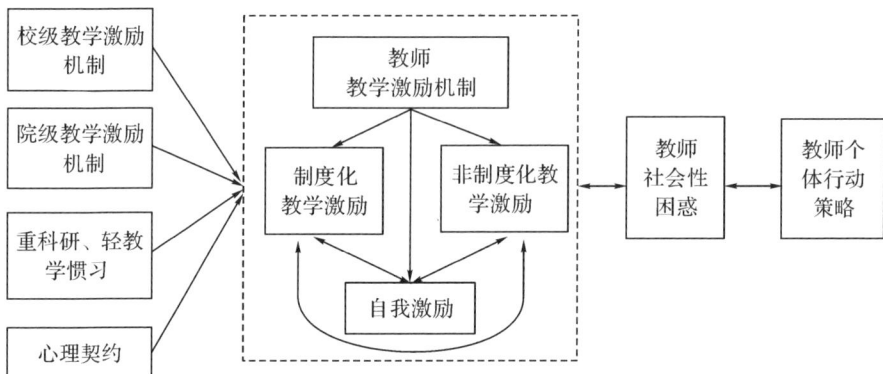

图3.3   教师个体教学激励机制生成与行动策略模型

第四,校级、院级、教师教学激励机制的互动。

单层级的激励机制形成后,相互之间产生影响,最终形成不断优化稳
定的激励机制体系。校级与院级、教师激励机制的互动过程,具体见
图3.4。校级的制度化激励会通过扩散形成院级部分的制度化激励,院级
制度化激励与非制度化激励会通过制度实施反馈于校级的制度化激励,对
校级的制度化激励形成一个调整。校级制度化激励会直接作用于教师个
体,影响教师的行动策略,教师个体通过实施效果反馈修正校级的制度化
激励。院级与教师个体的激励机制的互动关系是,院级将其制度化激励与
非制度化激励机制扩散到教师个体层面,教师在此基础上形成心理契约从
而影响教师个体的行动策略选择,通过效果反馈于院级,对院级的制度化
与非制度化激励进行修正。

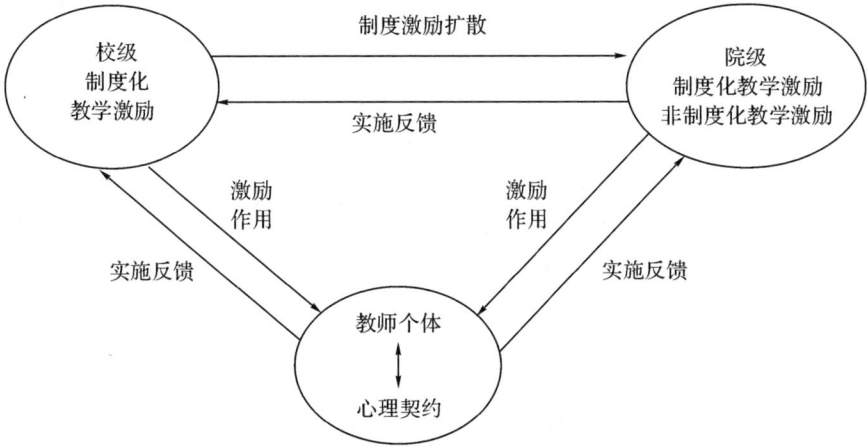

图 3.4 层级间教学激励机制的生成互动模型

第四章 理念与现实的冲突：
大学教学地位变迁

本章主要从历史与现实两个维度来阐明大学实施教学激励的激励困境。首先，从大学理念的变迁来解析大学教学地位变化的历史溯源，发现大学多元职能的演变使得大学教学地位一直处于变动过程中，从理念而言，教学、科研与社会服务三大职能处于相互协调和促进过程中，从实践来说，教学、科研与社会服务三大职能偶尔有所冲突。其次，"教学学术"理念的提出既是对大学"教学"所面临的困境的纠偏，也是对"教学"发展道路的预测与规划。最后，在实践中探讨"重科研"惯习的生成以及大学教学"边缘"地位的现实写照，从大学教学激励制度的变迁过程来明晰大学教学地位边缘化的过程。

第一节 大学理念的嬗变与教学地位的变迁

大学教学地位的形成具有历史性和再生性特征。其历史性特征在于，从历史源流的角度来看，大学教学地位并不是在朝夕之间突然出现的，也并非由某种外部势力所强行造就，而是大学在漫长的教学史中逐渐形成、自然演变的。如美国人类学家赫斯克维茨（M. J. Herskovits）所说："一个社会永远不会这样狭小，这样孤立，虽然它的技术设备可能非常简陋，它给予的生活方式亦是非常保守，但是，随着一代又一代的轮转，随着新的观念、新的结合、新的基础深入社会成员的头脑，变化永远不会停止。任何一种活的文化都不是固定不变的。"①大学教学地位形成的再生性特征有三重含义：与过去相对应，表示教学地位的形成对于维持教学状态以及继承教学理念的功能意义；与现状相对应，表示教学地位将保持间歇性更新的状态；与将来相对应，表示教学地位形成对于大学教学现状的超越。

大学教学地位的历史变迁与大学教学理念的变化是相关的。教学地位的变迁主要取决于大学教学理念的变化。潘懋元教授明确提出："大学理念虽然是一个上位性、综合性的高等教育哲学概念，但它不仅反映高等教育的本质，而且涉及时代、社会、个体诸方面的因素。从'理念'切入，不但可以更好地把握高等教育的本质、功能、规律，而且能更好地理解高等教育规律如何制约和支持人们对高等教育的认识与追求。"②

大学教学地位的变迁具有两种形式：自发性变迁和被动性变迁。教学地位的自发性变迁可能源自于新的教育理念和教育思潮，其积聚到一定程度，就会逐渐推动教学地位的变迁。也可以说，大学教学地位的变迁过程是新的教学思想的表达和传播的过程，也是新旧教学理念的冲突与融合的过程。教学地位的自然变迁不能被简单理解为一个更替的过程。教学地位的被动性变迁则是大学理念和高等教育场域自下而上的调整所导致的。

大学理念的变迁过程使得大学的功能不断得以拓展，每一个阶段教学的地位都发生了变化，显示出进阶性的特征。第一阶段，大学理念主要体现为"教学为业"，大学的核心职能就是传授普遍知识；第二阶段，大学理念主要体现为"科研为业"，大学的职能从"教学"拓展到"教学与科研并重"；第三阶段，大学理念在"教学与科研并重"的基础上开始关注社会服务，大学的职能拓展到"教学、科研与社会服务"；第四阶段，"教学学术"理念的提出使得教学再次获得了力量，提升了地位，并为教学的可能发展提供了理论基础。

大学理念变迁的形象特征体现在学者对于大学的"隐喻"中。大学隐喻的变迁集中形象地概括了理念变迁的转折。隐喻（metaphor）作为一种语言现象，基本形式是在语言表达中用一样事物代指另一样事物。弗里德

①　BARNETT R. Beyond All Reason: Living With Ideology in the University [M]. Buckingham: Society for Research into Higher Education/Open University Press,2003:15.

②　布鲁贝克.高等教育哲学[M].王承绪,等译.杭州:浙江教育出版社,1987:14.

里希·威廉·尼采(Friedrich Wilhelm Nietzsche)认为,隐喻可以使人通过实在的经验来理解本无法被理解的"真理"。概念隐喻是指人们通过一个具体、简单而熟悉的源域(source domain)概念来表征和理解另一个抽象、复杂而陌生的目标域(target domain)概念。①"象牙塔""城镇""服务站"等隐喻不仅加深了人们对于大学理念变迁的理解,也促使学者对大学的职能变迁进行反思。

表 4.1　大学理念变迁的不同阶段

时间	大学的隐喻变迁	理念的冲突	大学职能
18—19 世纪	"象牙塔" "田园村庄"	纽曼:"大学是一个传授普遍知识的场所"	教学
19 世纪初	"城镇"	洪堡:"科研为业"的理念	教学 科研
20 世纪后	"变幻的城市" "服务站"	威斯康星大学:"为社会服务"的大学理念	教学 科研 社会服务
20 世纪末期—21 世纪	"有机体"	博耶:"教学学术"理念	教学 科研 社会服务

一、"教学为业"的理念

"教学为业"的理念可以追溯到中世纪,主要可以分为两个阶段来看:第一阶段是中世纪,中世纪大学公开的职能只有教学,不存在现代意义上制度化的科研,但不表示没有"中世纪式的研究";第二阶段是文艺复兴到18 世纪末,大学内部发生了少量公开的科研活动,但是大学仍只是一个教学的场所,以知识传授而非知识发现为主。

（一）中世纪大学以"教学"为唯一职能

中世纪大学仅具有教学功能,主要是向他人传授公认的知识和真理,

---

① 陈子晨.疾病的概念隐喻及其社会心理效应[J].广东社会科学,2020(6):204-214.

而不是发现知识。这种知识和真理内嵌于神学之中,拥有不变性和至高无上性。学者的任务是理解和接受公认的学问,而学问是可以穷尽的,新知识的探索与发现不是必要的。中世纪作为一个思想禁锢、信仰至上的时代,理性的思考被限制在信仰范围之内,既没有产生科学研究必需的环境和土壤,而且未知的知识领域又被神学解释所侵占。意大利籍教皇格里高利九世(Pope Gregory Ⅸ,约 1145—1241 年)说,不要巴黎大学的教师和学生们"将自己看作哲学家,而要让他们努力成为上帝的学者"。① 尤其是 14世纪开始,理性精神陷入僵硬死板的经院哲学的泥潭之中而无力挣脱。

　　当然"中世纪式的研究"是存在的,知识的探索行为是零散的、个体的,与现代意义上的科研相去甚远。这种"中世纪式的研究"主要以评注、解释和反思教义的方式进行。② 19 世纪以前,在首先实现改革的德国大学,教学是公开的,但是这类"研究"是在私人场所比如家里或者私人实验室里非公开地进行。③ 帕金斯(James Alfred Perkins)提出,19 世纪之前,以个体学习、反思和写作为形式的学术或研究"几乎一直被看作是教师做好工作的关键要素,因为它可以使教师保持敏锐的头脑,授课内容新颖并能促使学生心智活跃"。④

　　中世纪后期,大学越发拒绝一切新知识,保守和僵化成为大学运行的基本特征。自文艺复兴、宗教改革之后,大学从神学领域走向世俗化,增加了如希腊文学、诗歌、历史等人文课程。但这些都没有改变大学以教学为主业的状况。在大学之外,人文主义研究在文艺复兴之后兴起,15 世纪后半期近代的自然科学开始产生。但是受到宗教严格束缚的大学既没有快速响应社会的变化,又无法承担这一职责。大学的知识逻辑、组织框架没有给予近代科学产生的契机。大学自我隔绝于近代科学研究之外,社会新型机构占据了这一职能。"如果社会不能从原有机构中获得它所需要的东

---

　　① 哈斯金斯.大学的兴起[M].梅义征,译.上海:上海三联书店,2007:33.
　　② 吴洪富.大学教学与科研关系的历史演化[J].高教探索,2012(5):98-103.
　　③ 约瑟夫・本-戴维.学术研究的历史、目的和组织[J].李亚玲,译.外国教育资料,1989(6):27-30.
　　④ PERKINS J A. Organization and Functions of the University[M]//PERKINS J A. The University As An Organization. New York:McGraw-Hill,1973:3-14.

西,它将导致其他机构的产生"①,于是社会中出现组织化的机构,即在大学之外成立了制度化的科学共同体如科学学会来开展科学研究工作和进行交流。历史上最早的科学学会是 1560 年出现在那不勒斯的"自然秘奥学院"。英国、法国的皇家学会分别在 1662 年和 1666 年成立。18 世纪大革命后,法国建立了法兰西科学院。近代科学在大学之外获得了立足之地。约瑟夫·本-戴维(Joseph Ben-David)认为,"更有利于科学获得自主性的环境是在大学之外。"②中世纪少数大学进行的"科研"无法撼动教学的地位,但至少点燃了近代科研的火星,如 1694 年成立的德国哈勒大学。但是火星毕竟只是火星,神学依然至高无上,教学也在神学的统治之下。从"沃尔夫事件"我们可以发现"研究"被神学压制的端倪。1723 年哈勒大学哲学教授克里斯蒂安·沃尔夫(Christian Wolff)在公开的著述与授课中表达了与以圣经为核心的宗教教义极度相违背的学说,贬损圣经及基督教基本教义。他对于教义的思想分歧被学者群体主动诉至大学以外的权力机构,因"表达不当神学观念"之名被国王腓特烈·威廉一世(Friedrich Wilhelm Ⅰ)剥夺教授席位并驱逐出普鲁士王国。大学教师的学术前途与个人命运由作为世俗最高统治者的国王所关注、判断和裁决。③

中世纪大学以各种制度所倡导及保障的"教学"与近现代的教学是有差异的。教学的目的是通过对符号与语词的解释让学生坚定对上帝存在的信仰。中世纪大学的诞生有三种类型:第一种是自生自发型,如巴黎大学、博洛尼亚大学和蒙彼利埃大学;第二种是分裂型,是指从母校分裂出来的大学,比如剑桥大学从牛津大学迁徙而来;第三种是由皇权或教权敕建,如那不勒斯大学。④

第一,经院哲学对中世纪大学思想的统治,不仅表现在为当时的社会提供了一种最先进的教育方式,还提供了一种理性的调查或研究方法。教会对中世纪大学"教学"的控制,通过"通用执教资格"(licentia ubique

①　克拉克.高等教育新论:多学科的研究[M].王承绪,等译.杭州:浙江教育出版社,2001:35.
②　本-戴维.科学家在社会中的角色[M].赵佳苓,译.成都:四川人民出版社,1988:106.
③　罗小连."沃尔夫事件"——一个经典事件史论题的社会文化史分析[J].北京大学教育评论,2018,16(2):77-103,189-189.
④　黄旭华,施晶晖.中世纪大学的"执教资格"与"通用执教资格":教师流动的视角[J].高教探索,2019(11):103-108.

docendi)来实现，获得这种执教资格证的学人，拥有一种学术特权：可以在任何一所大学（包括其母校），甚至整个基督教世界的其他教育机构或者场所讲授他所学的科目，而无须再经过任何形式的考核。① 颁发通用执教资格的权力归属教皇、皇帝或者国王。越优质的大学，教皇颁发的执教资格越拥有"通用"的性质和功能，显示出与学术声望匹配的显赫名声和普遍效力，从侧面反映了大学的"教学质量"和水平。

　　第二，中世纪大学的"教学"是合法性获得的途径和证明。因为唯有进行"教学"，才能进行"知识交易"。现代意义上的大学源于带有商业性的行会组织。大学（University）来源于拉丁文"Universitas"，它在一开始并非现代大学的同义词，仅指同行协会（association）、法人社团（corporation）。13 世纪初，三个享有崇高声望的"教学"中心已经出现，巴黎的神学和文学（Arts），博洛尼亚的法学和萨莱诺的医学，代表了被惯例所认可的"stadium generale"称谓的地位。Stadium 是指集中学习的场所，拥有"stadium generale"称谓的毕业生可以到其他地方从教，从而使得该称谓的膨胀。② 知识的日益高深化使大学的"教学"职能的存在越发重要，文化的零星式薪火传承开始演变成大学"教学"的有秩序传承。12 世纪，西欧的知识来源越发丰富，从单一的《圣经》到众多学科知识，不但译介亚里士多德的众多学科知识，而且翻译了希腊伟大学者欧几里得、阿基米德、托勒密、医学之父希波克拉底及其继承人盖伦的著作，而且数学、天文学、自然科学、医学等著作不断涌入。1255 年，巴黎大学课程的教材目录中已经包含了所有能得到的亚里士多德的著作。③ 17 世纪前后，大学开始成为政府统治的工具，成为帮助后者培养教会和世俗官员的职业学校，这都有赖于"教学"。因此，大学教学与教会组织的信条标准越发趋向一致。④

　　第三，"教学"的实用性特征成为中世纪大学的立足之本。中世纪大学

---

① 黄旭华，施晶晖.中世纪大学的"执教资格"与"通用执教资格"：教师流动的视角[J].高教探索，2019(11)：103-108.

② 胡钦晓.学术资本视角下中世纪大学之源起[J].吉首大学学报：社会科学版，2019，40(5)：1-13.

③ 格兰特.中世纪的物理科学思想[M].郝刘祥，译.上海：复旦大学出版社，2000：26-27.

④ 包尔生.德国大学与大学学习[M].张弛，郄海霞，耿益群，译.北京：人民教育出版社，2009：37.

有博洛尼亚大学(学生大学)和巴黎大学(教师大学)两种自治模式。在13世纪,博洛尼亚大学的"教学"受制于学生支付的学费。在城镇资助大学的数量和金额不断增加之后,教师的收入来源逐渐由学生转移到城市。学生型大学的管理模式逐渐消失,教师在大学中的地位及对"教学"的掌控权又重新得以恢复。"教学"被视为一种技艺多过于一门科学。在完全依靠学费生活的中世纪大学里,"教学"的实用性成为基本特征,"教学"若无实用性就会无人问津。而且在中世纪早期,印刷术还没有发明,书籍材料相当昂贵短缺,大概只有教师才能够拥有书籍,因此,"教学"是一项高价值的、昂贵的事业,以"读"(read)教科书为主,称为"读课"(lecture),就是教师将自己的那本书读给学生听,学生做笔记。大部分大学都规定读的速度,不可以读得太快,致使学生来不及做笔记,也不可以读得太慢,延缓课程进度而获取较多学费。① 即使是教授也受困于学费问题,甚至与他们的学生就讲课费问题讨价还价。即使"教学"是中世纪大学的唯一职能,但是教师的"教学"是移动的,因为博洛尼亚大学的教师很难在一所大学扎根,只能不断转移"教学"的场所来维持生存,他们并未将"教学"视为一个长久性职业,往往将精力同时用在非学术雇佣上,譬如市政代表。②

(二)捍卫教学地位的力量

18世纪至19世纪,纽曼在《大学的理想》中确立了教学的唯一地位。这一时期,科研兴起对教学的影响开始显现,冲击了教学地位,也为教学地位的下降埋下了种子。这也是纽曼为什么论证教学地位重要性的原因。他认为,教学是大学的唯一职能,"大学是一个传授普遍知识的地方"。③纽曼提出,大学是一个接受教育的地方或场所,是一个能从众多学科中获取大量知识的地方,而不是纯粹"发展知识"的地方。大学就应为传授知识而设,为学生为设,以教学为其唯一功能。④ 纽曼的大学观刻画了教学在大学中的核心地位,而且他对教学的理解结合了当时的形势,希望"教学"

---

① 林玉体.西洋教育史[M]台北:文景出版社,1985:138.

② COBBAN A B. The Medieval Universities: Their Development and Organization[M]. London: Methuen & Co Ltd,1975:66.

③ 纽曼.大学的理想(节本)[M].徐辉,顾建新,何曙荣,译.杭州:浙江教育出版社,2001:29.

④ 郭石明.社会变革中的大学管理[M].杭州:浙江大学出版社,2004:42.

脱离宗教与神学的桎梏而靠向世俗。"一方面,大学的目的是理智的而非道德的;另一方面,它以传播和推广知识而非增进知识为目的。"①纽曼的"非道德的"并不是现在说的道德培养等世俗方面的内容,而是指向上帝的律法或者说宗教的"真理"。纽曼将大学"教学"职能视为大学入世、承担社会义务的途径,大学将"培养良好的社会公民"②,以期通过个体以后的生活和事业来贡献社会。

这一阶段,大学中存在两种理念冲突威胁了教学的核心地位。

1. 科研兴起对教学的冲击

知识探究对教学产生了冲击,教学的重要性需要重申。纽曼反对的并不是"科研"本身,而是干扰甚至僭越了"教学"的科研,反对的是将"科研"凌驾于"教学"之上的"科研",反对的是逐渐组织化并将"自由"摈除在外的科研。首先,心智培养是大学的核心任务。纽曼提出,大学的目的就是理智的培养,不是道德熏陶,也不是机械灌输。心智培养需要"教学"来完成,需要教师和学生的互动生成,大学只能依靠"教学"这一职能来完成心智发展的目标。教育的目的在于教会学生理智地对一切事情持恰当的想法,去积极探索真理、掌握真理③,要"把事物追溯到人的基本原则"。④ 大学不能成为一个学而不获的场域,不能够仅仅成为学科学习和专研的场所,名目繁多的考试和一本本的著作被撰写出来不应该改变大学"心智培养"的核心任务。其次,既进行教学又忙于科研的教师是不可能极其出色地同时完成两个重要工作的,"发现和教学是两种迥同的职能,也是迥异的才能"。⑤同时拥有两种才能的人并不多见。教师并没有很多的闲暇和时间去同时进行两件重要事情,如果进行新的研究或发现将会打断教学。而且真正的科学研究需要与现实保持一定的距离才能够确保思考的独立性,避免科研被琐事所打断。教师的时间主要用于向求学者传授既有的知识,这是更为重要的。再次,大学的价值被认为不在于为教师提供研究机会,也不在于

①　吴洪富. 纽曼论大学教学与科研关系[J]. 现代大学教育,2010(6):82-87＋112-113.
②　帕利坎. 大学理念重审:与纽曼对话[M]. 杨德友,译. 北京:北京大学出版社,2008:147.
③　纽曼. 大学的理想(节本)[M]. 徐辉,顾建新,何曙荣,译. 杭州:浙江教育出版社,2001:45.
④　帕利坎. 大学理念重审:与纽曼对话[M]. 杨德友,译. 北京:北京大学出版社,2008:58-59.
⑤　纽曼. 大学的理想(节本)[M]. 徐辉,顾建新,何曙荣,译. 杭州:浙江教育出版社,2001:4.

为学生提供获得知识的途径,而在于创造"富有想象"地探讨学问的气氛。奥尔特加·加塞特(Ortega Y. Gasset)指出,要批判大学中的"伪科学主义",科学只是大学的"附加功能"。① 最后,大学以外的科研机构比大学更适宜成为发现知识与拓展知识的组织。纽曼并不是否认科学发现与科研的重要性,而是认为"科研"的职能不应由大学来承担,"学会"等机构就非常适合运用集中研究模式来促进知识的增长。已有的研究成果中,源自大学的成果较少,以化学为例,重大发现不是出自大学。即使有重大发现出自大学,也与大学没有多大关联。纽曼以近代化学的奠基人罗伯特·波义耳(Robert Boyle)为例来证明这一观点,认为他们尽管与大学有关,但波义耳毕业于伊顿公学未上过大学。② 不过,大学与科研机构并不相互排斥,反而有合作的基础和必要,共同承担人类知识发展的重任。

2."专业培训的理性逻辑"与博雅教育理念的冲突

教学理念内部的冲突也影响了教学地位,主要体现为专业知识的"理性逻辑"和博雅教育的"传授普遍知识"的冲突。纽曼将知识分为功利知识(专业知识)和自由知识两类。前者是具有特殊性的知识,后者是无外在目的的知识。他不承认前者归属于大学的"知识",也并不认其为目标。专业知识的"理性逻辑"倡导让学生为了职业和专业而训练。博雅教育则以自由知识的交流与沟通为基础。

纽曼认为,"博雅教育"的价值是不可估量和测定的,心智培养是博雅教育的核心。"心智培养"不能被"训练实用"所代替。博雅教育在市场上的真正价值不能以"实用性"来衡量,亦不应限于某个特定的狭窄的目标,更不应规定明确的任务。理性训练对于学生个人是最好的,它最能够使学生履行社会义务。从根本上说,理智就是辨别是非、利害关系以及控制自己行为的能力,在所有人身上,理智是一种能相对容易地进入任何思想主题的能力,是一种能敏悟地学习某种科学或从事某种职业的能力,一旦理智得到恰如其分的养分,并形成对事物合乎逻辑的看法或理解,才智就能根据个体身上独特的素养和能力,施展自己的力量,产生或多或少的影

---

① 加塞特.大学的使命[M].徐小洲,陈军,译.杭州:浙江教育出版社,2001.
② 吴洪富.纽曼论大学教学与科研关系[J].现代大学教育,2010(6):82-87,112,113.

响。① 相对于心智而言，知识的获取是次要的，换句话说，知识是手段而不是目的，仅仅是知识的积累不能获得心智的发展，因此"教学"要以"心智培养"为目的，传递知识是心智培养的基础。"教学"是自由知识交流的有效途径，对于藏在图书馆、书籍等死物之上的知识的价值无法与"有条不紊的和辛苦的"教学相比。心智并不是贮存知识的容器，也不是吸收知识的仓库，只有"教学"才能使心智发育并趋于完善。

纽曼认为，启发心智的教学才会吸引教师对教学的高度投入，因此他对"专业培训的理性逻辑"提出了质疑。秉持"专业培训教育理念"的大学成为铸造厂和制造厂，教与学成为一项单调的工作。不仅学生可以通过一系列的考试而获得学位，而且教师和学生之间没有交往、沟通，学生和教师相互之间也不相识，他们只是在冷冰冰的教室里传授知识。更甚者，只有专业知识的传授不仅对教师和学生都缺乏吸引力，而且无法实施"心智"教育。

这一阶段不管是理念还是实践中，教学一直是大学最重要的职能，是大学最核心的职能，科研的出现并没有撼动教学的地位，教师对知识的"探究"只是个体化行为。核心的观点在于强调大学讲授的目的不在于宣讲知识，而在于开启学生的心智，引发其思想。纽曼所代表的大学理念突出了大学的责任不仅仅是培养人，而且是培养"心智至善"的、高层次的人才、未来的学者。但是也许教育危机已经蕴含，大学"教学"的堕落与逝去将会成真，这也是纽曼的担忧与警示，也是《大学的理想》去描述"理想的大学"的可能目的之一。概言之，教学是大学的核心责任，大学就是要立足于教学，并通过高品质的教学促进学生最大可能的一般发展。

二、"科研为业"的理念

18世纪末至19世纪初期，大学的教学地位开始发生巨大的形变。这一改变始于当时政治经济发展落后于欧洲邻国的德国，新人文主义与德国自由主义之间的争锋正在开始。1809—1810年，威廉·冯·洪堡出任普鲁士内务部文化与公共教学司司长，并主导组建作为"典范大学"的柏林大

---

① 吴洪富.纽曼论大学教学与科研关系[J].现代大学教育,2010(6):82-87,112,113.

学,明确梳理、整合并阐述了"科研为业"的理念。柏林大学确立了"科研为业"理念的价值。"科研为业"的理念主要是指大学要以"科研"为中心,教师的首要任务是专注于"创造性的学问",同时明确提出了"教学与科研相统一",于是科研的地位得到了提升,科研在大学中的地位越来越重要。这一阶段尽管出现了"科研为业"与"教学为业"理念之间的冲突,但两者冲突的范围和强度并没有使教学地位出现本质性的边缘化。

（一）科研地位的确立

大学"科研"职能的兴起至少经历了三个阶段:第一阶段,科研包含在教学之中;第二阶段,科研取得独立地位,部分脱离教学而存在;第三阶段,成为大学继"教学"之后的第二大职能。

科学研究大规模地进入大学,科学家开始以教授身份从事研究工作。在洪堡之前,"科研"职能就已在大学萌芽并发展。乔治—奥古斯都—哥廷根大学（Georg-August-Universität Göttingen,简称哥廷根大学）是欧洲的学术和科学重镇,教授被要求促进知识,进行原创性的研究。虽然科研在哥廷根大学发展起来了,但是教学仍然占据主导地位。哥廷根大学在大学制度上的创新,有关教授的研究、自由的环境、哲学和近代学科的发展,以及海涅（Heinrich Heine）的语言学研究所、研讨班的研究和教学形式,这一切都成为洪堡大学理念和进行大学制度设计的原型。[①] 洪堡倡导把一切教学都置于科研的基础之上,这么做的目的是为了人的个性的全面发展,也就说"科研包含在教学"之中。此时的"科研"主要是单纯的理性的探索和思考,研究的对象仅限于哲学、人文和社会科学。弗莱克斯纳（Abraham Flexner）对这一现象感叹:"洪堡大学的兴建,使旧瓶装入了新酒,旧瓶也因此破裂。古老的学府如此彻底地按照一种理念进行重塑,可以说是前无古人,后无来者。"[②]

柏林大学在办学过程中发展了这一理念,提出科研不仅要服务于教学,也要以发展科学为目的。柏林大学否定了"从原则推论"的古老思辨方法,开始重视经验、实验和观察,研究对象扩展到自然科学,使科研逐渐成

---

① 叶赋桂,罗燕.大学制度变革:洪堡及其意义[J].清华大学教育研究,2015(5):21-30.
② 弗莱克斯纳.现代大学论:英美德大学研究[M].徐辉,陈晓菲,译.杭州:浙江教育出版社,2001:272.

为一种增进知识和应用知识的创造性社会实践。德国"教授"诞生之初在英文中就是专家之意,其本职工作是科研而非教学。科研的地位在大众的意识中开始逐渐占据比"教学"更多的优势。一直到 20 世纪很长一段时间内,德国掌握讲座的教授站在德国文化的顶峰,在国际上被认为是以科研为基础的高等教育新世界的领袖。德国大学的科研模式和研究使命影响和改变了世界上的大学和高等教育的发展。德国大学的行政学、法律和医学教育已发展成为研究型的学科。研究和教学之间的相互作用推进了德国大学内部的发展。柏林大学每一位资历深厚的教授都有自己管理的"学会"或"研讨会",包括一些身份较低的教授、讲师和学生。此时,大学内部组织的建立务必遵守的一条根本原则是"学术是一个尚未穷尽且永远无法穷尽的问题,当锲而不舍的探索之"。[①] 独创性研究、科研能力成为大学选聘教师和大学教师取得学术地位的首要条件。教师不再把普遍接受的真理代代相传视为他们的职业,而是注重他们自身的研究成果。

　　"科研为业"的理念推动了大学以"学术逻辑"为准来运行。学术发展成为大学的一种主要形式和动力的源泉。"科研为业"的力量使得德国大学偏重了"科研取向"的逻辑。尼珀戴(T. Nipperday)在《德国史 1800—1866》中谈到 19 世纪德国大学的教授聘任标准时说:"在选择教授人选上不重笔头或教课能力,而重研究工作及其结果的独创性。"[②]这种对"纯粹知识"的渴求的一个重要原因是政府能够为此买单。随着科研合法性地位的确立,科研和教学的互动构成了"学术探讨"的教学场域。此时,科研也是一种教学,教学也是一种科研。大学逐渐从"传授知识的场所"转变为"科研与教学互动生成的探究场所"。"科研"的重要性经由美国留德学生的学习和引荐而对美国现代高等教育制度建设产生了意义深远的影响,并最终在美国迸发出了"科研对社会发展的巨大刺激作用"。

　　(二)教学与科研相统一

　　19 世纪中后期,"教学与科研相统一"的原则或模式在理念层面上已经得到了大多数国家的认可,并在实践层面上有所拓展。费斯勒(Karl

　　① 　BARNETT R. Beyond All Reason:Living with Ideology in the University[M]. Buckingham: Society for Research into Higher Education/Open University Press,2003:15.

　　② 　布鲁贝克.高等教育哲学[M].王承绪,等译.杭州:浙江教育出版社,1987:14.

Vossler)在《大学中的研究与修养》中提出,在许多这类理念的推动下,科学研究成为大学和大学教师学术职业中最具活力、最核心的学术追求,使得大学的理念从"教学"向"教学与科研"变迁,大学教师的学术职业也从"单一的教学工作者"转变为"教学和科研并重"的双重角色。大学理念——大学实践——大学职业都同时发生变化,这种变化不是一种"周而复始"的循环,而是教学的核心地位先于科研的合法性地位的变化,与此同时,科研的合法性和核心地位越来越突出。正如有学者认为"教学就是研究","当教授与他的研究生并肩工作的时候,研究往往就是最好的教学"。① 雅斯贝尔斯(Karl Theodor Jaspers)也指出,"最好的研究者才是最优良的教师,只有这样的研究者才能带领人们接触真正的求知过程,乃至于科学的精神。只有他才是活学问的本身,跟他来往之后,科学的本来面貌才得以呈现。通过他的循循善诱,在学生心中引发出同样的动机。只有自己从事研究的人才有东西教别人,而一般教书匠只能传授僵硬的东西"。②

　　但是,"科研"已经表现出了功利性特征和国家主义取向。"教学与科研相统一"并未如洪堡所预期的那样在柏林大学显现实效性,而且洪堡仅上任 16 个月(1809 年 2 月—1810 年 6 月),在柏林大学正式开学前四个月便毅然辞职。③ 在 1818 年,柏林大学校长菲利普·康拉德·马莱讷克(Philipp Konrad Marheineke)在一次动员报告中批判了学生学习的"功利取向",认为他们把精力消耗在学习那些"未来实践生涯必备的东西"。④ 1807 年普鲁士战败于拿破仑之后,大学"科研"也染上了国家主义的色彩,社会各界人士和民众热切盼望国家复兴,民族主义的情绪充斥着大学,而非"科研"所带来的个体觉醒。

　　大学"研究"的职能需要新的制度来保障,如图书馆、研究所和研讨班。教学的素材和思想的来源都是从学者的科研实践中获得活力。习明纳(Seminar)与实验室是两种柏林大学采用的将教学与科研结合的模式。习

---

　　① 克拉克.探究的场所——现代大学的科研和研究生教育[M].王承绪,译.杭州:浙江教育出版社,2001:20.
　　② 洪堡.论柏林高等学术机构的内部和外部组织[M]//程洪捷.德国古典大学观.北京:北京大学出版社,2006:197-199.
　　③ 俞可.洪堡 2010,何去何从[J].复旦教育论坛,2010(6):23-30.
　　④ 俞可.洪堡 2010,何去何从[J].复旦教育论坛,2010(6):23-30.

明纳是学生组成研究小组,在教授的指导下就某个或某些专题展开探究,以培养学生的分析能力与研究能力的方法。① 习明纳是从语言学、哲学和历史学等学科开始,把教授的科研兴趣集合起来,并且使学生参与科研的实践,将学生的培养与科研训练和科学探究紧密结合在一起。1820 年以后,习明纳增多并兴盛起来,被引入到神学、古典和现代哲学、历史学、法学和经济学中。习明纳是科学研究的苗圃。"只有通过合作的方法,才能引导学生进入科学研究,这就是研究班的真正目的。"②1825 年,波恩大学(Rheinische Friedrich-Wilhelms-Universität Bonn)创办了德国第一个"总体自然科学专业习明纳"。③ 1833 年,德国历史学家兰克(L. V. Ranke)在柏林大学开设了历史学习明纳。美国历史学家汤普森(W. Thompson)评价,讲课不能作为兰克的伟大成就的标志,他在历史研究班里当导师所培养的天才才产生了世界范围的影响。研究班直接或间接地为德国各主要大学培养出一百多位卓越的学者。这些学者又根据兰克的传统培养学生,不只为德国而且还为美国培养了不少的历史学家。④ 习明纳给予了学生亲近、观察教师的机会,不仅能与众多志趣相同的人讨论交流进步,还能够习得在科研过程中的隐性知识,而这些是在常规讲授课中所无法得到的,有助于对未来学者的培养。实验室教学作为大学"教学"的重要程序和内容之一,是科研和教学统一环节中非常重要的一环。自然科学和医学习明纳被称之为研究所(实验室)和临床诊所。可以说,实验室教学也是习明纳的一种变体。随着实验室活动的增多,它已经从让学生掌握科学的基本原理的授课场所转变成学生从实际经验学习科学的语言的地方。⑤ 吉森大学(Justus-Liebig-Universität Gießen)教授李比希(J. V. Liebig)运用实验

---

① 贺国庆,何振海.成就完整的大学——习明纳的历史及现实意义[J].教育研究,2019(2):41-49.

② 包尔生.德国大学与大学学习[M].张弛,郄海霞,耿益群,译.北京:人民教育出版社,2009:212.

③ 贺国庆,何振海.成就完整的大学——习明纳的历史及现实意义[J].教育研究,2019(2):41-49.

④ 汤普森.历史著作史:十八及十九世纪:下卷·第 3 分册[M].孙秉莹,谢德风,译.北京:商务印书馆,1992:240-241.

⑤ 克拉克.探究的场所——现代大学的科研和研究生教育[M].王承绪,译.杭州:浙江教育出版社,2001:27.

室的方法培养化学家。雅可比(C. G. J Jacobi)和诺依曼(F. Neumann)在柯尼斯堡大学(Albertus-Universität Königsberg)开设数理物理研讨班,督促学生开展原创性研究,后来成为德国数理物理学的中心,广泛扩散到其他大学,不仅促进了学科的合理转化,而且促成 19 世纪 70 年代大型实验室的诞生。[1] 习明纳促进了德国自然科学的快速发展,1880 年德国已经拥有了世界闻名的自然科学组织。习明纳是实现教学和科研相统一的基层组织,学生同时扮演两种角色,既是接受科研训练的人,又是科研的履行者。

世界各国开始效仿德国,习明纳首先由美国密歇根大学引入。英法等国从实践中发现,大学的教学如果不是从科研和学术中产生,几乎总是二流的,而且脱离科研的教学无法吸引优秀教师,单纯的教学机构也不能凭借科学探索的无限性使学生得到最大的发展。无论如何,科研的合法性地位以及"教学与科研相统一"的认识已经迅速占据了大学理念的主流。

(三)科研重于教学的倾向

二战期间及战后,研究型大学在美国的崛起推动了"科研为业"理念的扩张,并催生了"脱离于教学"的科研。二战期间美国政府与研究型大学的关系改变了,大学凭借其研究能力通过成立国家研究所承担了很多重大的、与战争相关却与教学关联不大的研究项目,如宇宙航空、生物卫生、军事等。战争证实了研究型大学巨大的科研实力,使得民众和社会开始欣赏并逐步依赖科技的进步和科研的发展,此时"教学"让步于军事,军事训练计划成为大学的主导任务。随着科学技术成为推动社会发展和生产力提高的决定性因素,大学"科研"作为科学技术的重要发源地受到社会重视。斯坦福、哈佛、MIT 等研究型大学成为战争的"兵工厂"。在战争的阴云和爱国情怀之下,科研成为支持爱国的最佳支援。哈佛大学校长科南特(James B. Conant)、卡内基研究院院长瓦尼尔·布什(Vannevar Bush)等学术领袖号召美国大学及科学家走出校园,与联邦政府和企业合作开展研究。大学在与科研机构的争锋中,第一次占据了优势,成为美国科学研究的主阵地。在战争中,研究型大学的科学技术有了重大突破,雷达、炸药、

---

[1] 沃森. 德国天才——近现代德意志的思想、科技和文化:第 2 卷 受教育中间阶层的崛起[M]. 王志华,译. 北京:商务印书馆,2016:21-22.

凝固汽油弹、青霉素、声呐设备、原子弹等发明对于战争的推进与结束有着重大影响。

　　战后科学技术的目标从军用转为民用。在战争中，研究型大学卓越的科研能力和科研成就世所瞩目，政府和社会希望大学能够将科研的热情和产出延续在复苏战后国家的需要之上。罗斯福总统（Franklin Delano Roosevelt）为此还提出"罗斯福之问"，即如何把科学研究与发展局（战时科学研究组织体系）的经验用在未来和平的日子里。[①] 研究型大学使得研究生教育获得快速扩张的机会和条件。专深知识、前沿科技人才等在知识密集时代越发重要，硕士生和博士生培养得到扩大的良机。1955—1975年，斯坦福大学培养硕博士人才翻了一番。[②] 研究型大学作为企业孵化器将创新研究转化。由于"科研为业"理念确实发挥了它在战争以及战后安排中的作用，为社会的快速发展起到了比"教学"贡献更显著的作用。因此，研究型大学的发展为后来教学地位的相对下降埋下了伏笔。

　　总的来说，这一阶段教学的地位尽管受到了"科研"的些微撼动，但教师基本上同时从事教学和科研工作。大学正在从"以教学为生"的"田园村庄"转变为"科研与教学共存"的"城镇"。

三、"社会服务"的理念

　　"社会服务"的理念起源于美国，是民主化日益在美国社会和生活中扎根而在高等教育领域中的体现，也是大学应对新技术革命挑战的策略。大众服务或服务于国家中的公民，是一种使教学和研究相结合的需求，此时，对于实用知识和学术研究的实用价值的要求日渐提高，美国人民希望大学能够为现代工业社会的发展提供所需的技能性专业人才。"威斯康星理念"（Wisconsin Idea）是大学"社会服务"理念确立的里程碑。1912年，威斯康星州政府立法咨询图书馆主席查尔斯·麦卡西（Charles' McCarthy）出版了《威斯康星理念》一书，意味着它正式成为概括威斯康星大学自身特质

---

　　① 杨九斌，王咏梅.大学与城市：二战后美国研究型大学科研在城市创新中的角色研究[J].教育学术月刊，2020(7)：17-24.

　　② 杨九斌，王咏梅.大学与城市：二战后美国研究型大学科研在城市创新中的角色研究[J].教育学术月刊，2020(7)：17-24.

的专有名词。它的正式提出,使得"社会服务"最先在美国成为继教学、科研之后的大学的第三大职能,具体见表4.2。

表4.2   "理念与实践"冲突中大学职能变化及博弈结果

理念	大学职能	大学运行逻辑	"理念与实践的冲突"博弈结果
纽曼 "大学是一个传授普遍知识的场所"	单一的教学职能	"理性" "伦理"	"教育场域"中教学保持核心地位
洪堡 "科研为业"	教学与科研并重	"学术" "政治"	科研获得合法性地位,科研和教学并重; 科研和教学经费分离,科研竞争性分配的奖惩; 科研与教学互动下的探究教学场域; 教师晋升突出科研导向。
威斯康星大学 "为社会服务"	教学 科研 社会服务	"科研" "市场" "政治"	科研高于教学、社会服务受到重视; "学术资本"的出现,抢夺资源的"竞技场"; "科研漂移"和"教学漂移"; 教师晋升突出科研和教学学术导向

(一)威斯康星大学的实践

19世纪末,美国的综合国力已经处于世界领先地位,讲求实用、功利和效率的文化和思想行为方式即"实用主义"思想逐渐在美国形成与盛行。以地方分权制为主的美国,公立大学的管理权归属于州行政,因此州立大学以教学和科研为地方服务的宗旨容易得到确立并受到各界的支持。但是,技术的发展不能仅仅依靠引西欧国家的基础研究成果,迫切需要培养大批农业、工程、机械技术等所需的专门实用人才,"科研"的触角开始深入到工农业生产、商业流通和地区发展等领域之中。1862年和1890年颁布的旨在促进美国农业技术教育发展的《莫里尔法案》(Morrill Act)的实施,才有了赠地学院(工农学院)和后来的州立大学的大发展。

地方政府和社会对于大学的需求日益高涨,明确表达了在地理距离和社会贡献之上对于大学的亲近感。1848年,威斯康星州议会提出为了增进本州人民的福祉,必须建立一所州立大学,其地点应位于或接近州政府所在地。① 首任州长尼尔森·杜威(Nelson Dewey)签署了法案正式批准成立威斯康星大学。建校伊始,威斯康星大学就携带着"回应社会需求、为社会服务"的基因,并致力于满足当地社会及社区发展的需要。威斯康星大学不仅运用高深专业知识来提供社会服务,而且开设夜间课堂来"扫盲"。例如,向农民们提供了最新的农业技术信息,法律系教师帮助起草新的商业法规,经济学家向州政府负责劳工和社会立法的官员提出建议;夜间开设的特别课堂面向成年人,发掘他们的智力、兴趣,使他们为获得更好的职业做准备。② "为社会服务"的基因在威斯康星大学的发展历程中不断在各个学科领域表现出来。大学必须向全州居民及其子女提供人文学科、自然学科、社会学科及实用艺术方面等的学习机会,包括语言、文学、历史、政治、经济学、纯科学、农业学、工程学、建筑学,通过极富成效的教学与培训,为社会输送一大批具有献身精神及创业热情,致力于社会发展与进步事业的优秀公民。③ 我们可以从这句流传甚广的表述即"大学的边界就是州的边界"中,感受到威斯康星大学对于社会事务的积极性。

高等教育系统在规模上更加扩大,内部更加分化。范海斯(Charles R. Van Hise)校长明确提出了"为社会服务的大学理念",他强调说:"教学、科研和服务都是大学的主要职能。更为重要的是,作为一所州立大学,它必须考虑每一项教育职能的实际价值。换句话说,它的教学、科研和服务都应考虑到州的实际需要。大学为社会,州立大学为州的经济发展服务。"④作为州立大学的威斯康星大学是大学社会服务功能实验的场所,注重服务大学所在的区域社会,为区域民众生活的改变提供知识资源,并与州政府保持良好的合作关系。布鲁贝克(John Seiler Brubacher)认为,威

---

① STARK J. The Wisconsin Idea: The University's Service to the State[M]//STARK J, KNOX A B, CORRY J. 1995—1996 Wisconsin Blue Book. Pennsylvania: The Legislative Reference Bureau, 1995: 31.

② 博克. 走出象牙塔——现代大学的社会责任[M]. 徐小洲, 陈军, 译. 杭州: 浙江教育出版社, 2001: 70.

③ 王保星. 威斯康星观念的诞生及对美国高等教育的影响[J]. 河北师范大学学报(教育科学版), 2000(1): 50-54.

④ 弗莱克斯纳. 现代大学论: 英美德大学研究[M]. 徐辉, 陈晓菲, 译. 杭州: 浙江教育出版社, 2001: 274.

斯康星理念是政治论与认识论两种高等教育哲学和谐相处的典范。[①] 大学逐渐走出"象牙塔",使高等教育与社会互动的可能性增大,推动了美国高等教育系统多元化的发展。

在实践中,威斯康星理念包含了两层含义:威斯康星大学应该服务于州的各项需要(区域经济发展与社会发展);本州要为大学提供充足的资金支持,即用在大学的公共资金作为对本州的长远投资。[②] 所以,大学为社会服务是有秩序的,是大学与外部的双向交流配合,而不是单向的贡献。大学对社会服务的领域分为:为威斯康星人民开展研究和提供推广服务,为州政府提供政策建议、信息、工艺技术,直接参与政府部门的工作。大学的"社会服务"这一第三大职能确立之后,大学、政府与社会之间的关系开始密切起来,构建了"三螺旋"系统。威斯康星大学为创业者提供了各种支持政策,也为企业所有者、经理人和工作人员提供培训。当时进步主义运动和高等教育变革的潮流,以及联邦的赠地拨款,为"社会服务"理念的崛起与发展营造了一种关注社会现实的良好氛围。

但是"重科研、轻教学"的赠地学院已难以应付随生产科学化、复杂化及近代科学发展提出的大量理论问题。德国大学"教学与科研相统一",强调发现新知并运用它解决国家工业化问题的经验给了美国大学很大的启示。二战后,美国高等教育形成社区服务共识,以初级学院、社区学院为基地开展升学教育、职业教育和职业培训,认同"社区服务于教学和研究"是大学的核心使命,以巨型大学为主体大力发展成人教育和继续教育,形成终身教育体系。伴随着第三次科技革命,大学除与传统的农业、工业部门合作,也与商业、科技产业等结成伙伴关系。大量工业园区的涌现标志着大学"社会服务"职能发展的高级形式,也是"科研"职能的另一种应用形式。为了在更高水平上服务社会,大学不仅加强校际联系,与社会的横向联系,而且与生产和科研机构结盟,以高科技为主攻方向,组成教育、科研、生产综合体和硅谷(Silicon Valley)式工业园区。

知识应用和技术转移是"社会服务"的重要内容。大学联结政府、企

---

① BRUBACHER J S. On the Philosophy of Higher Education[M]. San Francisco: Jossey-Bass, 1982:16.

② 王志强.传承与超越:威斯康星理念的百年流变[J].清华大学教育研究,2017(4):57-64.

业，以三者紧密的关系，以自身优势涉足于互联网、生物制药等前沿知识领域，并通过科技办公室、科技园的设立及创新集群的建立等方式进行知识应用，以此推动地方创新发展。大学凭借知识优势在社会发展诸多方面都拥有相当多的话语权。大学积极回应城市诉求，不断创新，出售知识，转移技术，回馈社会，助力创新型城市的成熟，128 公路（Route 128）等创新型城市便顺势而出。广播网的创建将课堂从函授教育时代带入远程教育时代。20 世纪 70 年代之后，以信息技术为核心的第四次科技革命以及互联网的广泛使用更加促发了知识应用和技术转移。高新技术产业园区发展迅速，私人基金资助大学研究。大学在社会服务的过程中身份地位逐渐从边缘走向中心，也正是因为大学对社会做出的贡献，大学所承担的任务和期望越来越高。作为经济、文化、政治等社会发展的动力来源，大学逐渐趋向于将科研、教学与社会服务三者结合起来，将科研与教学的成果惠及更多人，用来解决政府和社会的实际问题，改善生活质量。

（二）对教学地位的冲击

20 世纪之后，大学中功利的专业培训逐渐日盛，教育这种神圣的事业，正遭受世俗的侵蚀走下神坛。[①] 大学的管理、科研和教师等各个方面，都遭遇了商业价值理念的渗透。"功利思想"极大地冲击了大学培养人才的理念这一教学的核心。市场化使"社会服务"成为大学的核心职能之一，并具有了合法性基础。

面对社会的要求，大学出现了具备"学术资本"的教职员工进行市场行为和类似市场行为的现象。市场行为指大学的赢利活动，包括来自外部的资金和合同、捐赠、产学合作契约等。[②] 学术资本大学是一种以知识生产而非教育获得为主导的场所，因为知识生产能够给大学带来更多的利益。而且学术资本大学把"在劳动力市场中具有可操作的、可计算性质的、具有使用价值的知识类型置于优先"。[③] 大学从开始的内向型的、以理性的方法追求和探索知识的场所逐渐变为追求具有交换价值的知识的场所，并在

---

① 陈洪捷.德国古典大学观[M].北京：北京大学出版社，2006：74-75，93.

② CLARK B R. The Academic life: Small Worlds, Different Worlds[R]. The Carnegie Foundation For the Advancement of Teaching, 1987：70-71.

③ 吴洪富.大学场域变迁中的教学与科研关系[D].武汉：华中科技大学，2011.

以学术资本换取社会资源过程中,完成对学生的交易,促进其德性或者说理智的发展。大学作为"象牙塔"被打破,大学需要选择社会发展所需的课题和项目,使学术成果直接为社会服务。大学逐渐形成三螺旋的运行模式。大学的职能不断地扩散,大学作为"教育场域"被动摇了。① 大学获取知识不再是为了完善自我,而主要是为了实现个体的经济利益。大学教学的价值,不再依据对于人的内在精神发展的促进来衡量,而是以获取校外经济价值的多少来衡量。

大学与外界间的一道有形和无形之墙已经日益坍塌。大学作为"服务站"的理念是很吸引人的,它的确为大学带来了所需的财富与社会的支持,但"城市化"的大学拥有了太多丰富的内容,虽然理念上教学依然是大学存在的根本,但已经不再是大学最重要的核心职能了。大学教学的地位受到了科研导向的制度环境、市场利益和教学自身发展不足的挑战。这一时期,科研的地位远远高于教学,"社会服务"理念的提出与扩展进一步削弱了大学这一教育场域"心智培养"的特征,大学逐渐从"教育"场域变为"教学"场域,而且专业化和职业化对"通识教育"的进一步侵蚀,教学理念的变化等等都使得大学教学的"教育"功能弱化。更甚者,低学术含量的教学使得"师生互动"之间"启发心灵"的元素真正弱化,教学对教师和学生的吸引力进一步下降,教学的"理性逻辑"的逐渐丧失也加快了教学边缘化的进程。

大学场域中科研、教学、服务社会的分化和结合并不是一成不变的。教学、科研和社会服务在大学的发展过程中逐步取得了合法性地位,从理念上讲,"教学、科研和社会服务"从根本上是统一的,三大职能共同构成了一个有机整体,三者是一种相互促进的关系。尽管实践上存在冲突,但科研和社会服务并不一定动摇教学的核心地位。大学永远存在致力于将科研与教学和社会服务结合的学者,他们的学术贡献推动了教学、科研与社会服务的结合。但是,"科研和教学远不是自然的匹配,只有在特殊的条件下,它们才能组织在一个单一的框架内"。② 实践中,大学组织的资源分配

---

① 雅斯贝尔斯.什么是教育[M].邹进,译.北京:生活·读书·新知三联书店,1991:152.

② 克拉克.探究的场所——现代大学的科研和研究生教育[M].王承绪,译.杭州:浙江教育出版社,2001:20.

与激励制度设计使得"教学、科研和社会服务"更多的是一种分化的关系。在很多情况下，三者明显地不在一个统一的框架内。

科研、教学与社会服务的结合需要某种条件的存在，而科研、教学与社会服务的分化则是一种主流现象。"教学边缘化"的现象已经"显现"，它的形成是制度环境和大学行动的必然结果。如果把大学比喻为一个花园，那么四分之三美丽芬芳，四分之一杂草丛生，这会是一个非常糟糕的花园。教学和科研的漂移导致的一系列问题使得大学组织羞于展示"教学"长期形成的杂草，这些杂草不仅不雅观，而且会占领并摧毁花园。而有条件下的科研、教学与社会服务的合作就如那灿烂的花朵。虽然科研、教学与社会服务应该是互动互利的，但在现实中教学地位逐步下降，使得教学并不如科研和社会服务那样易于获得更多的重视。由于受到某些政府部门的关切和市场利益的促进，科研、教学与社会服务的连接体倾向于解体。它们把科研从高级的教学中拉开，接着又把教学从作为探究的场所转移开。它们甚至把大学从内部分割为以教学为中心和以科研为中心的两个部分。① 正如斯科特（Peter Scott）所言："高等教育大众化所产生的这些新环境在一般和特殊层面上都对高等教育形成了影响。在一般层面上，他们影响大学作为一种知识机构的状况；在特殊层面上，它们影响教学和科研的具体实践。"②在大学理念中"教学、科研与社会服务相结合"的重要性一直得到强调，但是在高等教育实践场域中"重科研"的行为倾向愈演愈烈。

四、"教学学术"理念

"教学学术"的理念对大学教学地位的矫正与确立具有重要影响，对于正在被大规模的科研所压制而发生的"教学漂移"具有回归作用。1990 年，美国卡内基教学促进会主席欧内斯特·莱罗伊·博耶（Ernest L. Boyer）在其出版的工作报告《学术反思：教授工作的重点领域》（*Scholarship Reconsidered：Priorities of the Professorate*）中，将教学视为一种学术形式，并正式提出了教学学术，从而对教学地位的提升起到了关键的作用。

---

①　黄亲国. 对洪堡原则的再审视[J]. 教育与现代化，2004(2)：3-7.

②　SCOTT P. The Meaning of Mass Higher Education[M]. Maidenhead：Society for Research into Higher Education/Open University Press，1995：154.

（一）"教学学术"理念的发展

"教学学术"理念的起源较为模糊。在博耶提出"教学学术"之前,有关"教学学术"的思想、观点与实践早已有之。[①] 学者们从对大学教学和研究之间的关系及其相似性问题的研究中论证大学教学具有学术性。比如,1984 年,佩里诺(G. Pellino)、布莱克伯恩(R. Blackburn)和鲍伯格(A. Boberg)认为学术具有多重维度,包含课程内容和活动的"教育学术"(Scholarship of Pedagogy)是其中一种。[②]

在"教学学术"发展历程中有一些突出的里程碑事件显示了它的发展节点与转折。美国学者高隆(R. Gurung)和舒瓦茨(B. Schwartz)按照历史时期的发展,将西方大学教学学术研究大致划分为:兴起(1990—1999 年)、发展(2000—2010 年)和繁荣(2011 年至今)三个时期。[③] 国内学者主要将教学学术的发展进程划分为:萌芽(1990 年之前)、兴起(1990—1994 年)、形成(1995—1999 年)和发展(2000 年至今)四个时期。无论是古兹米德(C. A. Goldsmid)和威尔森(E. K. Wilson)对大学教学的探究性的肯定,佩里诺、布莱克伯恩和鲍伯格提出的教育学术,还是卡洛斯(K. P. Cross)对大学课堂研究的重要性的认同,舒尔曼(L. S. Shulman)提出的"学科教学知识"(Pedagogical Content Knowledge,简称 PCK),都是早期对教学学术的理论研究。[④] 赖斯(R. E. Rice)在有异议的理解上对教学学术的科学性进行了论证,对其内容构成提出了建设性的建议。1995 年,美国《变革》(Change)杂志上发表的两篇文章《从教到学:本科生教育的一种新范式》和《新的学术,需要新的认识论》推进了教学学术的研究。[⑤] 1997 年,斯坦

---

① MCKINNEY K. Enhancing Learning Through the Scholarship of Teaching and Learning: The Challenges and Joys of Juggling[M]. Bolton: Anker,2007: 2.

② MCKINNEY K. Enhancing Learning Through the Scholarship of Teaching and Learning: The Challenges and Joys of Juggling[M]. Bolton: Anker,2007: 2.

③ GURUNG R, SCHWARTZ B. Riding the Third Wave of SoTL[J]. International Journal for the Scholarship of Teaching and Learning, 2010,4(2):1-6.

④ 何晓雷. 西方大学教学学术研究:历史发展与演进[J]. 外国教育研究,2016,43(1):3-16.

⑤ KREBER C, KANUKA H. The Scholarship of Teaching and Learning and the Online Classroom[J]. Canadian Journal of University Continuing Education,2006,32(2):109-131.

福大学教授舒尔曼将教学学术从理论层面落实到实践层面。[①] 他澄清与拓展了教学学术的内涵,厘清了优秀教学与教学学术的关系,将教学学术从优秀教学中分离出来,将教学学术从理论推向实践的开展,制定了教学学术的具体实施办法。

博耶将学术划分为发现(研究)、整合、应用与教学四种相对独立但又相互交叉联系的学术形式,将传播知识的学术称为"教学学术"(scholarship of teaching)。在他看来,教学支撑着学术。没有教学的支撑,学术的发展将难以为继。博耶明确指出,科研和教学应该被公平对待,关于教学方面的研究在学术工作(academic work)中应该具有一定的比重,应该拥有适当的地位。他指出,大学通过对教学的尊重与认可将很大程度上提高教学质量,提升学生学习的有效性。[②] 可见,教学学术的提出使得教学文化具有了学术基础,教学学术与"育人"紧密地联系在一起,超越了教学与科研关系的传统论争,摆脱了高等教育理论与实践的困扰局面,启发了一种新的方式去思考教师的工作重点和大学的使命[③],并为后续对教师的评价、奖惩与激励工作提供了新的路径。

从范式的角度来看,博耶的"教学学术"是一种新的学术范式,如果要在大学得到认同和实践,需要认识论作为基础,尤其是在研究型大学。约翰·霍普金斯(Johns Hopkins)赞同,教授应该依据贡献基础知识的多少而被聘用、晋升和取得终身教职。美国经济学家索尔斯坦·凡勃伦(Thorsten Veblen)1918 年在大学学习时尝试回答"专业实践在大学中应该是什么地位和关系"的问题。凡勃伦认为,商业将使学术颜面扫地,反对芝加哥大学设立商学院的做法。[④] 有学者提议用折中的办法将高校分为两类:一类是基础和系统知识的高级学校,另一类是应用实践的低级学校。但是,商学院顽强地进驻了美国大学院系,随后是工程、牙科、社会工作、林学、政治学等等。"是否每一个人都该专业化"的疑问在高等教育领域中充斥着,舍恩

① SHULMAN L S. The scholarship of teaching and learning：A personal account and reflection [J]. International Journal for the Scholarship of Teaching and Learning，2011,5(1)：30.

② 何晓雷. 西方大学教学学术研究：历史发展与演进[J]. 外国教育研究,2016,43(1)：3-16.

③ RICE R E. Beyond Scholarship Reconsidered：Toward an Enlarged Vision of the Scholarly Work of Faculty Members[J]. New Directions for Teaching and Learning,2002(90)：7-17.

④ 凡勃伦. 学与商的博弈：论美国高等教育[M]. 惠圣,译. 上海：上海人民出版社,2008：181.

(Donald A. Schon)将其称为"技术理性"的胜利。这种"技术理性"的典型表现为实证主义方法论特征。实证主义方法论虽然对于科学研究有很高的价值和意义,但在处理教学实际问题时,如进"沼泽低地"(swampy lowlands),毫无办法。舍恩认为,凡勃伦的争论及其失败导致研究与实践的分离。① 实验室研究虽然寻求普遍的规律,但却忽视和忽略具体问题,因此,其研究结果虽然是普遍的,但在解决实践问题时却是有限度的。因此,作为一种新的学术范式,教学学术应该摆脱"技术理性"的实证主义方法论,采用新的认识论和方法论,可以采用实践反思的方法,如"行动研究"去探究和理解学生的学习和专业实践,只有这样,教学学术才能够被研究型大学普遍接受。

(二)"教学学术"理念对教学地位的影响

学界提出并发展"教学学术"的一个重要初衷就是舒尔曼所谓的"终结教育上的孤独",令"教学成为共同体财富"。也就是说,改变教学仅仅作为个人性活动,作为"个人的私物"的存在状态,将其从伴随个人教学活动而结束的情境个人知识改变为能够被共同体分享的"群体性知识"。这意味着教学学术不仅仅是教师个人的事情,也是政府、大学共同培育的结果。缺乏教学学术的教学文化造成教学"不被珍视的地位",并被"排除于学者共同体"。大学教学学术理念能够引导大学教师按照学术的范式和要求改变教学固有的某些特征,达至学术共同体所承认和认同的范式和标准。推崇教学学术的教学文化才能改造教学,教学实践和学术性教学需要在教师群体中被分享、讨论、批判、交流和建设。教学工作不应该是教师个人的事,教师实践中的教学研究成果和某种形式的教学探讨应该成为教师群体的共同财富。教学学术实践活动能够切实推动大学教学文化的提升。② 舒尔曼认为:"教学应该成为能够让学术团体其他成员共同分享的财富。这才是教学学术的内涵。"③他提出,"教学要成为一种学术,必须能够公开

①　宋文红,等.高校教师专业化发展及其组织模式:国际经验与本土实践[M].济南:山东人民出版社,2013:12-13.

②　刘隽颖."教学学术"研究体系的四维建构及其实践机制[J].江苏高教,2019(1):74-82.

③　SHULMAN L S. Forum: Teaching as community property: Putting an end to pedagogical solitude[J]. Change: The Magazine of Higher Learning,1993,25(6): 6-7.

成为共同财富、易于回顾与评价、能够被他人所使用和发展完善。"①为了达到这样的学术标准,"教学学术就必须是在学术团体背景下完成,教学工作不能成为'教学孤岛'(pedagogical solitude)"②。教学学术理念强调的公开、公共、分享等特征都要求其超越个体而在共同体的维度上展开,教学学术理念本身就构成了教学文化应然的观念形态。

美国高等教育界已经普遍接受默顿(T. K. Merton)提出的科学社会学评价标准,即主要依据研究成果的创新、发表与出版进行评价。但是教学学术的评价及其标准问题仍然没有得到解决。我们要按照学术的评价标准,还是按照教学的评价标准? 教学学术的评价问题既是学者普遍质疑和关心的问题,也是教学学术进一步发展必须要解决的问题。也就是说,教学学术的评价问题成为"教学学术"理念进一步扩大影响的必须要解决的前提条件。

1997年,卡内基教学促进会临时主席格拉塞克(C. E. Glassick)等人在《学术评价:教授工作的评估》中对博耶的教学学术思想进行了延伸,这是教学学术研究与发展的里程碑。在书中,他们提出了一整套新的学术评价标准,其中6条适用于所有的学术形式,即目标明确、准备充分、方法得当、结果明显、称述有效和批判反思。③ 虽然格拉塞克的评价框架将科研与学术局限在一个相当狭窄的范围之中,但是这个评价框架也有可取之处,它提出了第6条标准——批判性反思。任何教学学术活动都应该对成果进行批判性反思,以此改进教学学术。它促使我们更多地关注学术价值(如自由与发展、多样化与共识、知识与真理等),而不是局限于预先设定的研究目标,在很大程度上弥补了前面5条标准的不足。④

教学学术理念的提出有助于形成学术导向的教学文化,使得教学文化具有更为明确、强大的理论和实践影响力。教学学术既要在学科文化背景

① SHULMAN L S. Taking learning seriously[J]. Change: The Magazine of Higher Learning, 1999,31(4): 10-17.
② SHULMAN L S. Forum: Teaching as community property: Putting an end to pedagogical solitude[J]. Change: The Magazine of Higher Learning,1993,25(6): 6-7.
③ GLASSICK C E, HUBER M T, MAEROFF G I. Scholarship Assessed: Evaluation of the Professoriate[M]. San Francisco: Jossey-Bass,1997: 24-35.
④ 何晓雷,邓纯考,刘庆斌.美国大学教学学术研究20年:成绩、问题与展望[J].比较教育研究,2012,34(9):29-33.

下应用与发展,又要跨越学科边界,促进学生的学习与进步。舒尔曼在2005年做过有关不同学科或跨学科的教学学术研究,他提出"签名教学法"(Signature Pedagogies)来推进并在实践探索中取得了一定的成绩。[①]"签名教学法"是指每个学科中的教师与学生像学科专家一样能够从知识整体的角度去思考问题,从而打破学科专业界限将参与者联系起来。教学学术对于课堂教学和教师专业发展的积极作用也影响到基础教育,中小学开始积极探索教学学术并运用之。例如,卡内基教学促进会开展的卡内基教学学术中小学项目(CASTL K-12 Program),已经在中小学尝试运用和推广教学学术。[②]

教学学术理念的核心目的在于运用研究的方式寻找和发现知识传播和人才培养的科学规律和有效方法,并在教学实践中运用以此实现大学人才培养质量的提升。教学学术理念和评价方式都强调基于教学实践,在教学实践中改进,高水平完成人才培养目标。教学学术研究和探讨的是"知识传播"的有效性,研究的是复杂教学情境中,文化知识传承和学生成长的质量和有效性。正是在这个意义上,给予教学学术应有的尊严和地位,教学文化才能够具有学术内涵。当大学明显缺失教学学术理念和评价的背景下,任何一种组织和制度形式都无法很好地形成以质量为内涵的教学文化。[③]

第二节　"重科研"惯习下的教学边缘化

"重科研"惯习是指大学组织将学校的办学目标固定在以科研为中心的发展轨道上以满足权威行政目标和社会对高校的期待并由此所表现出来的一系列组织化行为。布尔迪厄指出,惯习是一种组织化行动的结果,意指某种存在方式,某种习惯性状态(尤其是身体的状况),以及某种性情

---

① SHULMAN L S. Signature pedagogies in the professions[J]. Daedalus,2005,134(3):52-59.

② HATCH T. Into the Classroom:Developing the Scholarship of Teaching and Learning[M]. San Francisco:Jossey-Bass and Carnegie Foundation,2006:1.

③ 邹大光.教学文化:大学教师发展的根基[J].中国高等教育,2013(8):34-36.

倾向、某种习性或是某种爱好。① 大学"重科研"惯习的存在方式表现为:大学在"象牙塔"内操作高深的知识材料,学术生产以"科学"为中心,强调纯学术的科学研究。虽然人才培养(教学)被视为与学术研究同等齐名,但是纯科学的学术生产成为大学的核心职能,科学研究成为学术的代名词,学术等于科学研究,学术就是发表论著和获取项目。

　　几乎所有的大学在实际的政策实施中都倾向于违背教学为本的大学理念,热衷于把科研作为学校职能体系的中心,在学校各项政策的制定上以科研作为决定因素,在经费与物质的投入上以科研投入为先,从而使教学的职能和地位边缘化。② 以致有学者指出,"今天所有的中国大学,稍微有点样子的,都在拼命发展研究院,不愿意把主要精力放在本科生身上。"③由于科研成果能够为大学组织带来利益,大学组织为了获得更多的资源,都不约而同地采取了"成果—资源"的制度化行为。这些制度化行为主要表现为:一是将"科研目标分解"与锦标赛作为激励制度的核心特征;二是"重科研"的激励结构受到争议,从而被调整;三是"教学认可"的激励制度仅仅在一定程度上平衡了"重科研"的激励结构,却无法阻挡"重科研"惯习的不断蔓延。

一、大学场域内的"重科研"惯习

　　大学面临的外部环境和内部发展问题导致了"重科研"惯习的逐步形成。伯顿·克拉克(Burton R. Clark)指出,教学与科研的分化是政府和现代工业两方面的利益驱动导致的。④ 苏珊·梅森(Susan Mayson)和简·沙佩尔(Jan Schapper)认为,教学和科研的相对关系受到高校宏观外部环境的影响,如政府政策和资源的分布状况的影响,这些因素导致大学内部

---

　　① BOURDIEU P. Outline of A Theory of Practice[M]. Cambridge:Cambridge University Press,1977:214.

　　② 李泽彧,曹如军.大众化时期大学教学与科研关系审视[J].高等教育研究,2008(3):51-56.

　　③ 邓正来.全球化时代的"大学之道"——陈平原教授在复旦大学的讲演[N].文汇报,2009-3-14(08).

　　④ 克拉克.探究的场所——现代大学的科研和研究生教育[M].王承绪,译.杭州:浙江教育出版社,2001:37.

政策的变化。① 外部评价机制带来的竞争压力日益激烈,迫使许多院校在资源配置和政策上向科研倾斜,并优先支持强势或优势学科领域,以确保能提升学校的社会影响和"声望"。②

(一)竞争性拨款使科研指标占据主要地位

大学组织获得国家划拨的教育事业经费收入主要包括三个部分。第一部分,从中央和地方财政取得的用于发展教育事业的经费,当前具体的拨付方式被称为"综合定额加专项补助"。第二部分是学校总经费,主要分为教育经费拨款以及国家划拨的科研经费,包括学校从有关主管部门取得的科学研究经费、科学事业费和科技三项费等以及从其他部委、地方政府部门获得的用于科学研究的财政性拨款。③ 第三部分是来自于大学组织的科研事业收入,即学校开展科研及其辅助活动所取得的收入,包括通过承接科技项目、开展科研协作、转让科技成果、进行科技咨询和科技服务所取得的收入和其他科研收入等。该部分收入可进一步区分为来自政府的科研项目和来自民间的科研项目,以更加准确地反映大学通过自身实力从市场获取科研经费的能力。

2015 年以前的将近 20 年中,国家对高校的绩效拨款中,规模最大的属"211 工程"和"985 工程"专项资金,属于竞争性单列的、非公式化的绩效专项经费。"211 工程"以中央政府、地方政府和高校多方共建的形式,总建设资金完成数高达 368.26 亿元,其中中央专项资金 78.42 亿元、教育部等中央部委资金 60.49 亿元、地方政府资金 85.00 亿元,高校自筹资金 144.35 亿元。"985 工程"和"211 工程"均实行年度总结、中期检查和项目验收的检查和监督。验收成果显著和效益突出的学校、重点学科建设单位和个人将获得表彰,反之则会受到取消"985""211"资格的惩罚。其他的竞争性资源拨款体现为各种计划和项目的划拨。竞争性经费是我国最早实行的高等教育绩效拨款类别,同时也是最成熟和完善的。我国竞争性经费

---

① MAYSON S, SCHAPPER J. Constructing teaching and research relations from the top: An analysis of senior manager discourses on research-led teaching[J]. Higher Education, 2012,64(6): 473-487.

② COATE K, BARNETT R, Williams G. Relationships Between Teaching and Research in Higher Education in England[J]. Higher Educational Quarterly. 2001,55(2):158-174.

③ 杨黎明.地方教学研究型大学教学资源配置研究[M].武汉:华中师范大学出版社,2012:36.

的独特之处在于它涵盖了项目类和人才类两大类别。表 4.3 是主要项目类竞争性经费及其设立时间[①],说明高等教育场域以项目为主的竞争性经费不仅种类繁多,而且中央专项资金的来源丰富,成为大学组织场域的重大争夺对象。

表 4.3　主要项目类竞争性经费

设立时间	项目	设立时间	项目
1982	国家科技攻关计划	1988	火炬计划
1983	重大技术装备研制计划	1988	教育部人文社会科学科研基金
1983	国家重大科学工程	1991	国家社会科学基金
1983	国家技术开发计划	1991	国家工程(技术)研究中心计划
1984	国家重点实验室建设计划	1991	国家基础性研究重大项目计划(攀登计划)
1984	国家重点工业性试验项目计划	1995	国家重大科技成果产业化项目和示范工程
"六五"期间	国家重点新技术推广项目计划	1996	国家技术创新工程
1986	星火计划	1997	国家重点基础研究发展计划
1986	国家自然科学基金	1998	知识创新工程
1986	国家高技术研究发展计划("863"计划)	2001	国际科技合作重点项目计划
1986	军转民科技开发计划	2003	国家科技基础条件平台建设计划
1986	国家重点新产品计划		

获得竞争性拨款的条件就是必须符合以排名为核心的各种评估指标,见表 4.4。中央教育科学研究所高等教育研究中心于 2009 年 12 月 9 日发布的《中国高等学校绩效评价报告》对 72 所教育部直属高校中的 69 所就大学绩效投入与产出指标进行了绩效评价。其中"高等学校绩效评价排行

---

① 王莉华.我国高等教育绩效拨款的局限与对策[J].中国高教研究,2010(5):13-16.

榜"与国际大学排名日益趋同,筛选的产出指标与国际大学排名的指标具有较高的趋同性。国际大学排名的指标正在影响中国大学组织的绩效产出指标体系。尽管世界大学排名(WR)、亚洲大学排名(AR)、拉丁美洲大学排名(LR)、世界大学学科排名(SR)都部分涉及教学质量、国际化与毕业生质量,科研质量指标体系和权重系数依然以科研质量为核心。[①] 科研产出与竞争性资源具有很强的显性关系。绩效拨款的首要特征是将拨款与绩效挂钩。项目的竞争性经费的分配与绩效联系密切。作为传统投入因素公式拨款的补充,竞争性经费和绩效专项经费在我国普通高等教育系统推动并形成了集中有限的财政资源,重点扶持基础较好、实力较强的项目、学科和高校,择优资助绩效突出的个人,提高了拨款的效率和效益,推动了办学和科研水平迅速发展,但也打破了大学的激励结构。竞争性拨款方式导致以科研项目为导向的激励机制在大学中占据主导地位,资源需求使大学组织的行为受到制度环境的极大影响。周光礼认为,大学组织的行为在很大程度上是由它的激励结构决定的,他说的激励结构,主要是指资源分配给该大学组织以及该组织内部的分配方式。[②] 按照多任务委托代理关系中激励机制的设计,大学激励结构更偏重于科研时,科研激励高于教学激励,所有这一切都会导致教学工作受到强科研激励的影响,尽管这种影响不一定都是负面的,但资源分配的激励导向会影响大学场域内教学工作的运行,以科研成果为主要排名指标的问责制构成了大学组织实施教学激励的外部压力。

2015年,国务院发布《统筹推进世界一流大学和一流学科建设总体方案》,在"双一流"战略下,大学和学科的绩效评价、拨款机制都发生了重大变化。财政拨款更加突出绩效导向,资金分配更多考虑办学质量特别是学科水平、办学特色等因素,重点向办学水平高、特色鲜明的学校倾斜,在公平竞争中体现扶优扶强扶特。

---

① 刘强,丁瑞常.QS大学排名体系剖析[J].比较教育研究,2013,35(3):44-50,91.
② 周光礼.经费配置模式与大学战略选择:中国大学趋同化的经济学解释[J].中国高教研究,2015(9):4-13.

表 4.4　世界各大学排名指标与我国绩效指标的对比

指标	世界大学排名(WR)、亚洲大学排名(AR)、拉丁美洲大学排名(LR)、世界大学学科排名(SR)	中国绩效产出
科研质量	其他	出版专著数
		国家最高科学技术奖特定奖数
		国家最高科学技术奖特等奖数
		国家三大科技奖一等奖数
		国家三大科技奖二等奖数
		省部级科学研究与发展成果奖数
		国家级项目验收数
		鉴定成果数
		发明专利授权数
		技术转让当年实际收入金额
		专利出售当年实际收入金额
	论文及引用率	国内学术刊物发表论文数
		国外学术刊物发表论文数
		国际学术会议提交论文数
	网络影响力(web-impact)	
教学质量	生师比(student-faculty ratio)	当量在校生数
	博士学历教职比例(Staff with PhD)	副高以上比例、博士学历教职比例
国际比	国际师资比例(International Faculty) 国际学生比例(International Students) 入境交换生比例(Inbound Exchange Students) 出境交换生比例(Outbound Exchange Students)	当量学历在校留学生数
毕业生质量	雇主评议	百篇优秀博士学位论文数

（二）大学内部激励机制的科研导向的形成

英国经济学家亚当·斯密（Adam Smith）最早系统地探讨了大学接受经费的方式对其组织行为影响的问题。大学接受经费的途径主要有三种：一是由外部的政治机构控制经费；二是由提供教育服务的大学控制经费；三是由教育服务的消费者如学生等控制经费。[①] 从政府实施绩效拨款的模式看，大学组织经费来源构成以官僚模式为主，一是官僚模式的中央政府拨款，二是官僚控制市场模式配置拨款，后者包括大学学费收入和科研经费。大学的学费收入与市场相关。大学学费来源较为稳定，大学科研收入来源具有较大的确定性。大学最核心、最现实的目标是维持组织的运行、生存和发展。科研是获得资源最核心的一种途径。尽管大学获得的科研收入表面上是竞争性的，但科研经费的分配主要是基于官僚模式下的竞争，是一种基于官僚的控制模式。从华中科技大业、南京大学、北京大学等研究型大学的经费来源结构来看，可以很明显地发现这一点（见表 4.5）。[②]

表 4.5　2005 年研究型大学经费来源结构比例　　　　　单位：%

大学	官僚模式中央政府拨款	学费收入	科研经费	投资收入	捐赠收入	官僚控制市场模式配置
华中科技大学	30.00	34.11	27.10	8.58	0.41	61.21
南京大学	41.38	24.81	25.65	2.89	5.27	50.46
北京大学	25.00	28.27	23.93	16.37	6.70	52.20

高等绩效评价机制，不仅代表一种价值导向和理念引领，而且该机制已经与官僚导向的经费配置挂钩，具有较强的激励和监督作用，并直接影响到教育资源的配置。高校绩效评价标准是评价论研究的核心问题。[③] 随着高校绩效评价机制的推行，大学开始实施资源的激励分配，即"以科学评价为基础，通过绩效拨款引导高校内涵发展、提高质量"。该绩效评价其实就是要进一步发挥市场在办学资源配置中的决定性作用，激发大学的改

---

① 克拉克.高等教育新论：多学科的研究[M].王承绪，等译.杭州：浙江教育出版社，2001.

② 周光礼.经费配置模式与大学战略选择：中国大学趋同化的经济学解释[J].中国高教研究，2015(9)：4-13.

③ 冯平.评价论[M].北京：东方出版社，1995：40.

革动力和办学活力。从国家划拨资源的特点上来看，国家已经开始实施绩效拨款的资源划拨方式。

国家行政部门总是趋向于向他们迫切发展的领域提供大量的额外经费。国家行政部门不仅制定了理性化和合法性的职责与程序，同时越来越强调资源分配的游戏规则的竞争性。与此同时，国家行政部门对高校以及教师的管理带有越来越浓厚的效率化色彩，逐渐从传统资源分配的平均主义取向转向了以竞争性项目为支持手段的效率主义取向。这些都导致大学组织在高等教育系统内抢夺资源的互动大幅度增加，凭借学术成果获得资源的规则体系成为大学组织行动的首要规则。

大学组织内部，最关键的资源获取依赖于研究经费和学术地位。经费划拨在大学组织内部行政管理部门和各个学院之间的分布能够衡量大学组织内部财务资源配置的状况。一方面，经费是大学组织生存和发展的"血液"，经费配置成为大学组织内部的核心内容。经费在学院和校级行政部门之间的分布最为直接地反映了大学内部资源的配置状况。大学对研究成果的重视大大提升了内部预算中科研所占的份额。大学内部制度设计、资源分配围绕重要的"科研激励"而非关键性的教学来运行。大学把科研充分和全面地放在第一位，明显把科研教育、科研训练放在次要的位置，传统的教学和学习则难以获得足够的经费、设备和人员。

肖静构建了大学排名得分模型，她选择"专任教师和科研机构人员人均科研经费投入得分（Ac）""教学与辅助用房面积及生均面积得分（Ad）"与"教师资源（L）"进行量化分析，结果显示 2002—2005 年，2007—2013 年全国 100 所重点大学（主要是研究型大学和教学科研型大学）主要采用科研贡献而不是教学贡献决定大学排名的位置。[①] 这说明科研制度同形已经是高等教育场域的现实状况。特别是 2002—2005 年，2007—2013 年大学排名的变化并不大。如果将大学排名划分为不同的区域，如前 10 名是 A 区域，11～20 名是 B 区域，21～50 名是 C 区域，51～100 名是 D 区域。不同区域间的大学较为稳定，但区域内不同大学的位置处于不断变动中。

在 A 区域中，2002—2005 年，2007—2008 年出现在 A 区域的 10 所大

---

① 肖静.自媒体时代的大学权力结构与大学治理[M].北京：电子工业出版社，2016：214-223.

学几乎没有改变。北京航空航天大学跌出 10 名之外,而北京师范大学在
2007 年从 15 名上升到 10 名以内。其他排名最前的大学都一直在 A 区域
内,但是区域位置随着教师资源(L)、科研人员人均科研经费收入(Ac)和
教学与辅助用房面积(Ad)及生均面积的变化而发生位置变化。而 B,C,D
区域的情况也类似于 A 区域。这说明高等教育场域具有不同的区域,大
学在小区域(A,B,C,D)内部的位置会发生变化,但区域间变化较少。① 大
学区域位置的变化更多与教师资源、科研人员人均科研经费收入有关,这
也从量化数据上证明科研能够为大学在高等场域的位置和资源的获得提
供较高的贡献,见表 4.6。如 2008 年,相比 2007 年,复旦大学教师资源下
降 3.2%,科研经费投入下降 17.1%,教学与辅助用房面积上升 5.6%,排
名从第 3 名下降到第 6 名。中国科学技术大学教师资源上升 2.4%,科研
经费投入上升 1.7%,教学与辅助用房面积下降 4.7%,排名从第 6 名上升
到第 4 名。

表 4.6   部分中国大学排行及三个指标情况

大学名称	2007 年				2008 年			
	大学排名	L	Ac	Ad	大学排名	L	Ac	Ad
清华大学	1	100.0	100.0	99.8	1	100.0	100.0	97.4
北京大学	2	97.6	69.0	64.5	2	95.8	82.3	69.3
南京大学	4	80.8	47.6	49.7	5	77.9	38.3	44.2
复旦大学	3	74.5	70.9	49.9	6	71.3	53.8	55.5
上海交通大学	7	67.8	72.7	47.4	7	64.1	79.5	40.2
浙江大学	5	65.0	83.6	45.1	3	72.0	87.3	73.3
中国科学技术大学	6	61.3	41.5	55.2	4	63.7	43.2	50.5
南开大学	10	58.0	50.8	52.1	10	64.2	41.6	46.6
中国人民大学	9	49.6	90.0	37.6	11	48.5	87.1	41.3
北京航空航天大学	17	57.2	78.9	39.3	12	55.2	99.1	49.4
北京师范大学	8	60.6	46.6	25.5	8	60.2	47.1	25.6

---

①   肖静.自媒体时代的大学权力结构与大学治理[M].北京:电子工业出版社,2016:268-288.表
格数据从书中附录 5 的数据整理而来。

　　随着科研成果的展示成为大学获取资源、增加自身的合法性与存活概率的核心条件。即便科研水平不太高的院校,也会巧妙地在一个不错的层级展现自身的科研水平。在这种学术生成逻辑下,科学研究"一手遮大学",科研在现实中成为大学的外衣,学术的内涵被科学研究的光环遮蔽。可以说单一知识观的线性生成逻辑异化了科学研究的职能,误导大学的学术活动。这种模仿性机制会导致一系列的后果,使得大学的理念向预期外的方向发生变化。科学开始取代道德哲学的地位,研究开始取代教学的地位。随着学术成果获得资源模式的启动,大学已经朝着社会演变的方向发生了深远的变化。大学不再以关心学生个体发展为中心,人才培养也不是自然规律的永恒真实性的地方。大学包罗了太多的东西,大学不再是一种以崇高和明确的宗旨以及精神为目的的统一为特点的有机体。大学对自身命运的控制已大大削弱。大学的经费数量影响到大学内部的地盘的分配,它们决定了教学和研究之间的时间分布,它们在很大程度确定了大学里发展最快的领域,大学几乎在不知不觉中被改变了。科研项目一旦能够获得科研经费,以后继续获得经费资助的可能性极高。一个科研项目会有科研产出,每个项目都可以在不同时间结束,每个项目都具有联系,但也有区别。随着多个项目的获得,科研成果的积累为获得更高级的项目提供了准备。大学成为以研究为生的场域,其强调科研的宗旨是为了获得世界一流大学的地位。

　　高等教育组织场域具有共同的价值观使得大学组织出现了组织同形现象。科研学术规范和价值在高等教育组织场域形成了一种"神话"。高等教育场域是一个竞争的场域,而科研是大学组织在该场域获得较高位置的资本,也是获得各种资源的资本。场域中位置低的大学模仿位置高的大学,大学组织出现了制度化趋同。2002年,王占军对100所"211"大学进行问卷调查,有89.47%的大学认为,大学排名可以激励大学向更高位置的大学看齐,有26.32%的大学通过提升科研的质量和数量作为组织行动策略以获得更高的位置,有10.53%的大学鼓励教师进行教学创新以获得更高的排名。有52.63%的大学崇尚论文数量,有52.63的大学采用相同的模仿行为。[1] 单一学术标准评价造成了"马太效应"[2],该效应使得资源主要集中在"985"和"211"大学,对于高等教育大众化的 97% 以上的大学来说,这种单一评价的结果,使它们很难获得资源上的优势,大多数学术能力弱的大学的利益受损。[3] 一言以蔽之,制度环境下大学组织首先必须将获取资源作为大学组织生存和发展的基本要素,其次大学内部的资源分配必须有所侧重,这样大学组织才能更好地生存与发展。

二、岗位绩效"目标分解"

岗位绩效"目标分解"是"重科研"的大学最重要的手段。面对一个竞争的场域,大学必须确保自己的各种成果和竞争力。拥有学术声望和声誉的院校常常引起强大的学术潮流,更多的大学为了获得生存都采用了同质性的晋升和教师评价制度,这些制度化的规则使得"重科研"成为大学行动最突出的实践逻辑。作者收集了九所大学的《教师及专业技术职务评聘工作实施办法》,包括三所研究型大学、三所教学科研型大学和三所教学型大学。根据 NVivo 软件的文本分析结果见表 4.7,这些大学的教师职务评聘方案在结构上都是同质的。专业技术职务评聘工作实施规则按照矩阵进行划分,分为学科和岗位维度,每个维度按照量化的"目标"进行分解,并分别规定了教师晋升的约束条件、评审规定、特殊条款。九所大学中有四所大学规定了学院在教师晋升中的权利。

如表 4.7 所示,无论是学科分解还是岗位分解,科研和教学都突出"项目、论文、经费、奖项"。九所大学的《教师及专业技术职务评聘工作实施办法》的科研分解结构同质性明显,都分为论文、奖励级别与排名、学校认可学术标准下的论文数量、项目经费、著作和数量、各种学术称号,研究型大学与教学科研型大学在科研分解上最突出的不同在于学术影响力的鉴定,也就是在学术论文认可标准、奖项级别和排名方面具有较大的差异,如研究型大学对学术评审提出了多类评审,科研学术标准远远高于其他类型的

① 王占军.高等院校组织趋同机制研究[M].北京:北京师范大学出版社,2012.
② MERTON R K. The Matthew Effect in Science[J]. Science,1968,159(3810):56-63.
③ 王保华.高等教育地方化研究——制度与政策视角[D].武汉:华中科技大学教育科学研究院,2006:176.

大学。教学分解结构也趋同明显，划分为教学工作量和教学学术成果两个部分。

表 4.7　九所大学《教师及专业技术职务评聘工作实施办法》分解

分解项目类别		材料来源	参考点
		9	89
科研	论文 奖励级别与排名 学术标准认可与数量 项目级别与数量 经费 著作 学术影响力 称号 专利	9	53
教学	教学学术成果 教学工作量	9	36

科研分解的内容远远大于教学工作的分解内容，科研分解内容包括 53 个分解点，教学分解内容包括 36 个分解点（见表 4.7）。可以发现，教师评聘实施办法科研导向突出，主要表现为科研论文的高经费、多数量和高学术标准。而教学则更多表现为低经费、低数量和低学术标准。九所大学中只有两所研究型大学规定了较高的教学论文学术标准，其他七所大学仅仅要求教改论文和教学项目的数量，对教学学术标准没有详细的规定。更重要的是评审规则以科研学术为依据，教学学术成果和教学工作量仅仅是教师进行专业职称评聘的基础条件。从各大学的制度设计可以明显看出，各校将"重科研"的实践逻辑制度化和同质化了。

大学通过正式制度将外部标准分配到每个工作岗位。明确的劳动分工使处于不同岗位的教师都有明确的职责。这种高度专业化已经成了大学组织进行教师管理的重要方向。大学组织通过职称制度、岗位竞聘制度和教师考核制度将外部指标进行分解以便更好地实现和迎合外部指标，无论是研究型大学、教学科研型大学还是教学型大学都趋于教师评估制度的同形。趋同是一个限制的过程,外部指标迫使教育场域内的大学组织根据制度环境的要求调整大学教师评价的规则。大学必须接受和执行外部设定的各种评估标准以获得生存。不同类型大学之间的"趋同性"特征主要体现在四个方面:(1)通过晋升制度、教师评价制度"分解"科研和教学任务;(2)教学和科研分解都突出"项目、论文、经费、奖项";(3)"科研分解"相比"教学分解"具有更高的可操作性;(4)强科研、弱教学是教师晋升规则的显著特点。

2008年至今,A大学将发展目标分解到各项规章制度中,不断地运用各种方法激发教师的工作动机,调动教师的科研和教学工作的积极性和创造性,引导、保持和规范教师的行为,进而促使教师为完成组织目标而努力工作。目标分解制度将教师个人成就、自我实现、收入和社会地位紧密结合在一起,特别是将高校教师的切身利益与学校目标相联系(见表4.8)。其

核心是根据教师的个人需要,在组织制度目标实现的同时,教师个人也能

表4.8   岗位目标任务分解的选择性编码

名称	材料来源	参考点	参考点举例
目标任务分解	1	6	
岗位竞聘中的目标分解	1	3	要想把这些政策作为学校大面上的总目标和总任务,我们就必须将这些要求分解到老师身上,那么就需要在教师岗位考核制度上体现。人事处当时最核心的工作就是要让学校在整体的考核中能够完成任务。只有任务都分解到每一个老师的身上,才能激活教师去干
考核制度中的目标分解	1	2	在国家出台各种政策的制度环境下,我们当时最迫切的要求就是要升"211",这个需要很多文章,我们没有。那我们就必须要求教师写文章,要求教师写文章最重要的杠杆就是职称制度

够实现自己的个人目标。目标"分解"成为 A 大学实现自身发展的手段。"教师必须干活,学校才能自强,教师必须'勤耕',学校才能有'收获'。"于是"分解"学校的总目标到教师个人成为 A 校制定制度的"最迫切"和"最真实"的基础。在学术导向的理念下,教师个人和学院组织的科研业绩分别是教师和学院处于何种位置的砝码。

三、锦标赛导向的绩效竞争

锦标赛是一种以参赛者在比赛中的相对位次作为判断竞赛者等级的竞赛。[①] 锦标赛的主要特点在于参赛人在竞赛中的相对排名。锦标赛作为一种激励机制的特性最早由拉泽尔(E. P. Lazear)和罗森(S. Rosen)加以揭示,它的主要特征是参与人的竞赛结果的相对位次,而不是绝对成绩。[②] 最终获得资源的多少主要决定于参与人的比赛名次,这是锦标赛的激励效果。后来,锦标赛激励机制被用于大学组织之间的竞争行为分析,如同一行政级别大学之间的竞争性晋升博弈。自 20 世纪 80 年代初以来,大学组织获得各种资源和声誉的标准是学科指标,包括科研、教学、专业认证指标。不同地区的大学组织为了更高的排名而竞争。在大学竞争博弈中,给定只有有限数目的大学或是学科可以获得更高的声誉和资源。一所大学排名获得提升将直接降低其他大学获得排名提升的可能性。大学场域的竞争逻辑深刻地改变了大学组织者的行为。

岗位竞争本身就是一种学术锦标赛性质的制度设计。学术锦标赛是指在学术科研评价中,由操作主体发起使其等级以下的竞争主体之间展开竞争,根据竞争结果的相对次序决定胜负的竞赛现象。在这场锦标赛中,操作主体是竞赛的发起人和目标、规则的制定者,竞争主体则是参赛的教师。跑在前面的、胜出的教师不但会享受到更多的科研政策方面的偏向,更重要的是,优胜的竞争主体会由此得到学术荣誉以及晋升机会。同样重要的是,落后的教师会被批评为科研不积极,缺乏科研能力,而不被重视,

---

① LAZEAR E P, ROSEN S. Rank-order tournaments as an optimum labor contracts[J]. Journal of Political Economy,1981,89(5):841-864. 转引自周黎安. 中国地方官员的晋升锦标赛模式研究[J]. 经济研究,2007(7):36-50.

② 王海颖. 我国财政分权对地方义务教育供给的影响[D]. 南京:南京师范大学,2015.

甚至受到处罚。这种学术锦标赛体制的产生必须有两个前提：一是操作主体掌握较多的学术资源；二是竞争主体为获得学术资源进而获得相应的利益而展开竞争。否则,该项锦标赛就无从发起。

岗位竞争就是通过有限的岗位提高激励契约的激励强度。岗位制度中的教授、副教授和讲师的位置都是有限的,其中以教授岗位最为稀缺。申报教授职位的教师的相对科研和教学绩效决定了谁能够优先获得"教授"岗位。对国内九所大学晋升制度的文本分析中可以发现,四所大学有晋升制度锦标赛的制度设计,具体的锦标赛特征见表 4.9 所示。

根据九所大学晋升制度的文本分析,晋升"锦标赛"有三个特点：第一,依据岗位对教师技能水平的要求和重要性程度,大学内部劳动力市场划分为不同等级的职务与职位,形成一个工作阶梯(job ladder),工作阶梯呈金字塔形,越是接近塔尖,对岗位以及任职者的要求越高,任职者的工作绩效

表 4.9　九所大学晋升文本中的锦标赛特征分析

大学类型	参考点举例
研究型大学	各学科专家评议推荐；申报评审高校教师系列、科学研究系列、高校实验系列专业技术资格人员,由所属单位的教授委员会、专业技术资格推荐委员会根据学校下达的职数计划,对照申报人员的业绩条件进行评议推荐,推荐结果经本单位公示后报人事处；申报其他系列的人员由所在单位提出意见后统一将相关材料交人事处,由学校副系列专业技术资格推荐委员会评议推荐
教学科研型大学	我校现有副高级以上岗位比例已超出省人社厅给我校核定的比例,因此我校 2017 年评职完成后,无法在省人社厅进行备案,只能暂时校内兑现待遇
研究型大学	2015 年全校设置正高级机动岗位 15 个(教授、研究员,含破格晋升岗位数),副高级机动岗位 40 个(副教授、副研究员、高级实验师,含破格晋升岗位数),分 8 个类别组设置岗位,应聘者本人必须在《专业技术职称申报评审表》(2015 年起启用新评审表)封面"申报类别组"栏目中明确申报组别,申报组别的专业须与现从事学科专业相符,不得跨学科专业进行申报
教学科研型大学	学校根据高级职务岗位规划,确定各学部、各系列高级职务当年晋升指标

和职业素质对大学组织的影响越大；第二，以教师之间的竞争来决定谁得到晋升，谁获得更高的工资，而谁能够获得更高的工资取决于教师之间的相对绩效而不是绝对绩效；第三，教师追求晋升的努力程度取决于与晋升相联系的工资上升幅度，晋升前后的工资差距越大，教师付出的努力水平越高。晋升锦标赛被视为一种行政治理的模式。[①] 高等教育场域内的大学非常热衷于大学排名，例如"985"大学、"211"大学、专业排名、"双一流"大学，久而久之就会对大学组织提出更高的发展指标，从而出现大学层次的目标分解，并对各层次加码。大学这样做的目的就是为了获得更多的资源（资金、项目等）。这种大学组织之间犹如锦标赛的激励效果是逐渐被放大的。晋升锦标赛规则的一个突出特点就是科研指标比较透明，大学组织能够观察到各自的科研业绩，以及观测操作主体是否按照事前宣布的规则兑现奖励承诺。

锦标赛制度使得大学岗位存在一种职业化的流动，也就是说，个人的机会直接被空位所限制。空位是怎么来的呢？当这个位置的人流动到上一个空位，教师个体填充了某一个上层的空位时，他以前的位置就成为一个空位，教师群体之间的岗位流动机会是随此而来的。当空位越来越少时，大学场域的职业流动将非常困难，在这种巨大的压力下，教师个体的行动会直接影响到其他教师个体可资利用的机会，形成大学场域内部巨大的晋升压力。从下面的访谈材料中我们可以很明显地发现这一点：

> 我们现在执行的是岗位竞聘制度，学院不同级别的岗位都存在差异，但总的来说，教授岗位、副教授岗位是有限的。比如说，如果教授岗位已经满了，已经获得教授资格的教师也必须要等有岗位空出来才能获得教授岗位。甚至已经具备评聘教授职称的老师也必须要有教授"空"名额出来，才能提交教授职称评定。（M001）

晋升压力最直接的后果就是教师将更大的精力投入科研。以"强科研"为导向的具有锦标赛特征的"指挥棒"使得大学将教学更多视为基本工作，而不是最"出彩"的工作。于是大学组织为重视科研工作找到了合理的解释。论文发表、项目、科研奖项是大学教师获得晋升最重要的手段。阎

①　周黎安.中国地方官员的晋升锦标赛模式研究[J].经济研究,2007(7):36-50.

光才指出,我国学术等级系统存在泛化的锦标赛制特征,这一体制固然有其效率主义和让少数人脱颖而出的制度优势,但长远来看未必有利于学术环境的整体优化以及学术人才的成长。[①]

竞争取向、绩效关注与项目驱动等机制的引入,不仅改变了学术界的生态,而且也影响了学术人的心态,构成不同程度的心理和精神压力。[②]当教师个体的期望和其他的教师个体相差很大,认知失调就会发生。认知失调会形成一种社会和心理的压力,进而促使心理失调的产生。这种认知失调和压力的过程是在一致性期望的基础上实现的。而一致性期望,实际上就是教师群体之间的模仿模式。如果教师个体和其他教师走一样的过程成功了,这位教师也就越来越接近学术圈。教师群体出现的个人效仿其他人的行为是因为个体想变得和他人相似。这种一致性期望不是有意识地培养起来的,而是在制度场域下潜移默化地形成的。

刘海洋等人构建了两阶段教师职称竞争的锦标赛模型,揭示了我国学术界重视数量和轻视质量等现象。[③]王晋认为教师晋升锦标赛撑起了庞大的教育系统的运作,极大地促进了教师专业成长,但存在零和博弈、指标权威主义、漠视育人效果和社会效益等负面影响。[④]卢晓中等指出,学术锦标赛制在偏研究型的大学可以放大激励效果,在偏教学型的大学却消解了激励效果,但无论在那一类型的大学,其制度设计与多数青年教师的利益偏好和价值信念不吻合,科研压力迫使他们部分地放弃了培养人才的使命和学术责任。[⑤]可见,我国学者对高校学术锦标赛的研究已有相当深刻的认识,明确指出过分重视科研竞争及量化考核会导致大学管理者和教师都忽视育人效果和责任的负面影响。

A大学非常重视岗位的作用,"岗位是标尺、社会地位和指挥棒"。大学内岗位锦标赛模型表现为,大学对教师 i 和 j 进行考核,绩效较高者将

① 阎光才.学术等级系统与锦标赛制[J].北京大学教育评论,2012,10(3):8-23,187.
② 阎光才.象牙塔背后的阴影——高校教师职业压力及其对学术活力影响述评[J].高等教育研究,2018(4):48-58.
③ 刘海洋,郭路,孔祥贞.学术锦标赛机制下的激励与扭曲——是什么导致了中国学术界的高数量与低质量[J].南开经济研究,2012(1):3-18.
④ 王晋.教师专业成长的晋升锦标赛制度研究——从吉尔兹的地方性知识理论说开去[J].教育发展研究,2013(22):43-49.
⑤ 卢晓中,陈先哲.学术锦标赛制下的制度认同与行动逻辑[J].高等教育研究,2014(7):34-40.

获得更高的岗位晋升。大学教师的绩效由 y_i 代表,大学教师的努力与其绩效的关系可以由下列式子代表:

$$y_i = a_i + ra_j + e_i \quad (i \neq j)$$

其中 a_i 代表大学教师 i 的努力程度,a_j 代表大学教师 j 的努力程度。该大学锦标赛模型适用的条件是大学教师的决策和行为。假定大学组织能够观察到 y_i,但无法观察到 a_i,a_i 只有大学教师 i 自己知道。这样,大学组织所能采用的激励机制都只能基于可观察的业绩。系数 r 代表大学教师 j 的努力对教师 i 的绩效直接产生的边际影响,如果 r 不为零,则表明大学教师 i 的行为对教师 j 的绩效有"溢出效应"。为简化问题起见,假定 $|r|$ <1,即不论"溢出效应"为正抑或为负,任何一个大学教师的行为对自己业绩的影响要超过对别人业绩的影响。e_i 是一个随机扰动项,e_i 和 e_j 相互独立,假定 $(e_j - e_i)$ 服从一个期望值为 0、独立和相同的对称分布 F。

假定岗位锦标赛的规则是:在教学绩效区别不大的前提下,如果大学教师 i 的科研业绩超过大学教师 j,即 $y_i > y_j$,那么大学教师 i 将得到岗位晋升,获得 V 的效用,这时大学教师 j 则不能获得岗位晋升,获得的效用为 $v(V>v)$。由于 (e_j, e_i) 服从分布 F,大学教师 i 获得提拔的概率可通过下列运算得出,即对于 $i \neq j$,

$$
\begin{aligned}
P_r(y_i > y_j) &= P_r[a_i + ra_j + e_i - (a_j + ra_i + e_j) > 0] \\
&= P_r[e_j - e_i < (1-r)(a_i - a_j)] \\
&= F[(1-r)(a_i - a_j)]
\end{aligned}
$$

于是就可以得到大学教师 i 的效用函数:

$$U_i(a_i, a_j) = F[(1-r)(a_i - a_j)]V + \{1 - F[(1-r)(a_i - a_j)]\}v - C(a_i)$$

由上式得到大学教师 i 实现效用最大化的一阶条件:

$$(1-r)F[(1-r)(a_i - a_j)](V-v) = C'(a_i)$$

在岗位锦标赛中,大学教师都将自己行为的"溢出效应"内在化了,把对竞争对手有利的"溢出效应"当作对自己不利的事情。在存有"溢出效应"的场合,岗位锦标赛的基本特征就是促使参与人只关心自己与竞争者的相对位次。基于以上模型可知,岗位锦标赛进一步加大了科研激励的强度,将科研成果提升到更重要的位置。

四、大学教学激励制度失衡及调整

教学激励存在"制度缺陷"是大学教学投入不足的核心原因之一。首先,教师从事科研活动所得的薪酬远远高于教学工作,教师主持校级项目、省级项目、国家级项目可以获得几万甚至上千万的科研经费。而教师从事教学所得的报酬则主要源于固定的课时费,课时费由职称和课时量决定。虽然教师获得的科研经费是用于科学研究的,可是教师通常可以得到科研经费的一小部分作为报酬,即便是科研经费的10%,也要高于课时费。此外,大学教师的工资待遇、奖金与教师的职称直接挂钩,收入与职称成正比。在教师课时量不变的情况下,职称越高,相应的课时费也就越高,而教师职称评定又主要取决于教师的科研成果,而非教学能力。大学在科研方面制定了强有力的奖励制度,教师能够凭借发表论文的数量、主持项目的数量等获得相应的物质奖励。其次,科研成果奖励高于教学成果的奖励。大学普遍设置"学术榜论文贡献奖",将院系和部处的学术榜论文数与上年对比,按不同增幅对增幅部分进行组织绩效奖励,与此同时学校和学院按照科研贡献对教师进行奖励。这就出现了期刊、科研项目、专著等获得重复奖励的特征。但在教学方面,大学对教学能力强、教学效果好的教师的奖励则比科研要低得多,一般教学名师奖励大致在5000元左右,个别大学设置了教学突出贡献奖,其奖励额度超过10万元。宫隽睿对于教师教学积极性的调查中显示,高达81.9%的教师认为学校薪酬津贴分配制度对其教学积极性产生了影响。[①] 最后,教学奖、教学竞赛的评选条件也存在"模糊"条款。即便是为教学工作而设的相关奖项的评选,教师也可凭借科研成果参与评选。

强科研导向导致了激励结构的失衡,大学为了体现科研和教学的激励平衡,在激励制度中纳入了教学认可。通过对九所大学的《教师及专业技术职务评聘工作实施办法》的分析得出,教学工作可以分解为教学工作量和教学学术成果(见下表4.10)。教学工作分解的量化标准意味着教学激励的制度化和同形化。教学工作量包括教师本科和研究生教学课时数、指

---

① 宫隽睿.大学教学文化反思与重振[D].南京:南京航空航天大学,2016.

导学生竞赛和合作项目、指导本科生和研究生论文数量。不同类型的大学在教学学术成果的级别、教学工作量的具体指标上有较大的差异,如研究型大学在教学学术成果方面具有非常详细的学术规定,教学奖、教学论文和教学项目的级别和学术标准远远高于其他类型的大学。教学认可被纳入到《教师及专业技术职务评聘工作实施办法》中使大学激励结构的失衡状态部分得以缓解与优化。

表 4.10　教学工作分解情况

教学工作分解内容	材料来源	参考点
教学学术成果	9	36
教学奖		
教学论文		
教材		
称号		
教研课题		
教师个人的教改项目		
指导学生竞赛		
教师指导学生的教改项目		
教学工作量	9	15
本科课时数		
理论课时		
实践教学		
论文指导		
带本科生论文、教改和竞赛		
研究生课时数		

2014 年以来,A 大学管理者意识到目前施行的教学激励制度在一定程度上影响了大学的教学质量,开始对该制度的合理性和有效性进行反思(见表 4.11)。管理者认识到不能过度要求激励制度"立竿见影",同时教师对教学激励的呼声则越来越强烈。由于教学奖和教学名师是超越声誉和物质激励的存在,A 大学管理者将教学认可纳入教学激励制度,将教学奖、教学名师和各种教学成果都纳入到晋升制度中,在一定程度上平衡了高度扭曲的教学激励结构。

表 4.11　大学教学激励制度的反思与制度调整的微分析

名称	材料来源	参考点
教学激励的反思	2	23
教学激励需求高	2	3
教学考核需求高	1	1
激励机制并不倾向教学	1	2
教学贡献认可需求旺盛	1	2
科研与教学都需要激励	1	1
激励扭曲	2	4
立竿见影	1	1
教师教学积极性不高	1	1
反映老师们的意见比较大	1	1
反映教学受到了一定程度的影响	1	1
教师激励规则优化	1	8
晋升中的教学认可	1	4
教学成果质量和数量都进行了非常具体的规定	1	2
加强了很多和教学工作相关的内容	1	2
教学奖励规则	1	4
接纳老师们的意见	1	1
教师指导学生获得各种竞赛	1	1
不能仅仅获得表彰	1	1

　　A 大学教学制度调整的路径:(1)强科研认可→低教学奖励→激励规则失衡下的激励扭曲;(2)教学激励需求高→激励规则过多要求立竿见影→晋升制度纳入教学认可和教学奖励制度的出台(见图 4.1)。可见,重科研惯习是一个互动生成的过程,教学激励规则使得高科研和低教学奖励成为一种鲜明的对比,加剧了教师行为扭曲的程度。为了平衡激励结构,也为了满足高教学奖励的需求,大学开始对教学激励规则进行优化。

　　教学具有高度隐性特征,教学学术成果的提出意味着教学也是可以"显性评价"的。教学学术评价与科研学术评价具有同质性,强调教学成果、教学改革创新项目、教学竞赛的成果,而教学成果是激励的中心。教学

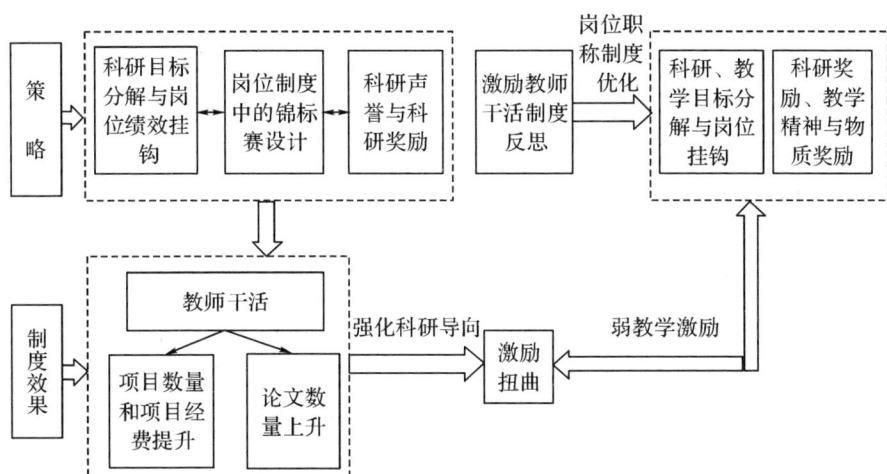

图 4.1　A 大学教学激励制度调整过程

成果同科研成果一样被引入了教师及专业技术职务评聘制度,使得教学学术成果不仅仅在理念上被提到学术成果的高度,而且在实践中有了量化认可的制度。晋升制度对教学工作任务的分解将教学工作转变为显性教学量化指标,但教学成果和教学工作量这种单一的、传统的激励方式是否能够获得教师认可,教学学术理念与实践能否良好结合,是一个未知的问题。为了提高教师对教学的认可,改善教学学术环境,需要在教师晋升和评价制度中体现教学认可。然而教学学术成果的评定有很多问题,最严重的是缺乏教学学术评估标准,这使得一线教师的教学水平缺乏推广性和学术性,而有话语权的校长、教务处处长、具有高学术成果的教授成为教学学术成果评估的获益者,例如成为教学奖的获得者,以致晋升制度中的教学认可被认为是"重教学成果、轻教学"。教学学术标准的合理性、可操作的空间、各种标签导向使得教学激励制度并不一定能激发一线教师的教学积极性,反而对远离教学但具有较大社会资本和文化资本的教师具有更高的吸引力。由此,晋升制度中的教学认可出现了激励扭曲,它使得教学研究的功利性增强。教学成果奖的原初目标在于倡导教学改革的氛围和提高教师的教学质量,但是教学成果的激励导向使得教师的注意力从改进教学质量转移到申报奖项上。教学学术理念与教学成果奖的实践评价标准之间出现了偏离和冲突。大学教学不再是"教师与学生"之间的交流与共进,而成为被独立的评价表。不管是在教学评价量表还是晋升制度的教学认可中,教学都被分为多个可以评价的组成部分,并对每个部分合格或不合格的表现进行了详细描述。评价量表包括了教学工作量、教学绩效、课程教学质量和教学成果等。课程教学质量被划分为多个维度的任务规范指标,每一个维度包括任务描述和评价标尺(优秀、合格、部分合格、不合格)。教学工作量、教学学术成果是教学评价量表和晋升制度中的教学认可的核心内容,这意味着教师的教学贡献被"缩小"了、"浓缩"了,教学评价量表无法体现教师在教学工作中真实的投入度和教学贡献。教学认可的教学激励效果是存在很多争议的:渴求更多的教学学术成果是否能够提升教师的教学水平,是否能够引起教师的教学反思,是否能够促进同行教学共同体的建立与发展? 这都是不确定的。晋升制度中量化的教学工作量、量化的教学评价等级、量化的教学学术成果加重了"重教学成果、轻教学"的教学激励导向。

"重科研、轻教学"的惯习生成是高等教育场域长期发展形成的结果。一旦"重科研、轻教学"的实践逻辑被大学组织所内化,很多时候"重科研"是不得不去做、不得不去说的东西。"重科研、轻教学"的惯习是无形却又实存的,无所在却又无处不在的,是高等教育场域中制度环境与大学行动策略互动生成的结果。"重科研、轻教学"的惯习在高等教育场域内生成,同时也不断地与场域互动,共同形成了一个有形与无形的环境,更是各种力量彼此冲突又相互依赖、相互博弈的结果。当"重科研、轻教学"成为大学内在化的一种行为模式,就具有"持久的、可换位的禀性"。该禀性体现了相当明确的行为规则,即一种"客观生成图式(generative schemes)"。[①]这些规则或图式是大学通过学习和长期实践而形成的实践逻辑,代表了"重科研、轻教学"的价值、规范和思想得以固定在高等教育场域内部,并逐渐内化的过程。

---

① BOURDIEU P. Distinction: A social Critique of the Judgment of Taste[M]. London: Routledge, 1984: 170.

第五章　校级层面教学激励机制的生成

"重科研、轻教学"惯习的生成使得大学教学发生了改变,"教学边缘化"现象使得大学的教学质量受到广泛的质疑。因此,以教学评估为手段强化教学质量监督与管控,越来越成为政府主导的大学教学质量监控的重要方式。"国家→地方→大学"的质量监管体系遵循的不是"认识论的法则",而是国家(地方)行动、国家(地方)需要、国家(地方)计划的总体性要求向下的层层传导的"政治论"行动。其中固然有大学基于自身教学质量监测需求的内生性行为,但是自上而下、由外而内的评估压力,对于大学往往更具有影响力。本章主要解析了校级层面在外部动因和内部要素的影响下如何生成教学激励机制,主要包括以下四个方面的内容:一是教学评估机制作为一种强有力的质量监测和程序监测力量,推动了大学实施教学激励的组织架构的建立;二是大学已经形成的内部制度对实施教学激励的影响;三是在教学质量监测评估、"重科研、轻教学"的大学内部制度约束下,管理者实施教学激励所表现出来的效率和发展的双重行动逻辑;四是大学目前实施的教学激励的正面和负面的效果。

第一节　合法性机制:校级层面实施教学激励的外部动因

高等教育场域①具有组织场域的特征,包括政府、大学组织和为组织

---

① 迈耶和斯科特提出了"组织场域"(Organizational Field)的概念。"场域概念表明一种组织共同体的存在,这些组织具有一种共同的意义系统,而共同体的参与者彼此之间,比起与场域之外的行动者来更频繁地行动,并且这种互动对于场域内的组织的生存与发展更为重要。"参见 MEYER J W. Institutionalization and the Rationality of Formal Organizational Structure[M]//MEYER J W, SCOTT W R. Organizational Environments: Ritual and Rationality. Beverly Hills, California: Sage, 1983: 261-282.

服务的社会市场。政府处于高等教育场域最上层的位置,大学组织之间形成了相互影响的组织间网络。高等教育场域存在共同的文化规则与意义系统,大学教学评估制度已经成为大学组织视为当然的事实而被广为接受。大学教学评估制度是高等教育场域中的合法性机制,作为一种强大而不可抗拒的强制、模仿和规范力量,推动不同类型的大学组织逐渐同形。大学教学评估制度对大学组织正式结构和制度设计产生了影响,成为大学实施教学激励的外部动因。

一、合法性机制的形成路径

20世纪70年代以来,绩效评价被广泛用于高等教育领域,绩效评价结果在一些国家甚至与经费等资源分配环节直接挂钩。我国从20世纪80年代末90年代初开始引入绩效评价的概念,进入21世纪,我国政府对绩效管理日益重视。2010年颁布的《国家教育改革与发展规划纲要(2010—2020年)》明确提出,"引入竞争机制,实施绩效评估,进行动态管理。"2012年,党的十八大提出,"创新行政管理方式,提高政府公信力和执行力,推进政府绩效管理"。2013年,党的十八届三中全会也进一步提出,"严格绩效管理,突出责任落实,确保权责一致",尤其倡导市场在资源配置中发挥决定性作用。在政策的推动下绩效评价是高等教育评估的普遍趋势。大学被普遍要求有效运行并被实施问责。[①] 大学绩效评价机制通过三个步骤推动大学组织制度同形:设立统一的量化评估标准,执行评估,进行资源划拨。

大学绩效评价机制本质上是一种合法性机制。所谓合法性机制,就是诱使或迫使组织采纳在外部环境中具有合法性的组织结构或做法这样一种制度力量。[②] 处于高等教育体系最上层的政府以一种"自上而下"的标准化的量化的方式对大学进行绩效评价,使得该机制具有合法性的形式和做法。通过科层强制性、规范性的推行,该机制已经在大学教学体系内部成为广为接受的社会事实,具体表现为:一是国家行政部门根据大学绩效评价标准调节和监督大学组织资金的分配;二是该机制对大学组织具有强

---

① 张男星,王春春,姜朝晖.高校绩效评价:实践探索的理论思考[J].教育研究,2015(6):19-28.
② 周雪光.组织社会学十讲[M].北京:社会科学文献出版社,2003:75.

大的约束作用。它规范着大学实施科研、教学和社会服务方面的行为。

　　教学评估制度作为大学绩效评价机制的一种，包括规范化符号、评估文化、评估制度内化、评估秩序、组织同形和制度同形等六个内容（具体见表5.1）。教学评估制度作为一种合法性机制的形成过程具有自身的特征。

表 5.1　教学评估制度的选择性编码

名称	材料来源	参考点
合法性机制	5	86
规范化符号	1	3
规范材料	1	2
清查材料	1	1
评估文化	2	3
大局意识	1	1
全力配合	1	1
人人参与	1	1
评估制度内化	4	23
评估类型	3	9
评估内涵	3	7
自评常规化	1	3
做到"常态"	1	4
评估秩序	2	4
检查	1	1
接受专家访谈	1	1
在岗	1	1
专家门诊	1	1
制度同形	3	42
教学发展制度化	1	38
教学评估制度化	2	4
组织同形	2	11
教学发展组织同形	1	10
教学评估中心同形	1	1

首先,教学评估标准逻辑成为高等教育场域内部实施教育问责运动的标志,并成为大学教学工作的核心。"全力配合"和"人人参与"的评估文化在大学内部形成。其次,在外部评估推动下,教学评估制度的观念、内涵、形式、标准都已经被大学所接纳并内化,并形成了一系列的评估秩序。再次,以规范材料导向的规范性认知使得教学评估制度对大学实施教学激励的影响是逐渐扩散的,具有类似的扩散路径。最后,在教学评估制度的严格规制和引导下,大学组织之间出现了趋同现象,即为了获得教学评估的认同,不同类别的大学组织都采取了建立教学评估和教学发展中心等类似的机构以执行和应对教学评估工作。随着大学教学工作重点的转变,教学评估与发展制度在大学内部得以确立和扩散,改变了大学实施教学激励的导向。可见,自上而下的教学评估制度推动了大学评估与发展的"组织同形"①和"制度同形"②。当"同形"成为高等教育场域一种被普遍认可的做法和形式时,这种强迫性执行会对组织行为产生直接或间接的影响。

二、评估与发展组织同形

组织同形是新制度主义学派进行组织分析的一个重要概念,在豪勒(E. W. Hawley)的描述中,"同形是一个限制性过程,迫使组织场域中的一个单元与其他的面临同一环境条件的单元相似",迈耶和罗恩则将"同形"表述为"某些组织在社会规范、规则、技术性竞争等因素的影响下,组织之间结构设置方面日益相同或相似"。③ 组织同形这一概念刻画了大学评估与发展组织同形化过程的实质。大学教学评估和教学发展组织的产生与演变的轨迹存在极大的相似性,在本科教学评估制度的严格规制和引导下,为了与制度环境保持一致、得到认同,各个大学组织都组建了与教学评估组织类似的机构。教学评估与发展组织的出现不仅是"传递评估导向"和"执行评估指标"的行政组织,它们也成为大学学科建设和教学建设的中

---

① 迈耶,罗恩.制度化的组织:作为神话与仪式的正式结构[M]//鲍威尔,迪马吉奥,主编.组织分析的新制度主义.姚伟,译.上海:上海人民出版社,2008:55.

② "组织同形"指的是一种组织架构、组织运行的方式趋同。参见迈耶,罗恩.制度化的组织:作为神话与仪式的正式结构[M]//鲍威尔,迪马吉奥,主编.组织分析的新制度主义.姚伟,译.上海:上海人民出版社,2008:55.

③ 杜驰,沈红.教育场域中的制度同形与组织绩效[J].清华大学教育研究,2009(5):67-70.

心,它们的建立改变了单一的教学管理架构,与大学原有的教学管理部门共同构成了大学实施教学激励的组织架构。

（一）教学评估组织同形

教育部于 2004 年设立了高等教育评估中心,由此自上而下各级都设立了与之相关的部门。高等教育质量评估科层组织结构逐步形成:从教育部高等教育评估中心至各省教育评估机构,再到高校教学评估中心。该结构上下级间呈现"领导—服从"的金字塔模型,层级间存在多重委托—代理关系,上级通过行政权力对下级进行监督、控制与管理。大学组织为了应对高等教育场域的教学评估制度,专门成立教学评估中心或科室(教学评估科)来处理学校内部有关教学评估的事务。教学评估的核心目标在于改变一个时期以来一些高校忽视教学工作,忽视质量的倾向,把工作的重心转移到重视质量上来。[①] 教育部及其他相关部门推进大学内部"管办评分离",同时为了通过教学评估"审核",不同类型的大学纷纷设立了独立的教学质量评估组织或教学质量监测机构,如质量管理处、教学质量监测与评估中心、评估办公室等,成为协调和保障教学事务正常运转的新兴机构,并逐步尝试在全校范围内进一步完善教学质量保障体系的建设。这些"迎接合格评估"或"迎接审核评估"的(保障)机构大都成立于 2010—2013 年间,其机构溯源可能有以下几种:从原先各高校内部的"高等教育研究室"转变而成;从高校最初为迎接各级教育部门组织的外部评估而成立的"迎评促建办公室"(简称评建办)改组而来;还有从教务处等传统行政部门中直接分离出来等等。作为大学组织机构体系中转化生成的"新"机构,它们已经是大学内部教学质量保障体系的专门性组织结构设置。[②]

（二）教学发展组织同形

教学评估的制度化推动了大学教学发展的行动。国家对大学教学发展工作的重视日益加强(见表 5.2)。2011 年,教育部、财政部以文件的形式教高〔2011〕6 号明确要求高校建设教学发展中心,旨在使高校成为教师教学发展的主要组织者,改变以往以政府为主、集中建设培训基地的高校

[①] 周济.大力推进高等学校教学评估工作 全面提高高等教育教学质量——在教育部高等教育教学评估中心成立新闻发布会上的讲话[J].中国大学教学,2004(11):4-7.

[②] 张秋硕.高校内部教学质量评估组织的发展机制研究[D].武汉:华中师范大学,2016:16.

师资培训模式。2012 年,教育部高教司遴选出 30 个中央部委所属高校,建设国家级教师教学发展示范中心,对每个中心资助 500 万元建设经费。2013 年,高教司对教学发展中心的激励导向提出了具体的目标,而且国家级、省级和大学校级的教学发展中心或各种正式的教学发展组织纷纷成立。我国的教学发展制度出现了同质化发展的特征。

表 5.2　教学发展中心成立的相关规则

政策	核心内容
教高〔2011〕6 号①	目的:提升人才培养水平,初步形成了国家级、省级、校级三级质量建设体系。 激励机制:中央财政、地方财政和高校自筹经费共同支持卓越专项基金项目,发挥国家级项目在教学改革方向上的激励作用。 引导教师教学发展中心的建立以构建创新化、常态化、制度化的教师学术发展与教学能力提升的新机制。 "本科教学工程"项目建设经费由国家、省和大学共同资助。 监督方式:项目资金的管理和使用情况应接受教育部及财政、审计等部门的检查、审计
教高司函〔2012〕107 号②	组织结构独立,具有经费权,重点支持建设 30 个国家级教师教学发展示范中心。 战略:通过教师培训提供教学能力,推动教学学术(教学理念、教学模式、教学法等的创新)。 核心:重视教学学术的效果,起到示范、辐射、引领作用。 监督方式:教学评估 保障条件:必要的经费投入等,具有比较完备的工作基础设施和基本的教师培训条件;设有专门的组织机构,有专人负责中心的建设及有关工作的组织实施。 战略目标:构建教学发展共享机制

---

　　① 　教育部,财政部.关于"十二五"期间实施"高等学校本科教学质量与教学改革工程"的意见[Z].2011-07-01.

　　② 　教育部高等教育司.关于启动国家级教师教学发展示范中心建设工作的通知[Z].2012-07-12.

续表

政策	核心内容
教高司函 〔2012〕171 号①	对国家级教师教学发展示范中心分期拨付 500 万元建设经费。 教师教学发展中心作为正式组织结构。 战略目标:构建教师发展促进机制以提高人才培养。 核心内容:教师培训、教学法、教学模式改革。 退出机制:成效较差将停止资助
教高函 〔2013〕 2 号②	实施专业综合改革试点项目,专业点支持建设经费 150 万元。 批准教育部高等教育教学评估中心组织、实施本科专业认证试点项目,专业点支持经费 15 万元。 实施校外实践教育基地项目,每个基地支持建设经费 200 万元。 实施实验教学示范中心建设项目,每个中心支持建设经费 100 万元。 大学生创新创业训练计划项目,每个项目支持建设经费 1 万元。 实施精品视频公开课建设项目,每门课程支持建设经费 20 万元。 实施精品资源共享课建设项目,每门课程支持建设经费 10 万元。 立项建设的精品开放课程共享平台项目,安排经费 600 万元,其中国家精品开放课程共享系统建设 400 万元,高校教师网络培训系统建设 200 万元。 高校实施建设教师教学发展示范中心建设项目,每个中心支持建设经费 100 万元。 实施西部受援高校教师和管理干部进修锻炼项目,每人每年资助经费不得高于 3 万元

　　2008 年,A 大学教学评估结束后,教学评估中心从教务处独立出来,作为教学质量评估(保障)机构,成为正处级单位。尽管在行政关系上与教务处平级,但仍然归于教务处领导。教学评估中心作为 A 大学内部实施教学评估的正式组织,虽然是新兴成立的部门,但其"合法性"在教学管理

　　①　教育部高等教育司.关于批准厦门大学教师发展中心等 30 个"十二五"国家级教师教学发展示范中心的通知[Z].2012-10-31.
　　②　教育部.关于批准实施"十二五"期间本科教学工程 2013 年建设项目的通知[Z].2013-03-20.

实践中已经得到认证,被认为是有效推动教学评估和培育教学项目的专业性组织。A 大学教学评估中心的独立运行对其实施教学激励产生了潜移默化的深层次影响。在 2016 年的本科教学评估中,教育部对 A 大学进行了第二类教学评估,A 大学在国际指标、教师教学成果方面比较弱,同时其教学发展需求得到管理者和教师群体的认同。于是,2016 年 A 大学将"教学发展"这一职能纳入教学工作处,增加了"教师工作处",实施了"一套班子,两块牌子"的行政建构。由此,A 大学构成了"一处二中心"的教学管理架构,"教学发展"成为教学工作处最核心的职能。新的教学组织架构推动了 A 大学的评估性激励和发展性激励的实施(参见表 5.3)。

表 5.3　组织同形的选择性编码

名称	材料来源	参考点
组织同形	2	11
教学发展组织同形	1	10
教学发展职能化	1	5
处级单位	1	1
教学发展处负责和推动	1	1
两块牌子	1	1
职能重合	1	2
教学发展组织成立	1	5
成立	1	1
教学工作处的培训做得好	1	1
人事处脱离	1	1
一套人马	1	1
教学评估中心同形	1	1

教学评估与发展组织是响应外部政策所设立的,其成立本身意味着大学必须按照政策的要求加大对教学评估和发展的重视,也表明大学组织结构受到制度环境的影响。随着教学评估和发展越来越被大学组织认可和接纳,教学评估和发展组织作为一种正式组织结构使得教学发展能够获得更多物质和权力资源。大学教学评估和发展组织的核心职能是处理学校

内部有关教学发展的事务,该组织的正式化推动了大学教学发展的制度化进程。可见,教学评估及其制度化过程对大学组织具有外在约束力是一件不争的社会事实。随着大学教学评估的理念通过制度化得以逐渐渗透,大学组织对教学评估的实施逐步内化了,即大学组织对教学工作的重视程度不断加深,大学教学激励制度和行为被导向教学发展。

三、教学评估与发展制度同形

高等教育场域的制度同形是基于模仿性机制的推动。学术漂移和制度同形现象的形成更多的是高等教育场域内部出现了对声誉较高院校行为的模仿,这些模仿行为是为了获得在高等教育场域的合法性地位。[①②③④] 高等教育场域内部的公认标准导致场域上层的大学组织获得了更好的声誉和资源。处于下层的大学组织模仿上一层大学组织的行动是一种理性的选择。

教学评估作为一种合法性机制推进了"教学工作评估标准化"和"教学发展制度化"。这种制度化过程是一种客观实在的过程,各种评估与发展制度的成形成为大学实施评估和发展的规范模式。制度无可避免地涉及规范性的义务(normative obligation)。[⑤] 教学评估和发展制度化是大学内部一种人为设计的组织安排,根据教学评估的标准来规范、制约大学实施评估和发展的行为,具体见下表 5.4。大学内部的教学评估制度同形是大学为了适应教学评估制度采取的集体行动所导致的。可见,"自上而下"的标准化的量化教学评估方式已经在大学组织内部成为一种既定事实和教学行为的依据。教学评估的推动使 A 大学内部形成了教学评估和教学发展制度同形。

① CLARK B R. The Higher Education System, Academic Organization in Cross-National Perspective[M]. Berkeley: University of California Press,1983: 258-259.

② RHOADES G. Political Competition and Differentiation in Higher Education [M]// ALEXANDER J C, COLONY P. Differentiation Theory and Social Change. New York: Columbia University Press, 1990: 187-221.

③ HUISMAN J, MEEK L, WOOD F. Institutional diversity in higher education: A cross-national and longitudinal analysis[J]. Higher Education Quarterly, 2007(10): 563-577.

④ MEEK V L. The transformation of Australian higher education: from binary to unitary system[J]. Higher Education, 1991(21): 461-494

⑤ 彭海斌.公平竞争制度选择[M].北京:商务印书馆,2006:31-32.

表 5.4　制度同形的选择性编码

名称	材料来源	参考点	参考点举例
制度同形	3	34	–
教学评估制度化	2	8	
"常态"	1	3	教学评估是一个"常态"行为。
教育教学状况年度白皮书	1	1	我们(教学评估中心)每一年都形成《A 大学教育教学状况年度白皮书》,经学校主管领导审阅后在一定范围内发布。
教学评估自评指标体系	2	5	
围绕人才培养	1	1	专业认证评估主要是围绕学生来看学校是如何做的。一切都以学生质量保障核心考核内容。如果学校没有体现出为学生质量环节的设计,那就是不算的。一定要看经费、方式、教师是否参与了学生培养环节。
中期检查	1	1	教学项目中期检查和结题都通过专家评审。
专业评估制度化	1	3	学校内部通过各个学院的评估排名先后对学院重视教学工作形成引导
教学发展制度化	1	27	
选拔制度化	1	1	一个(进修学校是)英国社会学科排前 10 名,一个(是)美国的,工科学科突出,IT、建筑、教学和科研都不错。(进修选拔)已经是第四期,前三期 48 个老师。
校内选拔	1	1	我们(教学发展中心)联系国外大学后,开始进行参与教学发展项目的校内选拔。
硬性要求	1	1	我们有平台有经费能够支持教师去,而且我们定这个政策,现在是一个硬性要求
教学发展项目拓展	1	2	

名称	材料来源	参考点	参考点举例
教学发展项目磋商投入	1	1	我们这个项目经过了1年多的磋商。这个(进修)学校进入教务部的进修名单中,在英国排前第10。
教学发展项目推动	1	3	我们定期都送老师过去,一年我们可以培养60个老师,每一个老师的费用都包括学费、住宿费、考试费等。
重视教学法	1	4	我们邀请教学法专家过来,开展教学坊都是针对教学法。
教学发展专家平台	1	4	教学发展的专家就是我们送出去的老师,如获得教学技能获奖的、擅于微课教学的教师。大都是学校比较认可的教师。
制定长期合作的规则	1	11	我们(教学发展中心)达成一个理念:科研重视,教学的确容易忽略。我们的教师定期进入课堂,主要参与三个课程,主要是教学法的培养学习,如英国发展项目,计算到教学计划,细节到每一周的每一天

（一）教学评估制度化

　　大学教学评估历来是政府对大学实施行政管理的工具。政府通过评估使大学办学的行为充分体现国家的意志。教育部在1990年颁布的第一个关于教学工作评价的文件《普通高等学校教育评估暂行规定》中明文指出,"普通高等学校教育评估是国家对高等学校实行监督的重要形式,由各级人民政府及其教育行政部门组织实施"。[①] 这种集权模式的评价权威性高、规范性强,在引导大学教学基本建设与发展方向、提高评估工作的效率等方面起到了良好的作用。根据我国2004年修订后针对所有高校的《普通高等学校本科教学工作水平评估方案(试行)》,大学本科教学工作水平

---

① 　教育部.普通高等学校教育评估暂行规定[Z].1990-10-31.

评估体系涵盖 7 项一级指标、19 项二级指标、44 个主要观测点。① 自上而下的教学评估制度明确了以"自我评估、自我检验、自我改进为主"的方式来保障高校在人才培养质量中的主体地位,也使得大学教学管理出现了制度同形的特征,具体表现在三个方面:一是教学质量管理规范性同形,本科教学评估 39 个观测点需要材料作为支撑,由此对教学资料收集、整理与归档都提出了具体的规定;二是大学教学输入指标评价同形,量化的教学输入指标关注学校的规模层次、高层次人才的数量、学位点的多寡,以及承担重大科研项目及其经费等数据;三是结果评价同形,即教育教学质量与人才培养的效果测量标准同质性突出,技术性成果指标预示着大学的本科人才培养质量绩效,是各高校在大学组织场域内获得教学质量"合法性"的"通关"条件。

从下面的访谈材料中可以得出,教学评估同形表现为"人才培养方向""常态评估"和以标准化教学评估指标为核心的"白皮书"。"人才培养方向"使得学校开始关注学生质量环节的设计,在一定程度上引导了教学经费的分配。"白皮书"使学院之间的教学评估指标趋同,并成为 A 大学内部衡量学院教学工作表现的核心评价因素。围绕评估指标,A 大学实施了中期评估检查、教学督导等管理行为。

> 我们每一年都形成《A 大学教育教学状况年度白皮书》,经学校主管领导审阅后在一定范围内发布。主要是通过各个学院的评估排名先后对学院重视教学工作形成引导。但在是否对基层学院实施与教学评估挂钩的奖励还是一件非常慎重的事情。(X005)

教学评估成为大学组织的一个常态性工作。教学评估中心的目的之一就是运用教学评估指标引导基层学院的教学规范和教学激励方向。A 大学教学评估中心在实施教学激励时面临着结构性的冲突。教学评估本身就是一个发现问题、找问题的过程,就像给病人看病一样。过程性评估导向并不提倡强奖励和惩罚。教学评估中心是否将基层学院的教学评估

---

① 教育部办公厅.关于印发《普通高等学校本科教学工作水平评估方案(试行)》的通知[Z].2004-08-12.

与激励挂钩本身就存在矛盾。强奖励和惩罚导向会导致基层学院为了获得学校教学经费等资源出现"急功近利"的行为。教学评估中心对基层学院更多采取惩罚措施,主要是看基层学院是否达到基准线,而奖励主要是用于促使基层学院尽其所能去提高工作绩效,获得教学成果体现为工作绩效的各种技术指标,如设立教师教学水平专项评估,促进学院重视教学名师、教学成果、教学项目及各种教学奖,以评估指标为准的学院排名为学校教学资源的优化配置和发展规划的制定提供决策依据,以激励更多基层学院及教师投入教学工作。

> 我们中心每年也资助教学改革项目,我们资助的高教研究项目必须具备三个"有",即"有前景、有价值、有特色"的优秀研究项目。三是定位了学校高教项目的研究目标:两个"获",即力争获国家和省部级项目资助,力争获国家和省部级成果奖励。但由于教学评估中心实施的是一种结果性评价,对提供教师教学能力、改进教学方法、提高教师积极投入教学工作方面缺乏教师的认可。(X005)

大学教学评估中心为了体现教学激励,实施了以"项目申请—专家指导—理论提升—成果凝练—交流推广"为主的模式。中心采取自主选题的方式,将"申报—审核—中期检查—结题"拓展为教学改革项目交流的平台,通过平台推广达到三个目的:一是规范教学改革选题;二是以"教学实践"与"理论分析"作为教学改革高度融合的体现;三是通过"申报—审核—中期检查—结题"构建教学改革项目交流的平台。教学评估中心逐渐成为教学改革项目交流的平台,通过"专家指导—理论提升—成果凝练"促使教师建立起优秀教学成果培育的自觉意识,掌握优秀教学成果培育的原理与方法,不仅实现"教学实践到教学学术"的互惠性转化,也能够获得更多更高级别的教学成果。

(二)教学发展制度化

A大学教学发展中心的行政管理者实施教学激励主要有三种方式。第一种方式,教学发展的参与激励。工作参与激励指的是教师在教学发展中获得新信息、参与权和建议权,教师通过参与教学发展中心的事务获得奖励和各种机会。第二种方式,以教学培训为中介的教学发展激励。教学培训项目使得优化教学工作设计成为可能,教学工作设计的丰富化对教师产生了教学发展的激励。第三种方式,教学实践优化对教师自我实现的激励。教学发展中心的成立本身就意味着大学越来越重视教学发展,外部政策的导向也使得"教学发展中心"获得了生存的合法性。教学发展中心作为一种正式组织使得其中的行政管理人员获得更多的资源(包括物质和权力资源)来提升教学质量。

2013年,A大学进入中西部高校综合实力提升工程(中西部"一省一校"国家重点建设大学),该工程为A大学的发展提供了快速发展的条件。A大学除了获得"211工程"专项竞争性拨款以外,还获得西部发展专项拨款和西部14所"一省一校"拨款,这些专项拨款为A大学教学发展中心提供了较为充裕的教学发展专项经费。2013—2014年,A大学教学发展项目多元化、内涵提升拓展逐步制度化。A大学教学发展的制度化过程体现为"校内选拔""沟通平台建设"和"成班建制"。就如下面访谈材料所揭示的那样:

> 学校2013年、2014年(的工作重心是)推动中西部综合实力(指中西部高校综合实力提升工程),现在是"一省一校"(指中西部"一省一校"国家重点建设大学)。教学培养在人才培养的后面。我们的项目都很实在,访问学者、网络培训,我们用得很充足,我们的效果也好。其他的项目比较空。我们的国际项目占到一半以上。我们关注教师的教学发展培训,一个是全球化的推动,二是我们的专项经费的支持,我们才能做这个这么大的事情。(X007)

首先,A大学教学工作处实施了多元项目拓展,通过校内教师选拔制度提升积极参与教学发展的教师的能力。目前,A大学教学发展中心通过两年的沟通和协调已经形成了以美国和英国两所大学为主进行教学发展培训项目的模式。国际教学能力培训项目已经较为成熟。就如下面访谈材料所说的,教学发展中心与国外两所大学紧密合作。

> 我们系统进行合作,培训合作,我们定期送老师过去,一年可以培养60个老师。(X007)

每年都有 70 位教师通过国际教学能力培训项目接受教学发展的培训。国际教学能力培训模式促进了项目合作模式的常规化和制度化信息流的增多，各种教学发展项目通过该教学发展中心持续推进。中心以教学法项目作为推进教师教学发展，激励教师投入教学的核心运行模式。

其次，经过长期的探索，教师工作处形成了短期、中期和长期教学发展项目，对经费资助、培训方式、培训内容都做了制度化的规定。社会性奖励成为教师投入教学的一个重要激励要素。通过教学培训的机会，教师在教学工作中获得社会互动机会，在工作环境中实现社会性需求，来自同行的赞美、认可能够激励教师加大个人的教学辐射。通过教学培训增加了教师的成就感和效能感，教师感觉到激励，对教学发展中心的工作参与积极性提高，推动了教学发展中心的教学培训工作，使教学发展中心的教学培训多样化成为可能。从下面的访谈材料中，可以发现教学工作处对教学发展项目和教学培训项目的推动。

> 教师发展这个事情。我们的项目都加大了力度。主要是 7 个模块，新教师培训、人社厅、教育厅岗前培训，还有一个是我们学校内部的培训，校内的入职培训，主要是邀请核心职能部门，一些专家，教学发展和科研专家。教学发展的专家就是我们送出去的老师，一般都是学校比较认可的教师，教学技能获奖的，微课的教学示范、点评，增加教师的认同感和归属感。(X007)

从下面的访谈材料中分析得出，A 大学教学发展中心的战略目标主要是教师发展，特别是教学法和教学改革模式的发展。A 大学教学发展中心形成了教师教学能力培训模式。不仅通过获取政策获得教学发展的专项经费，而且通过设计的教学培训模块的实施使教师教学发展培训项目制度化，在教师参与项目前、参与项目和参与项目后的整个过程中都通过一系列的制度安排实施教学激励。

> 教学能力发展是基于什么？从大环境上，从竞赛，科研老师自己去搞，教学这种量化评价并不行，忽略教学是教师最根本的原因。我们就针对教学能力的。这是一个重要原因。我们教师发展的目标主要是针对教学法和教学改革创新模式。我们达成

一个理念,科研重视,教学的确容易忽略。我们的核心工作就是
要提供教学发展培训,激励更多的教师增加教学投入,进行有效
教学。(X007)

　　优质的教学培训需要教学发展中心的大量投入,能够参与教学培训本
质上就是一种教学激励。教学培训激励本质是一种工作激励,工作激励是
指对组织环境中的行为进行激发、引导和保持的过程。[①] 教学发展激励指
的是通过教学培训让教师处于一种教学方法改进的氛围,通过提高他们的
教学能力或是改进他们的教学方法,让教师改进他们的教学实践。教师在
教学实践的优化过程中发现学生的学习积极性提高,教学效果提高,由此
教师在教学实践中获得了更大的自我实现和成就感,使得教师保持长期的
教学投入,然后通过教学培训的方式辐射给其他教师,获得同行评价的教
学激励。通过资助教师到国外参与高质量的教学培训项目,为教师在教学
实践中提高教学能力提供了可能性。从下面的访谈材料中,我们可以获
知,教师对高质量的培训需求是较高的,A大学运用国外较为成熟的教师
发展项目来提供高质量的教学培训。

　　　　中心对教学发展培养模式非常重视,目前已经形成了7大教
师教学培养模式。我们感觉老师们进行教学发展的需求还是比
较大的。有的老师对教学效果很焦虑,他们无法吸引学生,他们
具有较高的培训要求。但是国家基金项目申请越来越难,有的老
师申请三次没有过。我们感觉国际化太普遍了,国外的教师发展
项目也比较成熟,我们也希望通过中心作为平台为我们的老师提
供好的教学发展的项目。(X007)

　　　　我们需要老师走出去看,并不是他们一定好,但一定有值得
我们学习的方式。他们的教学法还是很有特性的。(X007)

　　新的有限教学的挑战使教师的成就动机被激发,从而促使教师在教学
工作中努力获得成就和进步。特别是当教师为提高学科的教学质量发挥
自己的辐射作用,在同事之间进行教学互助工作和交流长期的教学实践经

---

①　奥特,帕克斯,辛普森,编.组织行为学经典文献:第3版[M].王蔷,朱为群,孔晏,等译.上海:
上海财经大学出版社,2009:206.

验时,这些教学行为不仅提高了教师群体的教学投入尝试,而且能够激励教师个体在教学工作中的长期投入。教学培训为教师提供了提高教学水平的机会,教学培训让教师体验到一种新的教学方法或教学形式,教学工作的丰富化和教学设计为参与培训的教师打开了一扇门,为大学教师在教学工作中获得更多的满足感和成就感提供了机会。

教学工作设计的优化使教师发现教学工作收获成功的可能性增加。当教师发现教学成果能够获得较好的绩效,使学生学习的积极性大幅度提高,他们的教学投入和教学动力就能够得以维持或提高。当教学工作能让教师感觉到教书育人的成果,发现教学的价值时,教师更能认识到教学投入是值得的。教学培训提高了教学工作的丰富性,使教师的教学投入有了努力的方向。教学培训使教师通过努力获得有效提升,使教学改革成功的可能性提高,教师教学积极性的提高便有了可能。

第三,参与教学发展项目的教师成为"教学发展"辐射的火种,通过教学发展平台吸引更多教师积极参与教学发展项目。A大学教学发展中心的管理人员具有双重意识,这种双重意识使他们能够为两中心的运行获取更多的权力和资源,一方面在可支配的权力下为中心的发展而行动,另一方面为了教师教学的专业化发展,通过优化项目内涵、提供优质项目激励更多的教师,使他们具有教学发展的意识、观念与行动。资源的获得能够帮助他们开展教学评估和教学发展活动或项目,通过直接和间接的评估和培训活动对教师的教学工作实施一定的影响。通过各种培训、竞赛、评估等手段不断筛选出"典型"的具有"辐射"教学发展导向的教师。由此,教学发展中心成为大学教学内部发展的驱动机制。从下面的访谈材料中,我们可以发现这一点。

> 我们是依靠国家留学基金和西部骨干教师培训项目,但现在我们开始拓宽这些渠道。我们联系学校和校内选拔,一个(进修学校是)英国社会学科排前10名,一个(是)美国的,工科学科突出,IT、建筑、教学和科研都不错。(培训)已经是第四期,前三期48个老师。教学成果进行追踪,一个是教学论文,一个教学改革项目,最明显的是他们正在改变他们的课堂,教学方法和教学模式发生了非常大的变化,主要是学生为中心。新教师培训也让他

们来做示范。效果也不错,(经培训的教师)有 1/3 开始进行双语课,还有一些老师在科研上也突出。(X007)

为了更好地构建教师参与教学发展的平台,A 大学招募了大量的专家志愿者一起实施教学发展项目。行政人员和专家组成的团队在教学发展项目中发挥了非常好的作用。专家志愿者不仅通过个人教学工作的丰富化使学生受益,而且他们在教学培训中的交流能够带动更多教师走向教学发展,并使自身获益,得到同行赞美、认可等社会性奖励。

第二节　层级权力规则:校级层面实施教学激励的内部约束

大学实施教学激励不仅仅受到外部评估制度的推动,层级权力规则是影响大学实施教学激励的重要内部要素之一。权力是分等级、分圈层的,同一组织中实际上存在着多种领导权力。等级制是权力的天性,等级越高,权力越大。圈层制是权力的特征,分为核心层和外围层,越接近核心权力越大,同级领导者根据距权力核心的远近之别而显示出权力差别。层级权力呈现锥形图的形态。层级权力包括不同层级对权力的分配,包括接近有权势个体和重要资源的方式、个体职位的性质等。组织中行动者使用的资源越广泛,控制资源所产生的权力就越大。所谓的行使权力,实际上就是支配资源的能力。资源是权力的基础。组织内部影响权力的资源通常是指占有和支配人力资源、物质设备、财务预算的状况。

大学教学管理的校级层面包括校级领导层和校级主管教学的行政组织机构。校级领导层具有一定的自主性,拥有更多的权力,并对下层实施集中控制。校级顶层领导层对大学重大事务具有决策权,处于实施教学激励的权力等级的顶端和核心,掌握配置性资源和权威性资源。校级主管教学的行政组织机构处于校级领导层的下方,包括教务处、教学评估中心和教学工作处等行政管理部门,具体执行教学事务的管理权,拥有有限的财权、事权和物权。这些部门主要负责管理和监督学院教学工作,统管学院层面的人、财、物,对职责内的事务具有较高幅度的控制权,且各部门分管不同的教学工作,通过制度、规定、经费划拨对学院进行管理。它们可以影响基层学院,扩张影响力。

从 A 大学校级管理者的访谈材料中可以发现,层级权力规则确实是影响 A 大学实施教学激励的内部核心要素之一。大学层级权力规则与校级实施教学激励的关系主要有三种:(1)校级领导层考核规则→校级领导层对实施教学激励缺乏动力;(2)教学管理部门实施教学激励缺乏人权和事权的授权;(3)教学经费制约→教学管理部门实施教学激励存在制约。从表 5.5 中的参考点数量看,经费约束是最核心的层级权力规则,其次分别为顶层制度设计、人事权和事权约束。

表 5.5　层级权力规则的选择性编码

名称	材料来源	参考点	参考点举例
层级权力规则	3	39	
事权约束	1	5	
仪式性教学激励	1	1	教学奖、教学名师是没有什么物质奖励的。
渺小	1	2	我很渺小,我只有事权
仅有工作机制	1	1	我们教学工作机制是有的,仅限于教学的日常管理
人事权约束	1	5	
教师绩效评价仅有建议权	1	2	教师考核在人事处,我们只有建议权。
对教师激励规则缺乏话语权	1	3	事权都不在我这里
经费约束	3	23	
资源配置严重不足	2	3	教学激励是没有钱的,能够给教师发什么钱?学校要增加教学立项的支持也没得钱。教学运行包干经费中还不能体现人头经费。我们教务处也没有相关的经费,我们如何调控啊?
缺乏激励经费	2	14	我们这里就没有什么钱对学院和教师进行激励。课时是按照生学时拨到学院的,都是运行经费

续表

名称	材料来源	参考点	参考点举例
经费要向教学倾斜	1	3	生均实践经费投入和使用严重不足。这不但起不到激励的作用，还拖了后腿。
经费分配规则是定好的	1	1	教学激励与教学经费的总量和教学经费的使用有关系。我们按照学校的标准进行预算，在这个范围内操作。如果我们要改变经费运用，我们就必须向校长办公会打报告，要进行说明。
机动费	1	2	我们只有一些运行中的机动费，主要是对于学院教学运行存在缺口的时候使用
顶层制度设计	1	6	
科研来反哺教学	1	1	我们的教学受到了很大的影响。我们还是应该加强教学，让科研来反哺教学。教学是推着石头上坡，科研是推着石头下坡。科研不需要多少动力，就会下坡。教学是要给它动力才能上坡。
教学挂钩	1	1	
领导的考核	1	1	领导的考核并不与教学表现挂钩，这个是学校顶层设计的问题。
回归教学	1	2	顶层设计需要回归本位，回归本心

一、顶层考核设计

2005 年 9 月 8 日，经教育部、财政部、国家发改委三部门批准，A 大学进入"211 工程"大学建设行列，成为一所非部属、地方财政资助、省部共建即教育部与各省（区、市）共建的"211 工程"大学。但隶属关系不变，A 大学仍为地方高校。即使是 A 大学成为"211 工程"大学，在 2012 年加入了国家"中西部综合实力提升工程"之后，其办学实力和水平与"985 大学"仍然存在较大的差距。但是面对"重科研"的制度环境，A 大学不得不以研究性大学为目标，面临的科研成果的压力巨大。"研究型大学"虽然已经逐渐成为 A 大学的发展方向，但 A 大学离"研究型大学"仍然存在很大的藩篱。

在这种情况下,顶层管理者最现实的目标就是着眼于为 A 大学的发展谋求高质量的教师和学生,以便共同努力达到"研究型大学"的客观办学条件。"研究型大学"由此不再是 A 大学的一个口号,而成为其迫切且努力追求的核心目标,此后其人事制度一直处于模仿性制度化过程中。A 大学开始施行科研导向的教师晋升制度,在教师职称、教师岗位竞聘和教师考核制度上搬用了"211"大学甚至是"985"大学对科研的高要求。在对 A 大学的发展理念的分析中可以发现,"四靠"理念很好地表明了管理者对 A 大学的发展思路(见表 5.6)。

表 5.6　A 大学发展理念的微分析

名称	材料来源	参考点
"四靠"观念	1	9
靠学科名校	1	2
好的学科	1	2
靠学者撑校	1	5
好声誉	1	1
人物	1	1
一流学者	1	3
靠学生誉校	1	1
靠学术立校	1	1

"四靠"办学理念是 A 大学的发展理念,即靠学生誉校、靠学科名校、靠学者撑校、靠学术立校。学校顶层管理者将"获得资源是发展的根本"作为现实中的核心目标,实施了教师绩效考核制度,希望能通过"干活"为大学发展和教师个人的发展带来"幸福"和"收获"。事实上,A 大学"先资源"的发展路径已经不是一种独特的大学发展模式,"先资源"已经是许多大学发展所践行的实践逻辑。"教学无法获得更多的重视"并不是顶层管理者的个人想法,更多的是大学发展过程中的"无奈"选择。于是更多的声音在呼唤大学顶层设计"回归教学",倡导让"科研反哺教学",这些声音的出现表明大学顶层设计对于"教学工作"的重视是实施教学激励的逻辑起点。

二、经费权力

首先,对经费的追逐使得大学顶层管理者对教学的重视不足。随着高等教育成本的不断提高,经济学的思维模式对高等教育不断渗透,政府改变了资源划拨的方式,大学如需获取更大额度经费必须通过项目竞争的方式取得。目前大学经费竞争性分配模式体现为公式拨款法、合同拨款法和绩效拨款,这也就是说,大学额外的经费都呈竞争性供给状况。经费竞争几乎成为各大学高层领导们最关注的事情之一,这使得所有大学顶层管理者不得不改变学校内部划拨资源的导向。美国伯克利加州大学教授大卫·科伯(David Kirp)在对大学的使命进行论证的时候,做出了"如果'钱库充盈',如果我们有多余的资金……"等假设,把经费视为现代大学履行各项使命的前提条件,也更进一步作出了重要而明确的判断"钱是大学的生命"。① 英国伦敦大学教授迈克尔·夏托克(Michael Shattock)在研究成功的大学管理之道时,也得出了相似的结论,"稳定的财政是学术成功的关键因素之一","没有什么比财政危机对学术时间、创造力和良好风纪的维护更具破坏性"。② 大学顶层越来越强调经费竞争指标,这使得大学经费筹措任务成为大学实践中的核心要务。当顶层领导的考核与教学工作关系不大,或者顶层领导在实施教学激励方面缺乏动力,那么大学组织对教学地位的重视当然较为有限。

其次,由于经费有限,大学教学管理者实施教学激励缺乏动力。为了获得更多的经费,大学必须增加自己的科研学术成果以获取自身生存和发展的资源。竞争是一种永恒现象,只有当世间的资源过剩到不需要经过竞争就可以得到,否则竞争就不可能会消失。③ 也就是说,资源的稀缺性决定了竞争的存在,稀缺的程度决定了竞争的强度。对于大学来说,人才、经费、声誉等等都是稀缺性极高的资源,因而对它们的竞争过程是极其激烈的。所有大学都不得不为资源竞争而改变学校内部划拨资源的方式。在"科研至上"的制度环境下,大学内部的资源分配必然会对科研有所偏重。

---

①　科伯.高等教育市场化的底线[M].晓征,译.北京:北京大学出版社,2008:277.
②　夏托克.成功大学的管理之道[M].范怡红,主译.北京:北京大学出版社,2005:54.
③　程瑛.社会转型期我国大学资源竞争研究[D].武汉:华中科技大学,2011.

资源是大学发展的"命脉",资金更是大学组织生存和发展的"血液",大学组织必须将获取资源作为第一要务。校级行政部门和基层学院获取资源的能力取决于各自的研究经费和学术地位。资金配置是反映大学组织内部重要性事务排序的一个可观察的指标。研究经费在行政管理部门和各个学院之间的分布能够大致衡量大学组织内部资金、资源配置的状况,也最为直接地反映了各自的地位与受重视程度。

最后,教学激励经费缺乏。大学内部资源分配引入竞争机制是为了提高大学经费的使用效率,促使有限的经费资源尽可能大地发挥作用。《财政部关于进一步提高地方普通本科高校生均拨款水平的意见》(财教〔2010〕567号)规定教学经费不低于生均1200元,保障了A大学教学经费的底线①,但是教学经费依旧不足,因此教学经费分配的话语权不均和教学激励经费缺口成为大学实施教学激励的约束。

大学组织内部资金、资源配置集中的程度,不仅仅反映了大学对资金的直接调度和控制,也反映了大学对资源配置的多种策略安排。教学经费不足已经成为教学激励难以执行的首要和最大问题。大学组织把主要资源放在重点学科建设、重点项目的引进等方面,在科研、课题、经费、名次等"所谓"更重要的领域投入了大量的资源。大学投入教学的资源总量的绝对数值长期不变,或相比于其他重要工作的投入,教学经费投入是相对减少的。如果教学经费不足达到大学组织所设定的某种界限或承受水平时,教学经费不足就变成一个亟待解决的问题。于是,大学顶层管理者对教学相关问题进行掂量、评价和选择,以选取当前优先需要解决的问题来投入经费。当领导者和教学管理者认为教学经费不足的问题还没累积到影响大学获得外部的资源支持时,他们就会有意或无意地把教学相关问题放在非优先考虑的位置,或者把这个问题变成"再讨论"问题。教学激励经费存在缺口使得大学组织对教学改革项目投入、教学奖、教学名师、教学成果等与教学激励相关的投入仅仅只是"量力而行"而已。尽管大学组织主张"以学生为本",也不断强调教师在"教学工作"中的重要性,但教学经费不足在很大程度上约束了教学激励实施的范围和强度。

---

① 根据2012年在校生人数折算的平均水平1200元是一个硬指标。

第三节 效率与发展:校级层面
实施教学激励的行动逻辑

教学评估、层级权力规则等外部和内部约束下,大学校级层面实施教学激励的行动主要遵循两种核心逻辑:一是效率逻辑,"计算"实施教学激励的交易成本和教学事务的可评估性决定了大学是否实施教学激励,以及实施何种程度的教学激励;二是发展逻辑,以提高教师教学发展能力为核心,以发展作为大学内部的教学改革动力。

一、计算:校级层面实施教学激励的效率逻辑

大学校级层面实施教学激励的效率逻辑指的是大学组织实施教学激励的目的主要在于提高产出(即各种教学成果)的效率而在一定程度上忽视其他方面的思维与行为规则。基于教学成果导向的计算逻辑在大学实施教学激励方面具有理论和实践的双重基础。

（一）效率逻辑的内涵

大学不是以利润实现为宗旨的组织,但它的运行也必须依循技术理性,控制运行成本,注重效率。大学在一定程度上是准营利性组织,不追求利润的最大化,但追求一定的或适度的盈利。在市场化和全球化改革浪潮的冲击下,高等学校组织的属性与职能在悄悄地发生变化,高等学校的企业性与技术创新职能日益凸现。厉以宁指出:"任何一个教育单位,不管它提供的是公共产品、准公共产品还是私人产品,都要计算收入与支出,都要实行经济核算,都要设法增加收入,减少支出。经营得当,教育单位不是不能带来利润的。"①可见,与单纯的非营利性组织不同,准营利性组织追求适度利润,因而利益驱动机制的作用十分明显。②

詹姆斯·汤普森在《行动中的组织》中指出:"技术理性有两个衡量标

---

① 张铁明.教育产业论[M].广州:广东高等教育出版社,1998:5-6.
② 杨明.从高校与企业的似与不似看高校组织的性质[J].浙江大学学报(人文社会科学版),2002(3):118-125.

准:工具的和经济的。"①效率逻辑,即理性主义导向的计算逻辑,注重契约精神,主要以制度、技术与程序等正式的组织规则来协调控制各管理要素。"效率"实际上是测量分配资源有效性的一个标准,一种合理性的计算。而"计算"成为一种社会行为的基本逻辑始于马克斯·韦伯。在韦伯那里,资本主义奠基于对经济(资本)的最适值计算,资本主义经济行动是"以利用交易机会取得预期利润为基础的行动"。② 这种行动具有"合理性","合理性"被韦伯解释为通过理性的计算而自由选择适当的手段去实现目的的过程。韦伯对这种"合理化程度很高的资本主义计算"推崇备至,认为它是资本主义体系得以建立的关键性要素。③ 由韦伯奠基的这种"计算合理性"(calculated rationality)在大学实施教学激励机制的过程中表现得非常明显。校级层面的教学管理者在遵循效率逻辑时作出的决策和举措至少可以使得大学在较短的时间内积累自身在教学方面的优势,而不至于在教学评估的浪潮中被其他高校"淹没",其主要表现为"计算"。就如威廉姆森所承认的,效率因素能够解释在生产层面组织经济活动的各种方式,他同时提出了最小化交易成本的重要性。④

(二)效率逻辑的形成路径

大学实施教学激励的效率逻辑的形成路径为:合法性机制(水平和审核评估)→教学激励的合法性→经费投入与产出的考量→成果激励导向的策略行动。大学的运行需要各种资源,政府是大学组织获取资源的最重要的途径。政府为了监管大学行使监控职责,运用评估工具监测大学的发展。大学为了获得更多的资源,不管是为了"通过"教学水平评估还是教学审核评估,都会更加重视教学评估指标,而且倾向于作出扩大化预期结果

---

① 汤普森.行动中的组织:行政理论的社会科学基础[M].敬乂嘉,译.上海:上海人民出版社,2007:18.

② 韦伯.新教伦理与资本主义精神[M].陈平,译.西安:陕西师范大学出版社,2002:20.

③ HEINER R A. The Origin of Predictable Behavior[J]. American Economic Review,1983,75(3):579-585.韦伯官僚制建构的基本逻辑就是基于理性的计算控制思维,也可以说是一种技术—经济逻辑。西蒙"有限理性"及其决策科学的理论起点也是这种计算逻辑,只不过对计算合理性进行了认知性限制。

④ HEINER R A. The origin of predictable behavior[J]. American Economic Review,1983,75(3):579-585.

的行为。教学评估制度使得大学对各种教学指标的关注具有了合法性基础,不断优化教学指标成为大学实施教学激励最首要的目标。

大学组织成员多数情况下追求个人效用的最大化,受利己动机驱使而不得不在组织设定的等级命令体系中循合理性而行动,只有在特定的情境下才可能具有一定程度的利他行为。在这个意义上,效率逻辑是大学组织衡量自身实施教学激励的效果的行为准则。虽然教学激励的终极目标是促使教师能够更好地投入教学,但是这个长期目标在短期内是不容易看到效果的,也不易被测量的。而且,在"国家→地方→大学"的金字塔式学术成果梯级结构中,教学成果奖评比被制度化了,国家、各省和大学组织分别组织各自对应级别的国家级、省级和校级教学成果奖评比。国家对教学成果奖励的正式认可及其制度化评价体系一方面促使大学加强人才培养工作、教学建设,增加了对教学改革成果的认可度,从而有助于教师醉心于教学,提高教学质量,另一方面使得大学为追赶其他同类型学校并且取得优势地位而在短时间内达到教学评估的标准。由此可以想见,校级层面的管理者实施教学激励的行动更多地只能是基于收益—成本导向的效率逻辑,注重"效果""效率"和"结果"。这种"理性的选择"是一种在特定目标指导下具有明确意向性的理性行为,其优势就在于短、平、快地出成果。

大学不得不将有限的经费投入到能够获得教学成果的领域,即通过资助各种教学改革项目以提高教学成果的数量和质量并使得大学教学评价指标得以优化。因为,缺乏教学学术的成果是很难获得更高级别的项目资助和奖项的。这种结果导向的行为所导致的就是采用技术性激励的手段来激励教学:一是"教学经费长期不足""成果和项目才能获得资助"作为大学配置教学资源、资助教学成果的前提,大学对课题、教学改革项目和教学成果高度重视;二是对学生学习效果评估高度重视,实施以学生成果导向的教学激励;三是实施以晋升认可为主的教学激励。

在这种逻辑效率支配下,管理者的行动主要表现为:以最少的投入获得最大的产出,或者投入不变的情况下得到更多的产出,或者产出一定的情况下使用最少的投入。不同的大学对教学有不同的投入和产出,效率标准是指每单位投入所表示的工作量,它在数值上是相对自由的,它关心的是在特定的成本之下能够获得更多的产出。可见,成果激励导向是大学实施教学激励的重要原则,也直接导致了投入产出成为实施成果性激励的指挥棒。

1.教学工作类型的影响

质量问题是一个无处不在的现象。测量教学服务的质量需要较高的测量成本。教师提供的教学劳动服务是多方面的,劳动服务不仅根据时间来变化,也随教师的努力强度和努力质量而变化。公共教学服务是大学组织与教师之间互相依赖的生成过程。在这个过程中,教师个体投入教学活动的努力或精力是不容易鉴定的。每一个提供教学服务的教师的个人努力是很难直接观测的,因此大学就要根据教学任务的类型来确定是否实施教学激励。

从某种程度上来说,所有的组织都是任务型组织。教学任务可以分为常规任务和非常规任务。依据大学组织的教学绩效是否可测量,教学任务可分为可测量任务和不可测量任务。可测量指的是大学组织的教学绩效能够得到测量。按照对教学任务的划分方法,教学工作任务可以划分为四种类型:绩效可测常规任务、绩效不可测常规任务、绩效可测非常规任务、绩效不可测非常规任务。教学任务如果是可测量的,那么无论教学任务是否常规,大学校级层面都会实施教学激励。教学任务如果是不可测量的,那么无论教学任务是否常规,大学校级层面都不会实施教学激励。具体见表5.7。

表 5.7　大学管理者实施教学激励的行动模型

教学绩效是否可测量	教学工作是否常规	
	是	否
是	低	高
否	不激励	不激励

第一种,绩效可测常规任务类型。在这种任务类型下,管理者实施教学激励的可能性较高。这主要是因为常规任务是惯例性的,重复的或反复的。教学工作是大学日常的教学事务,更多属于教师的自我执行契约。尽管教师的教学工作量能够得到测量,但大学处于教学经费有限的限制中,管理者主要关注"秩序",重点在于教学工作量的下放和执行,不求有功但

求无过。绩效可测常规教学任务对于大学管理者的激励并不强,这一类型的管理者实施教学激励的动力非常低。

第二种,绩效不可测常规任务类型。常规性任务是计划性的,可预期的。常规性任务分为可测和不可测两种。教学工作量可测,但教学质量是不可测的。管理者对教学质量的常规任务缺乏激励的动力,基本不实施教学激励,也很难实施教学激励。

第三种,绩效可测非常规任务类型。对这一类型任务,大学管理者实施教学激励的动机非常高。一方面,非常规任务可能会扰乱常规任务的完成进度,为了缓冲非常规任务对常规任务的干扰,同时因其绩效可在短时间内得到测量,其效率可以说是立竿见影的。另一方面,非常规任务往往受制于外部压力,特别是来自外部的任务,比如教学评估、专业评估、双一流计划等。在外部环境相对稳定的情形下,管理者是按常规教学计划任务来运行的。因为重大教学评估指标一旦出台,很会就会进行评估,评估指标所关注的就是大学管理者所关注的重大激励目标。在绩效可测非常规任务类型中,完成非常规任务并经上级考评后,大学教学绩效的评估结果会较快出来。

第四种,绩效不可测非常规任务类型。这种主要是来源于外部压力的突发性的任务,包括来自上级的临时任务,来自平行部门的临时合作,来自下级的临时要求。但教学任务完成的结果很难测量,管理者对这一类型的工作也缺乏激励的动力。

2. 交易成本最小化原则

大学管理者实施何种教学激励是由相应的成本来确定的。大学组织场域用测量教学服务品质成本最小化的惯例对教师的教学服务进行支付,这种支付循环模式的逻辑就是"可测量化和低交易费用"。交易成本可以分为两大类:协调成本和激励成本。组织存在协调成本,层级之间、基层学院内部的活动存在各种协调,这种协调是需要成本的。激励成本是大学实施教学激励制度必须考虑的因素。一旦正式的教学激励制度正式实施,就需要匹配一定的经费以支持制度的秩序和执行。

大学组织实施教学激励需要考虑交易成本最小化原则,以最大限度地减少组织中的不确定性。随着教学专业化的出现,测量大学教师提供的教学服务产品价值的成本会非常之高。通常,直接测量教学服务显然比测量教学工作量的交易成本高得多。信息的不完备和不对称导致了激励成本的存在,测量教学服务质量以及实施教学服务契约的成本很高。当大学管理者要实施一个激励行动,要考虑信息的不对称和不完备问题。假设双方的承诺是可靠的话,就不存在交易成本的问题了。但如果双方都有投机行为的倾向,承诺是不可靠的,需要通过激励来确保对方信守承诺,也就是要给对方一定的利益,使他们按照委托人的意图去行动,这就出现了激励成本。也就是说,组织必须花费激励成本使个人利益与组织利益、组织目标一致。激励成本和协调成本有时是互为转化的。如果教学激励制度的实施成本超过了他们将会提供的福利的话,管理者不会选择实施交易成本过高的激励制度。也就是说,大学组织管理者尝试实施某些激励行动,但如果这个行动的成本过高,采取行动的可能性就极大降低了。

根据成本最小化原则,基于效率的概念,管理者更趋向于选择激励成本最小化的形式。为了减少测量成本并使支付教师提供的教学服务产品的成本最小化,大学组织执行了"统一成本"的惯例。在低测量成本下,教学工作存在"搭便车"的可能。对于这种教学投入差异化现象,教学管理者和教师群体都认为低度测量是一种可以接受的低价格的契约安排。大学组织长期使用单一、简单、成本低的教学产品支付方式,如较低的课时费制度作为教学契约用来降低教学活动的交易成本。同质化、公分制的课时费制度显示,在信息不对称和缺乏信任的情景下,大学组织支付较低的课时费,可以降低教学交易的交易成本。当教师个体不能从其教学声誉中得到好处,他就缺乏足够的动力向大学组织提供高质量的教学服务产品。这也导致低服务的教学产品比例大大高于高质量的教学产品的比例。一个提供低质量教学服务的教师个体,他实现教学收入利润最大化的产出水平是提供高数量、低质量的教学服务产品。当大学管理者发现"低劣"产品逐渐增多,教学管理者与教师群体之间的"信任"基础将受到破坏。由于教学质量的测量存在高交易费用,于是提供高质量的教师的利润继续下降,提供低质量的教师的利润不变。大学场域中高质量的教学服务的供给将持续弱化,从而迫使教学管理者设计一套教学管理的契约安排和低成本—高产出的习惯做法来确保大学教学工作的正常运行。然而,这些教学管理的契约安排并不能解决"教学质量"问题,只能达成教学工作量顺利安排的目的。教学管理者难以阻止提供低质量教学服务的教师个体进入教学服务供应的队伍,同时也很难促使更多能够提供高质量教学服务的教师增加教学服务供应。

(三)效率逻辑支配下 A 大学的具体行动

在效率逻辑规制下,A 大学实施了一系列多样化的教学激励举措,主要包括物质激励、精神激励和项目激励,其中物质激励主要指的是对各种教学奖、教学名师的物质奖励,精神激励主要指职称和教师考核制度中的教学认可以及各种教学名师与教学奖的声誉激励,项目激励主要是指借助教学改革项目资助教师个人以及教师与学生互动的各种创新创业、SRT项目等。

1. 大学教学成果奖励

自上而下出台的各种实施教学物质激励的政策文本和以量化指标为主的教学评估为大学实施以教学成果为导向的物质激励提供了合法性基础(见下表 5.8)。大学实施教学物质激励的基本类型主要有五种:教学立项改革、教学绩效、教学奖专项激励、增加教学运行经费、专项经费。自2000 年以来国家就开始推行"国家级教学成果奖"评选,每四年评选一次,2003 年开始组织高等学校教学名师奖评选表彰工作,此后国家不断出台各种教学成果奖励办法,这些奖励包括奖金、奖章、证书。如 2009 年第六届高等教育国家级教学成果奖评选对获得国家级教学成果特等奖、一等奖和二等奖的教师分别奖励 10 万元、6 万元和 2 万元。国家出台各种教学成果评选的物质和精神奖励的初衷主要是对广大高等教育工作者在教学工作岗位上的付出的认可,寄望于通过教学成果奖评选的方式促使更多的教师参与和深化教学改革,希望更多的教师为培养和造就高质量专门人才而努力奋斗。但是依循效率逻辑的管理者实施教学激励的目标不再是提高教学质量,而是为了不断取得高一级的教学成果,为了应付"自上而下"的评估考核"自下而上"的申报。例如在教学改革项目中,依据含金量和影响力由高至低的顺序排列,形成"国字号"高于"省字号","省字号"高于"校字号"的等级学术状态。在整个浮躁的学术链条中,"自上而下"层级结构的"获奖"图式已经逐步稳固并推动了物质激励和精神激励的制度同形。

表 5.8　大学教学成果激励导向的微分析

名称	材料来源	参考点
成果激励导向	3	18
不撒胡椒面	1	1
看结果	2	2
两个"获"	1	4
获国家和省部级项目资助	1	1
力争获国家和省部级成果奖励	1	1

随着教学成果奖的制度化,教学名师评选也逐渐规范和制度化。这些都被看作是深化教学改革的成果之一。A 大学自 2010 年以来也开始较为规范地进行教学成果、教学名师和教学晋升等评选工作。各种选拔制度的目的主要有三个:首先,奖励长期在教学第一线教书育人、辛勤耕耘、无私奉献、锐意创新,在教学改革、人才培养等方面做出了突出贡献的教师;其次,教学名师遴选和评选制度化主要是希望教学名师能够发挥好示范表率作用,激励更多的教师不断地投入教学工作;最后,教学成果的数量和质量也能够突出 A 校教学管理工作不断提高的业绩和成绩。

在教师晋升评审标准中采取了强调教学重要性的措施,对从事教学学术研究以及在教学工作中取得显著成绩的教师给予认证和奖励,把教学学术成果和教学成效作为与科学研究成果同样重要的评价指标。特别是晋升制度所体现的对教学学术研究的认可以及增加教学创新性的评价比重,如将教学研究论文、出版的教材和课件、发表的论文和专著,以及所获奖励等作为教学认可的重要内容。尽管教学成果还不能单独脱离科研成果获得晋升,但教师的教学能力以及在教学工作获得的成果能够等价于获得同一类级别的科研认可,这就激励教师在注重专业科研的同时注重对教学研究与本科教学工作的投入。可见,人才培养和教育教学成果在晋升制度中的空前认同是大学组织最强的教学激励,表明了大学对教学质量、人才培养的高度关注,教学科研化激励同形已经呈现。

2. 增加教学改革项目的经费支持

《国家中长期教育改革和发展规划纲要(2010—2020 年)》提出加大教

学投入、深化教学改革、全面实施"高等学校本科教学质量与教学改革工程"。根据 2011 年《教育部关于实施卓越工程师教育培养计划的若干意见》(教高〔2011〕1 号)精神,推进卓越工程师教育培养计划(以下简称卓越计划)。根据该意见的精神指出两点:一是高校要加大对参与专业的经费投入;二是高校要为本校卓越计划提供专项资金。该专项经费主要用于资助教学改革、课程建设、教材建设、师资培训、校企联合培养、国际化培养、实训实习等费用。为了贯彻《教育部财政部关于实施高等学校本科教学质量与教学工作的意见》和《教育部关于进一步深化本科教学改革全面提高教学治理的若干意见》,在政策的推动下,A 大学将教学改革项目作为重要的教学激励途径。2013 年以前 A 校每一年都常规出台各种校级教学项目,但大都被拥有较高职称的教师获得。2013 年出台新的教师职称、岗位考核制度后,A 大学出台的各种教学项目都开始划分青年项目。随着教研项目的资助经费和数量的增大,对于教师来说,获得教学改革项目不仅可以获得项目资助,更重要的是能够在晋升制度中获得认可。校级教学改革项目也已经成为教师竞相争夺的"资源"。

　　我们的工作重点与激励重点是一致的。作为教学管理者,我们的目标就是以提高高等教育人才培养质量为目的,进一步深化高等学校的培养模式、课程体系、教学内容和教学方法改革。那么基础课程教学,建设精品课程,改造和充实基础课教学实验室、鼓励名师讲授大学基础课程,评选表彰教学名师。建设一批示范教学基地和基础课程实验教学示范中心,强化生产实习、毕业设计等实践教学环节就是我们的工作重点。我们的经费投入也按照工作的重点进行投入。教学经费本来就不多,我们不能撒"胡椒面"。教学改革项目投入、教学名师、教学成果奖励、教学竞赛奖励就是我们"名正言顺"的激励方向。(X002)

　　我重点放在课程内涵改革项目中,我不撒胡椒面。我就是集中在课堂教学,公平公开答辩。教学模式改革,教学内涵性的改革。我看你的教学模式改革方案。(X002)

从上面的访谈材料中可以分析得出,在这种生存态势下,A 大学"不撒胡椒面"(不广撒网,突出重点)是理性的选择。这是一种另类层面上的"生存哲学",其基本动力是利益驱动。这种以教学成果为导向的教学激励机制是 A 大学在摸索与实践中不断建构起来的教学秩序,尽管它可能是失衡的,但确是短期有效的。基于效率的考量,A 大学推崇各种形式的交易成本低、能够纳入教学评估指标、能够被测量的教学成果。A 大学校级教学管理层非常重视自上而下的教学评估制度,"全面配合""认真对待"和"优化评估指标"是他们应对教学评估的普遍态度。

A 大学努力争取教学经费,在教学经费不足的情况下,A 大学的教学激励行动受效率逻辑的支配,其目的首先在于获得各种资源,通过教学改革项目和各种教学奖项评选获得更多的教学成果以交换更多的资源。2010 年之后 A 大学进一步优化了教学成果、教学名师、教学奖的评选工作程序,通过教学名师遴选和评选制度化以奖励长期在教学第一线作出了突出贡献的教师。

总体而言,大学实施教学改革项目导向的教学激励机制主要有两种途径:第一种,扩大教师教学改革的资助范围、提高资助额度以吸引和激励更多的教师申报和参与教学改革,严格把控结题要求确保教学成果数量和质量的提升。"教学经费长期不变"导致大学实施教学激励"不能撒胡椒面",只能集中力量用于最需要经费的教学事务。为了获得更多数量和高质量的教学成果,A 大学提高了教学改革项目的资助力度,希望激励更多的教师关注校级教学改革项目并通过提高教师改革项目的学术性以获得更高级别的教学改革项目立项和教学成果奖励。2013 年以前,A 大学每年都进行各种常规的校级教学项目评选,2013 年开始增加教学改革项目的数量和资助经费,特别是在 2013 年版的教师职称、岗位考核制度中,将高级别的教学项目作为教师晋升中重要的考核内容。第二种,将有限的教学经费用于教学名师、教学奖、教学竞赛奖励。2016 年以来,A 大学开始实施教学名师、教学奖和竞争性教学等奖励方式,如组织青年教师进行教学讲课大赛,设立模范教学奖并实现对应的物质奖励,设立优秀课程奖项,由全体学生共同评价而最终确定。获奖的教师会获得岗位津贴补助。随着教学成果奖评选的制度化,教学名师评选也逐渐规范和制度化。

3. 激励教师与学生共同申报 SRT 项目

2009 年,A 大学开始将教师与学生合作成果作为教学激励机制的重要内容,资助大学生创新实验计划项目,并出台政策对获得奖项的教师给予表彰(见表5.9)。2010年,A大学根据《关于做好2010年校级、国家级大学生创新实验计划项目组织申报工作的通知》以契约合同的形式资助SRT项目。在SRT项目契约合同中不仅增加了项目资助的经费,而且开始对项目成果进行评估和验收,对不能按时完成或材料较差的项目进行处理,予以通报并追回经费。

A大学从2011年开始不断修正SRT项目的规定,不仅要求基层学院对SRT项目进行多种资助,而且要求基层学院对项目执行情况进行认证检查确保项目完成质量,同时对校级SRT项目的学生和指导教师予以表彰,并颁发荣誉证书,以资奖励。2013年增添了项目经费筹集渠道,包括学校资助、学院配套、教师科研、合作事业单位赞助、学生自筹等渠道,着重强调了基层学院需要投入必要的配套经费,同时鼓励指导老师用自己的科研经费支持大学生开展科学研究活动。

表 5.9　教师与学生合作激励导向的微分析

名称	材料来源	参考点
学生效果评价	1	7
毕业生满意度	1	1
创新创业	1	1
就业率	1	2
学生发展	1	1
学生学的好	1	1

4. 晋升认可与声誉激励

声誉激励一直是大学实施教学激励最普遍、最常见的一种方式。声誉激励主要指晋升中的教学认可、教学奖和教学名师等。大学开始将声誉激励与物质和晋升激励绑定。A大学在教师晋升评审标准中重申了教学的重要性并采取了强力的举措,在晋升制度中纳入教学成果。

第一,教学成果认可列入职称申报条件大学晋升制度中正式将获本科课堂教学质量奖、指导优秀学位论文、获优秀班主任或辅导员荣誉称号、获优秀学科(专业)负责人荣誉称号等,列入了高级职称相应系列、相应等级的申报条件选项之一,或可与主持或承担科研项目比选,或可与增发收录论文比选,极大地丰富和拓展了高级专业技术职务申报条件,教师能够更自主地根据自己的岗位主体工作和主要任务进行选择,申报人员的主体业绩在评审环节也必将更受关注。

第二,教学成果对应双支计划的层次。本科课堂教学质量奖、指导优秀学位论文、学科建设双支计划,犹如三驾马车,同被列为破格晋升高级专业技术职务或评聘专业技术岗位的申报条件。大学晋升制度中获本科课堂教学质量特等奖 1 次或一等奖 2 次或二等奖 3 次,指导优秀博士学位论文 1 篇或优秀硕士学位论文 2 篇或优秀学士学位论文 3 篇,与入选双支计划第四层次相对应;获本科课堂教学质量特等奖或一等奖 1 次或二等奖 2 次,指导优秀博士学位论文或优秀硕士学位论文 1 篇或优秀学士学位论文 2 篇,与入选双支计划第五层次相对应等等。

第三,教学奖励与计分双重认可。本科课堂教学质量特等奖、一等奖和二等奖分别单列奖励 3 万元、1 万元和 0.6 万元,同时业绩评分分别为 15 分、5 分和 2 分;指导优秀博士、硕士和学士学位论文分别单列奖励 1 万元、0.5 万元和 0.2 万元,同时业绩评分分别为 15 分、5 分和 2 分;优秀班主任或辅导员、优秀学科(专业)负责人分别单列奖励 0.2 万元,同时业绩评分为 2 分。

第四,其他教学声誉奖励的认可。教学声誉奖励的范围不断拓展。大学组织将教学奖励增列单项奖励。本科课堂教学质量奖、就业与创业工作奖、优秀学位论文指导奖、教学成果奖、重大科研项目奖、高水平学术论文奖、国家级科技成果奖、科研及培训项目绩效奖、扶贫工作奖(新增项目)、优秀班主任(辅导员)及优秀学科(专业)负责人等各类荣誉称号奖励、文化艺术工作奖(新增项目)以及特别奖励等奖项作为单列(参见表 5.10)。

表 5.10　晋升认可与声誉激励的微分析

名称	材料来源	参考点
声誉激励	1	4
表彰	1	1
表彰教学名师	1	1
教学奖	1	1
教学名师	1	1

续表

名称	材料来源	参考点
晋升激励	1	4
教材	1	1
教师指导学生获得各种竞赛奖	1	1
教学成果数量	1	1
教学成果质量	1	1

二、反思与发展:校级层面实施教学激励的发展逻辑

大学校级层面实施教学激励的发展逻辑指的是大学组织内部以教学学术内涵发展为驱动力,以教学反思为主要手段,以提高教学质量为目标来激发教师的教学动力,促使教师主动提升教学能力,引导教师进行自我更新,提升教师教学学术的思维与行为规则。其主要途径是实施发展激励,这是一种以焕发教师教学内部动机的外部激励,虽然推崇教学学术的发展,但本身并不排斥教学成果,而是视教学成果为教师教学学术提升的一种表现。

(一)内涵发展:教学学术导向的驱动

学界普遍认同"教学学术"具有实践性和学术性。[①] 20 世纪 90 年代,博耶首先在学术界中提出了"教学学术"这一很重要的概念,他将传播知识的学术称为"教学学术"(scholarship of teaching)。随着教学学术理念的提出,舒尔曼(Shulman)进一步拓展了教学学术的内涵,他认为教学要成为一种学术,必须具备公开性、易于回顾与评价、能够被他人所使用和发展完善。[②] 教学学术理念的核心目的在于运用研究的方式寻找和发现知识传播和人才培养的科学规律和有效方法,并在教学实践中运用以实现大学人才培养质量的提升。一方面用教学学术理念引导大学的教学发展,另一方面大学内部也存在教学发展的需求。随着大学教学发展的推动,以教学

[①] TRIGWELL K. Evidence of the impact of scholarship of teaching and learning purposes[J]. Teaching and Learning Inquiry, 2013, 1(1):95-105.

[②] SHULMAN L S. Taking learning seriously[J]. Change,1999,31(4):10-17.

学术为核心的教学激励得以实施。

教学发展本质是一种工作激励。工作激励是指企业通过分配给员工合适的工作，满足员工尊重和自我实现的需要，从而达到激励员工内在工作热情的激励方法。[①] 这种激励方式需要参与者的行为和意愿明确，而且是以提高参与者教学实践的能力和兴趣为激励目标。教学发展激励的目的在于焕发教师个体实现教学学术的内在工作动机。发展逻辑主要包括教学发展的观念、教学学术导向、内在的教学改革动力和学生发展。发展逻辑显示出大学实施激励并不单单依循效率逻辑，大学内部具有提升教学改革内涵的驱动力（见表 5.11）。

表 5.11 发展逻辑的选择性编码

名称	材料来源	参考点
发展逻辑	4	22
教学发展的观念	2	7
教学学术导向	1	6
内在的教学改革动力	3	4
学生发展	1	5

（二）教学内涵推动下 A 大学的具体行动

A 大学评估和发展激励的举措主要有以下三种：一是推动教学项目学术化发展；二是实施内部声誉性层级激励；三是实施教师教学发展激励。

1. 推动教学项目学术化发展

A 大学教学改革项目资助一直都是教务处负责的，其长期资助的项目的教学成果在学术性和成果推广方面都只是基于教师个人的教学体验，没有上升到教学学术层面，各种教学成果的质量和推广性都不高。而且，教务处对教师的评价是一种结果性评价，对于教学改革项目的筛选标准是有前景、有价值、理论提炼度高，具体见表 5.12。但是这种评价方式缺乏教师的认可，对教师教学能力提高、教学方法改进、教师投入教学工作的积极

[①] 肖冬霞.HT 上海分公司"新生代"员工激励机制优化策略研究[D].上海：华东理工大学，2016.

性的提高没有显著效果。

表 5.12 资助教学改革项目的微分析

名称	材料来源	参考点
资助教学改革项目	1	6
有前景	1	1
有价值的选题	1	1
有价值	1	1
理论提炼	1	1
教学改革项目立项	1	1
关注研究方法	1	1

2008 年,国家教学评估制度开始实施后,国家级和省级教学成果成为 A 大学教学评估中心激励教师的核心目标。行政领导和专业人员(行政人员和专家)处于教学制度制定与实施的中心地位,他们支配着教学评估和教学发展的进程。教学评估中心通过专业活动、建设合理指标以激发教师参与教学工作的积极性。多学科、高学历、高职称、年轻化的专家团队促进大学教师关注教学学术,在一定程度上推动教学成果的学术化进程。A 大学的教学评估中心以教学评估申报为重要的教学激励方式,实施了以"项目申请—专家指导—理论提升—成果凝练—交流推广"的教师教学成果培育模式。具体的激励目标的作用过程见图 5.1。

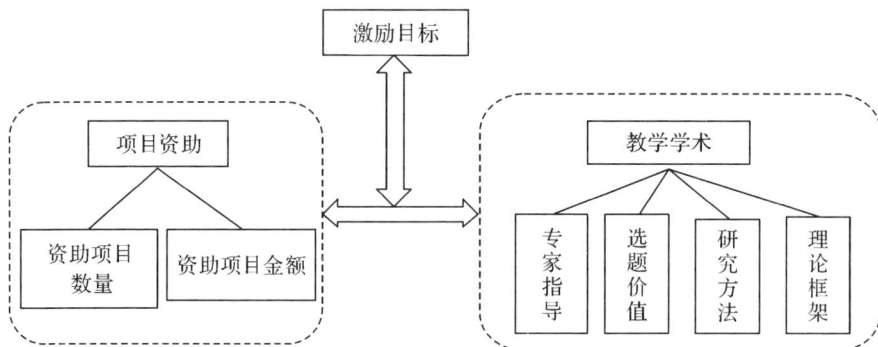

图 5.1 评估激励导向

2. 为教师教学发展提供项目资助

A大学教学工作处是教学发展的正式组织机构,该职能部门在制定和实施教学发展策略时具有"教学与科研并重"的意识,使他们能够为"二中心"的运行发挥积极的作用。教学发展组织的战略目标主要是促进教师发展,特别是教学法和教学改革模式的发展。一方面,教学工作处在可支配的权力下为中心的发展而行动,如通过建构教师教学能力培训模式,设计教学培训模块推动教师教学发展培训项目的制度化,使教师参与项目前、参与项目中和参与项目后成为一个持续的过程。另一方面,在推动更多教师具有教学发展的意识、观念与行动的同时,使大学教学评估指标得以改善并进一步获得更多用于教学发展的资源。当教学发展中心获取了更大的权力和资源时,他们就具有了更大的自由裁量权,能够积极通过各种教学发展培训、竞赛、评估等活动为教师教学发展提供更多的支持(见表5.13)。

表 5.13　教学发展观念的微分析

名称	材料来源	参考点	参考点举例
教学发展的观念	1	6	
加重了教学发展职能	1	1	我们的教学受到了很大的影响。我们还是应该加强教学发展的职能。
教学发展激励是必要的	1	2	我们(教学工作处)达成一个理念,科研重视,教学的确容易忽略,教学激励是有必要的。
教学内涵改革	1	1	中心对教学改革项目立项、中期检查和结题都通过专家指导。一是对有价值的选题进行指导,二是特别关注研究方法、理论提炼等方面的优化。
教学能力需要提高	1	1	从大环境上说,因为竞赛、科研老师自己去搞,仅凭教学的量化评价并不行,忽略教学是最根本的原因。这是强调教学能力的一个重要原因

(三)教学发展激励实施路径

教学发展激励内嵌于教学改革的内生动力关系结构中,其实施路径在于:提升人才培养的需求→教学学术理念→大学组织层面和教师个体的教

学发展需求→教学学术导向的工作激励→教学发展指标策略→内部教学
发展平台→外部教学发展平台→教学发展激励效果→教学发展认可度。
作者根据内在教学改革的内生动力关系结构形成了教学发展激励的选择
性编码(见图 5.2)。

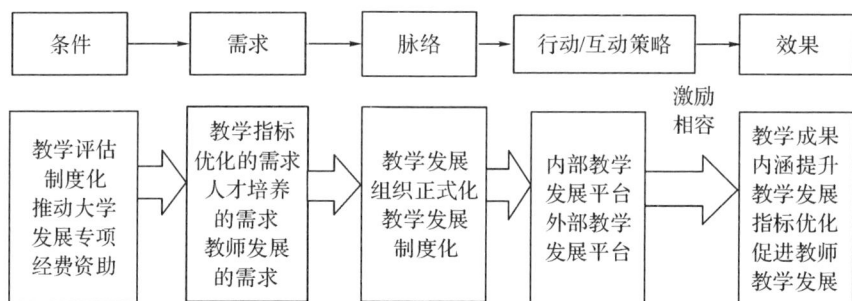

图 5.2　教学发展激励的选择性编码过程

第一,条件。大学教学评估制度的推动和大学教学发展专项经费资助
为大学实施教学发展提供了条件。A 大学实施教学发展受到教学学术的
影响,开始关注具有教学学术内涵的教学发展项目,提供了较为充足的教
学发展经费资助教学发展项目。

第二,需求。大学教学发展能够满足优化教学发展评估指标、人才服
务和教师发展等三个方面的需求。面临"迎接审核评估"的压力,A 大学发
现人才培养存在不足,"忽略教学"已经成为大学发展的核心问题之一。 为
了实现"人才培养一盘棋",A 大学的教学管理者希望"做一些事情"改善教
学文化缺失的制度环境。

第三,脉络与行动。随着教学发展制度逐渐常态化和制度化,大学构
建了内部和外部的教学发展平台。A 大学实施教学发展的管理者在教学
发展制度设计和执行时具有一定的能动性,他们围绕"教学工作的重点"出
台了各种教学发展激励制度,通过"教学体验""成果分享""教学模式创新"
和"微课示范"等多种方式在大学组织内部传递教学发展的"火种",构建大
学内部的教学发展平台。同时,在政府的重视下,A 大学通过省级或国家
层面的教学成果奖、课题及其相关方面的申报,扩散自身在教学治理方面
的举措,推荐优质课程、精品课程等,为形成以"教学学术"为内涵的大学之

间的教学发展平台作出努力。

　　第四,效果。教学发展的各种举措获得了"激励相容"的效果。良好的教学发展激励是一种良性循环的激励模式,通过教学发展培育不仅推动教师个人"教学实践到教学学术"的互惠性转化,也为大学组织优化教学评估指标奠定了更好的基础。首先,教学发展激励是一个教学发展知识共享的、循序渐进的过程,是具有兼容性的,且以一种制度化的形式在大学场域中扩散。其次,"教学学术"作为内生教学改革驱动力正在改变大学的课堂,"实践性"和"学术性"教学发展使得人才培养需求和教师教学发展需求在一定程度上获得满足。当教师开始参与和接受新的教学法和教学创新模式,意味着教学发展共享过程正式开始。教学发展激励通过认知、内摄、认同和整合使得教师个体的自我决定程度逐渐增强,使得外在激励动机转化为内在动力。有效的教学发展模式的出现不断增强了教师对自我身份的认同,当教师在教学实践的优化过程中发现学生的学习积极性提高,教学效果提高,教师便获得了更大的自我实现和成就感,这更使得教师能够长时间地保持教学投入。最后,大学组织依循"教学学术内涵"的发展逻辑,重视教师在教学上的发展,使得更高级别的教学项目、成果和奖励不断涌现,教学评估指标优化成为一个自然生成的结果。

第四节　校级层面实施教学激励的效果评价

　　校级层面实施教学激励的行动采取了"耦合"或"脱耦"的策略,这是为了应对教学评估并将这一环境要求的压力更好地嵌入大学的发展。根据第二章第二节对"耦合"和"脱耦"的概念界定,对校级层面实施教学激励的效果可作如下评价:大学是具有高度能动性的组织,如果一味迎合教学评估指标体系,完全受制于政府的力量将不利于大学的发展,因此大学按照自身的情况适度地跨越合法性底线(外部评估指标)施行多元化的教学激励,同时采取以培养教学学术内涵为特点的激励手段,这种内外结合的方式可能更能够帮助大学组织优化教学评估指标,推动教学质量的稳步提升。这时,大学组织实施的教学激励与教学评估制度的预期目标达成一致,采取的是"耦合"策略。当大学实施教学激励的行动更多地表现出"仪式性",使得教学激励"形式化"或教学成果趋向"单一",这时教学激励无法遵循内涵逻辑,教学激励制度与教学实践之间的强关系转变为弱关系,导致教学评估无法改进大学教学的状态,会出现"脱耦"的结果,此时大学采取的是"脱耦"策略。

一、耦合:"效率"与"发展逻辑"互动

教学评估政策的强制性推行对大学实施教学激励产生了无可估量的影响。20世纪60年代,美国学者克龙巴赫(L. Crobach)提出了"评价能完成的最大贡献是确定教程需要改进的地方"的思想。[①] 著名教育评价专家斯塔弗尔比姆(D. L. Stufflebeam)也提出,"评价最重要的意图不是为了证明,而是为了改进"。[②] 大学实施教学激励依循效率和内涵并重的"双"行动逻辑,在很大程度上是推动大学组织重视教学工作的契机,有助于大学组织建立内部自我评估制度和建立起良好的内部教学保障体系。

首先,大学组织长期处在被检查和评估的理性化的环境下,随着教学评估的规范化和长期性运行,教学评估变得越来越规范,评估费用成为教学经费分配的重要部分。随着大学组织管理者将更多的时间和精力投入教学评估中,教学激励经费也被纳入了教学经费分配。大学在教学评估"正当性"的压力下采取了一系列教学激励行动,如维持教学经费的底线,实施教学成果的绩效激励,鼓励教师多出教学成果。外在的教学激励变成一种制度,被相对固定下来并使得大学教师的激励结构得以平衡。

其次,教学评估唤醒了大学组织自身对不断改善和提高人才培养质量的关注,这也源于大学内部的教学激励需求的增长。大学组织实施校内教学评估的持续动力来自于它的使命追求,大学作为人才培养单位,保障质量和人才培养本来就是大学的重要核心职能。大学实施教学激励的目标还在于激励教师通过改进教学法、进行教学改革创新以获得教学有效性和更多的教学学术成果。

再次,教学评估制度的实施使得大学组织稳定的层级结构被打破。教学评估和教学发展机构的出现使得大学对教学激励、人才培养发展出新的

---

① 布鲁贝克.高等教育哲学[M].王承绪,等译.杭州:浙江教育出版社,1987:10.
② 克拉克.高等教育系统[M].王承绪,等译.杭州:杭州大学出版社,1994:15.

理解。新的独立结构使得大学资源分配不得不发生变化，由此推动了教学激励创新制度的出现。更重要的是，教学激励的多元组织架构共同构建了"重视教学"的激励制度，出台了各种激励教师投入教学的制度合集。

最后，大学组织必须实施教学激励以满足教学评估指标体现的要求。大学组织不得不从经费配置、教学发展培训、加大教学项目资助力度以支持教师的教学发展，不得不通过教学激励制度注重教学内涵的发展。教学评估制度的实施迫使教学激励机制必须体现教学学术内涵发展，遵循内涵发展逻辑。教学评估制度使得大学组织通过达成教学成果绩效以获得生存所需的合法性与资源，为了获得更多数量和更高级别的教学成果，大学实施教学激励的工具性逻辑不得不转变为教学专业内涵发展的适当性逻辑。

总体而言，评估与发展改进作为教学评估的核心理念正在影响大学的决策空间，大学内部出台的各种激励规则和资源分配规则更多地与政府层面的政策目标相一致，效率逻辑和发展逻辑两者兼而有之的大学教学激励制度的生成不可避免。

二、脱耦："功利形式"激励与"挤出效应"的出现

大学采取"脱耦"策略的好处是明显的。"脱耦"可以使大学组织维持标准的、合法性、正式的结构，同时其教学评估和教学激励的问题可以根据实际情形不断调整。"脱耦"策略保证了大学组织既不背离政府的仪式神话的要求，又依循实践中的效率逻辑。由于教学并不是一个可以客观量化的活动，政府评价者制订评价指标体系往往从自身利益出发，更关注的是合理地选择评价指标以便实现对大学教学活动的评估。现实中的教学评估制度是一种经过计算且强调目的理性的制度，关注控制、效率、标准化与预测性，具有量化执行的工具性特征。在我国高校的管理中，教学评估制度本质上是一种自上而下地政府对大学实施的问责制度。教学评估结果分为"优秀""良好""合格"与"不合格"等四个水平等级，并且所有高校的评价结论会向全社会进行公布。教学评估结果为强制度环境下运行的高等院校带来了相应的奖励和惩罚。历年来，教学评估制度都规定了奖励与惩罚规则，具体见表5.14。教学评估的结果与大学的声誉挂钩，是大学在水

平评估中为取得好评价与声誉而行动的动机。

表 5.14　教学评估中的奖励与惩罚规则

年份	文件	具体的奖励与惩罚规则
1985	《中共中央关于教育体制改革的决定》	对成绩卓著的学校给予荣誉和物质上的重点支持,办得不好的学校要整顿以至停办
1990	《普通高等学校教育评估暂行规定》	经鉴定不合格的学校,由国家教育委员会区别情况,责令其限期整顿、停止招生或停办
2011	《教育部关于普通高等学校本科教学评估工作的意见》	结论为"暂缓通过"和"不通过"的学校需要进行整改,在整改期间将采取"限制或减少招生数量""暂停备案新设本科专业"等限制措施
2011	《教育部办公厅关于开展普通高等学校本科教学工作合格评估的通知》	"通过"的学校,进入下一轮普通高等学校的审核评估。学校的整改情况将作为审核评估的重要内容。"暂缓通过"的学校整改期为 2 年,"不通过"的学校整改期为 3 年。在整改期间,对结论为"暂缓通过"和"不通过"的学校,将采取限制或减少招生数量、暂停备案新设本科专业等限制措施
2013	《教育部关于开展普通高等学校本科教学工作审核评估的通知》	评估结果与学校办学、发展直接相关,学校要根据审核评估中提出的问题及建议进行整改,有关教育行政部门应对评估学校的整改情况进行指导和检查
2021	教育部关于印发《普通高等学校本科教育教学审核评估实施方案(2021—2025 年)》的通知	对于突破办学规范和办学条件底线等问题突出的高校,教育部和有关省级教育行政部门要采取约谈负责人、减少招生计划和限制新增本科专业备案等问责措施。高校应在评估结论反馈 30 日内,制订并提交《整改方案》。原则上,高校需在两年内完成整改并提交《整改报告》。教育部和各省级教育行政部门以随机抽查的方式,对高校整改情况进行督导复查

在本科教学评估制度的严格规制和引导下,资源分配、教学评估的方式和导向都迫使大学不能完全背离政府的要求。高等学校不再是传统意义上"何必曰利"的单纯的非营利组织,而是一种典型的功利性组织与经济组织,更是准赢利性组织。

(一)"功利性"激励突出

为了应对教学评估制度,大学纷纷成立教学评估和发展组织以便实现大学自评和满足教学发展指标体系,但是对于投入周期长、见效慢、难以量化的教学和教学学术成果缺乏足够的考量。由于存在着对学术内涵的狭隘理解,教学工作中的功利性价值开始显现。[①] 机械的技术性的外部评估指标在很大程度上偏离了以千百万师生教学实践为根基的活生生的真实教学过程。教学评估更多地被当作是政府对大学教学"绩效"测定的重要工具和手段。教育经费、教育资源以及生源的获得依赖于教学评估的评级,教学评估指标成为大学组织最关注的教学绩效指标。大学对教学评估的管理趋向于评价形式的统一考核、统一标准、统一模式,并对教学进行全程监控和管理,在这种评价中,效率标准代替了教育标准。大学教学评价突出了评价的终结性功能,由此大学出现了对"教学绩效"的利益诉求。

本书作者从教育部网站获取了 24 所大学实施教学激励的制度文本[②],通过文本分析发现,24 所大学中的 18 所大学有 21 次提到了精神奖励,表明精神激励是大学教学激励的核心手段。有 14 所大学提到了教学物质奖励,主要以教学改革立项(只有 1 所大学实施了慕课教学改革专项)、专项激励经费(本科创新人才专项、实践人才专项、实验专项、卓越计划专项)、教学绩效(教学成果绩效、课时费绩效)、教学奖专项激励计划等形式为主。有 11 所大学以晋升制度中的教学认可实施教学激励,主要包括分类晋升、提高教学工作激励权重和教学评价在晋升制度中的体现。有 9 所大学主要通过学院组织和教学发展中心构建教学发展文化。教学发展中心通过各种教学培训、教学坊等外在形式以激发教师的内在教学动力。可以发现,以上 24 所大学实施的教学激励都具有结果性激励导向的同质性特征(见表 5.15)。

---

① BOSHIER R. Why is the scholarship of teaching and learning such a hard sell[J]. Higher Education Research and Development,2009,28(1):1-15.

② 根据教育部高教司官网政策文件整理而得。

表 5.15　24 所大学实施教学激励类型

名称	材料来源	参考点
教学精神奖励	18	21
教学物质激励	14	20
晋升激励中的教学认可	11	18
教师教学发展计划	9	12
合计	24	71

教学评估标准对数字的执着正在改变教学文化的内涵,"宁静的教学工作"被打破了。教师的教学具有"活化性"的特点,是指教师在多大程度上通过自己的教学创造给了学生导引和进步。学生的进步是一个从智力、能力到情感等全面的综合的概念,这同样是一个无法完全用科学方法测定的因素。现今的大学评价中,往往用一所大学的就业率、考研率或出多少各界名人来衡量一所学校的质量,这使得大学教育的人文底蕴被功利心所吞没。原有的以教师自主权力为主的工作模式让位于外部评估指标和大学行政权力的监督,教师的教学也被指标化了。成果指标理所当然地成为评估的内容和要求。但问题在于,评估指标中的"教学成果",已演变为那种可见的、可直观量化的外显化工作,如"高校承担的各级教改项目与课题""教师参与教改项目与范围""学校教改获奖情况""学校教师和管理人员发表的教改成果"等。可量化的"教学成果"成为大学组织对教学认可的唯一方式,教师的教学价值不体现为传授知识,而更多体现为拥有何种级别的教学项目,是否发表了教学论文,学生在学校也不仅仅是单纯的学习,而是为了分数、学历、文凭、证书而学习。教师有了"项目和论文"就是具有高教学贡献,他的教学才具有价值。传授知识学习的本意已经被弱化。显然,这已经不是我们通常所说的那种火热的真实教学生活本身。在真实的教学生活中,教学是灵动的、鲜活的、丰富的和创造的,它与学校、与课堂、与教学、与师生紧密结合在一起,无法分离。但教学评估却恰恰把这种与教学生活无法分割的教学成果过度量化了,这不仅肢解了作为完整、具体和丰富的教学,也使教学评估远离教学生活,它无法唤起师生对教学改革的热情投入。

（二）评估形式化激励突出

在大学中，教学的优先级本来就不高。斯腾斯特罗姆（R. C. Stenstorm）指出："在我们认可的价值体系中，教学被给予了很小或者非常小的优先或重视。"①由于教学评估的强制性要求，大学为了获得生存与发展的合法性资源，不能抵制"教学评估"的要求，必须从组织结构、资源划拨上体现对教学工作的重视，如果拒绝"教学评估"就会缺失来自于教学工作的重要资源。教学评估所折射的对教学的重视使得大学必须采取积极的行为符合并提升指标要求。古迪（A. Goody）发现澳大利亚31所大学中的70％要求教师参加校内优秀教师提名和奖励项目，以此督促鼓励教师研究改进自身的教学实践。② 迈耶、迪马吉奥和鲍威尔强调，组织和人的行为经常不受功利主义的驱动，而是在强制、模仿以及规范的压力下，更多地出于合法性的考虑，或是认知方面的原因而趋同。事实上教学评估所导致的强制性同形并不代表大学组织对于自身教学绩效的关注会变得非常强烈，反而是由于水平评估的公开等级评价结论的使用机制，使得高校必须重视教学评估。教学评估制度的确加大和加快了大学实施教学激励制度的步伐，但实际的影响却更具有"仪式性"。当资源供给稳定而又丰富时，大学组织投入资源实施多元化的教学激励不存在任何问题。但当资源不足时，仪式性教学激励更为凸显。

评估激励的仪式化特征突出。教学激励制度的实施过程表现出"仪式性"的特征。仪式性特征的可识别性和强弱度是由制度环境和内部环境共同影响的。从学校外部而言，由于教学评估标准同形化，大学组织实施教学激励依循的是"外生型的生成逻辑"，而不是教学过程中的"认识论"传统。外部因素支配着教学生产，教学服务生成的实践逻辑主要不是纯知识层面，而是基于政治、经济等各种外部因素的影响，即一切都必须要有成果。大学组织必须遵从教学评估指标，不能抵制这种仪式性的要求，教学激励如果偏离教学评估指标就会使得大学无法获得教学方面的重要资源，

① STENSTORM R C. Teaching, research, and promotion—is science education in decay? [J]. Journal of Geological Education,1999(39):4-5.

② GOODY A. Preparing academics to teach in Higher Education(PATHE)[EB/OL]. Mapping of foundations programs,2007. Http://www. flinders,edu. au/pathe/aim. html.

所以大学必须维持教学激励面上的一切做法。现行的教学评估方案和评估体系倾向于对高校教学工作的总体性评价，并不总是指向对某一学科专业教学状态或教学质量的评价。教学评估作为外部的推动力对教学改革的促进作用只是宏观性或总体性的，而对具体学科专业教学改革的影响可能只是浅层次的。作为自上而下的行政性行为，学校管理者主张的是来自学校外部而不是内部的价值观体系，教学评估推动的教学改革难以形成学校整体性的组织行为。世界发达国家开展高等教育评估的经验表明，外部评估只是维持和促进高等教育质量提高的必要条件，其主要作用是维持高等教育的基本质量标准；高校追求高质量教育的动力主要来自高等教育系统内部，来自高校及其成员对自身使命的认识。主导教学评估的少数专家在诸如专业建设、教学改革、教学效果以及学生发展等指标的评价上，很难做出客观的判断，尤其在缺少健全的内部教学质量保障体系和教学改革激励机制的情况下，外部评估很难转化为内部教学质量提升的持久动力。

发展激励的仪式化特征也很明显。大学传统文化氛围中，习惯于将专业科研当作学术，将发现知识和应用知识的活动称为学术研究，对于教学（如何传播知识），则很少将其上升到"学术"的层面加以理解和评价。与此同时，大学科研制度逻辑已经形成，科研是大学教师获得晋升的核心逻辑。教师如何传授知识往往成为一个最容易被忽视的领域，正如"大学对一切都进行研究而就是不研究它们自己"[①]，"大学教师也是什么都研究就是不研究大学教学本身"[②]。实践中教学发展不是大学最核心的工作，它具有"仪式性"培养的特征：（1）受到教学发展项目经费的限制，通过大规模的教学发展培训项目难以提高教师的教学能力和引导教师的教学反思；（2）教学培训类型和内容单一，无法解决不同学科、不同层次教师的实际需要和差异性的突出问题。形式化教学发展激励的效果并不明显，使得参与教学发展项目的教师在提升教学能力、教学改革创新、教学反思等方面缺乏动力，无法获得教师群体的普遍认可。

（三）"挤出效应"的出现

"挤出效应"是指提供低质量的教学服务的教师个体越来越多，而提供

---

① 纳伊曼.世界高等教育的探讨[M].令华，严南德，译.北京：教育科学出版社，1982：13.

② 王建华.大学教师发展——"教学学术"的维度[J].现代大学教育，2007(2)：1-5.

高质量的教学服务的教师越来越少。当教师个体发现仅有可测量的教学成果才能获得奖励时,教师缺乏对不可测量的教学工作投入的动力。当更多的教师选择降低不可测量的教学工作的投入时,低质量的教学产品的比例大大高于高质量的教学产品。"低质量教学产品"与"低教学支付"出现了持续性的恶性循环。随着低质量的教学服务的持续增加,教学管理者与教师群体之间的"信任"基础受到进一步的破坏,"低教学支付"成为一种支付惯习。于是提供高质量的教学服务的教师是基于"良心"持续投入教学,而更多的教师继续提供"低水平的教学服务"。低支付的教学契约安排并不能解决"教学质量"问题,只能达成教学工作量顺利完成的目的。教学管理者缺乏阻止提供低质量的教学服务的教师个体进入教学服务供应的力量,也无法促使更多能够提供高质量的教学服务的教师个体增加教学服务供应。

"挤出效应"出现的原因之一是教学的不易测量的特征。不仅是因为教师提供的教学劳动服务是多变的,劳动服务不仅随时间而变化,也随教师的努力强度和努力质量而变化,而且也因为教学劳动服务是一个互相依赖的生成过程。在此过程中,教师个体投入教学活动的程度是不容易鉴定的,努力程度是很难直接观测的。随着教师教学专业化程度的提升,度量教学服务产品价值的成本变得越加高昂。教学的多重任务性使得大学倾向于将激励方向从不易测量的教学任务转移到容易测量的教学学术成果和教学工作量上。显然,直接测量教学服务比测量教学工作量或教学学术成果的交易成本高得多。信息不对称以及上下级之间的不信任加剧了测量和执行管理者提供的教学服务契约质量的难度。在资源有限的情境下,大学更容易选择最小化测量教学服务品质的做法以对教师的教学服务进行支付,这种支付循环模式的标准是"低交易费用和低测量成本"。面对教学投入的差异化现象,教学管理者和教师群体都认为低测量成本是一种可以接受的低价格的契约安排,于是大学组织普遍执行了"统一成本"的惯例,即同质化、公分制的课时费制度。

"挤出效应"出现的原因之二是教学激励偏差的存在。教学激励偏差的特点是激励容易测量的教学投入,其后果是不易测量的教学投入则被层次缩小即"激励钝化",也就是说对能够测量的教学工作实施较高的激励,而对无法测量的教学工作忽略或是不实施激励。大学组织所能获取的资源总是有限的,不稳定的重要资源使得组织的生存和发展陷入"不确定性"的漩涡中。确保组织的生存是管理者的职责所在,这就必须迎合教学评估的要求以避免资源的稀缺性和不确定性。[①] 大学必须尽可能筹集较多的资源来确保和提高可使用资源的数量,同时注意资源分配和使用效率。资源投入与产出的效率逻辑使得大学实施教学激励偏向单一导向,这种偏差行为表现为:以提高教学评估指标为终极目的,将教学工作量和教学学术成果数量的增多作为激励导向。

　　"挤出效应"出现的原因之三是有选择的教学奖励和惩罚的存在。"有选择的教学激励"体现为正面的奖励和反面的惩罚。奖励为大学组织利益的增加作出贡献的教师个体,对教学突出的教师给予额外的奖金、培训和荣誉。而惩罚就是制定一套使教师个人行为与大学组织需求相一致的规则制度,一旦教师个体有所违背就对之进行惩罚,如进行通报批评等。单一、简单、成本低的教学产品支付方式被许多大学长期使用,这也是教学工作中出现"挤出效应"的诱因。

---

　　① 菲佛,萨兰基克.组织的外部控制——对组织资源依赖的分析[M].闫蕊,译.北京:东方出版社,2006:53.

第六章　基层学院教学激励机制的生成

基层学院是开展教学工作的基层行政单位,是教师之间交流和互动的一线平台。基层教学管理者是实施教学激励的最直接的操作者,与校级实施教学激励的行动共同形塑了教学激励机制。本章解析了在校级教学激励制度的规制下基层学院如何生成教学激励机制,主要从以下四个方面展开讨论:一是基层学院的有限自由裁量权的内涵;二是基层学院实施教学激励的自由裁量权的影响要素;三是基层学院实施教学激励的行动策略;四是基层学院实施教学激励的效果评价。作者以 A 校 11 个基层学院实施教学激励的行动为此提供了鲜活的案例和解释的依据。

第一节　基层学院有限自由裁量权的内涵

基层学院是实施教学激励机制的有一定自主权的重要机构。基层学院的"基层"之意何在? 在大学的"学校—学院—学系—教研室"四层正式结构中,学校这一级包括学部委员会、校长、副校长、书记、副书记、教务处处长、人事处处长等行政管理人员。许多有关学校及其外部环境关系的决策,都是由这一层制定的。教务处批准各学院提出的教学活动,人事处选择和制定专业教师的晋升制度。就学院所处的层级"中层"而言,并不能将学院视为"基层",但就其受校级的权力控制而言,那么"基层"之名恰如其分。

基层学院具有自由裁量权。自由裁量权的基本内核之一是指自由选择的权。自由裁量权一般与行政行为结合在一起,是国家赋予行政机关在法律法规的幅度、范围内有一定选择余地的处置权。弗里蒙特·卡斯特（Fremont E. Kast）认为,大学中不存在单一的以明确而统一的等级结构为基础的管理系统。① 大学管理系统独特的专业权和行政权形成了权力结构。

　　基层学院之所以"有"自由裁量权,在于大学组织所赋予的权力及学科专业的权威性。在教学工作的过程中,基层学院早已形成了其自身的惯习和独特文化。由此,不同学院对校级的教学激励制度有各种不同的理解,并在校级的制度约束下,基于基层学院的一定的自由裁量权形成了差异性的教学激励制度。作为负责日常教学事务工作的基层组织,基层学院的有限自由裁量权主要表现为对教学事务的自由裁量空间的大小或形式的强弱。基层学院对校级层面的教学激励机制有一定的调适作用。教学方面的决策是以通过学院民主的过程取得一致意见为基础的。但学院获得教学工作的更多授权,学院才能更好地在教学事务的执行上体现出专业教师的参与性和话语权。学院拥有更大的自由裁量权是教学激励最大的制度保障。

　　学院是由系构成,系是大学的基本组织单位。它具有围绕某一知识或学科协调单个教学人员的活动的基本职能。系在教学方面具有一定的决策权。学院为教学计划和控制方面的决策提供进一步的协调统一。它就课程的范围、学院内需要主修的科目,以及各种学位计划的性质制定根本性的决策。决策的过程是一个获取一致同意的过程,而不是学院层面集中给予指令的过程。学院管理者在取得一致协议中有重要的作用。学院是指定预算过程的基本层次。基层学院的管理者是各系和学院内教学人员的代表,同时又是管理与教学人员之间的联系纽带。学院能够为教师提供更直接、更合适的教学事务安排。学科的专业化要求学院具有更多的行政和专业权力。这就产生了学院层面如何在教学工作和人事工作上行使其分享的决策权的根本性问题。

　　基层学院的自由裁量权之所以"有限"在于纵向的行政管理权力网。大学教学管理层级结构主要为"校—院（或系）两级管理模式",是单一性权

---

①　卡斯特,罗森茨韦克.组织与管理:系统方法与权变方法[M].傅严,李柱流,等译.北京:中国社会科学出版社,2000.

力控制下的正式等级结构,具有较为严密的权力层层传递的等级控制链条,上一层级为下一层级设定各种精细的规章、制度和程序,是与大学教学管理相关的行动者共同构建的,有利于教学事务的高效运行。教学层级组织主要按学科类别划分,形成一种科层平坦、松散联结的关系。在层级结构中,上一层级在制定决策方面拥有非对称性和不完全界定的权威,这种权威能在一定范围内指挥其他人的各种活动。从学校行政权力体系来看,校长—校级行政部门—基层学院形成了纵向权力关系。不同层级的职位获得不同范围的行政授权,形成上位制衡下位,下位反应上位的"权力链"。校级层级具有一定的自主性,拥有更多的权力,并对下层实施集中控制。校级主管教学的行政组织机构主要包括教务处、教学评估中心、教学工作处、人事处、财务处,这些部门主要负责管理和监督基层学院教学工作,统管基层学院的人、财、物,直接对校长或副校长负责。这些部门对职责内的事务具有较高幅度的控制权,且各部门分管不同的教学工作,通过制度、规定、经费划拨对学院进行管理。属于"行政部门"的教务处、人事处、财务处虽然与属于"学术部门"的基层学院处于同一级别,但在它们分管职责之内对基层学院具有决策权和命令指挥权。决策权主要包括了教学、科研、人事分配制度、财务等重大问题。各级行政职能部门的处长、主任、科长和基层学院行政领导是实施教学激励最重要的力量,这些管理者的行政权力构成了权力网络。"学院"主要负责学科建设,是开展教学工作的基层行政单位,是教师之间交流和互动的一线平台。基层教学管理者是实施教学激励的最直接的操作者。"学系"是"实"的组织机构,主要负责与教学相关的事务性工作。教师根据所承担的课程类型和学科方向参与(或隶属)相应的"学系"。

在教学激励行动中,基层学院的有限自由裁量权主要有两种表现形式。第一种,选择性裁量。例如在教学激励中,教学管理者可以根据教师的教学行为,选择一定的正式或非正式的激励和惩罚的方式。不同的教学管理者基于自身的角色认知、学院教学成果、学院对教学重视的传统行使的选择性裁量权具有非常大的差异。第二种,判断性裁量。主要是判断教学激励和惩罚的幅度。教学管理者决定对不同的教学行为进行"物质激励"和"精神激励"的度。度的把握主要基于教学管理者对教学激励具体情况进行实际判断。

　　基层学院在教学激励制度的实施过程中扮演了"双重角色",既是忠实的实施者,又是灵活的机动者。(1)作为忠实的实施者的基层学院受到上一层级的规制,主要按照"上层"的规则行动,执行来自于上级主管的指令。上层对政策的决定确定了基层政策的主要范畴,而且也决定了政策标准化的程度。身为教学日常工作的持续的维护者,基层学院教学管理者必须改善教学管理的效能和效率。对于上级领导的要求,基层学院必须执行上一管理层级制定的各种规则,并代表大学组织对教师群体实施社会控制。基层学院的教学激励制度大都遵循校级已经通过的合法的教学激励规则,学院层面出台的教学激励制度原则上不能违背校级的权威性规则。也就是说,基层学院管理者对于校级教学激励制度一般不提出太多的异议,不跨越其边界,更多地采取"顺从"的态度。因为一旦不在校级教学激励制度的范围内,那么学院层面的教学激励行动的合法性就会受到质疑。(2)作为灵活的机动者的基层学院拥有有限度的权力和更多的责任,具有有限的自由裁量权。布劳(Peter Blue)认为,管理组织体系中层级之间的控制和自主权之间存在关系,要想在层级之间的控制和自主性之间获得平衡,往往需要先向自主性倾斜,允许相对多的自由裁量行为的存在。① 基层学院处于教学管理层级结构的下层,这并不意味着处于下层的组织就只能严格遵守上层的真实规则,他们还可以拥有上一层级权威之下的相对自主权。大学是建基于高深的、专业知识之上的,拥有专业性的基层学院在这一点上而言无可避免地具有一定的自由裁量权,这可以视为大学组织教学管理规则结构的内生物。由于学科教学工作的复杂性和专业性,基于学科专业权威和专家权威,基层学院的管理者在本学科能够拥有一定的自由裁量权。而且在基层学院教学管理领域之内,上一层级很少会对教学的具体工作进行非常细致的限制,学科的不同特征使得教学事务各有一些复杂的变化,上一层级也无法明确地找出所有可行的选择方案。基层学院更能够按照专业特征形成关于教学管理的一套独特的固定做法,各种烦琐的教学工作必须且必要在基层学院得以解决。再者,基层学院拥有有限的集中的集体

　　① 布劳,迈耶.现代社会中的科层制[M].马戎,时宪民,邱泽奇,译.上海:学林出版社,2001:58-60.

资源的优势,这种优势有力地强化稳固了自主权,为其有限的自由裁量权奠定了重要的基础。虽然拥有的资源极少,但是靠着这些微薄的资源,基层学院便能够不完全被上一级管理者牵着鼻子走。

第二节　基层学院实施教学激励的自由裁量权的影响要素

各个基层学院的自由裁量权具有较大的差异性。通过对 11 个基层学院的多案例分析,可以发现,基层学院实施教学激励的有限自由裁量权普遍受到校级层级的制度规则、学科导向的评估因素、学院内部的资源限制和学院管理者角色认知的影响。

一、层级授权规则和层级教学激励规则:外部动因

层级授权规则和层级教学激励规则共同构成了基层学院实施教学激励的垂直层面的外部驱动力量。大学组织内部各群体的地位被严格划定,科层制下的管理者不能摆脱上一层级的权力规制,也就是总得作出妥协。大学内部权力高度集中在学校层面,院系等基层组织缺失发展所必需的各项权力。校级与院级在教学管理方面的权力规则构成了基层学院实施教学激励的动力要素。校级教学激励规则已经制度化并在校级和院级得以执行,其设计与实施的成果导向的技术性特征引导了基层学院实施教学激励。基层学院在科研、教学、人事、办学等方面没有太多的自主权和决定权,权力过多集中在学校一级。基层学院只是拥有有限自由裁量权的被动执行的一级机构。

(一)层级授权规则

层级授权规则是影响基层学院的自由裁量权的空间大小或形式强弱的核心要素,主要指的是双重资源配置规则,即权威性资源配置规则和配置性资源配置规则。

大学科层管理中存在一套决定组织内部资源分配的正式的和非正式的规则。吉登斯认为,资源是"在社会互动的惯习程序中提供动力的而且具有

转换能力的媒介",是社会互动中提供动力的一切事物。"资源"主要是指权威性资源和配置性资源。"权威性"是指"向人发号施令的能力",而"配置性"则是指"向物或原料发号施令的能力"。[①] 层级之间存在两种资源配置模式:集权导向的资源配置模式和分权导向的资源配置模式。这两种配置模式表明了权威性资源和分配性资源如何在层级之间分配。层级权威性资源主要指的是支配人力和非人力的权力,包括人事权、事权,也就是大学内部制定和分配利益的权力。分配性资源是指分配物质资源,主要指的是财权。这两种资源不仅能够用来保证和增加行动的动力,而且也是动力的中介。

层级授权规则对所有基层学院的约束都是一样的,其中经费约束是最大的约束,其次是人事权约束和事权约束(见表 6.1)。基层学院在实施教学激励时都会考虑自己的权力和资源。权威性和配置性权力规则的集权设计使得学科导向的、学术权威导向的教学激励缺乏生存的土壤。双重资源配置规则显示出两种结构关系:(1)配置性资源配置包括经费约束,集权的经费划拨使得学院经费分配和使用规则限制了基层学院教学事务的优化路径;(2)权威性资源配置包括事权约束和人事权约束,规范的无差异的教学管理使得基层学院很难实施工作激励导向的激励举措,而校级层面刚性的教师绩效考核却正在引导教师的行为选择,这使得基层学院实施学院层面的教学激励的强度和范围是有限的。

表 6.1　层级授权规则的开放性编码

名称	材料来源	参考点
层级授权规则	7	49
事权约束	6	9
人事权约束	5	18
经费约束	4	22

1. 经费约束

学院财务自治和校级对学院财务进行管制之间一直都是互补和竞争的关系。在内部财权分配和制衡关系中,校级对院级的财务政策和财务行

[①] GIDDENS A. Central Problems in Social Theory: Action, Structure and Contradiction in Social Analysis[M]. Berkeley and Los Angeles: University of California Press, 1979: 100.

为有义务和责任进行规范。基层学院获得过多的财务权会导致信息不对称。如果校级对院级的财务制衡机制设置不当,院级利益主体会获得一些超额利润,这将出现财务治理问题。当校级财务制度规则过多会削弱院级的财权配置权力,使得财务管制"越线",限制了教学与科研工作的开展,基层学院会累积"不满"情绪。校级对院级的经费约束主要包括按比例划拨、程序化的报账程序、教学经费包干、财务规则僵化等,具体见表6.2。

表6.2　经费约束的微分析

名称	材料来源	参考点
经费约束	5	22
按比例划拨	1	4
按照学生划分教学经费	1	1
不按照质量来划拨经费	1	1
课时学时划拨经费	1	1
程序化的报账程序	1	3
专款专用	1	1
专项核算	1	1
教学经费包干	3	6
包干使用	1	1
非课题教学运行没有固定的经费	1	1
教学运行经费不增加	1	1
没有多余的经费	1	1
财务规则僵化	3	9
不敢优化	1	1
不允许经费使用范围的调整	1	1
劳务费的支取需要验收	1	1
上面算好了	1	1
实行经费预算	1	1
限额分配	1	1
学院的经费配置学院符合财务的规定	1	1

首先,财务配置权力失衡的缘由在于程序化报账程序和财务的硬性规定,这是大学教学激励的硬性"门槛"。程序性报账主要的原则是专款专

用、专项核算,这使得学院无法在内部的经费"池子"中对最需要的教学需求进行资助,也无法实施合理的教学补贴,因为"一切都是算好的""不允许调整"。大部分经费用途只能投入到教学"硬件"上,可是即使在教学"硬件"条件完满的情况下,也不能将补贴用于教师的额外教学投入。

其次,事权和财权分离的现实困境。理论上大学的财务部门应积极筹集和分配资源,满足基层学院的学科专业发展需求。现实的情况往往相反:大学的经费分配常常遵循管理规则,在教学管理实际操作中校级和院级之间的"错位"和推诿,阻碍了基层学院优化教学工作的路径,使得工作激励导向的教学激励实施困难重重。A大学的具体情况从下面的访谈材料中可知:

> 以前是按照学生划分给学院教学经费,一个学生多少钱。一个学生学费的30%划分到学院。我们高兴啊。我们能够在教学激励上有很多做法。以前是学校没钱,学院有钱。现在学校按照数量,不按照质量来划拨经费;学院教学运行经费都是包干的。学院的教学运行经费拿出一小部分进行教学绩效。这个经费划拨数量也很少,谈不上激励。(M008)

> 学校分配到基层学院的教学经费几乎没有结余,基层学院遇到教师在教学环节中的教学经费需求,很难在学校层面得到解决。如果基层学院需要解决教学工作中教师提出的合理教学需求,解决途径有两个:一是向学校申请额外的教学经费解决学院的教学激励问题。二是基层学院动员学院的自有经费对教学经费不足给予补贴。(M003)

A大学的教学经费是"按比例划拨",学校分配到基层学院的教学经费几乎没有结余。因此,当基层学院要满足校级层面无法解决的教师在教学工作中的合理经费需求时,主要解决途径有两个:一是向学校申请额外的教学经费解决学院的教学激励问题;二是基层学院动用自筹经费对教学经费不足给予补贴。面对基层学院对教学经费的旺盛需求,大学校级管理者需要对教学运行和教学激励问题进行掂量、评估和选择,以选出需要解决的问题。但这些问题很难在学校层面得到解决,只能靠自己。当领导者和教学管理者认为教学经费不足还不足以影响大学获得外部环境的资源配置时,领导者和教学管理者有意或无意地把教学运行和教学激励问题放在非优先考虑的位置,或者把这个问题"再讨论","基层学院教学经费不足导致教学激励问题"不纳入重点策略行动,这就意味着基层学院的激励问题很难依靠学校层面给予解决,基层学院的教学激励问题的"上报",更多情况会导致"自然死亡"。

再次,经费配置权力的约束使得学院很难实施物质激励导向的教学激励,体现为教学经费按比例划拨、"包干"。教学经费划拨普遍与学院提供的教学质量无关,更多按照学生人数按比例划拨,而且教学经费实施的是"包干"规则,即划拨到学院的教学经费包括所有常规的教学运行费用,差异化的、非常规的、额外的教学工作所需要的经费都"包干",这就意味着额外的教学管理和教学激励所产生的费用无法获得专项资助。

学院在实施教学激励的过程中,不得不考虑额外成本的存在。成本是教学管理者(策略行为人)在分配冲突中所要考虑的一个额外因素(具体见表 6.3)。实施教学激励的成本,是大学组织无意进行教学激励制度改革的一个重要解释因素。教学管理者进行教学激励的策略必须考虑所包含的成本,成本限制了设计和实施教学激励的选择。

表 6.3　不确定激励成本的微分析

名称	材料来源	参考点	参考点举例
大锅饭不负责任	1	3	
大锅饭答辩模式	1	1	比如我们毕业答辩都是专业所有的老师参加,质量差异很大,老师投入差异很大。
评估出问题	1	1	否则教学评估,或是论文抽查的时候,也会出现很多问题
动钱	1	3	
一大笔钱	1	1	我没有一大笔钱支持我的工作。
预算标准	1	1	我现在就是每一年我们教学工作需要干什么事情,我有一个预算标准,我需要多少人

续表

名称	材料来源	参考点	参考点举例
动人	1	4	
竞争	1	1	如果参与的人多了,那么我可以安排竞争制度来选人。
公布与参与	1	1	我公布出来,愿意参与的老师就联系我,我欢迎大家的参与
约束	1	5	
分配制度无法持续	1	1	今年同意这样干,明天如果不同意了? 或者明天没有钱了?
分配制度需要固化	1	1	这个还是应该有一个长效的制度或是机制的。
打破分配模式缺乏权力	1	1	我现在还没有打破分配模式的权力。
分配制度敏感	1	1	这个还是比较敏感的
目的	1	10	
保证质量	1	4	我又要保证质量。
统一质量标准	1	1	毕业答辩必须使用同样的标准,主要是保证一个统一的标准。
学术强的教师	1	1	那么毕业答辩就必须由学术强的老师来专门负责这个事情。
能力	1	1	如果你的能力达到,你就过来做。
打破利益格局	1	6	
有限的资源给干活的人	1	1	我就必须让干事情的人获得最大的收益。
利益分配给干活的教师	1	1	将有限的资源分配给负责的能把事情干好的老师。
多劳多得分配模式是可以实现的	1	1	当然利益也只会分配给参与的老师。
干事的人有收益	1	1	我想如果这样做,还是有愿意参与和负责的老师的。
干事就有钱	1	1	我就希望拿了钱,就要干事

　　最后,教学激励行动的过程和结果的不确定性都会影响到优化教学激励制度的行为的意图。其一,教学管理者无法准确预知或预测实施新的教学激励制度的未来影响。他们很难预期和保障学院是否有足够的自筹经费维持差异性的教学绩效分配制度。"分配制度无法持续"所导致的"不确定性"会影响管理者实施教学激励的积极性。而且实施教学差异性分配制度与获得预期结果之间也存在不确定性。其二,实施"差别"的教学绩效制度有可能导致"不满"。教学管理者打破"常规"的教学分配制度有可能引发来自于教师群体或是教师个体的"抵抗"。尽管基层学院实施的教学分配制度本身不一定能够更好地激发教师的教学积极性,但"大锅饭"制度的存在已经形成一种路径依赖,这使得差异性的教学激励制度的实施有可能受到"阻碍",更关键的是管理者并不一定愿意成为"打破常规"的"那个人"。可见,差异性教学绩效的持久性、实施的激励效果和有可能受到的"抵制"都使得"新"的教学激励制度的实施具有较高的不确定性。不确定性导致行为人基于社会效率而不是再分配优势来设计制度,强调集体福利而不是个人活力。[①] 一旦教学管理者发现改变制度有可能导致"抵抗",他们在策略上就更趋向于不执行新的教学激励制度。其三,基层学院管理者是否实施新的教学激励都无法获得更高的利益,学院在实施教学激励方面缺乏动力。这里的利益指的是基层学院实施教学激励所获得的组织利益和管理者的个人利益。教学工作的表现与教学经费并不直接挂钩,使得管理者实施教学激励无法为自身或是学院带来更多的利益。当实施教学激励所带来的教学工作运行和维护的收益无法超过其全部的直接和间接成本时,差异性教学激励的实施是不可持续的。

2. 事权的约束

　　事权主要指的是教学管理事务的权力,事权是层级的职责或职能,具体结构见表6.4。大学基层学院作为实施教学工作的一线管理层,对教学管理缺乏应有的权力。大学教学事务的集权化导向导致了教育逻辑和管理逻辑在资源配置上的背离。由于校级行政管理力量的强势,管理逻辑很

---

　　① 奈特.制度与社会冲突[M].周伟林,译.上海:上海人民出版社,2009:45.关于制度发展不确定性影响的标准讨论,是由泽比利斯(Tsebelis)重新阐述的。

大程度上主导着学校的资源配置,这导致学校资源的配置结果往往违背教育逻辑。基于教育逻辑,教学事务的优化应该为学科专业发展服务,大学教学管理部门应积极筹集和分配资源,满足学院的学科专业发展需求。现实的情况往往相反:大学教学事务遵循"规范和统一"的管理逻辑,校级行政管理者,而不是基层学院在很大程度上影响着学院的学科专业发展方向,教学事务的约束影响了基层学院提升教学质量的动力。

表 6.4   事权约束的微分析

名称	材料来源	参考点
事权约束	6	12
教学工作量的决策	6	8
教学工作量的结构设计是不合理的	4	4
教学绩效数量固定	1	1
教学工作辛苦	1	1
很难接受	1	1
工作强度高	1	1
超额工作量	1	1
回收了教学工作量指定的权力	2	3
调低工作量	2	2
教学工作缺乏话语权	1	1
教学改革项目与教学实践脱节	2	4
做得还行不会写	1	1
教学质量好的老师	1	1
教改项目好的并一定上课好	1	1
本子写得好	1	1

首先,事权约束导致了教学工作量的结构优化问题。大学在教学管理工作中普遍实施集权管理。校级教学管理层在教学事务方面拥有最高权威,这常常导致校级管理部门陷入难以脱身的困境,问题主要在于信息过滤不及时而超载。由于信息超载所导致的排队制度使得教学管理工作特别繁忙,耽搁了该及时给予的答复。过滤指的是依据某些标准对某些类型

的信息不处理,如基层学院对某些教学工作的特殊要求不予置评,采取躲避或一般化的处理。躲避指的是"能推就推"。一般化指的是将各种特征的层次缩减,采取"无差异"的管理规则。现实中,尽管基层学院能够控制教学工作的进展与步调,但他们无法掌控作出关键决策的时机。他们经常发现自己缺乏效率,因为他们无法独立地处理关键的教学事务,一切都必须等待回复。教学工作越来越官僚化,基层学院都在等待上一级的决策。

2008年后,A大学校级层面为了维持集中控制,收回了学院对教学工作量结构的设计权,管理者对教学工作量的规定大都实施"一刀切"和"几十年一贯规则"的原则,导致"以不变应万变"的万能膏药的出现。这使得教学工作量无法兼顾学科差异,教学工作量结构的不合理使得更多的大学教师奉行"低收入、低投入"的原则,出现了"教学工作量高就抢""教学工作量低就推"的行为策略。这样做的结果就是:不计入教学工作量的教学工作"无人"承担,而且学院由于"人情"对教学工作量进行"平均化的合理安排"。缺乏教学工作量结构的制定权使得学院无法对教学工作量的结构进行合理化与优化。

其次,事权约束阻碍了基层优化教学事务的动力。基层学院在教学工作中,他们主要执行教学管理的任务,他们对大多数教学专业实务缺乏最终解释权。这主要表现在:其一,基层学院只对教学工作拥有有限的自主权;其二,基层学院无法控制其工作使用到的资源;其三,基层学院无法控制教学工作的进展与步调。基层学院管理者主要是在规则下行动,面对学科导向的特殊教学事务,他们不得不花费大量的时间和精力向上层请示和报告,等待校级层级的批示。由于突破原有规则和原有框框的时间过长,或是很难获得相关的经费支持,且校级管理者都"很忙",院级管理者感到汇报和申请经费"很难"也"很累",从而抑制了教学管理创新的倾向。院级管理者要取得上级决策者的支持,就必须花费相当多的时间和精力去疏通上级,取悦上级。这些行为都会占用时间,由于长期对关键的教学事务无法给予优化,基层学院对解决教学工作中的不合理问题缺乏动力。

最后,事权约束了教学改革立项和资助的话语权。大学教学改革的控制权、资源分配权交给了远离一线教学的管理层,这能够部分解释大学教学改革项目出现了脱离教学实践的情况。教学项目资助的垄断权使得基层学院对教学改革项目的筛选、资助、中期检查、结题过程都缺乏话语权。大学教学改革方向必须符合教学改革的普适性导向，从而使得学科导向的教学改革文化很难生成。因为学院必须按照学校的教学改革的要求提出计划和措施，学院不具有立项和资助的权力，而且基层学院管理者的学术权威不足致使他们无法使用自己的专业知识和智慧去引导以教学学术为内涵的教学改革。

3. 人事权约束

相对学校，学院是一个较小的集体，因此学院管理者在信息对称方面具有更大的优势，能够通过各种规则实施对教师的质性评价和教学考核，能够部分缓解刚性教师考核制度下狭义化的教学认可。但由于人事权的约束，基层学院实施质性与量化并重的教学考核和评估缺乏生存的土壤。

A大学校级部门拥有制定教师职称、考核和绩效规则的制定权。校级拥有根据教职工的工作态度、工作能力和工作实绩，结合学校的实际编制和需要，依据国家有关法规和聘任合同，自主决定解聘教师的权力。学院层级只能按照校级规则对教师进行考核。由于校级层面实施了科研导向的教师晋升和考核制度，使得学院对教师教学工作的质性评价很难发挥作用。基层学院处于权力结构的底层，虽然具有一定的自由裁量权，但并不包括大学场域中最核心的人事权。人事支配关系上的无权力使得基层学院对于激励扭曲问题是无能为力的，他们实施教学激励更多的是为了解决教学工作中的具体问题。

A大学11个学院中有5个学院提到了人事权对学院实施教学激励的约束。第一，科研是晋升最重要的标准且是无法撼动的，"制度环境如此，我们教学工作还是缺乏话语权的（M004）"。第二，基层学院有"小范围"的自由裁量权，仅仅只能尽可能地实施教学激励，对于更大幅度教学激励方面只能"意思意思"或是"尽力而为"。第三，学院对教学表现不佳的教师无法实施惩罚。只要教师满足"教学工作量达到岗位要求"并且没有"教学事故"，学院对教学投入低、教学工作不认真、教学效果不好的教师不能让他或她"走人"，"教学不好不会受到惩罚"的惯例在大学不断扩散。第四，学院对教师的教学考核只有建议权和执行权。尽管学院对教师的教学投入、教学表现都有一定的了解,但"教学表现很难拿到台面上说"。在教师不要"面子"的情况下,基层学院对于"不能提供合格教学的教师"缺乏惩罚权。学院对"教学表现好"的教师无法给予"高课时费"的奖励,也无法对"教学投入高"的教师给予更多的倾向,不能搞"特例"。学院对教师绩效考核缺乏决定权。面对"重科研"的制度逻辑的无能为力,基层学院不断地强调他们在人事权上缺乏"话语权",可见,人事权约束进一步降低了学院实施教学激励的空间,具体见表 6.5。

表 6.5　人事权的微分析

名称	材料来源	参考点	参考点举例
人事权约束	5	18	
缺乏约束	3	4	
无法约束	1	1	对于课堂教学好的老师也不能提高课时费,大家都一样的。我们知道他负责、认真,学生评价高,但我们也不能提高他的课时费。我们没有这个权力,也不能有这个特例。
无能为力	1	1	我们对此无能为力。
不好说	1	1	哪个老师上课投入高,应该获得更高的支持,我们也不好说。
没有左右教师考核的权力	1	1	我们没有考核教师的权力,也不能开这个先例

续表

名称	材料来源	参考点	参考点举例
缺乏惩罚	2	5	
面子只是公示的时候不好看	1	1	大多数老师干活干得很辛苦。当老师不考虑名誉时,价值观已经改变了。他们现在不看重面子,更看重实际,即我能获得多少钱,我能获得多少利益。只是公示的时候面子有点不好看。
接纳上课不佳的教师	1	1	
没有权力惩罚	1	3	学院除了教学事务的权力,其他什么都没有,我们很难在教学激励方面出台更大范围的规则。
没有资格让他下课	1	1	
或走人	1	1	如果一个老师不合格,那么对不起,我就有资格让他下课,而不是现在我们学院有的老师长期工作状态不正常的情况下,我们还是要接纳他,学校会说,此次考试不合格的老师由学院自己解决,意思是说不合格还是要用。如果(权力)给学院,对不起,我们就让你走人。
干得不好也无所谓	1	1	干得好是能力,干得不好也无所谓。实际上好老师总是好好干活,不好的老师总是不好好干活。当他真的不要这个面子了,你就无法约束他,而且成为一个非常不好的典型。
教师不合格还是不能处理	1	1	有利的事情就积极,没有利的事情就不积极。我们是很难打破这个状况的。
不好好干活没有惩罚	1	1	我们学院没有权力,老师上课上得好不好,老师的非课题教学实务是否负责,我们都没有权力惩罚的

续表

名称	材料来源	参考点	参考点举例
缺乏奖励	4	9	
学院对教师的教学认知无助于教师考核	1	2	首先我们不能解决老师在教学工作中的问题,有些教学突出的人,科研不够好。考核的时候我们无法说这个老师课程教学效果好,只是科研差一点。我们让他科研合格也不行,制度规定在哪里。人情、感情、我们对他的教学水平的认知,都是没有用的。
学院对教师考核有执行权没有考核权	2	2	我们知道老师的教学投入是有差别的,但我也不能放在台面上说。我们不能用教学工作量、教学成果这些显性指标衡量老师的教学贡献,教学贡献在某种程度上是一个"黑箱",能够评估的内容获得认可,不能评估内容的就是负激励了。现在的教学激励制度是存在负激励的。但我们对此无能为力。
不能对差异性的教学有所倾向	3	5	老师的教学表现我们是知道的,但标准在哪里? 我们也无能为力。这还是会打击老师的教学积极性的

(二)层级教学激励规则

校级与院级之间存在委托代理关系,也就是通过层级之间的激励契约来协调校级和院级之间的利益关系。层级激励规则制约着基层学院的行动,是基层学院实施教学激励的"共有知识",这种规则不断在正式结构中传播,层层传递给了下一级的行动者。上一层级的规则成为之下的所有层级实施教学激励的"实然"标准,下一层级会对上一层级的规则进行细化、拓展或微调,而不是全然地违背。

缺乏层级绩效激励是基层学院实施教学激励缺乏动力的外部原因之一,主要表现为两种约束关系路径:(1)层级教学经费规则→学院自筹经费补贴教学;(2)层级奖励规则约束→学院对教学项目申报、教学成果、教学奖励缺乏动力(见表6.6)。可见,层级教学激励规则确实是基层学院实施教学激励的外因之一。层级激励规则的缺失使学院管理者出现了两种行为选择:一是尽管对校级层级激励规则不满,但依然出于学科发展要求继续申报高级别的教学改革项目;二是对教学工作逐渐疏远,对教学工作事务和教学改革表现出消极的态度。

表 6.6　层级教学激励规则的开放性编码

名称	材料来源	参考点	参考点举例
层级教学激励规则	6	22	
避免矛盾	2	4	我们早就意识到这个问题了。我们和评估中心的领导谈,问为何划拨经费不能体现激励?他告诉我:"教学评估质量报告的公开发布就是让学院自己去看,去感知。如果教学评估与教学经费划拨挂钩,就会带来各种矛盾。"
不合理的教学考核	1	1	实际上感觉,就是我们突出的教学工作成果并不被学校所重视,教学工作为什么就不能激励?为了避免矛盾就不能体现激励了
缺乏奖励	6	18	
学院绩效考核缺失	5	8	按照课时学时划拨经费,一个学时多少钱。办公费用、出差费非常高,课酬都是按照学时计算,也没有多余的。现在经费权都回收到学校。学校按照数量,不按照质量来划拨经费。学院不得不拿出自筹经费的一小部分进行教学绩效奖励,但太少了,谈不上激励。
缺乏学院层级考核	3	3	教学经费配置应该有一个优或良(或是常规)的划拨方法。我们学校是没有的。
学校有一个大的政策	1	1	这个是正激励,也有惩罚的。学校没有做到这点,学校高层没有设计这个事情

续表

名称	材料来源	参考点	参考点举例
缺乏奖励反馈	2	2	我们做的这么多,但这又有什么区别,我自己都在质疑。我也有想法。没有形成一个奖励反馈。
教学激励缺乏公平	2	4	学院的教学事务都必须获得学校的授权才能执行。学校差异性的事务(进展)很慢,推动得很慢,时间久了,学院优化教学事务的积极性也就没有了。
做得好的学院不奖励	2	2	地区财政的钱非常少。我们就一直靠这个经费运作,现在又要没有钱了。后续经费学校估计还没有拨,要不我们也就这样了。
划拨经费不能体现激励	2	10	都是做事,没有经费配套的,对于学院也没有什么激励的

　　基层学院是否执行教学激励或多或少掺杂着管理者对个人和学院的利益权衡。基层学院管理者出于个人利益和学院利益来权衡是否需要打破内部教学利益格局。利益主要包括两个方面:个人利益和部门利益。按照"理性经济人"假设,个体决策是个人利益最大化的产物。基层学院管理者的个人利益指的是大学管理者追求和竞争的东西,可以是奖励、晋升、项目等。当实施教学激励能够给学院管理者个人带来更多的利益时,基层学院领导更趋向于实施学院层面的教学激励。部门利益指的是基层学院获得权威性资源和物质性资源。当学院层面实施教学激励能够直接带来部门利益时,如一流学科、卓越项目、教学改革项目等能够成为学院总收入的来源时,基层学院更趋向于实施学院层面的教学激励。"个人"和"部门"双重利益决定了基层学院管理者是否愿意打破学院教学利益的分配格局。

　　从根本上看,教学激励制度执行过程中出现的各种弱化和推诿问题都是因为实施教学激励对层级管理者缺乏个人和部门利益的诱惑。当教学的公共利益和管理者的个人利益的界限变得模糊的时候,基层管理者大都倾向于出台能够更多兼顾个人和部门利益的双重激励的制度。当基层管理者很难因为教学工作的突出表现获得奖励和晋升时,缺乏个人利益使他们在学院内部缺乏实施教学激励的动力。即使管理者能够更多地考虑学院的公共利益,但层级资源划拨规则缺乏有效性、精准性也使得学院无法因为教学工作的突出表现而获得更多的资源和特殊的支持政策。

二、专业评估制度:学科导向的情境要素

专业评估是强化高校质量保障自觉意识,构建教学质量长效保障机制的重要举措。专业评估是按照拟定的指标体系,从不同的观测点对专业进行监测和评价的过程。[①] 专业评估制度引入了同一学科的竞争与淘汰机制。基层学院为学科内部的竞争力与声誉,在自身的专业上不断地提高专业禀赋以提升学科内部的专业竞争力。专业评估推动基层学院的学科专业发展,是基层学院重视教学激励的驱动力,是学科层面实施教学激励的情境因素。

作者根据访谈材料归纳出学科专业评估与认证的两条影响路径:(1)专业禀赋→专业评估→高工作量下的高投入→专业学科排名的评估激励;(2)专业认证导向和目标→教学管理者反思→教学管理优化→专业课程体系优化→工作激励导向的认证激励(见表6.7)。学科导向的情景要素是学院层级重视教学工作和持续改进教学的动力要素。

A大学的工科学院普遍参与了专业评估,其中M003和M002学院参与了专业评估认证,只有M003学院通过了国际华盛顿专业认证。专业认证是推动M003和M002学院实施教学激励的核心影响要素,主要包括专业认证制度化、专业认证的动力、专业认证投入、专业认证的认同感等(见表6.7)。

基于专业规范下的教学激励具有缓慢扩散的特征。M003和M002学院具有较好的专业基础,国家级教学成果奖和省级教学成果较为突出,学院有提升专业排名和提升学生学习效果的动力,参与了专业评估以获得更高的专业声誉。参与专业评估使得学院管理者开始系统地调整专业课程设计和进行专业发展反思。在专业评估标准和规范的引导下,M003和

---

① 叶峰.高校本科专业评估思考与探索[J].上海教育评估研究,2017,6(6):25-28.

M002学院通过教学管理优化、过程性评估、教学管理规范等一系列措施约束专业教师的教学行为并实施工作导向的激励,促进教师将更多精力和时间投入教学。

表6.7 学科导向情境要素的开放性编码

名称	材料来源	参考点	参考点举例
专业认证	2	32	
专业认证的制度化	1	3	
按照文件的要求去做	1	3	凡是我要推崇一件事情,我还是尽量等文件下发,按照文件的要求去做。
文件下发	1	1	
评价需要运行机制	1	1	这不是说,今天讲到一个事情就去做这件事情,而是学校有相关制度保障才能持续下去。如果今后换一个院长就换个思路,事情将无法继续,所以需要机制来保障评价改革
专业认证的动力	1	6	
专业内部的排名	1	2	专业评估对学科招生、专业内部排名、学生就业都很重要。
专业评估是重点	1	1	现在关注的主要是科研考核任务,没有对教学的硬性要求,仅仅要求达到常规性的教学指标。虽然学校并不强调教学质量,但现在专业评估是重点任务。
专业基础不错	1	2	老院长都很重视教学工作,我们专业的基础很不错。
专业的国家级成果奖	1	1	我们专业的国家级成果奖数量在我们学校是最多的。
学生学习效果	1	2	专业评估对学科招生、专业内部排名、学生就业都很重要

续表

名称	材料来源	参考点	参考点举例
专业认证的投入	1	9	
专业认证反思	1	2	
持续改进	1	1	教学受到了专业认证标准的影响,尤其在我们学院的人才培养方面。专业认证标准强调课程目标,究竟课程能够支撑学生培养的哪方面能力,其中一条就是持续改进。
持续运行	1	1	
课程的标准考核老师	1	1	我讲教材中的这些内容就够了,但这门课的核心内容、应该讲述的知识点却没讲透彻。其他的一些知识点,其他老师在自己课程上已经讲了。但是我们就是按照课程的标准考核老师。
工作量很大	1	3	
很累的	1	1	我们是唯一获得专业认证的学院。专业认证的工作量很大,很累的。
觉得后悔	1	1	
改变习以为常	1	4	以前我们的课程内容有重叠,会出现知识点的重复。老师都习以为常了。
非常不规范	1	1	以前大家对学分规定的态度都是比较随意的。按规定是160多的学分,但以前会出现200多学分的毕业生。这是非常不规范

续表

名称	材料来源	参考点	参考点举例
专业认证的认同感	2	13	
宏观比例控制	1	3	专业认证标准对课程体系有宏观的比例控制和规定。
很多感悟	2	3	
评价才能知道好坏	1	1	在专业认证过程中我学到很多。比如任何事情都需要评价,才会得到好坏的结果,然后才能进一步改正。但我们需要机制来规范它。
专业认证提升了教学管理者的专业能力	1	1	在专业认证的过程中,学院的教学管理得到了很大进步,慢慢地形成体系,形成一种教学工作规范或方式。
课程安排的系统性	1	7	现在我们的课程安排是系统性的

从专业评估的效果看,专业评估获得了较高的认同,学院管理者和教师形成了共同"感悟",并在学院内部形成了专业评估制度化规则,使得专业评估对教学工作产生可持续的、长期的影响。可见,专业评估和认知规则对基层学院的影响主要来自学科专业标准和规范,是一种学科导向的评估与认证激励。

三、角色认知与自筹经费约束:内部影响要素

基层学院内部实施教学激励的自由裁量权的影响因素主要有两个:一是基层学院管理者的能动性,包括管理者的三种角色认知,即"专业决策者""师者""教师代言人"与"中介者",以及管理者个体的专业性;二是基层学院自筹经费的充裕度。

（一）基层学院管理者的角色认知

基层学院管理者大都根据校级教学激励制度以及本学院具体情况实施教学激励。当然,管理者的能动性是制度建构的。不仅因为层级授权规则和层级教学激励规则约束基层管理者对校级教学激励制度采取"顺从"

的态度,而且基层学院管理者照搬校级教学激励制度的风险较小,并有可参照的案例,这是一种较为稳妥的做法。但基层学院管理者作为"基层官僚",他们不是一无所知的,他们拥有推理能力、计算能力和预测能力,一般对教学工作拥有一定的认识,对实施何种教学激励也有自己的看法,而且对他们自己所处位置具有不同的角色认知。角色认识是一个人对他自己的角色或者他人的角色(role)所认识的一切情况。[①] 管理者塑造的角色要符合其所属职位设定的职责与任务要求,也就是说"屁股决定脑袋",比如他们认为,"我在这个位置就应该做这个位置应该做的事情",他们会相应地在具体的决策情境中采取符合其身份的行为。作者在访谈材料中发现了管理者具有极大差异性的角色认知,主要有"专业决策者""师者""中介者"三种(见表 6.8)。

表 6.8　管理者角色认知的开放性编码

名称	材料来源	参考点	参考点举例
角色认知	5	43	
中介者	2	7	
传递教师的声音	1	2	你是否真正关心教学,关心一线老师,老师心里还是很清楚的。现在教师普遍对学校的归属感不高,学校对教学重视不够,但学院对教学事务还是比较支持的,我们也会通过各种方式要求教师把教学工作做好。学院也一直呼吁教学应该有所激励。教师上课用心不用心,和学校的制度是有关系的。你不能一味地要求老师付出,这是不合理的,还是要双向的。
学院只是一个执行层面	1	2	我们实施教学激励有两个层面。对于学校的制度,学院只是一个执行层面。
建议权	1	1	我们在学校制度下行动。学院只是一个执行层面

续表

[①]　朗特里.西方教育词典[M].陈建平,杨立义,邵霞君,等译.上海:上海译文出版社,1988:283.

名称	材料来源	参考点	参考点举例
传递学校的激励导向	2	3	学院遵照学校的激励指挥棒,学校制度是我们出台激励制度的风向标
师者	2	7	
不能误人子弟	2	7	学院必须保证完成教学工作,还要保证教学质量。我们背后是报考学校的学生和家庭。你要对得起报考的学生,不能误人子弟,这个责任很大啊!我当了30年的老师,娃娃来这一待4年,真的不能把人家耽误,希望从教学质量的各个环节来激励老师
专业权威决策者	4	29	
认证专家	1	2	
认证过程反思	1	1	我是认证专家,会去认证其他学校。专业认证过程让我反思,指导我们的教师如何认识、执行和认可专业评价。
行政性权威	3	11	
决定学院教学激励的导向	3	5	我在这个位置上管理本科教学所有的事情,在学院层面我不仅有建议权,还有决策权。
教学理念	1	1	学院的一把手是否能够真正重视教学,和一把手的专业能力和教学理念的关系很大。
位置决定了要做事	1	1	我们的核心是培养学生,导向是明确的。做教学事务的人更多是因为良心,或所处的位置,或拥有的能力,或想做事情的意愿,其他的统统都没有。
对教学还是比较支持	1	1	我愿意这样做,学生质量是最重要的。现在都很强调科研,科研如果能够对教学有促进作用,当然是好的,但科研有时候只是对教师个人有用。我还是比较重视教学工作的

续表

名称	材料来源	参考点	参考点举例
激发更多的老师投入教学	1	1	学院对教学管理的要求提高了,老师积极性也提高了,能够完成更多的工作量。
多做一点	1	1	有的时候看到教学质量的某个环节是下滑的,我就想做一些事情。要去做一些事情,需要多付出一些精力、时间。多做一点,就有了。
比较重视教学工作	1	1	我个人定位自己是行政性权威和学术性权威。一个院长需要两者都有。院长是否管教学,说起来是不一样的。好的院长能够将理念带到管理教学活动的细节上。
学术性权威	4	16	
课程权威	1	2	有些老师在科研上可能做不出成果,那么可以投入一定精力在教学工作上。学院也愿意奖励有教学贡献的教师。学院可以为老师创造更好的课程体系,让他们能够在教学上找到他们的位置。我们一起商量课程设计方法有些什么问题,怎么来改变,然后我再把我的问题和老师沟通,我们一起调整商量出一个结果。
一把手的专业能力	3	5	我个人定位自己是行政性权威和学术性权威。一个院长需要两者都有。院长是否管教学,说起来是不一样的。好的院长能够将理念带到管理教学活动的细节上。
和老师沟通	1	5	老师的教学工作能够获得领导的关注,能够将很多感悟和他们对于教学的做法进行沟通,我们通过教学协商的方式能够启发更多的老师投入教学工作

1. 专业决策者

基层学院管理者认为自己是"专业决策者"。在一定程度上，具有较高专业素养的教学管理者拥有对教学管理事务和教学规范行为的适切性进行裁量的权力。基层学院管理者凭借专业优势和一定的专业素养在教学管理、专业教学规范、专业评估规范等方面具有决策权。而且，教学管理工作、教学标准的复杂性和专业性需要具有高专业素养的管理者进行把关。基层学院管理者的专业知识能对教学激励制度进行有针对性的创新和深化，以便针对具体情境形成某种富有人文性、弹性的教学激励规则。

2. 师者

基层学院管理者认为自己是"师者"。"教书育人"的目标是大学场域背后一种深层次的观念力量，深刻地影响着身处其中的个人和群体，使他们的思想、观念、心理、行为与生活实践自然地符合它的要求与准则。教师个体的内化过程受教师群体和大学固有的行为方式和价值观等的影响。"不管科研如何被强调，教学也不能被忽视"，"教学是重要的"，教学是大学最重要的职能之一，这些观念从产生起就陶冶着大学场域中每一个个体。这是大学场域内的共识，具有普遍性和共有性。

3. 中介者

基层教学管理者认为自己是"中介者"与"代言人"，如"我们是制度规则的传递者与执行者"。基层学院是校级管理层与教师之间的中介者，是教师日常接触最多的行政层级。在这个意义上，他们需要作为教师的代言人，当基层管理者感受到教学工作的确存在不公平情况的时候，他们可站在教师的立场做出对教师有利的回应。在调控基层学院与教师之间的各种冲突的过程中，他们也许能够考虑教师的公共利益。在大学制度化了的惩罚和奖励的冰冷世界里，基层学院能够使教师感受到一丝人情味。

（二）自筹经费总量及其配置原则

经费需要自筹是每个基层学院都要面临的一个现实问题。自筹经费的总量及其配置原则很大程度上影响了基层学院实施教学激励的自由裁量权(见表6.9)。自筹经费的总量与学院获得自筹经费的来源①直接相关,越靠近市场或具有更多各种级别的竞争性项目的学院,自筹经费总量越高。在经费筹集之后,是否分配并用于教学激励及分配的多寡,决定了基层学院教学激励的方式和强度。

表 6.9　自筹经费的开放性编码

名称	材料来源	参考点	参考点举例
学院内部激励要素	11	149	–
自筹经费	6	19	
自筹经费高	3	8	
自筹经费还比较充裕	1	1	学院的经费还是比较充足的,学院给教师的项目资助都比较高。我们专业还是有积累的。我们从教育部获得的教改项目就拿了七个,项目经费积累得多。
奖励教学工作多	2	2	我们很多项目都做得比较"实在",教学成果都获得奖励。
项目资助都比较高	1	1	
本科经费投入高	2	5	我们实行本科生导师制度,还有双师计划,这些项目都获得学院自筹经费的资助。
本科投入应该是全校第一	1	1	学院本科生均教学经费远远超过其他学院,应该是全校第一。
经费还是比较充足	1	1	每一年都有很多人需要到我们这里来培训。我们的自筹经费还比较充裕,我们学院的教师激励经费也是有保障的
资金与资源	1	1	我能做的就是给愿意好好教学的老师提供条件,一是资金,二是资源
资源	1	1	

① 学院自筹经费来源一般包括三个方面:一是学校划拨给学院科研经费。科研经费作为学院的一项重要资金来源,体现了学院在学校的地位和学院自身的资金实力,拥有更多的科研经费的资金是学院积累自筹经费的重要来源。二是学校划拨给学院的教学经费。三是学院通过培训、社会服务获得的经费。

续表

名称	材料来源	参考点	参考点举例
自筹经费低	5	11	
学院的财力非常有限	1	1	我以前主要想整"十个"工程,就是教学和科研的十佳工程。科研和教学按照质量,可以积分。但是自筹经费不足,根本不好实施。时间久了,也就都不做了。
教学激励经费缺乏保障	2	4	关键我们学院自筹经费无法持续支持这个工作,我也就没有动力要打破教学工作中的利益分配格局。因为这还是会导致很多矛盾,也会得罪人。
自筹经费是不稳定的	4	6	学院的自筹经费是不稳定的,一旦实施,也很难维持。我也就放弃了

以 A 大学为例,作者将基层学院教学管理者与其自筹经费总量的相关性进行了分析,发现基层学院教学管理者的个人因素与其自筹经费总量的高低具有较强的相关性(见表 6.10)。M001、M003、M002、M010 学院具有高角色认识和学院自筹经费总量高的特点,可以判断这四个学院的自由裁量权较高。而 M006、M007、M011 学院管理者对自身的角色认知不强,而且自筹经费较少,并没有出台院级层面的教学激励制度,可以判断这三个学院的自由裁量权较低。

表 6.10　自由裁量权的结构

自筹经费	角色认知					
	"师者"			"专业决策者"		
	高	中	低	高	中	低
高	高	中	中	高	中	中
中	中	中	低	中	中	低
低	中	低	低	中	低	低

从自由裁量权的结构可以发现,基层学院自筹经费可支配的数量和教学管理者的角色认知决定了其实施教学激励的形式和幅度。高自筹经费和角色认知强的基层学院实施教学激励的可能性较高。这主要是因为两

方面的原因:一是强角色认知使得基层学院强调教学工作的合法性地位;二是高自筹经费使得激励方式多样化更有可能。

第三节　有限自由裁量权下的教学激励行动

在国家教学评估政策、校级教学制度以及"教学边缘化"现象日益突出的现实困境的双重约束下,基层学院管理者需要权衡各种冲突的力量以便实施教学激励来确保教学工作顺利和较好地开展。基层学院实施教学激励的行动具有稳定性和有序性的特点。在校级的正式教学激励制度的规制下,基层学院或是循规行动,或是实施基于教师教学需求的非正式规则。

基层学院教学激励行动可以分为两种:制度化的教学激励行动与非制度化的教学激励行动(见图 6.1)。制度化的教学激励行动指以正式的教学激励制度为手段来激励教师教学,非制度化的教学激励行动指以非正式的教学激励制度为手段来激励教师教学。正式的教学激励制度是激励教师教学的指南,主要是通过规则、行政规章和组织程序来实施激励,决定教学资源和机会的配置,具体表现为教学成果、教学奖、教学名师、教学环节补贴等。非正式的教学激励制度,指的是无法以规则、规章、组织规程和习俗惯例的形式正式发挥作用的激励方式,具体表现为情感、道德规范与习俗等。正式的教学激励制度是大学组织及其治理者实施激励的正式工具。

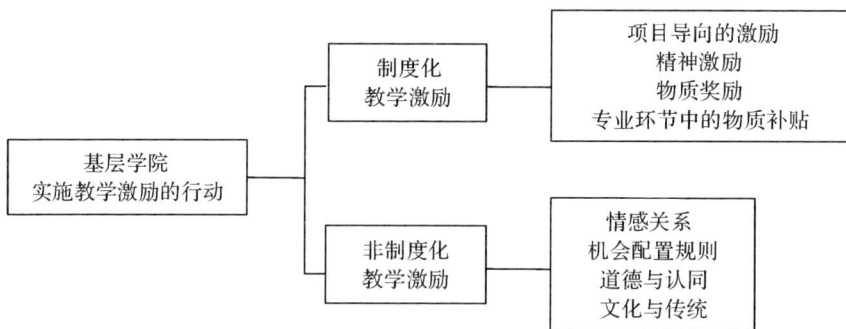

图 6.1　基层学院实施教学激励的行动

非正式的教学激励制度是正式的教学激励制度的重要补充。

一、奖励与补贴：制度化的教学激励行动

基层学院主要通过正式的教学激励制度来激励教师教学。在现实情境中，教学激励的决策情境通常比较复杂，激励目标不断变化并且相互冲突，信息稀缺且其模式难辨。在这样变动不居的环境中，决策者常常需要依赖稳定的模式来寻找路径和行动原则，正式的教学激励制度由此成为基层学院对有关教学事务的自由裁量的依据。这种正式的途径能够保证基层学院教学工作的顺利运行，更有利于对教学工作突出的教师进行奖励。制度化的教学激励行动的重要保障是基层学院充足的自筹经费。基层学院实施教学激励的举措主要有三种：利用一部分学院自筹经费激励教学，等同于校级层面已经出台的正式教学激励制度；利用学院自筹经费设立院级教学项目或对校级教学改革项目进行院级层面的经费配套；利用一部分学院自筹经费进行教学竞赛。

由于基层学院对校级规则的认知、管理者的角色认知、自筹经费的总量和配置规则，以及对利益的权衡和敏感度都具有较大的差异，所以各基层学院的正式的教学激励制度呈现出差异性的特征。这些差异性不仅表现在对谁能够获得奖励、能够获得何种程度的奖励、以何种方式奖励等方面有不同的举措，也表现在成果导向激励、教学竞赛导向的激励、物质奖励和物质补贴等方面。

（一）成果导向的教学激励制度的深化

教学激励旺盛的需求以及直接或间接的经济收益是基层学院实施成果导向的正式激励制度的缘由。而且其与校级实施的教学激励制度从形式上具有一致性，如教学团队资助、对教学名师的物质奖励和对教学竞赛的精神奖励。基层学院能够获得的经济收益主要来源于两方面：第一，教学奖和教学项目能够帮助学院获得更高级别的项目，成为基层学院总收入的主要源泉；第二，从现实的角度看，卓越项目、教学改革能够为学院获得更多的资源。

基层学院在实施教学物质奖励方面有别于校级层面，差异主要集中于物质激励的幅度与类别。作者发现，A 大学 11 个学院中有 8 个学院对院

级教学名师进行奖励,奖励的金额都在 500 元左右,有 7 个学院对教师的
教改论文进行奖励,2 个学院的教学成果奖励高于学校层面的教学成果奖
励(见表 6.11)。

表 6.11 基层学院正式教学激励制度的实施情况

编号	院级教学竞赛	院级教学改革项目	院级教学团队	教学名师	校级教学竞赛	教学成果奖励	物质补贴
M001	奖励	奖励	奖励	奖励	奖励	高于	有
M002	无	无	无	奖励	无	高于	有
M003	无	奖励	无	无	无	无	有
M004	无	无	无	奖励	无	无	无
M005	无	奖励	无	奖励	奖励	无	无
M006	无	无	无	无	无	无	无
M007	无	无	无	无	奖励	一样	有
M008	无	无	无	奖励	无	一样	有
M009	无	无	无	奖励	无	一样	有
M010	无	奖励	奖励	奖励	奖励	一样	有
M011	无	无	无	奖励	无	一样	有

注:"教学成果奖励"一栏,"高于"是指院级激励幅度高于校级,"一样"是指院级激励幅度等同于
校级,"无"是指院级无激励。

在 11 个学院中,大部分基层学院实施了弱教学激励,或采取不激励的
策略。其中只有 M001 学院在教学论文、教学名师和教学奖等方面奖励的
幅度高于校级。M001 学院资助教师教学的原则主要有三个:一是资助辐
射范围广的、教学声誉好的专业核心课程的教师;二是通过院级项目资助
优秀的教学团队和优质的教学项目;三是对已获得高级别的教学改革项目
的教学团队和个人进行循环资助,如分别通过立项、中期检查、结题三个环
节进行经费资助。这些被资助的教师、教学团队、教学项目都是经过更具
专业性、符合专业发展方向、流程更规范细致的程序和标准筛选出来的。

基层学院实施的教学竞赛在申请教学奖方面呈现出了"竞争"的特点
(见表 6.12),目的在于使教学竞赛成为"教学学术沟通的平台"。M001 学
院不仅仅拓展了校级教学激励制度的程度和范围,而且在资助原则、资助

经费、资助方式和激励目标等方面都有了更为细致的规定,其中最为突出的是其实施的教学竞赛在标准、形式和执行程序规则等方面都遵循了"内涵发展"的逻辑。M001学院在A大学实施教学竞赛后,开展了学院内部的教学竞赛。相比"形式化"的校级教学竞赛,该学院的教学竞赛更着眼于将竞赛与教学实践相结合,更加关注启发教师相互学习。教学竞赛具有以下五个特色:一是将教学竞赛制度化,专家和学生代表对每一个教师进行公开"专业评审";二是竞赛程序体现竞争、公平和激励的精神;三是教学竞赛的评价以教学内涵为导向;四是将学院"优秀教师"与"学院教学竞赛"绑定;五是为了鼓励更多的教师参与竞赛,"奖励范围广",参与者都能获奖。学院实施教学竞赛的目的不仅仅是为了培养更多的教学名师,竞赛标准、竞赛程序等的设定都突显出以公共课来促进教师进行教学反思的倾向。

表 6.12　教学竞赛的微分析

名称	材料来源	参考点
精神激励	4	8
团队荣誉和奖励	1	1
竞争	2	5
院级的选拔有差别	1	1
教育教学大赛	1	1
教学团队赛	1	1
教学大赛和教学名师结合	1	1
规范化竞赛程序	1	1
精神奖励和物质奖励结合	1	1
晋升对教学的认可	1	1

(二)专业教学环节中的物质补贴

基层学院在专业评估的标准和要求、教学改革创新和满足教师的合理需求等条件下,对专业教学环境实施了制度化的物质补贴,主要包括中期考核补贴、物质补贴、实验补贴、教学培训补贴、本子费等(见表6.13)。额外教学环节的设置和教师对于专业教学的投入使得专业教学环节中的物质补贴具有了合理实施的土壤。

表 6.13　专业环节中的物质补贴的微分析

名称	材料来源	参考点
专业环节中的物质补贴	3	35
中期考核补贴	1	2
教师的额外投入给予非常微薄的补贴	1	1
物质补偿	1	2
实验补贴	1	5
设备优先购买权	1	1
教学保障上有一些资源分配	1	1
课程建设项目补贴	1	1
教学培训补贴	2	8
经费用在教学投入高的教师	1	1
本子费	1	3

基层学院出台并实施与专业环节相关的物质补贴制度及相应举措的原因主要在于三个方面(见表 6.14)。第一,为了提升实验质量,对实验课给予补贴,并通过设备购买优先权以奖励实验投入高的教师。如 M002 学院要求教师高度投入实验教学,但实验课的低教学工作量使得实验课的课时费远远低于其他课程。在"教师抱怨多""不满意"的声音中,M002 学院开始启动并实施制度化的实验课物质补贴,并在实验设备经费有限的情况下给予一定的设备购买优先权以奖励教学投入高的教师。第二,为了满足实践教学中的合理的物质需求,学院实施了实践教学的差旅补贴以维持卓越工程实践教学的正常运行。一直以来,卓越工程是大学教学改革创新的重点项目,然而由于该工程的专项经费没有考虑教师的额外投入,特别是教师在实践教学中产生的费用的报销流程非常复杂和耗时,教师对实践课程产生了"抵制"情绪。如 M003 学院为了解决实践课程中的问题,实施了制度化的物质补贴制度。第三,出于专业评估要求,基层学院开始重视过程性评价以强调对学生学习过程的关注。过程性评价的复杂性使得核心课的教师不得不增加教学投入,为了表示对教师的合理投入给予认可,学院对额外的教学环节予以合理补贴。如 M003 学院实施了"核心课程的中期考核计划",并对教师额外的教学工作量给予"微薄"的教学补贴。

表 6.14　专业环节实施物质补贴的原因

名称	材料来源	参考点
专业环节实施物质补贴的原因	5	22
实验质量的提高	1	5
老师的抱怨太大	1	1
老师不满意,抱怨大	1	1
抵制这个社会实践课程	1	1
比较敷衍	1	1
不合理	1	3
卓越工程没有考虑教师投入费用	1	1
实践教学专项项目都不考虑教师的成本	1	1
实践教学中产生的费用报不出来	1	1
考虑预备实验的投入	1	1
实践教学工作量计算太少	1	1
考虑到这块的投入很大	1	2
考虑老师实践投入的合理费用	1	1
报销非常复杂和耗时	1	1
专业标准和要求	1	1

二、多元化激励:非制度化的教学激励行动

制度的设计往往是基于一般情形落实的。虽然制度化的激励效用是最大的,但在因应组织或社会情境变迁的灵活性上总略显滞后。因此,非制度化激励成为制度化激励的有机补充。基层学院实施的正式激励制度使得教学工作的秩序有了保障,但也只是教师教学行为规则的一部分。正式的教学激励制度在日常教学工作运行中,其激励的作用是有限的。大多时候基层学院管理者为了保证教学工作的顺利进行,更加需要关注非正式的教学激励制度,比如情感关系、机会配置、道德和学院文化等。

（一）情感关系

情感关系是有效实施教学激励的关键要素（见表 6.15）。因为情感关

系比理性具有更大的渗透性。以情感为导向的人际关系在基层学院处理教学事务的过程中所产生的作用更为突出。情感关系是指在人际交往中以情感为核心,重情重义轻利益的交往。情感关系包含内在的、丰富的感情体验,这种人际关系通常是长期的、稳定的、感情化的。由于"情感是人这个现象的核心"[①],所以情感关系在人们的社会交往过程中成为不可缺少的重要组成部分。

表 6.15   情感的微分析

名称	材料来源	参考点	参考点举例
情感	2	3	
心理安慰	1	1	对老师的物质补偿至少是一种心理安慰吧
安慰一点	1	1	对于教学投入高的老师也能安慰一点
不仅是科研奖励	1	1	学院不仅有科研奖励,教学也有奖励

公共教学事务的非强制性、岗位绩效制度的不明确性使得教学管理工作的难度加大,情感关系有利于缓和基层学院管理者和教师之间的一些矛盾与冲突,重新形成相互之间的信任和凝聚力,并引导和劝诱教师积极投入教学。基层学院的公共教学工作是非常烦琐和复杂的,大致包括以下事务:一是学院内部的排课事务;二是教学管理事务,如课程系统设计、教学培养计划编制与修订、教学大纲的制定;三是教学评估的规范要求,考试卷子的审核和检查、毕业论文的规范检查等;四是以学院为单位的教学改革项目申报、各种卓越计划的检查和评估、学科评审材料撰写等;五是专业评估的规范要求。虽然教师的公共教学工作是非强制性的,教师正式岗位制度的职责并不包括这些教学工作,但这些集体的教学事务却需要大量的教师参与才能完成。大学岗位绩效制度无法明确规定教师的教学效率、教师的努力程度等这些不可能准确预见的内容,因此教学工作的条款主要体现为教学工作量和教学成果等可量化的标准。教师教学工作的弹性和开放性与自我履约性是并存的。这种非正式契约使得教师可以根据对退出成

---

① 丹森.情感沦[M].魏中军,孙安迹,译.沈阳:辽宁人民出版社,1989:4-5.

本和未来合作价值的比较来选择是否执行合约。

（二）"机会"配置规则

在公共教学事务上，管理者与教师之间的权力关系是一定的支配与被支配的关系。基层学院管理者必须通过正式或非正式的途径将大量的公共教学事务分配给教师个体。处于不同位置的管理者在权力上都存在"幕后"活动空间。这种"幕后"活动空间就是机会。管理者对这种空间有一定的认识，并能在其间活动以追求自己的利益，这种行动能力就是权力。[①]管理者的"机会"配置规则在很大程度上决定了教师在处理公共教学事务时所可能得到的回应，或接受或敷衍或拒绝等。可见，合理地配置机会非常有必要。

"机会"在一定程度上也是一种"资源"，指教学培训、学术会议选派、教学改革的推优评选、教学名师推荐、教学竞赛评选等物质和精神奖励。那么，机会配置的标准是什么呢？就是"高投入——合理机会回报"的标准（见表 6.16）。这是基层学院最突显的非正式教学激励制度。教师的教学投入的表现是获得"机会回报"的重要依据。"高投入"教师指的是高公共事务投入的教学积极分子，即尽心投入教学工作，关注各种教学专业事务，为课程体系的设计、教学的规范化花费大量的精力，有良好的教学表现，对学院教学管理业务的参与度高，为维持公共教学事务的秩序作出贡献。"合理机会回报"指的是有付出有奖励，以及同等条件下的优先机会分配权。这个标准对于激励教师教学具有极大的正面意义，足以见得具有一定的合理性和必要性。

当然，这些"机会"的分配表现出一定程度的只可意会不可言传的倾向，因为"低教学投入"不是一件可以公开指责的事情。也就是说，管理者内心按照教学投入标准对教师有一个隐形的高低排序，在"回报"教师的时候就可以内定某些"机会"给"高教学投入"的教师，排除某些被管理者所知悉的"低教学投入"的教师。

---

① BARNES B. The Nature of Power[M]. Cambridge, UK: Polity Press,1988: 22-23.

表 6.16   机会配置的微分析

名称	材料来源	参考点	参考点举例
机会配置	6	33	—
非常合理和公平的事情	1	1	公事总得有人来做,我们都是请专业强、对学院工作热心的老师来做。但这些工作都是常态和常规的工作,不可能一直不考虑教师的精力和时间的投入。学校和学院还是会有一些"资源"的,一旦有这些机会,我们当然要优先安排对学院贡献大的老师。这也是非常合理和公平的事情
排序	2	5	如果学校给我们 2 个名额,我们倾向给投入教学比较多的老师。如果有 3 到 4 个名额,我们就会开会排序了。我们首先考虑对教学比较感兴趣的老师。有些老师教学很不好,可他的教学改革项目的本子写得很好,学院排序还是把他排在后面的。我们学院的排序就决定谁能够获得教学改革项目。学院对于教学改革项目的初步筛选就起作用了
往后排	2	5	我们学院在有限的权力范围内,有一些激励的方法。一是核心工作参与比较多的老师,或是教学团队参与度比较高的老师,我们学院,至少在我这里,对于他们的进修、出国、教改项目申报支持等方面会有考虑。对于平常教学不好的老师,且有好处就争、就抢的老师,我们会往后排,这种老师会感到有一定的压力。关于资源分配,我们对积极参与教学工作的老师倾斜

续表

名称	材料来源	参考点	参考点举例
学校和学院还是会有一些"资源"的	4	10	作为副院长我还是可以更多赋予做事的老师一些资源,比如派老师出去学习,向学院推荐让这些做事的老师参与一些激励项目,再比如我自己有一些科研项目,我喊他来参与
清楚老师的教学声誉	5	12	我们不能把教学质量好不好拿到台面上来说,但我们心里还是清楚哪些老师上课认真、负责、上课投入大、教学质量好,我们还是清楚老师的教学声誉的,学院有机会会优先考虑这些老师

(三)道德与认同

大学组织不断地强调教师的职业道德,教师的教学行动受制于道德价值观、专业规范、教学责任感等非理性因素的影响(见表 6.17)。大学组织的非正式结构具有丰富性和复杂性的特征。非正式结构产生于一种感性的"伦理",而"伦理"自然地存在于组织内各类成员之间的诸种关系之中。伦理精神在协调、控制及资源分配等管理活动中发挥重大作用。基层学院教学管理者将教师视为"师者",这种外部对教师身份的认同能够给教师营造一种积极的氛围,使教师处于积极的情绪中。这种积极的情绪有助于促进教学合作和帮助行为。[①]

"师德"和习俗是制度的特殊形式,具有内在的逻辑,它可以规范大学组织中行动者的行为,并成为行动者的本能和行为准则。教学是教师的一种自我执行契约,当"教学为中心"成为大学的核心工作,教师的理想、信念、追求与学校的目标、使命、愿景都围绕"教书育人"来开展,"教书育人"就成为教师的共同信仰和价值体系。当一个团体中几乎所有人都遵从"教书育人"的惯例时,惯例就凝聚了道德的力量;同时,若个人遵从惯例并且与其交往的其他人也都遵守了惯例,"合作的道德"就演化出来了。"教书育人"

---

① 普鲁特.社会冲突:升级、僵局及解决(第 3 版)[M].金盛熙,王凡妹,译.北京:人民邮电出版社,2013:55.

的惯例的逻辑力量非常强大。基层学院"隐性的合作道德"规范了教师的教学行为,促使更多的教师"良心"从教。这种生发并作用于教师自身的伦理最能够激励教师"良心"教学。此时,教师对"教书育人"惯例的遵从往往是不假思索的,也不问"为什么要遵从"和"怎样去遵从"一类的问题。

表 6.17　道德与认同的微分析

名称	材料来源	参考点
道德	2	2
"良心"投入教学	1	1
部分教师如果认可他的社会责任	1	1
认同	3	7
重视这个(教学)工作还真不是看重这个钱	1	1
老师对自身工作的认识更重要	1	1
教学是一种"奉献"	1	1
教师的内心动力	1	1
共同的价值观	1	1
感到价值	1	1
大家都有共同的价值观	1	1

（四）文 化 与 传 统

教师教学行为受到"传统和文化"的影响。"传统和文化"指的是基层学院的内在属性和性质,包括一些优质特性的教学规范、价值和观念等。共有信念、意义解释和价值取向构成了管理者和教师行动的情境,它们内化到教师的内心深处,使教师在教学工作中自觉地按照这些价值和观念的规范调整自身的态度与行为,也反向成为管理者实施权力的一种约束手段。

以 M003 学院为例,"传统和继承"是该学院内部最核心的自发形成的非正式教学激励制度。M003 学院管理者在谈到学院教师教学投入高、凝聚力高时,着重强调了"传统和继承"是学院内部的教学激励制度。M003学院从成立以来,学院领导就一直努力地构建教师专业团体共同开展各种教学探讨、教学反思活动,不断地引导教师专业团队分工合作,共同申报国家级、省级教学项目。在这种"领导者＋一流教师团队"共同构建专业培养模式的教学文化下，学院开启了"高物质投入、高人力资本投入、高教学成果"的良性循环（见表6.18）。

表6.18　文化与传统的微分析

名称	材料来源	参考点
传统	2	4
老院长都很重视教学工作	1	1
传承	1	3
执行了很多年	1	1
专业的老规矩	1	1

　　院校文化传承主要是以独特的教学文化为基础的正式和非正式的教学管理制度。"老领导"重视教学、团结教师投入教学的管理经验获得了成效，新一代的领导者就沿用了"老领导"的经验和模式。院校文化的传承方式主要三种。第一，"新对老"的模仿。新一代人模仿学习上一代人在教学工作中形成的规则和惯例。第二，教师群体交流。教师群体通过集体学习与个人反思实现知识的共享与创生，教师在参与的过程中感知到学院对教学工作的重视。由此，教师产生了对"师"和"组织成员"的身份认同。第三，管理者和教师在信任基础上的互动。领导者推动建构的教师专业共同体不仅建立了社会性的人际关系，更重要的是通过彼此的"深度会谈""商讨"和"实践"建立了和谐、尊重、信任的相互关系。在大学管理者与教师交往的过程中，他们通过彼此的倾听与表达，思想、观点、智慧的碰撞，不断地反思与批判，自身的专业水平逐渐提升，教师形成了对"师"和"组织成员"的身份认同，更重要的是大学管理者构建了畅通的教学规范、教学讨论的沟通网络，该网络极大地调动了教师教学的积极性。

　　学科规范和教学规范在教师群体中建立起来并不断发挥作用。规范是一种无形的力量。大学组织通过共享价值和信念对教师的教学行为进行引导和约束，形成教学探讨、教学反思和教学成果一体化的合作模式。这种合作模式是建立在"正当性"的信仰基础上的。投入教学工作不是"针对个人利益的诱惑"（"为我做这件事"，或"你若帮我做这件事，我会为你做些别的事"),而是一种"超越个人价值的号召"("为团队做这件事",或"做吧,这是一件好事")。"教学重要"就是一种"正当性"信仰基础上的教学文化,它使"教学是自己的义务"成为教师的信条,激励该学院的教师群体投入学院的各种教学活动。大学管理者所着力营造的教学专业共同体的情境,使得教学高投入的自我实施模式在教师心中生根。教师面对教学,通常不会问自己想要做什么,而是必须做什么和应该做什么。

第四节 "校—院"传导与反馈互动: 教学激励机制的效果评价

教学激励机制是一种机制系统,包括校级—院级、院级—教师、校级—教师三个层面。校级与院级构成了层级教学激励机制,校级—教师和院级—教师构成了大学组织对教师的激励机制。院级教学激励制度的制定与实施构成了教学激励机制的重要部分,但由于层级权力约束和层级激励规则缺失,院级实施教学激励的效果是有限的。"校—院"两级所存在的双重制度扩散机制及其互动,促使教学激励的制度化和非制度化的扩散路径的形成,院级实施教学激励与校级教学激励制度构成了正向的"互动"和负向的"抵制"反馈的回路。

本节主要对"校—院"层级的教学激励机制的效果进行评价,将基层学院对教师实施教学激励的效果评价放入第七章第四节进行探讨,以便于集中呈现校级对教师和院级对教师的教学激励效果。

一、双重扩散路径:"校级—院级"的制度扩散

校级实施教学激励的行动通过校级和院级的考核传递给学院。学院会对如何实施教学激励进行局部调整。校级对院级实施教学激励的传导并不具有一致性,不是一种强制性执行的机制。校级对院级实施教学激励存在制度化和非制度化的扩散路径。

第一,制度化激励的传递。校级教学激励制度会通过层级治理机制进行扩散传递。制度化扩散是指上一层级出台的制度经由行政管理制度向

下一层级进行传播,使同质性的制度自上而下地传递。一般而言,校级与院级之间的治理关系是制度化教学激励的扩散路径的基础,为学院实施正式教学激励制度提供了合理的基础,极大扩大了基层学院对具有教学贡献教师的奖励范围和强度。

由于院级对校级实施的正式教学激励制度的认可度是不确定的,使得校院两级在出台正式制度方面具有较高的差异性。基层学院对校级教学激励制度的认可度影响了制度扩散的范围和速度。基层学院管理者对院级实施的教师教学激励机制的效果的不同认知会导致采取截然不同的策略。如果学院认为校级教学激励制度的实施确实推动了院级教学工作的顺利进行,能够实现教学改革创新,能够提升教学成果数量和质量,学院就趋向于实施制度化激励。这时候,基层学院实施的教学激励就是校级教学激励制度的延续和拓展。如果基层学院认为校级教学激励制度并不能激励教师更好地投入教学,特别是层级授权规则、层级激励规则与主流的重科研导向都会使得基层学院在出台激励制度方面缺乏动力,基层学院会疏离甚至有悖校级教学激励制度。

第二,非制度化激励的扩散。非正式交流路径的存在弥补了刚性的教学规定。正式交流路径遵循规范性与制度性,确保层级之间教学激励制度的同形与传递。非正式交流路径具有柔性特征,是一种校级—院级之间的交流。非正式扩散路径所发挥的桥梁作用加速了学院实施教学激励的进程。但这种校级与院级之间的非制度化扩散具有不确定性和变异性。非正式扩散路径较为狭窄,对某些具有突出教学成果的学院缺乏连续性的、固定的经费资助。不连续的资助经费增添了学院获得额外经费的变数。而且校级对具有强烈教学需求的学院只进行有限的补贴,这使得学院在开展教学工作方面存在较多的不满情绪。

二、"互动"与"抵制":"校级—院级"的制度反馈

大学层级治理结构中,校级组织处于实施教学激励的权力等级的顶端和核心,掌握重要的配置性资源和权威性资源。校级实施教学激励机制时,由于信息不对称使得"一线教师的声音"无法获得更好地传递。而基层学院管理者是"接近教师群体的底层",他们是最能获悉教师和学院的教学

激励需求的。基层学院能够通过制度化和非制度化激励解决教师最迫切的教学需求。尽管校级与院级层级规则为基层学院的行动框定了正式结构,但基层学院对自己定位的感知、专业发展方向的把控,学院管理者的角色认知和学院自筹经费的充裕度使得院级实施教学激励的行动表现出截然不同的反馈效果。

第一,基层学院在处理校级权力和教师群体关系时并不是采取截然分开和对立的态度,而是采取相互配合、相辅相成的态度。一方面,层级授权和激励规则对基层学院实施何种教学激励形成了约束,校级层面的教学激励制度引导基层学院针对合理的教学需求出台与校级一致的教学激励制度。另一方面,基层学院作为专业教学服务的一线供给平台,管理者可以基于自由裁量权通过学院内部的工作方法、程序、管理模式和行为规范影响院级内部的教学服务供给的水平和质量,并能够在一定程度上实施校级激励制度。校级激励制度与院级制度激励共同生成了校院两级的正式教学激励制度。

第二,院级实施的物质补贴制度在一定程度上满足了教师合理的教学需求。基层学院教学管理者行使教学事务的选择性裁量权具有非常大的差异,如教学环节的"合理物质补贴"就不同。校级教学激励制度具有相对"普遍性",在操作和执行标准上不会面面俱到,这就需要基层学院来填补"漏洞"。"细化规则"可以理解为对校级教学激励制度的"升级"和"规范"。基层学院在专业范围内对正式教学激励制度进行细化和规范,使得教学激励制度在执行上体现了"灵活适用"的原则。首先,基层学院管理者最能够了解和理解专业教师的教学需求,他们在教学激励规则执行上更能够突出灵活性、公平性和人文性。其次,他们更能发展出一套有利于教学内涵的,激励教师教和学生学的制度设计。再次,他们更加能够将经费投入到满足教学需求和解决教学困惑的地方。最后,在实施教学激励的过程中更能根据具体的情景来解读和重新制定教学激励规则以便不断优化。总的来说,基层学院管理者在具体情境中更能基于专业教学的角度考虑教学激励的效率、情感和人文性。

第三,基层学院实施的非制度化激励是制度化激励的重要补充。基层学院相比学校是一个小集体,在这一个小集体中,教师彼此都认识,更有可能出现基于情感的行动。如果个别教师不考虑学院的利益,不愿意在教学工作方面进行投入,他的声誉会受到影响。小集体的激励方式包括经济激励和社会激励。社会激励在小集体中具有较突出的作用,使教师产生"共心"。在小集体中,教师群体容易出现集体导向的行为,即教师为集体的目标作出贡献。在教学激励方面,基层学院比校级层面更容易组织起教师投入教学的集体行动。基层学院内部存在"社会压力",教师会考虑集体的理由,"教学工作必须有人完成",教师必须对集体或教学服务做出贡献。正如巴纳德所论述的"外部的物质激励必须在非正式激励的基础上才能发挥作用"。① 非物质的、非正式的人际关系和道德责任是制度化教学激励的重要基础,在实施教学激励方面发挥重要的作用,即机会配置规则、文化与传统、道德与认同等。

第四,基层学院实施教学激励的内外情境,校级教学激励制度所代表的互相冲突的价值,内部教学利益之间的妥协会使基层学院在实施创新性教学激励制度方面止步不前。基层学院与校级管理者对教学激励实施中出现的问题缺乏互动和谈判。在长期与校级行动者的博弈过程中,基层学院发现自己的努力和反馈很难获得合理的回馈,作为一个拥有有限裁量权的行动者不得不选择"不变"或"适度改变"或"放弃"。教学激励机制的运行是自上而下的过程,而不是自下而上的过程,这就使得教学激励的需求者无法获得适当的回应。层级权力规则的定型化使得一切都很难发生改变。可见,校级对院级所实施的教学激励的效果是有限的。

---

① 斯科特,戴维斯.组织理论:理性、自然与开放系统的视角[M].高俊山,译.北京:中国人民大学出版社,2011:81.

第七章 制度约束下的教师教学
投入与行动策略

　　校级层面在政府推动本科教学评估的形势下有自身层级的应对策略和行动,基层学院在有限自由裁量权的行使及规制下实施教学激励的行动亦有其特征。那么在校级层面和基层学院管辖下的教师教学会受到什么样的制约呢? 在教学服务供给过程中,教师对大学教学质量的影响甚大。教师决定提供什么水平的教学服务的决策会影响他们的教学行为和教学质量的高低。与此同时,教师也承担着科研压力,要完成量化的科研和教学任务,需要对教学和科研都投入时间和精力。在这样的情况下,大学教学的地位发生了何种变化? 教师目前的教学情况如何? 大学教师教学投入的现状如何? 什么影响了教师的教学投入? 在这样的大学内部层级制度环境下教师有什么样的社会性困惑,其表现是什么? 教师的能动性会怎样促使他们与制度之间形成互动? 教师会采取什么样的教学行动策略来应对这样的教学环境? 而在教师的集体行动之下,大学教学激励制度要作出什么样的调整? 这些都是本章要探讨的问题。

第一节　大学教师教学投入现状

　　"教学投入"这一概念从产生起就是一个实践性很强的概念。国外关于"教学投入"的研究已有百年历史,发端于对"教师工作量"的研究。教学工作量是教学投入的一个有限范畴。教学工作量的内涵一直处于变化中,最初的时候教学工作量被定义为周工作时间,包括理论教学时间与备课时间。学者认为教师工作量包括大学教师课堂投入的时间,直接或间接与专业职责、责任和兴趣相关的所有活动。[①] 教学工作量并不等同于"课堂教学时间"。教学工作量不能简单地以教学时间来测算。教学工作量不仅仅包括教师课堂内的工作量,还包括课堂以外教师对于教学活动的投入。[②] 教学工作量是教师付出的所有有关专业方面的努力,包含课堂准备、学术研究、社区服务等活动所投入的时间和精力。[③] 玛丽埃伦(W. Maryellen)从学习者为中心的角度诠释了教师工作应该在教学设计、给学生创造合作学习机会和教学反馈等方面有更多的作为。[④] 可见,教学工作量具有多个维度,我们要从简单的课时数的计算转变为在更复杂的场域里解读大学教师的教学投入。

　　国内对高校教师"教学投入"作出相对比较规范定义的观点主要有四种。第一种观点认为,教学投入是"教师根据教学目标和任务,为保证教学活动顺利开展和教学质量而在整个教学活动过程中投入的时间和精力的总和"[⑤]。第二种观点认为,教学投入是在教育教学活动中教师投入的时间、精力和情感的总和,"情感投入"是教师教学投入的内在动力。[⑥] 第三种观点从时间和情感两个维度考察教学投入,提出教学投入是由时间投入和情感投入构成。[⑦] 第四种观点认为,教学过程是一个特殊的、间接性的认识过程。作为教学活动的投入应该包括时间、精力、心灵感应、思想体悟与情感融入和"专业化"的投入。[⑧]

　　作者认为,教学投入是教师在教育教学和专业成长过程中投入的时间、精力、情感的总和。按照实践中教师教学投入的多元化方式与内容,将

---

　　① YUKER H E. Faculty workload research, theory and interpretation[R]. ASHE-ERIC Higher Education Research Report,1984(10):17-18.

　　② American Association of University Professors. The Work of Faculty: Expectations, Priorities, and Rewards[EB/OL]. (2013-11-27). http://www. jstor. org/stable/40250591.

　　③ 朱红蕊.大学教师教学工作量研究[D].上海:华东师范大学,2014.

　　④ 韦默.以学习者为中心的教学:给教学实践带来的五项关键变化[M].洪岗,译.杭州:浙江大学出版社,2006:56-66.

　　⑤ 何妮.教师本科教学投入问题研究[D].西安:西北大学,2012.

　　⑥ 刘振天.高校教师教学投入的理论、现状及其策略[J].中国高教研究,2013(8):14-19.

　　⑦ 翟洪江.高校教师本科教学投入的影响因素与对策研究[J].教育探索,2015(5):144-148.

　　⑧ 柳友荣.教师"教学投入不足":概念内涵、现实问题与实践向度[J].江苏高教,2020(11):66-74.

教学投入划分为本科理论教学工作量(课堂教学)的显性投入和隐性投入、日常性教学事务投入、竞争性教学投入和教学发展投入。

　　作者通过参与各种学术会议、一流课程培训、学术培训等机会实地进行调查,以大学教师为主要的调查对象,共调查了 185 位教师。调查分为两个阶段:第一阶段先对部分教师进行访谈,以教师反馈的调查结果作为依据重新修改问卷;第二阶段发放网络问卷。从表 7.1 来看,被调查者中,高校男教师有效占比 33%,女教师有效占比 67%。211 大学的被调查者占 34%,985 高校的占 3%,非 985 和 211 高校的占 63%。从专业类属来看,理科的被调查者占 8%,工科的占 28%,社会科学的占 47%,人文的占 12%,可见被调查的大学教师专业分布广泛,数据具有代表性。从职称来看,教授占 17%,副教授占 45%,讲师占 37%,特殊引进人才占 1%。从年龄来看,25 岁以下的占 18%,26～35 岁的占 31%,36～45 岁的占 50%,46 岁以上的占 15%。从工作年限来看,从事高校教师工作未满 1 年的占 8%,1～5 年的占 21%,6～10 年的占 25%,11～15 年的占 14%,16～20 年的占 18%,20 年以上的占 14%。

表 7.1　调查对象教师的基本情况

变量	选项	频率(人)	百分比(%)	平均值	标准差
性别	女	124	67	33	0.47
	男	61	33		
所在大学类别	211 高校	63	34	1.69	0.52
	非 985 和 211 高校	117	63		
	985 高校	5	3		
学历	博士	65	35	2.25	1.05
	在读博士	28	15		
	硕士	73	40		
	本科	19	10		

续表

变量	选项	频率(人)	百分比(%)	平均值	标准差
职称	教授	32	17	2.21	0.73
	副教授	83	45		
	讲师	69	37		
	特殊引进人才	1	1		
年龄	25 岁以下	33	18	2.62	0.95
	26～35 岁	32	17		
	36～45 岁	92	50		
	46 岁以上	28	15		
工作年限	1 年以下	15	8	3.56	1.54
	1～5 年	38	21		
	6～10 年	46	25		
	11～15 年	26	14		
	16～20 年	34	18		
	21 年以上	26	14		
专业类属	理科	15	8	2.77	0.87
	工科	52	28		
	社会科学	87	47		
	人文	22	12		
	其他	9	5		

调查发现,大学教师的教学投入呈现出三个方面的特征:其一,教学工作量制度是教师保持教学投入的制度约束,但教学认知、教学兴趣、教学成就感、教学收入等因素影响教师的隐性教学投入;其二,日常性教学投入与竞赛性教学投入主要依赖于教师的个体特征、学院归属感和教学激励制度;其三,教学发展投入存在不足。

一、本科理论教学工作量的显性与隐性投入

课堂教学包括显性和隐性投入。显性投入指的是可以被计算的大学

本科理论教学工作量,它是教师课程收入的依据。隐性投入指的是课前与课后的备课、指导学生等很难计算的投入。由于信息不对称,大学组织无法量化隐性投入,故不计入支付范畴。

(一)本科理论教学工作量的显性投入

大学功能体现的是大学的社会责任,不管怎么描述,基本元素仍然是人才培养、科学研究、社会服务。大学教师是大学教学工作的承担者。表7.2显示,18.4%的教师承担较少的教学工作量,35.1%教师选择完成基本教学工作量,25.4%的教师选择完成教学工作量,21.1%教师选择超额完成教学工作量。

表 7.2　教师承担本科教学工作量情况

本科教学工作量类别	频率(人)	百分比(%)	有效百分比(%)	累积百分比(%)
301 节以上	39	21.1	21.1	21.1
201~300 节	47	25.4	25.4	46.5
101~200 节	65	35.1	35.1	81.6
72 节~100 节	21	11.4	11.4	93.0
71 节以下	13	7.0	7.0	100.0
总计	185	100.0	100.0	

不同类型的大学都规定了教学工作量的计算规则。该规则为教师教学行动提供了制度依据,不仅规定了大学教师必须承担的本科教学工作量,而且不同岗位的教师所承担的教学工作量有差别,没有达到教学工作量的教师无法满足职称评聘的要求。从表7.3可知,在没有本科教学工作量规则约束的情况下,愿意主动承担本科教学工作的教师多于不愿意承担本科教学的教师。其中女教师上课意愿高于男教师,女教师与男教师愿意上课的比例分别为81.97%和73.39%;拥有硕士学历和本科学历的教师的教学意愿高于拥有博士学历和博士在读的教师,比例分别为79.45%、78.95%、78.46%和60.71%;拥有教授职称的教师具有较高的教学意愿,比例为87.5%;45岁以上的教师教学意愿较高,比例为85.71%。

表 7.3　大学教师本科教学愿意基本情况　　　　　　　　单位:%

类别		愿意	不愿意	类别		愿意	不愿意
性别	男	73.39	26.61	职称	教授	87.50	12.50
	女	81.97	18.03		副教授	72.29	27.71
					讲师	75.36	24.64
学历	博士	78.46	21.54	年龄	25 岁以下	78.79	21.21
	在读博士	60.71	39.29		26~35 岁	78.13	21.88
	硕士	79.45	20.55		36~45 岁	71.74	28.26
	本科	78.95	21.05		45 岁以上	85.71	14.29

但从本科教学工作量的结构看,教师的教学意愿与教学行动之间并不一致。根据表 7.4 的数据,从职称维度看,副教授和讲师中承担 301 节以上教学工作量的比例高于教授,但教授中承担 201~300 节教学工作量的比例高于副教授与讲师;从学历维度看,本科学历教师的教学工作量集中在 101~300 节之间,占比 68.43%,成为承担本科教学的骨干教师。拥有博士学历的教师承担了大量的本科教学工作,承担 301 节课程以上的教师比例为 32.31%,承担 101~300 节之间的教师比例为 49.23%;从年龄维度看,46 岁以上的教师具有最高的教学意愿。从工作年限维度看,工作年限为 6~10 年与 11~15 年且本科教学工作量投入为年 201~300 节的教师,占比分别为 26.09% 和 23.08%。

以工作年限为自变量,大学教师的教学工作量呈现出动态变化的特征。随着教师工作年限的增长,教师的理论教学工作量投入呈现出从低—高—低的特征。当教师的工作年限达到 20 年以上,大多数教师会选择承担较少的本科教学工作量。这一特征表明,不同工作阶段的教师的教学投入策略存在动态性的变化。大部分刚入职的青年教师的年均教学工作量大都在 200 节以下,但也有 39.48% 的青年教师承担了 200 节以上的教学工作量。青年教师承担教学工作量的情况主要受到以下三个方面的影响。

一是学校对教学工作量的硬性规定。部分研究型大学实施"非升即走"的政策,要求青年教师承担较少的教学工作量,将更多的精力投入科研以获得较高的科研产出。但教学科研型大学和教学型大学对助教和教师岗位强制要求较高的教学工作量以确保教学工作的有序进行。

　　二是所在学院教学工作的压力。作为一个"青椒",青年教师一般更多愿意接受学院对课程教学工作量的安排。当学院教学任务重时,青年教师承担较高的教学工作量是一个合理的行为选择。

　　三是青年教师自身的经济压力。青年教师刚刚参与工作,存在较高的经济压力,课时费成为他们的一项重要的经济来源。随着青年教师的工作年限增长,政策导向和个体特征都使得他们不断调整理论教学工作量的投入,并逐渐趋于稳定。大多数教师承担的本科教学工作量都在 200 节以下。

表 7.4　不同个体特征的教师本科理论教学工作量情况　　单位:%

教师个体特征		本科理论教学工作量类别					
		301 节以上	201～300	101～200 节	72～100 节	71 节以下	总计
职称	教授	12.50	28.12	37.50	9.38	12.50	100
	副教授	30.12	22.89	28.92	13.25	4.82	100
	讲师	14.49	27.54	42.03	10.14	5.80	100
学历	博士	32.31	18.46	30.77	9.23	9.23	100
	在读博士	10.71	32.14	35.71	14.29	7.15	100
	硕士	17.81	24.66	41.10	12.33	4.10	100
	本科	10.53	42.11	26.32	10.53	10.51	100
年龄	25 岁以下	24.24	21.21	42.42	9.09	3.04	100
	26～35 岁	18.74	28.13	34.38	6.25	12.50	100
	36～45 岁	23.92	23.91	31.52	15.22	5.43	100
	46 岁以上	10.71	32.14	39.29	7.14	10.72	100
工作年限	1～5 年	10.53	28.95	42.11	7.89	10.52	100
	6～10 年	23.91	26.09	34.78	10.87	4.35	100
	11～15 年	34.62	23.08	30.77	7.69	3.84	100
	16～20 年	20.59	17.65	23.53	26.47	11.76	100
	21 年以上	11.54	34.62	42.31	3.85	7.68	100

　　(二)本科理论教学工作量的隐性投入

　　大学教师对自己专业的研究以及专业认识有着相对较大的掌控权与

支配权。大学教师的专业自主权意味着他们的教学生活是紧紧围绕着专业研究和理解而展开的,是以一个当局者的身份"作而后述"的,不仅要把自己的研究成果和专业理解充分运用到课堂教学中,还要建构课程教学的新体系甚至创造新课程。教育教学过程深深地打上了个体化的烙印,铸就的是"属我"的教学生活。毫不夸张地说,在大学课堂这个特定的场域里,教师就是这个独特时空中的君王。他对专业的所思、所想、所感、所言都是出自他对专业的深刻洞察与独特见解,是一个相当个体化的事情。大学教师在教授知识的过程中彰显着教师个体的专业自主性和自由度。基于专业性要求,教师在承担教学工作量的过程中伴随着隐性教学投入。本科教学显性投入与隐性投入具有本质性的区别。显性投入是可以被量化的,具体表现为教师承担的本科教学工作量。但隐性投入却很难被量化,比如一节课教师投入的备课时间。从表7.5来看,49.2%的教师的备课时间超过3个小时,40%的教师的备课时间在1到3个小时,10.8%的教师的备课时间少于1个小时。

表 7.5　教师备课时间情况

本科教学工作量类别	频率 (人)	百分比 (%)	有效百分比 (%)	累积百分比 (%)
3 个小时以上	91	49.2	49.2	49.2
1~3 个小时	74	40.0	40.0	89.2
半小时到 1 小时	15	8.1	8.1	97.3
半小时以下	5	2.7	2.7	100.0
总计	185	100.0	100.0	

　　备课时间是非常隐性的教学投入。根据表7.6的数据,按照学历维度,博士学历教师的备课时间在3个小时以上的占到56.92%,1~3个小时的占到35.38%;硕士学历教师的备课时间在3个小时以上的占到43.83%,1~3个小时的占到43.84%;学士学历教师的备课时间在3个小时以上的占到52.63%,1~3个小时的占到36.84%。从整体来看,拥有不同学历的教师整体的备课投入较高,呈现出隐性教学投入较高的特征。从职称维度看,副教授的备课投入高于教授和讲师,3个小时以上的占到

53.01％,1～3 个小时的占到 32.53％。从性别维度看,女教师备课投入高于男教师,3 个小时以上的占到58.06％,1～3 个小时的占到33.87％。从年龄维度看,36～45 岁的教师备课投入较高,3 个小时以上的占到 52.17％,1～3 个小时的占到 35.87％。

表 7.6　不同个体特征的教师备课时间情况　　　　单位:％

教师个体特征		备课时间				
		3 个小时以上	1～3 个小时	半小时～1 个小时	半小时以下	总计
学历	博士	56.92	35.38	6.15	1.55	100
	在读博士	42.86	42.86	7.14	7.14	100
	硕士	43.83	43.84	12.33	0.00	100
	本科	52.63	36.84	0.00	10.53	100
职称	教授	46.88	40.63	9.38	3.11	100
	副教授	53.02	32.53	10.84	3.61	100
	讲师	46.38	49.28	2.90	1.44	100
性别	女	58.06	33.87	5.65	2.42	100
	男	31.15	52.46	13.11	3.28	100
年龄	25 岁以下	48.48	42.42	6.06	3.04	100
	26～35 岁	43.75	46.88	6.25	3.12	100
	36～45 岁	52.17	35.87	9.78	2.18	100
	46 岁以上	46.43	42.86	7.14	3.57	100

从备课时间的分布看,大学教师在专业敬畏、负责、审慎的态度方面存在较高的差异。表 7.7 显示,12.2％的教师愿意对本科课程备课投入高是因为大学规定教师必须承担本科教学工作量,20.1％的教师是出于教学兴趣,44.5％的教师愿意高投入本科教学备课是出于教学成就感,22.5％的教师则出于教学是教师的基本责任,而愿意对本科教学备课进行高投入。可见,除了课程专业程度和课程熟悉程度,教学工作量的"刚性"指标、教学兴趣、教学效能感、教师教学认知是大学教师隐性投入高的核心影响因素。

表 7.7　教师本科教学备课投入高的原因分布

教师本科教学备课投入高的原因	频率(人)	百分比(%)	个案百分比(%)
完成教学工作量	51	12.2	36.2
教学兴趣	84	20.1	59.6
学生认可我产生个人成就感	99	23.7	70.2
我个人的教学表现让我有个人感知的成就感	87	20.8	61.7
教师的基本职责是教学	94	22.5	66.7
其他	3	0.7	2.1
总计	418	100.0	296.5

　　教学成就动机是重要的内生动力之一。成就动机,是指驱动一个人在社会活动的特定领域力求获得成功或取得成就的内在推动力量。[①] 教师是否具有教学成就动机,表现为教师在教学过程中是否体验到教学价值。教学成就动机使大学教师具有内生动力去对教学进行高投入,即自主和自愿对教学进行高投入。自主和自愿投入教学实际上是教师对自己自尊、荣誉和才学的一种认可和重视。这种高投入并不是为了称号和奖励,而是教师感觉到自己能够通过教学实现自我价值。教师的教学效能感更能促使教师愿意为了教学付出更多的努力。教学效能感概念在理论上来源于班杜拉(Albert Bandura)的自我效能(self-efficacy)概念。班杜拉认为,所谓自我效能,是指个人对自己在特定情景中是否有能力去完成某个行为的期望,它包括两个成分,即结果预期(outcome expectation)和效能预期(efficacy expectation),其中结果预期是指个体对自己的某种行为可能导致什么样结果的推测;效能预期是指个体对自己实施某行为的能力的主观判断。[②] 吉布森(Sherri Gibson)和登博(Myron H. Dembo)认为,如果将班杜拉的自我效能理论应用到教师效能感上,则结果预期反映了教师相信环境能被控制的程度,即学生不管在何种家庭背景、智力水平、学校环境中,都是可以培养教育的。效能预期反映了教师对自己能为学生带来正面

---

　　① 刘永芳.归因理论及其应用[M].修订版.上海:上海教育出版社,2010:217.
　　② 参见:邢强,刘毅,主编.教师心理健康教育[M].广州:广东人民出版社,2013:197-198.

改变的能力的评价。[①]

在教师不愿意投入本科教学的原因中,表7.8显示,科研压力高、教学奖规则设置不合理、教学名师、教学对职称评聘权重不高、课时费微薄是教师隐性教学投入不高的重要原因,比例(个案百分比)分别为66%、63.2%、58.4%、50.3%、49.7%。从各原因的比例来看,教学收入对教师教学投入具有一定的影响,教学投入的最核心的影响要素是科研压力。教师的能力是否能够得到学校的认可,是否能够得到社会的尊重,是否有职称晋升的机会与希望,是否能够实现自我价值,是否能够从工作中得到成就感与满足感都依赖于科研。为了获得更多的认可,教师必须在科研和教学方面进行选择。科研压力已经成为影响大学教师的隐性本科教学投入的显性要素。与此同时,教学收入、教学管理制度、职称评聘制度、科研压力、教学激励制度不合理、教学兴趣不足、教学能力不足是教师隐性投入低的重要原因。

表7.8　教师本科教学备课投入低的原因分布

教师本科教学备课投入低的原因	频率(人)	百分比(%)	个案百分比(%)
课时费与我的投入不相符	92	14.1	49.7
教学事故的威胁	63	9.6	34.1
教学督导干扰	46	7.0	24.9
教学对评职称的权重不高	93	14.2	50.3
缺乏教学兴趣	6	0.9	3.2
不擅长教学	6	0.9	3.2
科研压力高	95	18.6	66.0
其他	27	4.1	14.6
教学名师	108	16.5	58.4
教学奖	117	17.9	63.2
总计	653	100.0	353.0

---

① 参见:俞国良,辛自强.社会性发展心理学[M].合肥:安徽教育出版社,2004:534.

二、日常性教学事务与竞争性教学投入

除了教学工作量被硬性规定外，日常性教学事务和竞争性教学投入更多取决于教师的投入意愿。日常性教学事务主要集中在基层学院，是指与教学质量及人才培养相关的活动。竞争性教学投入是指教师个人项目申报、评选奖项或者指导学生参与各种竞赛等投入的时间和资源，具体指大学教师参与竞争性项目申报、教学奖评选、教学评选等的投入。

（一）日常性教学事务投入

基层学院是安排和实施教学工作的单位，除了安排教学任务外，还有烦琐的教学事务。教学事务投入指的是教师参与或承担学院教学管理事务，如参与一流学科或课程申报、参与撰写教学大纲、专业培养规划等事务。一般来说，教研室作为最底层的教学单位负责具体安排和实施各种教学事务。学院教学事务的安排并不能依靠强制执行，大多数教学事务都依赖于教师是否愿意投入教学事务。从表 7.9 来看，45.9％的教师教学投入程度高，48.6％和 5.5％的教师对教学事务投入动力不足。

表 7.9　教师对教学事务的投入程度情况

教学事务的投入程度	频率（人）	百分比（％）	有效百分比（％）	累积百分比（％）
投入高	85	34.1	45.9	45.9
投入一般	90	36.1	48.6	94.6
投入低	10	4	5.5	100
总计	185	74.3	100	

根据表 7.10 的数据，从职称维度来看，教授、副教授、讲师对学院的教学事务投入程度较高，一流课程、一流专业等国家基金项目申报都要求较高的职称。与此同时，学院专业规范、专业介绍、专业课程规划等都需要教授给予专业性意见。某种程度上看，教学事务投入程度高的教授的比例很大程度上在专业规范和管理方面保障了专业发展的水准。从性别维度看，女教师参与教学事务的投入程度高于男教师，相对比其他同事高的比例为44.35％。从年龄维度看，26～35 岁和 45 岁以上教师投入教学事务的程度较高，比例分别为 53.13％和 64.29％。

大部分教师对参与学院的教学事务并不积极。从表 7.11 来看,教师主要由于学院归属感弱、科研压力大、教学事务过度烦琐和自身特征等原因,并不愿意参与学院教学事务。其中专业归属、学院强制性安排是教师是否愿意参与学院教学事务的核心原因,其比例分别为 27.4% 和 23.7%。从表 7.12 来看,科研压力大、教学事务过度烦琐和学院归属感不高是教师不愿意参与学院教学事务的核心原因,其比例分别为 30.4%、40.1% 和 11.3%。

表 7.10　不同个体特征的教师教学事务的投入程度情况　　单位:%

教师个体特征		教学事务的投入程度			总计
		相对比其他同事高	一般	低于其他同事	
职称	教授	53.13	43.75	3.12	100
	副教授	42.17	48.19	9.64	100
	讲师	47.83	50.72	1.45	100
性别	女	44.35	50.81	4.84	100
	男	49.18	44.26	6.56	100
年龄	25 岁以下	18.18	75.76	6.06	100
	26～35 岁	53.13	40.62	6.25	100
	36～45 岁	47.83	45.65	6.52	100
	46 岁以上	64.29	35.71	0.00	100

表 7.11　教师参与学院教学事务的原因分布

教师参与学院教学事务的原因	频率(人)	百分比(%)	个案百分比(%)
学院归属感高	69	19.7	37.3
专业归属感强	96	27.4	51.9
和学院领导的关系好	35	10.0	18.9
学院强制安排任务	83	23.7	44.9
教研室主任	53	15.1	28.6
其他	14	4.1	7.6
总计	350	100.0	189.2

表 7.12　教师不参与学院教学事务的原因分布

教师不参与学院教学事务的原因	频率(人)	百分比(%)	个案百分比(%)
科研压力大	94	30.4	50.8
对教学事务不感兴趣	31	10.1	16.8
教学事务过度烦琐	124	40.1	67.0
对学院的归属感不高	35	11.3	18.9
其他	25	8.1	13.5
总计	309	100.0	167.0

(二)竞争性教学投入

《国家中长期教育改革和发展规划纲要(2010—2020 年)》第十九条规定:"加大教学投入。教师要把教学作为首要任务,不断提高教育教学水平;加强实验室、校内外实习基地、课程教材等教学基本建设。深化教学改革。"基于此,教师参与教学改革、课程建设等活动均被纳入"教学投入"之中,属于竞争性教学投入。大学教师竞争性教学投入主要包括两个部分:一是教师作为主持人申报的教学项目,如一流课程、线上课程等;二是教师作为指导教师指导学生参加的各类国家级竞赛和 SRT 项目。竞争性教学投入的存在主要依赖于两个方面。第一,教师从竞争性教学投入中获得自我成就。自我实现的需要是马斯洛需要层次论中的最高层次,人的自我实现的需要与追求精神利益的满足是挂钩的。对于高校教师而言,竞争性竞赛能够使教师体验到教学工作的成就感。第二,竞争性导向的教学投入能够获得学校认可,获得相应的奖励。

1. 教师主导教改项目申报的投入

从表 7.13 来看,72.3%的教师参与教学改革项目申报是基于评职称与岗位要求,69.3%的教师是基于个人教学兴趣和反思。与之相反,从表 7.14 来看,教师不愿意申请教学改革项目的原因也较为突出和集中,65.9%的教师不愿意申报教学改革项目是由于教学项目经费比科研经费少,46.5%的教师是出于教学改革项目结题过程烦琐。相比科研项目申报和结题,教学改革项目申报不仅需要提供申报书,还要提交课程教案、教学示范例和课程录像等。教学改革项目的申报材料还需要包括教师对课

程的教学反思,部分呈现教师的教学改革路径。经费资助低和资料烦琐也
使得部分教师不愿意申报教学改革项目。除此之外,教学改革项目的申报
过程需要进行校级评审,评审过程缺乏对教师个人的教学学术指导,大多
数项目申报在校级层面就被否决,在很大程度上不被教师所认可。

表 7.13   教师申请教学改革项目的原因分布

教师申请教学改革项目的原因	频率(人)	百分比(%)	个案百分比(%)
评职称和岗位要求	99	46.7	72.3
个人教学兴趣和反思	95	44.8	69.3
学院强制安排	13	6.1	9.5
其他	5	2.4	3.6
总计	212	100.0	154.7

表 7.14   教师不愿申请教学改革项目的原因分布

教师不愿申请教学改革项目的原因	频率(人)	百分比(%)	个案百分比(%)
教学改革项目结题烦琐	86	31.4	46.5
经费相对科研经费少	122	44.5	65.9
没有兴趣	36	13.2	19.5
其他	30	10.9	16.2
总计	274	100.0	148.1

2. 教学竞赛与教学名师评选的投入

教学成果像其他形式的学术一样是一种成果,这种成果的显露过程需
要经过一段时间。当教师将工作公开、接受同行评价和批评,并与所在专
业社团的其他成员进行交流时,反过来又加强了自己的工作。这时教学就
变成了教学学术,而这些也是所有学术工作所具有的特点。教学竞赛和教
学名师选拔都具有一定的规范程序。参与教学竞赛和教学名师选拔的教
师需要提交大量材料以体现自己的教学投入。参赛材料包括说课录屏、撰
写反思教学实践的书面小结、教学方案设计、课件制作、优秀教案、课堂教
学质量创建等重要教学环节和教学能力的证明材料。不仅如此,为了强调
竞赛的公平性,在竞赛评审阶段要求材料展示和教学展示相结合,并提供

院系评价和学校评价的成绩。竞赛过程体现了竞赛的公平性,强调"教学反思"和"教学研究",初衷是通过公开竞赛不断增强教师教学行为的自觉性和科学性,提升教师教学实践的合理性和促进教师的教学学术能力。教学竞赛与教学名师评选的制度设计提升了部分教师的教学积极性,从表7.15来看,43.4%的教师有意愿参与教学名师评选,而30.9%的教师对参与教学名师评选缺乏积极性。从表7.16来看,47%的教师有意愿参与教学竞赛,27.3%的教师对参与教学竞赛的积极性不高。可见,在实践操作方面,教师对"教学反思"评价存在较高的争议和质疑,同时竞赛的烦琐性和材料准备的高投入影响了教师参与教学竞赛和教学名师评选的积极性。

表 7.15　教师参与教学名师评选的意愿情况

教师参与教学名师评选的意愿		频率(人)	百分比(%)	有效百分比(%)	累积百分比(%)
有效	否	77	30.9	41.6	41.6
	是	108	43.4	58.4	100.0
	总计	185	74.3	100.0	
缺失	系统	64	25.7		
总计		249	100.0		

表 7.16　教师参与教学竞赛的意愿情况

教师参与教学竞赛的意愿		频率(人)	百分比(%)	有效百分比(%)	累积百分比(%)
有效	否	68	27.3	36.8	36.8
	是	117	47.0	63.2	100.0
	总计	185	74.3	100.0	
缺失	系统	64	25.7		
总计		249	100.0		

3. 教师指导学生参与各种级别竞赛的投入

教学评估指标对多种教学成果进行量化,其中各种专业导向的、创业导向的大赛成为衡量大学教学质量的一个核心指标。目前大学教师作为指导教师指导学生参加各种级别的竞赛项目已经制度化了。教师指导学生参加高水平竞赛需要花费大量的时间与精力,是教师重要的教学投入。这种竞赛性教学投入更多基于教师个人的选择。教师出于培养学生的目的有兴趣指导学生参与各种竞赛。教师是否选择竞赛性投入也依赖于与此有关的各种激励教师指导学生的政策。实践中,大部分教师在竞赛中缺乏工作的激情,一方面由于教师在思维方法、教育理念、教育教学方式方法和教学手段方面不愿意大量投入,另一方面由于经费限制和缺乏组织使大部分教师对指导大学生参与各种竞赛的积极性不高。

表 7.17　教师指导学生竞赛的意愿情况

教师指导学生竞赛的意愿		频率(人)	百分比（%）	有效百分比（%）	累积百分比（%）
有效	否	116	46.6	62.7	62.7
	是	69	27.7	37.3	100.0
	总计	185	74.3	100.0	
缺失	系统	64	25.7		
总计		249	100.0		

三、大学教学发展投入现状

2018 年,国务院发布的《关于全面深化新时代教师队伍建设改革的意见》把教师的使命规定为"爱岗敬业、教书育人,改革创新、服务社会",要求"搭建校级教师发展平台,组织研修活动,开展教学研究与指导,推进教学改革与创新"。根据对文件法规的解读,教师的教学投入不仅表现在教学工作量上,也表现在教学发展投入上。教学发展投入主要是指教学研究、教学改革、教师专业发展、教学反思等。教学反思是教师通过行动研究、比较、总结、对话法等,对自身教学活动展开的理性分析与矫正的活动。教学发展投入的目的是改进教学、提升质量。专业发展可以满足教师的认知需要和情感需要,使教师产生强烈的满足感,实现自我价值。因此,教师的教学发展是教师在教学工作中不断进取、自我实现的重要途径。当教学发展能够成为大学教师的奋斗目标与内在需求,他们就更愿意参与更多的教学发展项目,使自己的教学能力获得进一步提升。相反,如果教学发展项目无法满足大学教师的教学发展需求,或者他们在反思性教学中找不到专业途径,那么选择减少教学发展投入是理所当然的选择。

从表 7.18 来看,教师参与教学发展活动的原因有很多种,超过 80% 的教师选择了"提升教学能力提高教学质量",54.3% 的教师选择了"教学发展活动能够促进更好的教学反思",这说明教学发展活动对于提升教师的教学能力,提高学校的教学水平具有实效性。近 50% 的教师选择了"职称或者岗位的刚性要求""学院委派任务""学校实施教学发展的要求",这体现出教师参与教学发展项目仍具有强制性,教师对于教学发展活动缺乏主动性与积极性。教师专业发展不仅需要教师自身的努力,还需要得到学校的支持和帮助,职业培训和教学反馈是教师专业发展的重要途径。职业培训主要有岗前培训和在职培训。在岗前培训方面,大多数培训为"走过场",仅仅只是组织教师参加教育学、教育心理学等课程的学习,偏重理论学习,忽视了培养教师如何在教学中运用知识的能力。因此,教学发展项目的体验和满意度是大学教师是否投入教学发展的重要原因。

表 7.18　教师参与教学发展活动的原因分布

教师参与教学发展活动的原因	频率(人)	百分比(%)
提升教学能力提高教学质量	151	82.1
职称或者岗位的刚性要求	96	52.2
学院委派任务	84	45.7
学校实施教学发展的要求	83	45.1
教学发展活动能够促进更好的教学反思	100	54.3
其他	6	3.3

表 7.19 显示,44% 的教师对教学发展项目的满意程度为一般,有 19.6% 和 26.6% 的教师的满意程度为满意和比较满意,仅有 9.8% 的教师的满意程度很低。可见,目前教师普遍对教学发展项目还较为满意,但是教学发展项目还有待进行更好的设计。

表 7.19　教师对所在大学提供的教学发展项目的满意度

教师对所在大学提供的教学 发展项目的满意度	频率(人)	百分比 (%)	有效百分比 (%)	累积百分比 (%)
满意	36	19.6	19.6	19.6
比较满意	49	26.6	26.6	46.2
一般	81	44.0	44.0	90.2
不满意	16	8.7	8.7	98.9
极不满意	3	1.1	1.1	100.0
合计	185	100.0	100.0	

　　表 7.20 进一步呈现了不同大学类型的教师对教学发展的投入差异，"985"和"211"高校教师对教学发展项目满意程度较高，比较满意及以上的占比分别为 60.8% 和 50.6%，且均没有对教学发展项目极不满意的教师。而非 985 和 211 高校的教师中有 52.7% 对所在大学提供的教学发展项目的满意程度一般，另有 8.1% 和 2.7% 的教师不满意和极不满意。这说明，"985"和"211"高校提供的教学发展项目质量较高，教师满意程度较高。

表 7.20　不同大学类型的教师对所在大学提供的教学发展项目的满意度情况

单位:%

大学类型	对所在大学提供的教学发展项目的满意度					合计
	满意	比较满意	一般	不满意	极不满意	
985 高校	21.7	39.1	30.4	8.7	0	100.0
211 高校	23.0	27.6	40.2	9.2	0	100.0
非 985 和 211 高校	14.9	21.6	52.7	8.1	2.7	100.0

第二节　身份困惑:教师社会学困惑的集中表现

　　美国社会学家米尔斯(C. Wright Mills)曾经提出并区分了环境中的个体困扰(trouble)与社会结构中的公众论题(issue)两个概念。所谓个体性的困扰,产生于个体与他人的直接联系,是由个人原因而产生的对生存和发展具有不利影响的事件。所谓社会性困惑是指当自我原始认知指导的行为结构并未得到应有的社会认可或自我行为结果的预期时,产生的一种困扰,一种对自我原始认知的反思。① 大学场域中教师的社会性困惑主要体现为身份困惑,即教师在工作时所感受到的来自外部社会的压力,进而在自身心理或认知上产生的一种困扰。教师身份困惑的存在具有普遍性,尤其是在制度调整、外部环境变迁时期。一方面,教师的身份困惑是对原始认知、行为逻辑的一种反思,另一方面,教师的身份困惑是个体后期调整认知与行为的一致性所必然产生的疑问。因此,及时识别教师个体在制度调整、环境变迁下的困惑,厘清教师个体身份困惑的缘由,不仅有利于教学激励制度的有效调整,也有利于教学激励制度的推进与实施,更有利于达成最大化激励效果。

一、大学教师身份困惑的形成机理

身份(identity)以及身份认同是影响职业效率的一个关键因素。大学教师作为高等教育的供给主体,其身份及认同直接影响了高等教育的质量以及整个区域的文化水平。身份泛指人的出身、地位、资格,不仅是人在社会关系中的地位及结构,还是社会成员的社会属性标识和社会分工的标识。② “身份”回答了一个“我是谁”的问题。与身份相对应的是身份认同概念,身份认同即对身份的确定与归类。身份认同可分为主观认同与客观认同,具体而言,主观认同是自我对所处身份的认可程度,客观认同是其他人对特定个体身份的认同情况。赵昌木对国外大学教师的身份演变进行了总结,他认为欧洲大学教师身份由“行会师傅”转变为“社会的特权阶层”,欧洲大学教师依然延续着优秀学术传统。而随着教育变革以及教育的市场化,美国大学教师的身份逐渐由神圣的知识权威走向了世俗的知识商人,由传统学究走向了现代经济人。③ 刁彩霞等人认为,大学教师身份具有三重性,即经济人、权利主体与学术人。④ 经济人是指自然个体与生

---

① 米尔斯.社会学的想象力:第2版[M].陈强,张永强,译.北京:生活·读书·新知三联书店,2005:6-7.

② CASTELLS M. Power of Identity, The Information Age: Economy, Society, and Culture [M]. Oxfordshire: Blackwell Publishers, 1997: 437-439.

③ 赵昌木.欧洲大学组织结构与教授权力形态[J].北京社会科学,2017(1):4-12.

④ 刁彩霞,孙冬梅.大学教师身份的三重标识[J].现代大学教育,2011(5):22-26,112.

俱来的属性,是教师追逐合理利益最大化的现实;权利主体是指个体对公义理性的诉求,是个体作为社会成员取得的权利和义务;学术人是指个体对知识真理的追求。由此可见,大学教师的身份是多元的,动态调整的。作者通过整理分析 A 大学 9 名教师的半结构化访谈内容,发现教师的社会性困惑主要表现为身份困惑,并对教师的身份困惑进行了归纳,采纳刁彩霞等人的观点,认为由大学教师的三重身份所延伸出来的社会性困惑,具体体现为学术价值困惑、教学交换价值困惑以及身份道德困惑,具体比重如表 7.21 所示。

表 7.21   教师社会性困惑的构成

名称	材料来源	参考点
社会性困惑	9	141
经济人身份下的价值困惑	6	12
学术人身份下的价值困惑	8	41
权利主体自由与权力困惑	4	88

大学教师身份困惑的形成机理在于教师身份的多元性与动态性的冲突。一方面,教师身份的多元性是指教师同时兼有学术人、经济人、权利主体的身份。大学教师的身份困惑主要源于他们对多元身份内容的认知的不协调,其产生具有必然性。教师身份的多元性不仅表明教师角色的拓展,也意味着身份之间的不一致与矛盾将促使大学教师沉浸于身份困惑的迷雾中。大学场域中的教师不再是单纯的研究者和师者,还承担着更多的社会、政治角色。教师的多重身份之间具有共同点,但同时也具有差异性及冲突点。如经济人追求利益最大化与学术人追求真理第一性之间的不一致。另外在教师的学术人身份中,由于学术分为教学与科研两部分,教师在精力、智力有限的状态下,教学学术与科研学术之间必然会存在着冲突,要兼顾教学和科研的教师要么科研多做一点,教学少做一点,要么科研少做一点,教学多做一点。大学教师的身份困惑由此而生。

另一方面,身份的动态性是指身份是随着政策调整和社会变迁而变化的。2014 年 12 月 23 日凌晨,四川大学教师"周鼎"在网络上发布了"今夜死去了自白书",惊动全国。"自白书"共 1225 字,周鼎在里面说"相信讲好一门课比写好一篇论文重要的人,今夜死去了……讲好一门课能折算成几篇论文？学院说，不知道！教务处说，也不知道！校长说，我也不知道！教务处说中华文化课一周只有三个学时。我说为了这三个学时我整整准备了三周，而为了讲好这三个学时我至少准备了三年。为什么我们的大学教学质量每况日下？因为一个老师的职称只与他的科研成果有关。一门课的工作量如何计算？教务处说，我们按照课时来计算。那一刻，我真希望自己是一部复读机。从前，科研是副业。现在，教学是副业"。① 教学边缘化的环境使得教师对身份的自我认同和社会认同难以保持和谐统一的状态。当大学场域中的惯习从"治学"演变为"重科研、轻教学"的时候，教师个体的身份认同就处于不断变化中，以往熟悉的"把书教好"的身份认同已经被打破，这种变化无法与教师期待的结果相一致，他们被动地调整身份的自我认同以期与社会对教师的身份认同相接近，但是效果甚微，种种变化造成了教师认知定位的偏差、情绪上的受挫，加剧了教师的身份困惑，具体见图7.1。

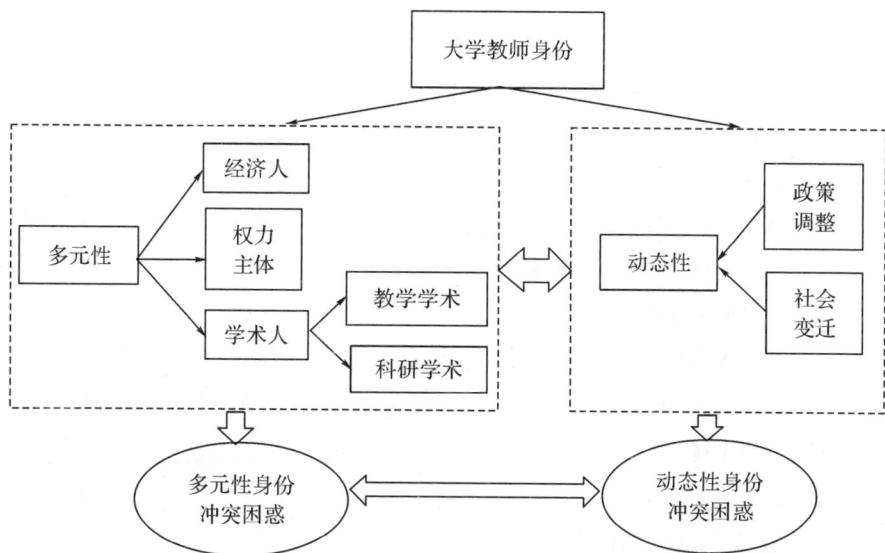

图 7.1　大学教师身份困惑的形成机理

① 普芮，周哲. 教书匠之死：是什么逼得高校教师不愿教书？［EB/N］.（2014-12-29）［2021-06-25］. https://cul. qq. com/a/20141229/016425. htm.

二、学术人身份下的价值困惑

大学教师学术身份包括教学学术身份与科研学术身份。当教师的教学学术身份与科研学术身份由于外围环境变化及外部权力机构(学校)强制植入科研学术价值高的制度而相互冲突时,教师感受到了教学身份价值被剥夺与被贬低的困惑。教师作为学术人的身份困惑的外部表现形式为"焦虑""压力过大"等(见表 7.22)。大学教师基于理性行为人的价值最大化准则,在调整自身的学术人身份困惑后采取相应的行动策略。

表 7.22　教师学术人身份下的价值困惑的开放性编码

名称	材料来源	参考点
教师学术人身份下的价值困惑	8	41
教学身份剥夺	6	14
教师分层	2	2
科研才能获得尊重	5	10
科研压力对教学的投入的影响是渐变的	2	2
教学身份价值贬低	4	5
教学贡献认可低	1	1
教学价值低估	1	1
教学仅仅是评职称的基础条件	2	3
科研激励的扩散效应	6	11
科研激励高	4	9
政策是变化的	2	2
科研压力太高	4	11
健康不能换名誉	1	3
科研绩效是压榨机制	3	6
科研完成太辛苦	1	1
科研压力下的焦虑	1	1

教师学术价值困惑的形成呈现出"重科研"导向,以及科研与教学分离的过程:强科研导向→强科研压力→教师教学身份相对剥夺感→教师教学

身份价值的相对贬低。重科研的导向使教师出现了多元身份冲突困惑并导致了教师行动策略的调整(见图 7.2)。教师个体对行动策略的调整使其他教师个体的身份冲突的困惑总是处于动态调整过程中。大学教师的学术身份困惑是教师个体与个体之间相互影响的过程。

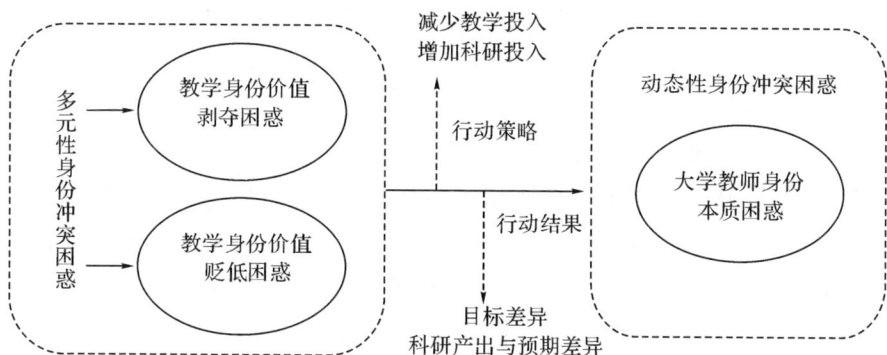

图 7.2 大学教师学术人身份困惑的形成与调整

(一)教学身份价值相对剥夺困惑

相对剥夺一词最先出现在斯托弗(S. A. Stouffer)的一篇文章中,他将一个人与比他成功的其他人比较时产生的失落感称为相对剥夺,但是他没有给出正式的定义。[1] 朗西曼(W. G. Runciman)认为,剥夺是一个相对概念,即相对剥夺。[2] 相对剥夺可由横向对比和纵向对比产生,即同一时空点上的不同人群对比以及同一对象上的不同时空点状态对比,如自己过去生活以及自己预期价值的对比。教师的教学身份价值相对剥夺困惑产生于他们对教学价值与科研价值的对比。教师身份的自我认同和他人认同往往基于某一维度身份的价值而定,价值越高则身份象征越高,就越能给个体带来心理满足。当外部环境不赋予两种身份价值时,个体会通过自我权衡两种身份价值的高低,进而作出选择行为来响应。当外部环境强制植入某一身份特定价值时,原始状态下的个体价值认知产生了分歧,即原始

---

① 任国强,尚明伟,潘秀丽. 参照群与群间相对剥夺:理论与实证[J]. 财经研究,2014,40(8):130-144.

② RUNCIMAN W G. Relative Deprivation and Social Justice: A Study of Attitudes to Social Inequality in Twentieth Century England [M]. Berkeley: University of California Press,1966.

身份价值判别与外界植入身份价值之间形成巨大落差,进而产生了身份价值被剥夺的困惑。

大学组织存在这样一种逻辑,"高校社会声望即教师科研能力的提升能够促使教师更好地教学"。教学更多被视为大学的基本工作,却不是最"出彩"的工作,于是大学组织为重视科研工作找到了合理的解释,论文发表、项目、科研奖项是大学教师获得晋升最重要的砝码。与此同时,大学规模不断扩大,学生日渐增加,教师的教学负担越来越严重。2014年,有学者对52所研究型和教学科研型大学的教师进行了调查,收回3674份有效问卷,发现教师所从事的工作主要包括教学、科研和社会服务三部分。在工作时间分配上,我国研究型大学教师的大部分时间和精力是放在科研活动中的。她认为,教师考评制度、收入分配制度、权力关系和学术氛围是教师分配教学、科研和社会服务时间的核心要素。[①] 大学教师的工作性质在常规教学工作以外,通常涉及更多的是研究。大学场域中的教师为获得"学术人"或是"研究者"的身份而处于拼杀中。即使部分教师认为教学工作能够体验到欣悦、成就感和兴趣,试图保持"师者"的身份认同以及与之相应的认同关联行为,也无法抵挡这种"以成果论晋升"的价值导向。

2008年以来,A大学处于较大的制度变迁中,出台了一系列的教师激励措施,主要涉及教学激励措施和科研激励措施。教学激励措施如"跨世纪优秀人才培养计划""优秀青年教师资助计划""学校骨干教师资助计划"等一系列奖励计划和人才工程。科研激励措施主要包括科研成果、科研项目、科研获奖和专利津贴政策。这些措施的目标是培养出大学所认定的人才。人才标准是:第一,获得较高的学术或是荣誉称号,如中国工程院院士、中国高被引学者、"百千万人才工程"、"有突出贡献的中青年专家"、"青年学术创新人才"称号等;第二,获得较高级别的项目,如国家自然或社会科学基金;第三,成为学校的学科带头人;第四,拥有博士学位能够获得潜在学术荣誉或是较高级项目的人。这些举措一方面促进了A大学的快速发展,另一方面也使得教师的竞争平台已经不再仅限于校内,而是博士学位、毕业院校的知名度、全国范围内的"期刊""论文""奖励""项目"的竞争,

---

① 付梦芸.柯罗诺斯之困[D].上海:华东师范大学,2017.

教师的认知及行为发生了很大的改变,使得许多教师在"师者"和学术人的身份认同之间产生了对自身的身份困惑。尽管部分大学教师对教学工作比科研更感兴趣,但更多的教师不得不视自己为"学术者"才能获得在大学组织中的身份认同。如 T004 教师所言:

> 我就是一名老师,我最想做的就是好好教书。但是学校还是应该考虑我们一线教师的困难,学校现在给我的感觉就是教学工作是一个谁都可以做好的事情,好像科研好的老师教学就一定好。实际上很多科研好的老师如果负责,才能是一个好的老师。我感到我的教学价值是不被学校认可的。学校只看我们是否有教学成果,没有教学成果就没有价值吗?我感到我认真的上好课,难道学生认可就不是认可了吗?不写教改文章,不做教改课题,我就不能够获得学校的认可。这种学校认可的标准让我感到特别的冰冷。(T004)

> 实际上我认为教学工作是比较难的。首先,教学需要我们传授知识,而传授知识本来就是学者的学术活动之一,我们不仅要传授知识,还需要探究知识、整合知识和应用知识。这都需要我们在教学活动中表现出独有的创造性,实际上我们是通过分析、综合以及把知识以一种新的、更有效的方式传授给学生。但学校很少对教学工作或教学工作应该履行任务的质量提出明确的要求,教师在教学与辅导学生方面所投入的时间和精力得不到应有的承认。(T004)

现今高校中,教师工资待遇主要取决于科研能力和成果,教师教学水平高低、教学业绩好坏几乎不影响教师收入以及职称晋升,教师的教学表现也缺乏相应的制度管理。教学现实使高校教师产生了"科研能力强、成果丰硕的教师就是好教师""教得再好,没有研究成果就不行"的观念。访谈中,T004 教师提及"学校给我的感觉就是教学工作是一个谁都可以做好的事情",表明了教师主观感知教学的低价值性。继而教师又陈述"好像科研好的教师教学就一定好",表明教学价值低的原因在于和科研价值相比,在学校的机制下,不但教学价值低,甚至只要科研做得好,科研价值就能够凌驾于教学价值之上。在这种相对价值被剥夺的情况下,教师有了"特别冰冷"的现实切身困惑。

(二)教学身份价值相对贬低困惑

当教学无论在经济上还是在社会认同上都不能起到积极的作用,而且它的价值无法满足行为人经济和社会需求的时候,行为人只有调整策略,对低价值的事情减少投资,这时教学的动力也就仅仅来自于教师"心态"的因素了。或者更直接地说,教学获得的文化资本低于科研获得的文化资本。法国社会学家皮埃尔·布尔迪厄认为,"文化资本在形式上表现为一种身体化的文化资源,本质则是人类劳动成果的一种积累,是以人的能力、行为方式、语言风格、教育素质、品位与生活方式等形式表现出来的,包括文化能力、文化习性、文化产品、文化制度在内的文化资源的总和"。[①] 文化资本是直接影响教师学术身份价值的一个重要因素,起着关键的作用,拥有强文化资本的教师具有较高的教学效率。较低的文化资本降低了大学教师的身份价值转换速率,虽然投入大量精力到教学、科研上,但是价值反而相对较低,进而加剧了教师的压力和焦虑的程度。

以 2015 年计,A 大学获得博士学位的教师,毕业于 211 和 985 高校的占 27.91%,本校的占 18.96%,其他地方性大学的占 53.13%。获得硕士学位的教师,毕业学校是 211 和 985 高校的占 26.10%,本校的占23.55%,其他地方性大学的占 50.35%。获得学士学位的教师,毕业于 211 和 985 高校的占8.38%,本校的占 27.10%,其他地方性大学的占 64.52%(如图7.3 所示)。

从 A 大学教师的学位与职称构成来看(见表 7.23),获得博士学位的教师中的 37.23% 有评职称的压力,获得硕士学位的教师中的 71.84% 面临职称评定和攻读博士学位的双重压力,因为按照 A 大学职称评定规定,必须是博士才具有评定教授的资格。可见,大多数教师面临着职称评定以及攻读博士学位的压力。

---

① 布尔迪厄.文化资本与社会炼金术:布尔迪厄访谈录[M].包亚明,译.上海:上海人民出版社,1997:192-201.

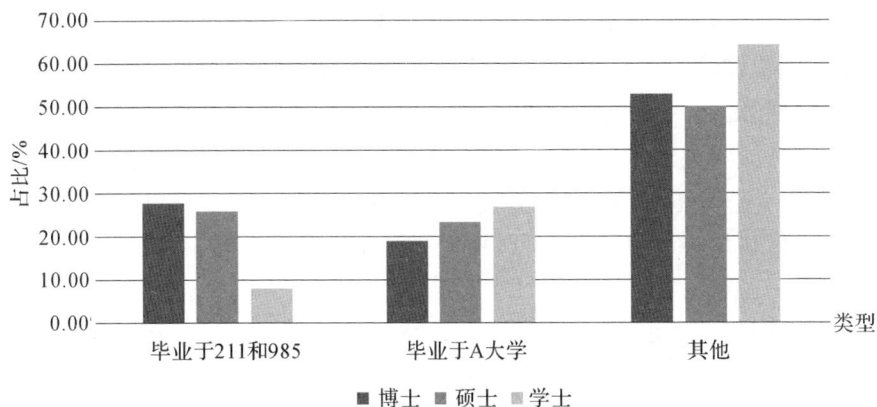

图 7.3　A 大学教师的学位来源结构

表 7.23　A 大学教师职称与学历结构　　　　　单位：%

获得学位	副教授	讲师
博士学位	33.2	4.03
硕士学位	28.51	43.33

不仅研究型大学里的教师对学术研究情有独钟，教学科研型的 A 大学也将学术研究成果作为大学教师生存的筹码，这使得学术资本不足但在教学上兢兢业业的教师群体发现很难在大学中找到自己的位置。大学教师的教学价值很大程度上被贬低了，不仅因为教学工作很难在学术场域中确立一个客观的标准，更关键的是在科研学术的奋斗过程中，"圈内人"的学术价值远远高于"圈外人"的教学价值。

（三）学术身份困惑下的行为调整

当教师群体感知到"教学身份价值相对剥夺""教学身份价值相对贬低"的困惑时，教师作为理性人将会采取效用最大化原则调整行为策略，进行价值均衡性的调适，作出"减少教学投入、增加科研投入"的决定。但是这种行为调整并没有如预期那样得到相应的价值均衡，反而催生了差异性的两种行动结果，加剧了价值失衡。

第一种行动结果：科研产出与预期产出之间的差异引致的价值失衡。许多教师面临职称晋升与攻读博士学位的压力，由于教师个体的精力、时间和智力有限,当教学学术身份无法体现价值时,这些外部压力而非教师的主观能动性迫使教师必须以科研学术立身。在这种被动的情况下,教师进行科研必定会耗费更多的精力、时间与智力,这就使得教师投入科研的负担成本过高、过大。而且 A 大学原始文化资本低,在全国各高校科研院所排名中竞争力不强,产出价值较低。在科研投入过大、产出较低的情况下,高校教师科研产出低于预期产出,教师对自身的科研学术身份心存疑虑。

第二种行动结果:大学教师在行动策略调整过程中对理想与现实的教师工作目标的差异化认知所引致的价值失衡。大学教师的期望身份蕴涵着思想自由、学术自由、传道授业解惑之意,而现实却是以"合格""晋升"为客观标准的目标考核,教师疲于应付各种科研与教学压力,仅仅是为了"生活"。当理想与现实目标出现差异的时候,大学教师的科研学术身份与教学学术身份的关系在动态性的变化中发生了更多的冲突,加剧了教师对自身身份的困惑。在调适过程中,教师群体反而加深了对自身"学术人"身份及生存的困惑,他们无法获得对自我身份的认同,认为自己仅仅是为了"学术人"的身份存活而已。

三、经济人身份下的价值困惑

教师的经济人身份是指有理性的教师希望自己的劳动(教学活动)能够获得合理的报酬。作为一个理性的人,教师希望自己的专业知识能够给自己带来合理的报酬。在报酬价值高低不同的情形下,个人自然倾向于选择高报酬的机会。报酬是员工和雇主之间交易关系的一部分,是组织或雇主付给员工以作为工作的回报。报酬的类型及其分配方式对激励员工有很大影响。大学教师的教学报酬分为两部分:内部报酬和外部报酬。内部报酬是教学任务本身带给个人的,是教师感知的心理体验。具有内在性激励的教学工作在本质上是令人满意的,有趣的并令人愉快的。而外部报酬则是他人给予的。受外部激励的工作绩效就是为获得与任务本身无关的物质或社会报酬。教师能够获得的教学报酬代表了大学组织对待长期从事一线教学工作教师的态度,即大学组织是否看重和信任一线教师。教师教学工作获得的收入并不仅仅代表"教学收入",更重要的是向大学教师传达组织是否重视教学工作的信号。从经济学的角度看,大学教师提供的这种服务是有一定的交换价值和使用价值的,教学收入长期不变、教学绩效评价偏低都会使得大学教师质疑"组织公平""分配公平"等问题。

教学工作量的计算及支付方式是教师获得教学报酬的基础。高校教师教学工作量的基本标准,是高等学校管理实践中一个非常重要的问题,是教师本人、高等学校及政府主管部门同时关注的问题,其核心是教师的满负荷工作量标准问题。根据 1979 年《关于高等学校教师职责及考核的暂行规定》提到的各级教师职责,教师的教学工作可以划分为讲课、课程辅导、课堂讨论、习题课、实验课、指导实习、指导毕业论文与毕业设计、编写教材、教学法研究、指导研究生和教师的进修等方面。1981 年的《高等学校教师工作量试行办法》将教师的备课纳入到讲课的范围之中,并增加了批改作业、指导课程设计、指导社会调查、考试考查等四个方面的内容,扩充了教学工作的范围。至此,政府主管部门关于教学工作内容的界定已达到 14 项。1985 年 4 月,教育部颁布了《关于当前高等学校教师工作量问题的意见》(〔85〕教师管字 004 号),在提出各高等学校对各级教师要有教师工作定额要求的同时,认为"原教师工作量办法计算较烦琐,某些工作环节计量不尽合理,对各级各类不同情况的学校照顾不够",把制定教师工作量定额的权力下放到各高校,要求"高等学校应根据《高等学校教师职责及考核的规定》,结合学校定编或岗位责任制的建立,明确各级教师应承担的工作定额"。自此,高等学校教师的教学工作量不再有全国统一的标准,不同的高校根据自身的情况,制定出了不同的教学工作量标准。目前大学教学工作量基本标准受到三个方面的影响:一是学校层次因素,不同层次的学校对教师教学和科研要求的标准不同;二是学校类别因素,不同类别的学校上课方式不尽相同;三是课程差异因素,文科、理科、艺术类之间有差别,基础课与技能课之间也有差别。这三种因素确实与教学工作量标准密切相关,但并不是制约统一标准的决定性因素。

自 1999 年开始,到目前仍然在进行和深化中的新一轮高校人事分配制度改革,一个突出的特点就是人力资源管理方面的规范化和科学化,把人力资源效益提升到与办学效益相同的高度,既从人力资源总量上进行控制,又从每一个岗位的满负荷工作量标准上进行控制,尤其是作为各类人员基本工作量标准制定依据的教师教学工作量基本标准。教学工作量被定义为"为完成教学任务而直接面对学生的各项工作,如讲课、辅导课、习题课、课堂讨论、批改作业、实验课、指导实习、社会调查、指导写平时论文、毕业论文、课程设计、毕业设计、期末考试、考查以及教学法研究工作"。至于教材和教学法资料的编写工作,则应按照标准的工作时数折算计入教学工作量。实践中,教学工作量核算和支付制度在大学不断地实践和研究过程中已经逐步成型,如大学统一对讲课、辅导课、习题课、课堂讨论、批改作业、课程设计、毕业设计、期末考试等都统一使用课时费进行支付。对指导平时论文、毕业论文和毕业设计统一以"篇"进行结算。教学工作量计算和支付标准成为大学教师管理中一项基本的规定,并成为大学教师承担教学工作量和获得教学收入的基本准则。基于该准则,教学收入与显性工作量直接相关,但与隐性投入并不相关。也即是说,教学收入的多少并不与教师的教学表现直接挂钩,即听课学生人数的多少、教师的教学水平是否得到同行认可都不直接影响教师的收入。

教师的专业素质是在漫长的专业教学中不断提升的,是在适应与调整专业规范中更新的,融入了教师的时间和成本。教师创造的教学价值就是靠教师实践摸索和体验获得的,是基于教师的知识、经验、技巧、诀窍的。事实上,大学教师对大学组织的贡献在很大程度上是说不清的,管理者只能按照必要的科研和教学的信息量进行收入分配。但由于缺乏教师教学的基础信息,而且现行的教学工作的考核和评价制度没有考虑到被评价者的知识优势、工作差别等,课时费计算过于笼统,标准不够系统和科学,无法体现教师教学服务的差异,使得教师的教学价值和教学贡献被最大限度地"隐藏"了。高教学投入与低教学收入无法匹配相应的绩效工资,投入教学工作不能够获得与科研相同的奖励,微薄的教学收入使教师对教学投入与收获失衡不满。而且大学教师的教学高投入具有隐蔽性的特征。大学组织评估教师教学投入的方式使得教师的投入与收入无法形成一种平等交换关系。当教学收入与教学投入长期不对等时,高教学投入的教师感到自己创造的教学价值难以获得物质奖励和组织认同,物质需求高的教师群体对教学工作的心理契约更容易破裂,教师作为经济人身份下的交换价值困惑由此而生,这是教学投入与产出失衡的产物(见表7.24)。

表 7.24　教师经济人身份下的价值困惑的开放性编码

名称	材料来源	参考点
经济人身份下的价值困惑	2	5
教学绩效设计并不合理	1	2
教学工作复杂事情多但钱少	1	1
教学投入差异应该获得差异性收入	1	1
课时费不管如何投入都是固定的	2	3

作者对 A 大学 300 名教师进行了问卷调查,从表 7.25 可以看出,每次课的备课时间超过 2 小时的教师占 16.67％左右。教师备课时间超过 1 小时的比例是 33.33％,半小时及以下的占 13.33％,半小时～1 小时的占 36.67％。从理性的视角看,投入越高的教师,有高教学价值的教师更容易产生教学经济价值的困惑。

表 7.25　A 大学教师备课时间投入结构表

备课时间	教师人数(人)	比例(％)
半小时以内	40	13.33
半小时～1 个小时	110	36.67
1 个小时～2 小时	100	33.33
2 个小时以上	50	16.67

A 大学教师的教学投入,特别是备课投入比重较高,但教师的教学收入总体不高。2012—2015 年 A 大学五个学期的全校教学课酬结构呈现了教师的教学收入(见表 7.26)。课酬高于 1 万元的比例分别为 3.44％、4.36％、2.83％、1.49％和 0.06％,课酬在 5001 元～1 万的比例为 9.65％、10.11％、12.42％、9.87％和 1.33％,课酬在 3001～5000 元的比例为 17.4％、18.94％、18.43％、19.7％和 7.39％,课酬在 3000 元以下的比例为 38.76％、37.47％、37.06％、37.27％和 61.45％。可以得出结论,五个学期教师的课酬费用低于 3000 元的比例最高,尤其是 2014—2015 学年课时费为 3000 元以下的教师比例突然增加,显示教师更愿意承担相应教师岗位要求的教学工作量,该比例呈现了教师积极承担教学工作量的意愿降低。

表 7.26　2012—2015 年 A 大学五个学期的全校教学课酬结构　　单位：%

课酬（元）	学期				
	12-13-1	13-14-1	13-14-2	14-15-1	14-15-2
3000 以下	38.76	37.47	37.06	37.27	61.45
3001～5000	17.40	18.94	18.43	19.7	7.39
5001～10000	9.65	10.11	12.42	9.87	1.33
10001 以上	3.44	4.36	2.83	1.49	0.06
NA	30.75	29.12	29.26	31.67	29.77
合计	100.00	100.00	100.00	100.00	100.00

注：12-13-1 是指 2012—2013 学年第一学期，以此类推。NA 指该学期没有承担教学工作的教师。

2015 年，A 大学拥有不同课酬的教师职称结构呈现出以下特征：副教授和讲师是本科教学的主力军，其中具有博士学历的副教授的课酬集中在 3000 元以下和 3001～5000 元（见表 7.27）。

表 7.27　A 大学承担教学工作的教师的基本构成　　单位：%

课酬（元）	职称				
	教授	副教授	讲师	助教	合计
3000 以下	26.49	38.67	34.42	0.42	100.00
3001～5000	19.10	41.19	38.81	0.90	100.00
5001～10000	25.46	42.16	32.38	0	100.00
10001 以上	11.11	46.03	42.86	0	100.00
NA	27.46	37.05	34.82	0.67	100.00

教学收入偏低并不是 A 大学的特例，而是大学普遍存在的现象。教师的教学收入无法体现他们的教学投入，在很大程度上导致了教师经济人身份的价值困惑。

四、权利主体身份下的"教学自由"困惑

同质性的教学评估和教学激励导向使教师感觉自己辛苦的教学工作不能获得应有的尊重，反而受到评估、责难与质疑，于是教师对自己的教学工作的价值与意义产生了困惑与怀疑，使教师处于权利主体身份下的"教

学自由"困惑中(见表 7.28)。

表 7.28　教师权利主体身份下的教学自由困惑的开放性编码

名称	材料来源	参考点
权利主体自由与权力困惑	5	20
忽略教师的权力	3	13
教师是第三等人	1	2
教学惩罚过度了	1	1
没有尊重教师的文化	1	2
缺乏尊重影响教师的教学积极性	1	1
作威作福	1	1

大学教学管理者的惩罚激励较为突出,导致了教师投入教学的负面情绪。赫茨伯格(F. Herzberg)指出,最简单、最明确且最直接让员工做事的方式有三种:正面刺激、负面物质刺激及负面精神刺激。[1] 罗斯巴特(M. Rothbart)认为,使用奖励和惩罚对人类行为的修正具有重要的影响作用。[2] 斯科特(S. G. Scott)指出,对员工行为实施恰当刺激,有利于强化事件,对于维系和提升员工绩效是必不可少的,对员工的任务表现实施权变的正强化会提高员工绩效,而负强化则会引发员工表现出逃避或回避的反应。[3] 卡茨(D. Katz)认为,惩罚是"对消极事件或积极事件的去除而降低个体对事件响应频率的表现"[4],"企图用令人不愉快的手段来迫使某人改变行为"[5]。阿维(R. D. Arvey)和伊万切维奇(J. M. Ivancevich)提出,惩罚

---

①　HERZBERG F. One more time: How do you motivate employees? [J]. Harvard Business Review. 1987,9(10):5-16.

②　ROTHBART M. Effects of motivation, equity and compliance on the use of reward and punishment[J]. Journal of Personality and Social Psychology, 1968,9(4):353-362.

③　SCOTT S G, BRUCE R A. Determinants of innovation behavior: A path model of individual innovation in the workplace[J]. Academy of Management Journal, 1994,37(3):580-607.

④　KATZ D. The motivational basis of organizational behavior[J]. Behavioral Science, 1964,9(2):131-146.

⑤　艾恩. 奖励的惩罚[M]. 程寅,等译. 上海:上海三联书店,2006:43.

被认为是不道德且缺乏人道主义，并不会绝对消除不良行为的影响。[①]

　　教师实现自身认同和完整主要依赖于自身，教学是其中重要的一种方式。教师教学的动力主要源于内部，包括分享知识和自我满足感，而优质的教学设施和手段以及学校管理者的支持则是他们获得自我满足感的前提条件。关于组织文化与教师动机研究的结论证实了教师动机的内部取向，有更多的证据表明组织文化对人的行为的影响是强有力的。[②] 教学的长期投入需要教师具有强烈的动机。教师是否更多地投入教学取决于教学工作是否使教师感受到真实与真我，是否在教学工作中获得了自我认可。教学的"教"是一种教师自我独特性和知识的结合。如果教学工作能够使教师感受到深层的愉悦，如果教学工作是教师内心真正想做的，那么即使收入与投入不匹配，教师依然会醉心于工作。如果教学工作与教师自身认同相悖，与偏好不契合，不能使教师感到愉悦，那么教师就会逐渐放弃这个工作或减少投入。教学投入高的教师不用监督，他也能好好地教学。教学"马虎"的教师在教学评估的标准导向下可以"糊弄"监督者。

　　校级层级对教师教学工作的基本规范，包括课程教学大纲的制定与管理、教材的选用与管理、课程授课形式和方法、作业与实验要求、课程考试和成就评定、教师的考勤和管理等都进行了规范性的要求。如要求课程必须有教学计划，合理安排学时，制定教学进度表。每节课要有讲稿上课，开课权要有完成 2/3 教案的要求，不允许无讲稿上课，要更新讲稿。在规定各种教学工作规范的同时，还制定了教学事故的处理方法，对教师授课方面的事故进行了规定。教师授课必须遵守教学大纲、教学进度，不按照进程讲授，自行减少和修改教学内容，未携带任何教案或点名册，非班车原因上课迟到 5 分钟、提前下课、不按系统调课都属于教学事故。教学规范并不考虑教学活动的特殊性，最关键的是这种导向使教师认为教学是一件非常麻烦的事情，并不是专业知识的麻烦，而是行政监督的麻烦，因此减少上课是避免麻烦的最佳途径。

　　① ARVEY R D, IVANCEVICH J M. Punishment in organizations: A review, propositions and research suggestions[J]. Academy of Management Review, 1980, 5(1):123-132.

　　② ROSS P S. A descriptive study of adjunct faculty motivation[D]. California: Pepperdine University,2003.

从表7.29可知,即使教师教学的动力来自内部,但是教学管理者的失序行为等也会影响教师的教学热情。可见,教师教学的动力还来源于额外的收入、尊重与承认,工作的独立自主更是增加了教师的自我满意感。然而压力也是一个重要的外部因素,包括时间、学生行为以及管理政策等。压力在一定程度上会限制教师的创见。大学组织通常对教师的教学工作进行各种评估、监督和巡视,这种外部压力以教学的量化标准来体现。因为科研已经被量化,似乎如果不将教学量化就没有参照的标准了。教学是教师传播知识和思想的一线阵地,是教师内心的呐喊,而现在却沦为教师岗位职责的一个基本要求。但是这种工具性的外部强制力量只能规范"形式",偶尔才能在教学中发挥作用,而且也不能取得威信,不能在很大程度上改善教师在教学工作中的行为,对教学内涵、教师的内在教学动机、教师的自我认可毫无帮助。评估、监督和巡视这些外部压力本身并没有问题,但行政监控、评估标准化的"不合理性"与"不公平性"削弱了教师作为"师者"的"光环",特别当教学评估的对象仅仅是教师群体,教学管理者的失职会增加教师"不公平"的感受。最关键的是行政评估和监督导向使教师自我感知为大学组织中的"第三等人",让教师感受到"不公平"和"不被尊重"。大学教师在教学工作中常常感到他们是"被疏离的",受到漠视、评判、嘲讽和伤害,因为教学只是他们工作的一部分。他们感觉到繁密的教学管理规则的重重约束,工作的方方面面不断地受到各种评估和监管,这也引发了他们对教学管理者和教学评估形式的广泛批评。大学教师最清楚自己的教学行为的决策是怎样作出的。信息不对称使教师能够抵制管理者或监督者的控制与约束。

表 7.29 约束教师与"不约束"管理者的微分析

名称	材料来源	参考点
约束教师与"不约束"管理者	2	26
等级	1	6
行政人员缺乏约束	1	3
行政人员是一等人	1	2
约束规则都是针对教师的	1	1
愤怒	2	8
不通知教师就动用学生	1	1
措手不及	1	1
单打独斗	1	1
痛心	1	1
辛辛苦苦	1	1
一直等	1	1
影响上课进度	1	1
管理者应对	1	5
抱歉	1	1
不了了之	1	1
掉链子	1	1
管理者的问题	1	1
管理者难堪	1	1
行动	1	7
较真	1	3
停下来	1	1
无法上课	1	1
遇到事情敢说	1	1
暂停上课	1	1

第三节　心理契约下的大学教师教学行动策略

20 世纪 60 年代初,美国学者阿吉里斯(C. Argyris)首次发现企业内有一种影响员工行为的"心理工作契约"。[①] 与这一观点一致,舍姆(E. H. Schem)认为,心理契约是组织行为中强有力的决定因素。[②] 1989 年,出于组织不能"感知"员工且组织和员工两个主体常产生理解不一致等原因,卢梭(D. M. Rousseau)从个体单向视角对心理契约进行了重新定义,他认为心理契约是个体对双方交换关系中彼此义务的主观理解和信念。[③] 单向的心理契约指组织只是提供形成心理契约的环境和背景,并不拥有一份关于其成员的心理契约,即心理契约只是形成于员工个人单方面的。莫里森(E. W. Morrison)和罗宾森(S. L. Robinson)指出,心理契约被广泛界定为员工对于自己与组织之间相互责任的理解,理解的基础是员工所感知的来自组织的承诺,而组织的代理人未必认可这些责任和义务。[④] 在长期教学工作中,基于自我激励的心理契约、教师与组织之间的交易心理契约、教师与学生之间的双向关系心理契约较为突出。尽管不同类型的心理契约对教师教学投入的程度都产生了重要的影响,但教师个体形成的心理契约并不是一成不变的,随着心理契约的改变,大学教师的教学投入也随之改变。不同类型的心理契约交错着共同决定了大学教师的教学投入程度。

一、自我激励的心理契约下教师的"教学投入"

大学教师具有知识型员工的特征:一是综合素质高,具有较强的成就取向,具有自我价值实现的需求;二是工作自主性较强,表现为独立工作的

①　ARGYRIS C, DITZ G W. Understanding Organizational Behavior[M]. Homewood Lllinois: Dorsey Press,1960:5.

②　SCHEIN E H. Organizational Psychology[M]. USA:New Jersey Prentice-Hall,1980.

③　参见:魏峰,李燚,张文贤.国内外心理契约研究的新进展[J].管理科学学报,2005(5):86-93.

④　MORRISON E W, ROBINSON S L. When employees feel betrayed:A model of how psychological contract violation develops[J]. The Academy of Management Review, 1997,22(1):226-256.

能力强;三是教学工作具有较强的创造性,工作价值常常以某种思想和创意的形式出现。教师个体都有自己的伦理准则,伦理准则带有很强的引导性,它是在处理任何人、任何社会的相互关系时应该遵循的标准,起着指导人们行为的作用,包含情感、意志、价值选择等,是符合最基本道德标准的准则。伦理准则使得教师从内在动机和外部规范等不同层面消解可能存在的行为失范。如道德意识、良心对教师群体的教学行为具有一定的约束、规范作用。教师遵守教学管理制度不仅是对大学教学规范的认同,同时也是恪守"教书育人"的道德价值的要求。道德满足感是教师在教学工作中获得的重要奖励,"自我实现"和"利他动机"会激励教师为教学工作作出更多的贡献,并提升自己对教学工作的承诺。"教书育人"是一种道德义务,虽然违反这种道德义务不一定会受到制度规则的惩罚,但是对于一些教师个体来说,他们内心有一种"教学的"标准,会自动达到"教书育人"的自我标准。这些拥有"教学心灵"的教师,他们不再抱怨造成教师地位低下的制度条件,也不再心照不宣地敷衍教学。相反,他们在很多时候以投入教学为荣,并且在教学中以尊重他们内心最推崇的价值的方法来进行教学。教师个体在大学场域中抢夺各种资本的同时依然维持职业道德并保持对教学工作高投入的行为的原因在于教师自身的教学兴趣、教学工作的自我实现、学生的发展。这种类型的教师不是说他们不在乎地位、成本、安全、金钱和权力,而是他们认为"学生发展"是不可忽略的。可见,"自我实现"和利他动机是激励教师维持"高教学投入"的核心动力(见表7.30)。

表 7.30   教师自我激励的心理契约的开放性编码

名称	材料来源	参考点
自我执行契约	4	36
教师教学的内部动机	4	19
教学对教师的教学效用	3	8
教学能力	1	6
教学兴趣	2	2
教学意愿	1	3

续表

名称	材料来源	参考点
教学辐射	1	1
别人做的我做了	1	1
教学付出是有价值的	1	1
教学宣传	1	1
良心账	1	1
把课上好	2	2
把书教好	1	1
过不了自己这一关	1	1
教学不能用金钱衡量	1	1
良心账	1	2
潜移默化的影响	1	1
完成好教学	2	2
站在讲台上就要上好课	1	1
社会价值	4	12
教学是奉献学生	2	5
教学是舒适性资源	1	2
有价值的事情	4	5
自我认可	1	3
自我认可就是有意义	1	1
自我认可能够获得满足	1	1
自我认可能够找到平衡	1	1

二、交易心理契约渐变下教师的"教学投入"

罗宾森和莫里森对心理契约违背做了一个定义,他们认为心理契约违背是指雇员往往以组织没有履行或没有完全履行自己的诺言,导致员工心理有背叛感觉和强烈的情绪反应。① 心理契约的最终实现即心理契约的满足,不仅取决于契约双方是否主动选择如约履行其承诺,还取决于在变化了的外界环境下契约当事人履约的能力。无论是出于个人利益的机会主义而有意食言,还是由于变化了的环境导致履约不能实现,其结果都同样是使契约的另一方受损,都具有消极性和扩散性。信息的不对称性、不完全性以及环境本身的不确定性等诸多方面的因素,都会导致契约主体双方在机会主义倾向下出于自身利益的考虑调整个人的行动策略。教师交易心理契约渐变表现为"非课堂教学长期无法获得补偿"和"岗位合同"下的"教学投入"。

(一)非课堂教学交易契约下教师的"教学投入减少"

2016 年,A 校共有教职工 4024 人,其中专任教师 2538 人,具有博士学位的 745 人,硕士学位 1074 人,教授 474 人(含其他正高级 10 人),副教授 913 人(含其他副高级 46 人)。全校全日制本科学生 29397 人。2016年,A 校折合在校生与折合教师的比例是 17.5∶1。学校目前有 39 个学院,12 个学科门类。A 大学将建设一支师德高尚、教风优良、老中青结合、结构合理的专任教师队伍作为一项长期的关键任务。但目前师资队伍的年龄、专业技术职务、学位来源等方面还没有形成较平衡的结构。

对于教师个体而言,教师对组织存在交易导向的心理预期,即期待高教学投入获得合理的物质与精神奖励。而对于组织而言,大学组织希望教师能够主动对"培养学生"的活动积极投入。大学组织将教师对教学活动的投入视为教师的责任和义务。教师个人与组织之间对教学责任的认知的偏差,导致教师不得不采取减少"非课程"教学投入的策略。

从表 7.31 中可以发现,教师更多关注"额外非课程教学投入"的合理奖励和补贴。"额外非课程教学投入"主要指的是竞赛、SRT 项目、教学平台建设、实践教学等。教师在非课程教学投入中都出现了"积极行动→心理契约渐变→消极行动"的改变过程。教师与组织之间的心理契约渐变的出现是教学奖励缺失和缺乏合理物质补贴所导致的。例如,在"统计大赛"

---

① MORRISON E W, ROBINSON S L. When employees feel betrayed: A model of how psychological contract violation develops[J]. The Academy of Management Review, 1997, 22(1): 226-256.

中教师出于教学兴趣与学生共同投入而获奖时,大学组织并没有给予任何制度化的物质与精神奖励;教师遭遇到了实践课程中"经费难以报销、必须倒贴钱"这一现实问题;教师由于网络维护的费用问题无法解决,很难在全校推广"微课应用平台";由于 SRT 项目经费不足,教师连续三年资助学生完成 SRT 项目,但也表示这种方式不可持续。教师都不同程度对实践教学、师生教学平台、SRT 项目进行不同程度的经费补贴,但都由于缺乏大学组织的制度化支持,最后都不得不放弃对"非课程教学工作"的"高教学投入"。

可见,大学教师对大学组织存在一种心理预期,他们希望之前的工作成果能够获得相应的回报。教师与大学组织之间存在一种相互作用、相互回报的关系契约。教师对自己的教学成果并不追求"绝对"的利益平等,但存在"投入与回报平等"的预期。当大学组织对教师的额外教学投入并不关心或是采取"逃避"的行动,教师质疑自己高教学投入的行为模式,他们不得不主动修正自己高投入的行为模式。大学组织对教师创造的教学价值是基于主观理解的。如果大学组织过度强调高教学投入的责任和义务,而又对教师创造的教学价值不给予合适的奖励,或长期忽视高教学投入,其结果必然导致组织与教师个体之间的关系承诺无法长期维持。缺乏合理的非课题教学补贴和奖励使长期进行较高的教学投入的教师认为"非合理的教学投入"是不可持续的。

表 7.31　教师非课程教学投入减少的微分析

名称	材料来源	参考点
减少教学投入	9	61
不合理的补贴导致的投入减少	1	4
缺乏经费报销专业实践的不可持续	1	1
投入的费用都是教师补贴	1	1
长期贴钱是不可持续的	1	1
专业实践中的教师补贴	1	1
非课程教学投入很难维持	5	24
SRT 项目不考虑教师投入的收益	2	5
激励相容的缺失	5	12
对于上本科课的教师应该奖励	1	1

续表

名称	材料来源	参考点
工作收入	1	1
绩效	3	4
教学激励必须体现利益	2	4
教学经费太低了	1	2
教学的贴息率低	1	2
教学利益是不足的	1	3
教学实践投入缺乏物质补贴	1	1
我用科研经费资助 SRT 项目的运行	1	1
教学的机会成本太高	1	1
减少教学工作量	2	2
减少教学团队投入	1	1
教学工作的物质激励不足	4	13
教学绩效设计并不合理	1	2
教学工作复杂事情多但钱少	1	1
教学投入差异应该获得差异性收入	1	1
课时费不管如何投入都是固定的	2	3
课时费低选择少上课	3	6
如果考虑课时费上课是可以将就的	1	1
专业课学生少课时费低	1	1
应付	6	19
不再琢磨如何改进教学	3	3
科研和教学兼顾压榨了休息时间	3	4
走一个形式	3	11

（二）岗位心理契约渐变下教师的"教学投入"

大学组织目前与教师建立了岗位契约，即通过岗位对教师进行约束和奖励。岗位契约一方面使得教师非常明确教学、科研、社会服务的责任，另一方面也使教学工作中的单向心理契约发生了变化。"按照岗位完成教学任务""拿多少钱干多少活""只要不出教学事故,教学就是教学工作量"成为部分教师群体的共同认识(见表 7.32)。这些共识的出现表明教师在教学工作中的心理契约正在发生变化,"心理契约违背"和"心理契约破灭"已经不再是个别教师的个体现象,而是逐渐成为一个"普遍的现象"。

表 7.32　教师心理契约渐变的微分析

名称	材料来源	参考点
心理契约渐变	3	7
按照岗位干活	1	1
岗位不要求的不做	1	1
拿多少钱干多少活	2	3
走一个形式	1	1
所有的东西都变了	2	6
不再琢磨如何改进教学	3	3
教学投入减少是一个渐变的过程	3	4
教学投入减少是一个沙堆效应	2	2
缺乏合理的机制奇葩也会消失的	2	2

注:表格中的奇葩是指不需要外在激励的,以自我激励为准高投入教学的这类教师。

　　教师个人的理性行动是基于制度环境和其他人行动下的审慎选择。在大学组织中,每一个教师不得不在"重科研、轻教学"的惯习下行动,每一个教师的行动都不得不以其他教师已经采取的行动为前提,并进行复杂而周密的思考。个别行动者的独立行动给其他行动者造成了某种外部影响(肯定的或否定的),改变了其他行动者的行动结构。即是说,教师个体的行为造成了一系列的连锁反应,在更多教师中扩散并重复维持的行动,成为教师群体的行动。教师个体从其他教师的经验与教训中学习到一种必然因果关系:高教学投入的代价很大,因而教师的选择必然会倾向于科研,使得"重科研"倾向更加的固化。

　　教师遵守教学规范主要出于自身的道德价值以及"理性化"的头脑。虽然大学教师自身的价值承诺能够约束教师的教学行为,但良好的组织社会关系和制度是维持道德的基础。教师的道德有赖于公平与正义的社会秩序的支撑,道德本身是不能单打独斗的。教师的"良心"与道德是一个很奇怪的东西,有时它很硬、很强,似乎比大学的教学管理规范还起作用,还有力量。赫胥黎说过这样一句有名的话:人们所真正害怕的不是法律,而是别人的议论。① 但有的时候,道德又很弱,像一个孤独无助的存在。教师考核制度规定了大学教师"必须"发表论文、申请项目、获得经费,教师只能迫切希望获得相应的职称以改善经济条件,这都使得教师无法将自己的角色主要定位为知识传授者。教学激励制度的同形化使"有限理性"的教师只能以科研为导向而行动,所有的教师不管是否具有学术能力都必须走:"研究—项目—职称—经费"无限循环往复的路,因为教师教学成果的贡献无法获得合理的认可,科研成果在晋升中高于一切,选择投入"教学"极大可能就意味着职业生涯的"停滞"。而且长期的教学投入有极大可能使教师无法获得职业生涯中所预期的"位置",因为时间是有限的,当教学投入过大时,教师有可能无法完成科研绩效和任务,以至于他们面对绩效考核时,无法保证自己在大学场域中的生存。那么"减少教学投入"就是一个正确且现实的选择。大学不可能仅仅依赖教师个体或群体的道德来保证教师对教学的额外投入。如果教师维持他的教学价值承诺却缺少基本秩序的保证,生存风险与教师相伴而生,那么这些就足以使其他教师对投入教学望而却步。

可见,教师的教学工作既无法获得应有的尊重,也缺乏稳定感和安全感。大学教师不得不选择减少自己的教学责任,减少投入教学工作的时间,甚至自愿或主动沦为"科奴"。教师群体更会形成一种普遍的观念,比如"教学就是完成教学工作量","教师只是一个工种,没有使命一说,各安其职、各安本分就可以","教学仅仅是一份工作,教师需要有一定的职业操守,但高投入不能强求"(T001)。而且更可怕的是,这种观念正在扩散,教师普遍按照岗位契约的要求进行教学,完成岗位所规定的教学工作量,就认为自己尽到了应有的教学责任,此外的一切事务不在他们的关心范围内。久而久之,对教学投入的微妙减少已经成为教师的一种"无须思考"的惯习。

---

① 孙立平."道德滑坡"的社会学分析[J].中国青年政治学院学报,2001(5):65-69.

三、师生心理契约下教师的"教学投入"

除了教师与大学组织之间的心理契约,大学教师与学生之间的师生关系形成了特殊心理契约:教师期望学生努力学习、发愤成才,以优异的成绩作为对教师辛勤劳动的认同与回报。学生获得发展,或通过各种形式反馈对教师教学的认可都会影响教师对教学工作的再投入。这种特殊的师生之间的心理契约是对师生关系的微妙感觉,是教师与学生在教与学活动中的信赖和互动。师生之间的心理契约极少掺杂着与金钱相关的利益关系,互惠互利的非经济性是其显著的基本特征之一。

教师与学生之间的心理契约呈现出两个关系结构(见表 7.33):(1)教师教学工作的自我执行→正面的师生情感与体验→维持高教学投入;(2)师生之间负面的心理期望→教师个人的教学认知渐变→减少教学投入。这两个关系结构显示了师生高心理契约下教师的高教学投入和师生低心理契约下教师的低教学投入。

师生之间的关系历来是人们探寻教育的主要话题之一。教育的生活世界本身就是一个活的世界,一个活生生的"理想沟通情境",它为师生双向沟通提供了一个广袤的时空。师生交往关系是指教师和学生在教育实践中各自的地位、作用、价值及活动的联结方式和相互作用的基本特征。教学工作最有吸引力的一件事情就是"师生互动下的交流和体验"。大学教师与学生之间的心理契约就是教师对教学投入以此获取学生学习积极性和教学效果的提升。师生间不是雇佣关系,而是一种特殊的社会关系,是为实现教育目标以各自独特的身份和地位通过教与学的直接交流活动而形成的非直接利益相关的关系体系。教师的主要责任是为学生个人发展提供支持,在教学过程中激发学生的创造力,引导学生在求学过程中付出额外的心理努力。[①] 师生之间的心理契约在很大程度上影响大学教师的教学投入策略。

---

① 任梦,秦捷,吴美丽.高校师生心理契约的特殊性及其构建[J].大学教育,2018(6):105-107.

表 7.33   教师与学生的心理契约的开放性编码

名称	材料来源	参考点
教师与学生的心理契约	4	35
独角戏	2	6
独角戏缺乏教学的动力	2	4
教学感受是被折磨的	1	1
上课是负资产	1	1
师生共同体	1	6
师生关系	1	1
顺利毕业	1	1
愿意和学生打交道	1	3
学生不认可	1	2
没有成就感	1	1
学生认可	4	17
信任	1	1
选课人数满	1	1
学生对教师进行回馈	2	2
学生愿意学我就愿意教	3	12
知识传递	1	1
学习共同体	1	4
学习氛围	1	1
循环教学模式	1	2

在教学过程中,教师与学生之间具有相互期望。师生借助原有的经验共同探讨文本,这是一种以知识交付为主的交往方式。在这个知识交往过程中,师生交往活动也是一种人际间的信息交流和情感交互活动,当师生之间的交流通畅,教师能够感受到学生对他的课程的喜爱,学生会给教师反馈,这些都会激励教师以高度的热情继续投入教学,而且教师还能够通过个人的学术素养和人格魅力形成辐射圈。学生认可互动下教师的教学投入呈现多元化的特征(见表 7.34)。

表 7.34　学生认可互动下的教学投入结构的微分析

名称	材料来源	参考点
保持一定的教学投入	6	47
非理论课教学投入	3	14
教学平台建设	3	8
创新平台	1	1
教学团队投入	2	3
精品课程	1	1
教学实践投入	2	4
教学需要长期的积累	1	1
科研与教学之间的衔接	1	2
社会调查投入	1	1
学生竞赛投入	1	2
参与整个竞赛过程	1	1
带学生参加竞争	1	1
理论教学工作量投入高	6	33
教学工作量的投入高	6	14
备课投入高	3	4
付出教学思考	1	1
高投入教学就会累	2	3
教得好也需要教学技术	1	1
做一些事情	1	1
循环模式投入	3	19
获得好的教学效果需要磨合	1	2
教学输入是一个漫长的过程	1	4
上好课需要付出	2	3
学生认可需要磨合	1	2
愿意和学生打交道	2	5

　　如果教学只是教师主体的活动,或者主要是教师在活动,学生主体很少参与或被动参与,这种单向交往的教学会使教师对教学工作失去期待,

师生之间的交往无法实现,最严重的后果之一就是教师感觉自身无法实现教学价值,教师的教学投入会逐渐降低。苏联著名教育家苏霍姆林斯基曾言:"老师和孩子之间的关系,一般地说,应当渗透着尊重劳动的精神。"[①]一旦教师发现学生投入低、学习积极性较低,教师就会出现心理契约障碍。如果学生学习的积极性不高,被动地参与学习,就会使教师觉得学生不尊重他的劳动,会觉得"教学"是一件没有价值的事情,感觉到"教学"是一个孤岛,教学过程是一个"独角戏",甚至会产生懒惰、懈怠的情绪。如果教师发现学生在教学过程对教师的要求更多是一种"应付"的态度,而且"过多的教学投入"无法获得预期的教学效果,这时教师对改进教学和提高教学水平更不可能表示出急切的愿望,优质教学就不再是教师所期待的事情了。随着师生心理契约的削弱,教师不断调整自己的教学投入,这种教学投入减少并不表现在教学工作量的减少,而是备课时间和教学反思的减少。"不再去想教学的事情"和"不再琢磨如何教的更好"已经不再是个别教师的感受,而成为更多教师的"教学常态"。

第四节　教学激励机制对教师的激励效果评价

大学教学激励机制对教师的教学投入的影响是有限的,是要通过心理契约才能发挥作用的。科研激励,校级制度化教学激励,以及院级制度化和非制度化教学激励,都不同程度地影响教师教学心理契约的形成。教学心理契约是外部教学激励和教师内部教学激励共同生成的。

一、教学与科研激励的有效性探讨

(一)研教相长与隔离:科研激励对教师的影响

大学教学与科学研究之间的关系从来都是一个互动与互斥兼而有之的过程。教师个体在科研投入和教学投入之间都不同程度地存在不断的挣扎、彷徨的过程,但总体而言,科研激励对教师个体的教学的影响是非线性的关系。一种情况,科研激励本身并不影响教师个体对教学的投入,但

---

① 苏霍姆林斯基.怎样培养真正的人[M].蔡汀,译.教育科学出版社,1992:129.

是"研教"相长是存在的。教学和科研的最终指向都是为社会服务,为了更好地传承和创新。教学是大学的中心工作,而科研是基础工作,两者是相辅相成的,并没有孰优孰劣之分。[①] 另一种情况,科研激励使教师个体减少了对教学的投入,使"研教"不再相长反而出现了"隔离"的现象。布尔迪厄认为,大学自身是一个系统,在不断进行着权力的生产、循环、再生产,在这个系统中,会涉及科研、行政、教师、学生等。[②] 大学组织存在这样一种逻辑:高校社会声望即教师科研能力的提升能够促使教师更好地教学。尽管科研激励对教师个体行为的影响是不确定性的,但对教师"身份困惑"的分析与讨论显示科研激励的确对教学激励存在一定的负面效果,具体体现在以下三个方面。

第一,教师职称与各种资源、机会紧密联系在一起,并可以转化为经济资本(增加工资、带来经费等)和社会资本(建立学术资源网络)。布尔迪厄认为,"社会资本是实际的或潜在的资源的集合体,那些资源是同对某种持久性的网络的占有密不可分的,这一网络是大家共同熟悉的、得到公认的,而且是一种体制化关系的网络"。[③] 因而,这里的"社会资本"可以理解为"建立学术资源网络"。社会资本包括学术资本、文化资本、经济资本。教师不得不依赖社会资本来争夺自己在大学场域中的位置和资源。大学组织稳定的治学环境早已经被打破了,教师的教学价值观也处于重构之中。尽管大学的教育属性决定了大学教师必须把培养全面发展和具有独特个性的专业人才作为自己的终身使命,但更多的教师从理性出发认为成为"学术人"才能获得自我认可和组织认可,这与教师投入教学的意愿无关。教师逐渐更多地扮演"学者"的角色,而不再是"师者"的角色。

第二,大学激励制度逐渐倒向了科研。大学组织促使更多教师成为政府和市场资助的创业家[④],而且是以正式制度的方式促使教师形成"逐利"动机,并做出相应的行为。大学无法再营造一种教学和科研之间的平等感,教学逐渐成为大学教师的"公共地"。

---

① 王建华.重温"教学与科研相统一"[J].教育学报,2015(3):77-86.

② 德兰迪.知识社会中的大学[M].黄建如,译.北京:北京大学出版社,2010:109.

③ 布尔迪厄.文化资本与社会炼金术:布尔迪厄访谈录[M].包亚明,译.上海:上海人民出版社,1997:202.

④ 斯劳特,莱斯利.学术资本主义[M].梁骁,黎丽,译.北京:北京大学出版社,2008:9.

　　第三,大学场域中"重科研、轻教学"的制度性逻辑已经形成和固化,它具有一种惯性及稳定性,不会轻易地发生改变。行动者(管理者和教师)已经对以科研学术为导向的制度性逻辑产生了依赖。这在新制度经济学中被称为"路径依赖"。管理者和教师的这种状态对大学组织激励教师教学产生了抑制作用。教师试图在"科研投入"和"教学收入"之间寻找平衡,寻求改变,但是不管是否具有良好的科研能力,他们在"科研和教学"之间都被迫倒向了"科研"。教师群体的心理契约正在逐渐发生改变,对教学的感受也在变化。教师从刚开始没日没夜的备课到按照自己的时间调整课程进度和内容,最后他们普遍采取的行动策略是"减少教学投入",保证基本教学任务的完成,即按规定完成教学任务但不花费太多的精力。

　　(二)认知下的"质疑":教学激励机制的有限性

　　大学实施教学激励受到科层组织结构以及制度的标准化程序和惯例的制约。大学实施教学激励的目的是多种多样的,但这些目标之间存在冲突。一种目标要得到最大限度的实现只能以牺牲另一种目标的实现为代价。校级顶层设计在决定激励标准和分配资源时,需要在科研和教学之间进行资源配置。为了实现"科研成果"激励,大学管理者不会改变激励制度的方向。但是大学是否重视教学才是最重要的教学激励,重科研导向下无论教学激励机制如何运行都很难使教学激励问题得到解决。尽管基层学院能够实施多元教学激励,但相比科研激励导向,教学激励的影响都太"弱小"了。"弱"教学激励的实施已经获得一定的共识,必须认识到校级和院级实施教学激励的效果是有限的,主要体现为对校级制度化教学激励的不认可,以及对院级教学制度和非制度化教学激励的不敏感。

　　第一,校级制度化教学激励的效果受到质疑。从教学激励制度认知的分析可以发现,教师对校级实施的制度化激励存在较高的质疑(见表7.35)。大学教师对教学激励机制的认知很少涉及院级教学激励对他们行为策略的影响,主要集中在校级层面实施的教学激励机制上。教师群体表达了较为一致的对校级教学激励机制的不认同,主要体现在三个方面。其一,教学激励形式化,主要表现为教师名师选拔和筛选存在不合理的规则,使教师的教学声誉存在传播障碍。其二,教学制度改革的过程中

表 7.35　教师教学激励制度认知的微分析

名称	材料来源	参考点
制度设计缺乏话语权	3	31
教学改革资助制度	3	10
教学改革存在一定程度的垄断利益	1	1
教学改革的资助经费太少而且事情太多	1	2
教学改革缺乏内涵	3	7
教学改革和教学实践脱节	1	2
教学改革项目的驱动作用	2	4
教学改革应该是关注师生互动	1	1
教学改革是一件持续的事情	1	2
教学名师选拔与筛选缺乏设计	1	16
公开课老师被抛离了	1	4
不给教师沟通方式	1	1
教学奖的范围	1	3
教学奖是一个评选	1	1
教学名师制度没有考虑我们公开课的老师	1	1
教学声誉无法传递	1	11
公共课的教学声誉很难传播	1	2
公开课教师的教学声誉是小范围的	1	5
教学声誉的辐射不高	1	2
学生网评的缺陷	1	2
名师的选择缺乏投票机制	1	1
教学评估的激励是有限的	2	5
行政权力对教学具有评价权	2	2
教师无法获得话语权	1	1
筛选教师教学水平的规则是缺失的	1	1
学生评估老师对教师形成伤害	1	2
专家评估在一定程度上是有用的	1	1

存在内涵导向不足的问题,具体体现为:(1)教学改革资助制度存在垄断利益,这种垄断利益指的是校级管理部门过多规定了教师实现教学改革的途径;(2)教学改革项目的结题更关注论文的发表,对教师的教学实践效果并不考核和引导,使教学改革的重点不在于更好的"教与学",出现了教学改革与教学实践脱节的现实问题;(3)教学改革项目存在烦琐的要求,使教师感觉到教学改革项目的特点就是"事多钱少"。其三,"形式化评估"很难发挥教学激励的作用,具体体现为行政推动的教学评估很难获得教师的认同,评估激励缺失。

作者以教学竞赛作为形式化激励的例子,表明"负教学激励"是如何被教师感知的(见表7.36)。校级层面通过教学竞赛或教学名师等表彰形式来培养大学重视教学的氛围,但形式性的激励方式对大学教师的教学活动产生了"负面"激励,主要表现在:(1)"过多形式化""正向辐射有限""竞赛关注的导向""作秀"使得教学竞赛无法获得教师群体的广泛认同。(2)教学交流的形式化和官僚化散发着"教学劳动"不受到尊重的信号。教师个人的参赛时间非常短,就是"走过场"。教学竞赛没有按照学科分组,例如分为文科组、艺术组、理科组、工科组等,这就使得教师学科技能无可比性。而且参加教学竞赛是教师职称规则中的一个基础约束条件,于是大部分教师参与竞赛并不是为了相互学习、提高教学能力,而是为了评职称这一功利性目的。(3)随着"教学竞赛"的结束,这种形式化激励也就偃旗息鼓,一同停止。

教学竞赛已经成为大学重视教学的"投入点"和"关注点"。教学竞赛被视为教师互相学习的重要平台,被认为是夯实教学基础、提高教学水平、强化教学质量、促进教师成长、推动教学工作进步和教育事业发展的有效途径,但由于时间、参数人数、经费支持等约束使教学竞赛的形式化特征过于突出,无法达成提高教师教学能力和教学内涵的目标。"关键是教学竞赛是虚的,教学竞赛与教学实践还是脱节的。"(T003)通过教师对教学竞赛的感知,可以刻画"形式性"激励与具有良好自我实施心理契约的教师的期望存在相悖的问题。总而言之,形式化激励的价值取向与实际操作都满足不了高心理契约的教师的自我实现的需要。

表 7.36　教学竞赛的微分析

名称	材料来源	参考点
教学竞赛	2	11
教学竞赛的特征与功能	2	10
表明形式化过重	1	1
教学竞赛的正向辐射圈是有限的	1	1
教学竞赛等对我的教学能力提升不大	1	1
教学竞赛选拔中的抛离	1	1
竞赛关注的教学点被转移了	1	1
竞赛和真正的上课不一样	1	1
竞赛获奖并不能代表真正的课堂	1	1
要想获奖就得作秀	1	1
作秀	1	2
正向辐射圈	1	1
教师实践和教学改革项目的结合	1	1
实践优化才是教学改革的重点	1	1
提升教学效率	1	1
愿意参加对学生发展好的活动	1	1
真正带动大家	1	1
正向辐射圈激发教师的参与性	1	1

　　第二,教师对院级教学激励制度敏感度低。基层学院实施教学激励的效果是有限的。相对于校级实施的制度化与非制度化的教学激励机制,教师对院级层面实施的制度化和非制度化教学激励不敏感。院级教学激励认知不足的原因主要包括三个方面:一是院级实施的教学激励集中在院级层面,教师对特殊性院级激励不愿意过多提及;二是院级实施的制度化激励的强度大都低于校级制度化激励。院级制度化激励更多通过物质补贴来满足教师存在的合理教学需求,起到"心理安慰"的作用,但激励效果并不明显;三是院级非制度化教学激励更多通过"情感""关系""传统"和"学院文化"等方式,身处学院内部的教师对"习以为常"的非制度化教学激励很难敏感。

二、教学行动者策略的互适调整与评价

大学教师是能动的行动者。大学教师并非只是受利益动机驱使的行动者,他们不仅是大学规则的顺应者,更是组织的建构者,是具有认知能力的行动者。教师的教学能动性是指教师有一定的教学自主权和教学自由,他们所拥有的工作权、专业权、协商权使他们在教学工作方面具有相当的影响力。教师的教学行动是大学组织结构的规范性因素和教师个人能动性、心理因素共同作用的结果。

（一）教师的教学自由

第一,教师教学自由源于教学的本质属性。虽然教师处于大学组织松散等级结构中的最底层,处于政策阶梯的末端,权力小、地位低、数量大,没有制定教学制度的主导权力,制度决策权微乎其微,有部分教师可能仅有参与权,但却是大学组织中最核心的成员。其实,教师个体的教学行为只是部分地受到组织的限制。虽然大学组织要求每个教师自觉自发地认真教学,对组织要"真心诚意"地奉献,然而事实上,教师随时都有可能或有必要以自己的方式拒绝组织的要求,因为他们如果完全放弃自己的选择自由,就会处在非常被动的处境中。而且随着教师人数的逐渐增加,教师群体不仅在人数更是在经费资源上都占据着相当大的比例,其重要性与日俱增。在教学服务供给过程中,教师是大学组织与学生之间的中介者,承担着教学的权利与义务。教师对大学教学质量的影响甚大,其教学决策会影响他们的教学行为和教学质量的高低。而且在管理者与教师的教学信息不对称的情况下,教师的教学行动策略具有相当大的行动空间。[①] 教师的行动空间一般是指教师参与所有教师守则有关的正式活动的范围,包括决策权、发言权、影响力的范围,受大学氛围及制度的影响。教师可以在此空间里任意支配他们付出的努力程度。

第二,教师的工作权是教师教学自由的最基本条件。教师的工作权力是指教师对投入到教学和科研的劳动拥有支配权,包括时间、精力和努力程度。每个教师对教学所花费的精力和投入的热情都是不一样的。在这

---

① 麦克米金.教学发展的激励理论[M].武向荣,译.北京:北京师范大学出版社,2009:9.

个意义上,教师对自己劳动的支配具有任意性。时间是一个有价值的、教学中潜在的可衡量的资源。很多时候时间资源是隐性的,没有什么完美的指标能充分地体现教师合理利用时间的效果。教师以显性和隐性的方式控制和拓展时间,包括备课时间、改作业时间、指导学生的时间等等,而且教师有权分配自己在科研工作和教学工作中的时间和精力,这些都会影响教学质量。

第三,教师的专业权是教师教学自由的保证。教师的专业权是与特殊技能或难以被替代的职能专业化相联系的。教师掌握一些专门知识,他们具有独立进行科研和教学的本领,可以运用这些专门知识来解决科研和教学相关的问题。专业权更多地依赖于高深的专业知识。因而对教师而言,专业知识、声誉比身份更重要。正常进行教学是教师的重要职责之一。在聘任相关教师之前,教师就被要求胜任该项工作,并具有相应的操作技能,这个技能有可能是区别于其他教师与其他技能的,有可能为教师的专业权奠定更坚实的基础。教师在专业领域中有一定的自主权或控制权。当然仅仅拥有权力还是不够的,还必须会使用权力,懂得如何有效地利用专业权维护自身与教学相关的权力。

第四,教师的协商权是教师教学自由的交换条件。教师的协商权是建基于专业权之上的。教师的教学自由有可能表现为优先以某种方式在较大程度上操纵直接影响组织生存的重要资源。在这一意义上,教师对教学拥有话语权,而且这种话语权能够得到管理者的认可和重视。教学工作存在"不确定性领域",是指教学过程中无法精确测量的范围,比如教师的教学投入。由于教学具有不确定性,而且教师的教学投入和相关行为很难监督,在信息不对称的情况下,教师拥有一定的交换权力和协商权力,可以适当为自己的劳动争取应有的价值。

(二)教学管理与教学行为的双向调适

大学场域中教学管理者的管理行为与教师的教学行动是相互影响、相互依赖的。教学管理者与教师之间并不是"上进下行"的单向信息流程,而是双向调适的过程。可以说,教学管理者与教师之间关于教学的互相调适过程也是教学激励制度执行的互适过程(见图 7.4[①])。大学教学激励制度实施者与大学教师之间的这种交互性的反思与促进使教学激励机制不断得以优化。

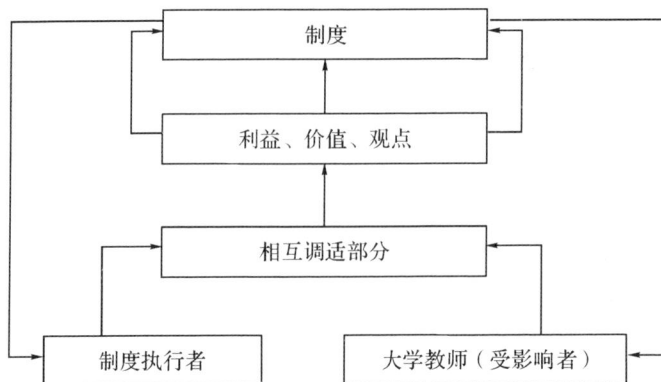

图 7.4　教学激励制度执行的互适调整

首先,大学组织教学层级管理结构的制约性和使动性并存。大学教学激励制度是自上而下实施的,本身带有权威性、合法性、秩序性,为教师建构了教学行动的框架。无论教师个体还是教师群体都处于教学规则、教学惯例、教学规范与教学价值等多重约束中。在一般情况下,教师不是教学政策制定者,而是学术评估与教学评估的对象,教学激励政策的激励对象。教学环境是教学管理者和教师之间的实践媒介,也由两者的互动所建构。教师的教学行为是教师与教学环境互动的结果。教师的教学行为既可能符合刺激—反应或需求—限制的被动模式,也可能符合决策者和创造者的自主模式。在自主模式下,教师成作为教学环境的建构者和制造者。

其次,教学激励机制具有一定的自我平衡功能,以选择性地“过滤信息”的方式运行,依据教师的反馈来达成自我调节的功能。教学激励机制的调整与优化除了管理者的推动,教师的集体教学行为也给教学管理者施加了压力。为了使教学制度设计更具有合理性,根据教师对教学工作的反馈,管理者会对已有教学激励机制不断进行反思性地自我调节与优化,推

　①　杨成虎.政策过程研究[M].北京:知识产权出版社,2012:174.

动教学激励机制的运行。

再次,教师对教学激励制度的认同需要一个内化的过程。大学组织的正式和非正式教学制度对教师的教学行为有引导和约束的作用。大学组织是教师教学决策的竞技场。所有教师都受到组织规则或多或少的影响,没有教师可以避免。教师是"一线"工作者,他们的专业知识、经验、技能、价值观、判断力会影响他们的教学行动。教师根据教学工作时所感受到的来自外部的制度压力,会在激励结构制约下在不同的时期内采取不同的教学行动策略,比如教学投入不变、减少教学投入、增加教学投入。当个人的行动策略汇聚成了教师集体行动的共性特征的时候,这种反馈将会传递到制度执行者层面,成为两者协商的前提。

最后,教师在一定程度上可以反制教学管理者,这种反制可以被视为大学管理者和教师群体的协商过程。管理者与教师都受制于一个为完成既定任务而组织起来的整体,他们之间存在权力关系。米歇尔·克罗齐耶(Michel Crozier)认为,权力关系不仅是具体的,而且是相互的。[①] 教师与大学管理者双方的权力关系是力量或势力的对比,在某种程度上也是专业权力和行政权力的博弈。管理者和教师之间的权力博弈既可能推动教学激励制度的改进,也可能会使得制度执行的效果不佳。在目前的教学激励制度结构的影响下,大学教师对已经出台的教学激励制度会作出自己的判读,以便作出合适的选择和决策,这是一个循环往复的过程。教学激励制度和科研激励制度普遍偏重成果,推崇量化标准。教师群体如果想要持续得到资助和各种社会资本,就不得不接受这种考核标准。教师既要完成以量化标准为主的科研和教学任务,更需要对科研工作投入更多的精力来达到考核的要求,这是一个有利于科研的教学环境。教师需要不断地适应或改变动态的教学环境,试图作出较优的行动策略和选择,并利用教学制度来实施他们的教学行为决策。教师的教学行为可以视为对教学激励机制的最直接的反馈。教师对教学工作的态度并不是一成不变的,在不同的时间段他们对教学规范和教学价值的认同会有所不同,并根据变化的观念来调整他们的行为。

---

① 李友梅.组织社会学及其决策分析[M].上海:上海大学出版社,2003:168-170.

如果教师对教学制度缺乏认同,那么教学激励制度的实施效果就很有限的。更有可能的是,教师的教学行动会出现"偏移"现象,"被科研所压抑"的教师不得不成为教学激励制度的"消极"的积极行动者,积极地"减少教学投入"。当更多的教师对教学工作减少投入,且"减少投入"成为教师集体的行动策略时,教师集体减少投入的行为对教学激励制度就有了影响能力,这种影响能力可以视为调整教学激励制度或资源分配原则的压力。教师的抵制和投机行为是其表现形式,也是专业权抵制行政权的一种表现。这时,教师就能够娴熟地将其所拥有的资源转化为对教学激励制度的影响。也就是说,教师必须得到比一般教学投入更高的利益,才有可能遵照管理者的要求对教学进行高投入。如果想要教师都对教学高投入,那么必须保障教师的利益或使教师得到交换价值。教师个体也许不能撼动行政权,但当个体的意愿合成群体的力量的时候,就有了与行政权相互协调的可能。教师群体的学术权是存在的,虽然学术权与行政权并不平衡。

(三)"讨价还价"下的教学认可

教师从来不是身无分文地面对大学管理者。教师所拥有的学术权为与管理者的行政权讨价还价提供了可能性。讨价还价是具有共同利益的参与人面临冲突时试图达成一致协议的一种博弈过程,也是一种谈判活动。① 大学教师与管理者关于教学激励制度的讨价还价的发生是有前提条件的,即大量的经费支持及对现有教学激励制度缺陷的清晰认识,否则就没有讨价还价的空间。

教师教学的动力是复杂多变的。教学激励机制对激励教师教学起作用有两种可能:第一,教学激励制度与教师内心对教学的需求相契合。其中,教师的自身认同发挥了关键的作用,指的是外在的要求与内在的需要相吻合,这是较为理想的状态。帕尔默(Parker J. Palmer)认为,所有真实的生活在于相遇,教学就是无止境的相遇。② 第二,教学激励制度与教师对教学进行理性计算的结果相契合。对大部分的教师来说,教学行动是教师筹算及决策后的理性行为。个人在特定环境下的策略选择取决于他或

① 李水源.建筑业新生代农民工的就业现状及对策研究[D].广州:广州大学,2016.
② 帕尔默.教学勇气:漫步教师心灵:十周年纪念版[M].吴国珍,等译.上海:华东师范大学出版社,2014:9.

她如何考察并权衡各种不同策略的收益和成本及它们的可能结果。教学投入是建基于教师的"有限理性"之上的。虽然教师认为教学是重要的,是需要对学生负责和大量投入的,但是在"重科研、轻教学"惯习的影响下教师作出"在保证科研工作的情况下才投入教学工作"这样的决策,表明教师是理性的。参与者之间的交易以微观合约的形式存在。在此之下,参与者商议如何使他们在工作中付出的劳动力一致。教师总是希望自己付出的劳动能够与收获相匹配,与其他教师的付出与收获相比较最好一致或不要相差太多。当大多数教师的行为都类似的时候,教师教学的"集体行动"(减少教学投入)就出现了,这就使得更多的教师模仿前人的行动,这个过程一般不是显性的,而是隐含的,甚至有可能是不自觉的。在这种情况下,教师集体的这种行为是有限理性的。当然有限理性不能简化为理性,它是一种复杂混合体的产物,其要素包括情感、道德和伦理,工具性的策略和技术,以及通过社会化过程而形成的行为惯例。

尽管国家教育行政部门已经意识到问题所在,强调教学激励机制的重要性,并不断修正相关内容。大学组织也在正视现有的"教学激励机制"所存在的问题,但教学激励机制却没有起到预期的作用。教学服务的差异性逐渐增大,教师逐渐与教学、学生"离心",教学边缘化愈演愈烈,教师的教学心理发生了变化,教学作为大学组织中最重要的工作却只得到最少的照顾。当大学组织长期缺乏对教学服务供给者的"维护"和激励,教学服务质量就出现了逐渐下降的趋势。为了鼓励更多的教师继续投入教学工作,大学组织启动了在职称与晋升制度中认可教学贡献来激励有教学成果的部分教师的计划。

A大学每年都会对教学激励制度进行修订,而且在修订之前都搜集各方面的意见和建议。在作者调研搜集相关资料的过程中,几乎每个学院都提到了科研对教学的负面影响。学院教学管理者也提出了一些教学激励制度实施中存在的问题,如教学工作量不好安排,教师对申请教学改革项目缺乏兴趣,没有项目支持的教学工作缺乏经费,教学成果不能获得职称和岗位考核制度的认可,就如X003所谈到的。其中,"教学成果不被认可"这项内容反应的教师最多,问题最为突出。管理者和教师皆认为具有谈判的空间。在无法增加任何教学经费的情况下,改良教学激励制度是管理者最优的选择。因为大学教师最关注的就是晋升和考核,只有在晋升和考核制度中认可教学成果,教师才会认为自己的教学工作受到了奖励。教学激励制度就如"游戏规则",需要合理并考虑到教师的利益,对于这样的讨价还价,管理者是接受的,他们认为需要"接纳老师们的意见",于是"在晋升中认可教师的教学成果"这一教学激励规则就被正式采纳了,被添加进教师职称和岗位考核制度中,以便使教学激励制度更有效果。

> 2013版(教师职称和岗位考核制度)执行以来,我们对老师的科研要求更加明确了,同时我们也意识到制度上的确强调科研激励,很多学院也反映教学受到了一定程度的影响。我们也开始意识到职称制度中过于强调科研对教师教学行为产生了影响。特别是2013版执行后,学院反映老师们的意见比较大。因此我们就决定下到各个学院进行调研希望能够进一步调整我们的职称制度。在调研过程中,老师们认为教材、教师指导学生获得各种竞赛奖、教学名师、教学奖等不能仅仅是获得表彰或物质奖励,还必须在职称制度中有所体现。我们接纳老师们的意见。2015年的修正版我们加强了和教学工作相关的内容。2015版对教学成果质量和数量都进行了非常具体的规定。(X003)

(四)教师"集体理性行动"下的物质补偿

教师的教学行为与教学制度是互动的。教师的教学行动受到合法习惯秩序的影响。"教学是教师最根本的责任","教学是重要的"是教学激励制度合法性奠基的存在,是大学教师行动的限定规则,虽然很多情况下很难长久做到。因为教学普遍价值的维持需要规则的制约与教师个体"良心"的双重作用。只有极少一部分教师有条件和有可能长时间保持自己的教学兴趣,这部分教师可能是对达到科研考核要求较为有把握,自身有长期的教学兴趣且有富余的经费并愿意额外付出。

教师群体之间的社会互动有利于教师之间的相互学习、相互模仿,也可能将有利于教学不良观念的传播与扩散。教师教学行动策略的社会互动有两种可能结果。第一种,教师个体没有采取与其他教师类似的行动。这种教师个人的"利他"或是"利己"行动更多体现为在一定情境效应下的选择效应。第二种,教师的教学行动和信念受到了影响。教师彼此参照而有序行动。这表明了社会互动效应的存在,也可以说存在教学行为趋同性。这种趋同更多在于教师"狼群行为"的影响,如教师个体都在忙着申报科研项目、发文章、读博士,这就给其他教师发出了一种信号,科研是教师减少教学投入的理由。教师彼此之间共享教学价值标准或规范。当越来越多的教师倾向于科研,其他的教师就越会如此。虽然信号有可能是错误的,但是教师们"随大流",认为事出必有因,就更有足够的理由去"减少教学投入"了。"减少教学投入"已经是教师的集体行动了,这是双向固化的过程。这种规律性的问题可以视为教学激励制度的结构性问题,科研与教学之间的微妙平衡早已经被打破了。

大学教师对教学的态度处于"平衡—调整—转变—平衡"的动态循环过程中。平衡是相对的,变动是常态。教学激励制度是依循一定的奖励和惩罚秩序来运转的。教师个体为了避免惩罚或获得奖励会遵守这些制度。教师试图在教学激励制度实施过程中获得利益和优势。然而在大学场域中,利益是不确定和复杂的。教师个体的行为选择只可能是有限理性的。当教师遵守教学行为规范和教学标准的约束的时候,教师正在扮演"师者"的角色。如果遵守教学管理制度不会给教师个体带来比不遵守的情况下更大利益的话,那么自利的教师就会选择"不遵守",也就是说教师个体面临机会主义的激励。教师在教学工作中的机会主义行为就是企图减少教学投入,这是一种无意识的偷懒行为,表现为对教学的日渐"敷衍",结果是以牺牲学生发展为代价来满足教师的个人利益。这时候,教师群体的行为更像是游戏者,而不是师者、学术人,他们在寻求对自己有利的事情(例如科研)时,表现出更多的积极性及投入性。大学教师往往"越来越感到被自身内部而他们又不能确定的朦胧力量所驱使"。当大学教师集体倒向科研的时候,对"教学"的群体认同已经失落,大学组织必须通过各种物质补偿以防止教学认同的进一步下跌。

1. 情绪"抱怨"下的合理补偿

"抱怨"是大学教师表现出来的一种情绪,是"重科研、轻教学"惯习压迫下教师自我纾解的一种隐形方式,它在潜移默化地影响和支配着教师的思与行。教师的精力只能大部分集中在科研上。当教师的合理教学需求无法获得满足时,大学不能一味地要求教师长期无偿付出。"很多老师都很难坚持了,教学投入过多的教师被视为苦行僧。"[①]教师对教学环节的各种"抱怨"如果不能得到合理的缓解,教师就会出现两种行为选择:一是抱怨归抱怨,行动归行动;二是抱怨无法得到解决,出现教学懈怠的问题。教师的教学懈怠很隐蔽,非常难以防范。

A 大学 11 个学院都出现了类似的现象:教师在教学工作中对不同教学环节的高投入无法获得合理的物质补贴。其中有 8 个学院"抱怨"不得不动用学院自筹费用对必须支付的教学环节的高投入给予了物质补贴。如 M002 所说:

> 我们院级领导不会亲自主抓教学。教学都是行政性实务,分给系主任,教研室主任。教学就是有老师上课,不要出教学事故。不用多出彩,但不要出错就好了。教学改革项目也是老师个人的事情。这已经是一个运行教学工作的模式了。不重视,更谈不上激励。学院的重点就是完成科研任务、项目、经费、论文。现在科研为核心的制度规定就摆在那里,老师需要"活"着。如果教学一点激励都没有,学院很难让老师在教学上负责一点,回归一点,比如物质补偿,至少是一种心理安慰吧。至少老师感觉学院还是关心老师,关心教学的。(M002)

M002 所在的学院属于理工科,该学院对于实验课的要求比较高,教师的教学投入也比较大。按照学校的政策,实验课的课时费与理论课的课时费相同。在实验课需要教师高投入的情况下,教师的抱怨非常大。高强度的劳动催生了教师的倦怠和抱怨,教师对这种疲于应付的现状感到不满。而且试图改变的努力也受到了阻碍,抱怨成为教师发泄不满的出口。但这种不满是教师自身难以解决的,教师感到无奈、厌烦、忧郁、失望,降低了教师在教学工作中的幸福感。当抱怨由情绪演变为行动的时候,教师采取"集体不接课"的行动策略。如 M002 所谈到的:

---

①　奥斯特罗姆,等.制度激励与可持续发展[M].毛寿龙,等译.上海:上海三联书店,2000:187.

我们这个学科就是实验为主的，老师必须带学生上实验，如果学生实验不能做出来，就不能做毕业设计，不能毕业的。但这里的教学投入也是有很大差异的，有的实验难，有的实验简单。实验的选题就意味老师的教学投入。学生毕业设计水平高与低与老师的水平、能力和投入都是有关系的。学校对实验课没有采取单列的课时费。老师对于实验课的投入和收入差异的抱怨非常大，实验课已经罢工了，或者大都选择做一下比较简单的实验。我们不得不在物质上给予考虑。(M002)

2. 集体抵制下的补贴

抵制是教师试图阻止管理者达到目的所采取的行动。A大学开展的"卓越计划"以提高学生工程能力为主线，以培养高质量现场工程师为目标，以合作教育为途径，主要是为了建构"业界全程参与，产学深度融合"的应用型人才培养模式。与传统高等教育和企业现场脱离的模式相比，"卓越计划"以"工程"为介质，将高校与企业两个实体放在了需求互补的统一体中。教师是"卓越计划"的第一执行人，但教师的参与积极性并不高。当然，教师并不是抵制"卓越计划"，而是抵制"卓越计划"不合理的地方。"卓越计划"引发了教师的角色、责任的变化，最关键的是要求教师加大教学投入。"卓越计划"提出的以工程为核心的课程体系转变，以及教学内容、方法和手段的更新，对于适应了传统课程建制的教师是一个极大的挑战，需要教师投入大量的精力，花费相当时间适应新的工程教育课程体系。教师感到科研机会成本的提高影响到了他们个人的利益。而且"卓越计划"的实施方案没有考虑到教师激励的问题。"卓越计划"有专项资金，该专项经费含有企业导师的劳务费用，但却没有涉及学校导师的"报销专项费用"。于是，当教师的合理劳动报酬受到复杂"报销"制度的折磨，教师就会对实践课程产生情绪和行为的双重抵制。这种抵制首先是情绪上的反感，是心理上的抵制，由于长期得不到解决，于是变成了行动上的抵制。

卓越工程有专项经费都是学生的费用，没有考虑老师的投入费用。我们一个学生做毕业设计（支出费用）是300元。实践教学专项项目都不考虑教师的成本，老师不满意，抱怨大。我们学院也觉得不合理,为了解决老师在教学工作中的现实问题。一是实践教学工作量计算太少,二是老师在实践教学中产生的费用在学校财务那里报不出来,或是报销非常复杂和耗时。学院的老师都很抵制这个社会实践课程了。我们还是考虑老师实践投入的费用的,但不多,就 200 元的差旅补助,都是我们学院的自筹经费。(M003)

11 个学院中有 4 个学院都获得了卓越工程专项计划,尽管 M003 所在的学院的财力非常有限,但他们也尽力从学院自筹经费中拿出一部分对教师实践课程的额外投入给予微薄的补贴。

有的学院没有自筹经费,老师要到学校报,报不出来,下一次谁都不愿意带实习。这是一个负激励。我们学院还是解决得比较好,少是少,但还是有考虑的。(虽然)我们也是去年才开始(考虑教师的劳务费用),这也是我们考虑到学院的老师对带社会实践已经非常不积极,抵制带社会实践课程的老师越来越多。(M003)

(五)"教学懈怠"导致的惩罚

教学激励可以使用奖励和惩罚的方式,但以"惩罚为主"是教学激励实施的核心方式。大学运用惩罚的方式远远超过对奖赏的关注。大学实施教学惩罚是为了减少教师逃避教学投入的行为。大学对教学进行约束和强惩罚在一定程度上是合理的。一定程度的问责、监督和压力能够保证所有的教师都规范地从事教学工作。教学惩罚在这一侧面保证了教学质量和教师努力程度。从实践来看,惩罚和约束的确对激励教师教学发挥着更大的威慑作用,能够解决教学工作的很多问题。奖励所起的作用显然比惩罚要小得多。一个没有惩罚的组织,计划的实现是不可想象的。惩罚是教学管理者较为常用的手段,却让教师觉得没有获得应有的尊重。对于教学管理者来说,不充足的教学经费限制了物质奖励。而且教学不像科研更能够获得认同和评价,"在晋升制度中认可教学"所占的重要性是不高的。所以,尽管奖励的激励机制才能够培养和激励教师持续改进教学,提供更优质的教学服务,但经费不足和奖励不如惩罚的效果使得奖励的方式很难采用。而惩罚的方式更像"万灵丹",它的威慑力很高,大学教师不得不对一切与教学事故有关的事务保持谨慎。M002就谈到了这一点:

> 教学就是有老师上课,不要出教学事故。不用多出彩,但不要出错就好了。(M002)

教学激励的效果是很难预测的,教学亦是很难激励的,教学投入更多需要依靠教师的良心。由于资源的限制,管理者很难实施教学"奖励"。当教学管理者对教师教学进行监督时,两者之间是不平等的。他们认为,在强教学惩罚下,学院和教师才能意识到"教学的重要性"。教学惩罚性清单利用了普遍和非人格化的规则。当大学组织对教学采取极强控制时,管理者和教师之间出现紧张关系,必须依靠非人格化的规则调整来实现权力平衡。但这类规则的实施又降低了两者关系的可见度,不利于管理职位的合法性。为了保持组织的平衡状态,层级教学管理者会不断强化教学工作规则,然而工作规则会给教师提供一定的线索,使他们获得关于可接受行为的最低界限的信息,从而将教学投入抑制到最低限度。如X003所说:

> 在实施教学评估之前,我们对教师的教学工作进行了大范围的抽查。很多学院都发现教师上课迟到、调课、早退的现象。在教学评估实施后,每一次学校自查,都出现部分教师上课敷衍、教学试卷不规范的情况。如试卷非常不规范,改卷不规范,这些如果不制定严厉的惩罚措施,还是不行的。(X003)

大学管理者一旦发现教师减少教学投入,他们就会加强监督,增加管理者和教师权力关系的可见度,提高群体中的紧张程度,但是教学激励制度的调整与更新使得教学激励的平衡又被破坏了。教师的道德规范成为大学实施教学惩罚的正当性原理。由于部分教师在教师工作中的失范,管理者为了监督这部分没有达到要求的教师,使得其他不需要监督的教师也不得不遵守最基本的教学规范。

> 这个不是一下子的事情,也不是一下子能全面改观的事情。不可能一下子都解决。我们还有教师上课不认真的,这都是现实的存在。我很支持学校的考核,只要考核的指标定下来以后,不管高还是低都要严格执行,这样才能够引导教师。其实我觉得老

师不管钱多还是钱少，你要对得起你的这份工作。不能因为钱少
了，就对学生不负责任的。我们的背后是报考这个学校的学生和
家庭，你要对得起报考这个 A 大学的学生，不能误人子弟啊，这
个责任很大啊。（M005）

从 M005 所谈到的以及其他个案的表现上看，一方面监控、控制、行政
性的教学评估，经费不足以补充教师的额外教学投入都使得教师不得不降
低教学投入，另一方面，缺乏教学激励强化了大学对教学工作的冷漠行为。
或者说"监控、惩罚与行政评估"和经费上的限制使得大学组织与教师之间
构建了一层屏障，形成了教学工作中的各种冲突，也构成了大学组织实施
教学激励的困惑。与此同时，教师的教学懈怠使大学管理者强化了监控和
控制的手段，于是以惩罚、监督、行政评估主导的模式成为大学教学管理的
核心模式。随着更严苛的经费限制规则、严厉的控制、评估与监控，大学教
师的行为更倾向于"重科研、轻教学"。大学教学管理和教师的教学懈怠共
同破坏了教学工作的"自发性秩序"，打破了大学组织与教师之间的共识与
信任基础。

如果从结构与行动的关系上看，这些个案的发生更多体现出制度结构
与教师教学行动的博弈，大学教学激励结构失衡和教学激励不足使教师出
现了教学行为策略的改变，各种教学投入不足以及教学懈怠都是教师对教
学激励结构的抵制，而大学管理者对激励结构和教学激励的调整和优化，
也是基于教师教学策略的一种行动反应。

总的来说，大学组织结构与制度本质上构成了大学的行动结构，并对
教师的行为进行了引导和约束。该制度结构包括了规则、惯例、规范与价
值，并形成了科研与教学秩序，使教师的教学行为受到某种合法习惯秩序
的影响。一方面，制度结构影响教师的教学行动策略，大学组织成为人们
决策的竞技场。大学教师进入大学组织后重新获得一种与其过去经验不
同的体验，教师在制度结构下不断重新调节之前对教学工作的态度、规范
和价值，并调整他们的行为。大学教师的教学行为是社会化和行动环境互
构的。另一方面，教师的能动策略也构成了教学激励机制优化的压力，即
教师的行为与制度规则存在一种互动的关系。教师"个体不仅有一双手，
而且也有一颗心"。教师是具有认知能力的行动者，具有创造性地进行教

学的能力。教师作为行动者能够在激励结构规约下采取不同的行动策略（保持投入、减少投入、增加投入）。教师的行动策略对教学激励制度具有某种反制力量，使大学不得不改变激励规则或者资源分配规则以推动教学工作更好地进行。

第五节　大学治理者与教师教学行动策略的互动

制度环境与大学各级教学组织形塑了"重研究"的激励导向，教师集体教学行为发生了改变，教师的教学困惑不断累积，教师群体分化更趋快速，这些直接影响了大学教师的教学行为策略，使他们更趋向于对教学"低度关心和低度投入"。目前，教学激励中新的困境在生成，教学激励已经成为一个结构性问题。教学激励困境的形成是教学治理者与行动者策略互动的结果。

一、教学行动者博弈的实践逻辑

大卫·哥梯尔（David Gauthier）在《协议道德》一书中提出，博弈者的合作行为并非出于利他主义的关心，也不是因为期望进行重复交易，而是因为其自身资本或在理性基础上的利益。他认为，"积极利用"的诱惑是以激励性的力量出现的，但在以合作策略作为促进效用措施的扩展理性选择结构中就会受到抑制。[①] 而布坎南（James M. Buchanan）认为，人们并不总是只要有机会允许就互相利用。他认为，人们更多时候根据相互尊重的规则行事，而且将违反相互性规范的人贴上离经叛道的标签。[②] 哈耶克（Friedrich August von Hayek）认为，人们根据某些在长期文化进化过程中形成的行为守则行事，而这些行为守则和规则不可能被解释为理性计算的结果。[③] 这些规则自发地进化，即使人们没有意识到它们，它们也会指

---

① 陈真.哥梯尔的"协议道德"理论评析[J].河北学刊,2004,24(3):58-61.
② 布坎南.宪法秩序的经济学与伦理学[M].朱泱,毕洪海,李广乾,译.北京:商务印书馆,2008:255.
③ 哈耶克.法律、立法与自由:第3卷 自由社会的政治秩序[M].邓正来,等译.北京:中国大百科全书出版社,2000.

引人们的行为。这些规则可以被认为是行动的内部伦理。

我们不仅需要解释教师为什么减少教学投入，也需要解释教师为什么不减少教学投入。大学场域中的交易在一定情境下需要考虑他人的利益，但利益不能解释一切。伦理约束对于教师的教学行为具有很强的影响力，但教师的伦理也不能解决教学中的所有问题。教学激励困境的解决不能仅仅强调规范的强制性，或是将角色规范强制给教师。"教学投入是教师的角色规范"，管理者描述了各种教学管理规范，教师的教学行为被简化为与他的地位相关联的设定与期待，被简化为与角色相关的其他工作。但是大学组织中的管理者不能仅仅以规范和角色要求教师，教学工作还需要精神和物质的激励契约。

（一）教学行动者博弈模型与假设

组织是人们建构的，其目的在于解决集体行动的诸多问题，合作问题是重要问题之一。组织与非组织的差别在于，组织有能力提供一种更为可靠，也更为有用的路径，来建构行动者。每一个组织内部都存在"游戏规则"。如果把组织中的行动者划分为管理者和教师，他们都在规则制约下采取理性的行动，也就是说管理者和教师都会以个人的利益为重。但组织存在多重博弈，行动者的行动不仅处于"计算"中，也受到"伦理"维度的影响。在组织内部的多重博弈下，使管理者和教师都采取合作决策的条件，必须建立在"经济"和"伦理"约束的基础上。

有组织的游戏使人们的冲突策略达成统一，并采取集体行动。有着利益冲突的人，在接受强制之外也会进行讨价还价。组织是一个权力结构，为行动者提供途径，为行动者提供方向，引导他们的行动，是博弈双方的行为形成的游戏结构。不同的行动者在"游戏规则"下采取合作或不合作的策略。大学教学激励制度是不可或缺的，是用来进行奖励或惩罚的，但教学激励制度并不能完全支配或控制教师的教学行为。如果博弈双方希望对方采取合作的策略，就必须让对方获益。游戏结构必须体现出两种特点：一是经济约束，以计算的逻辑来保障博弈双方的利益；二是伦理约束，包括外部伦理约束和内部伦理约束。外部伦理约束，即"教书育人"的共识是博弈双方的道德底线。内部伦理约束是指管理者和教师对于教学、教育、学生等的"良心"。

教学激励的博弈结构通过两种方式实现。第一种是契约,即通过计算确立一种契约关系。教师的教学行为的动力更多来自于计算。第二种是通过限制,或情感、意识形态的操作来实现。简单一点说,就是通过伦理约束使教师为大学组织的意志和目标形成,为教学水平的提高而付出。由此建立的假设如下。

假设 1:如果教学缺乏经济和外部伦理的约束,管理者和教师不会选择合作。

假设 2:如果教学仅仅依靠外部伦理的约束,教学激励的效果最低差。

假设 3:如果教学在经济和内部伦理的双重保障下,教学激励的效果最佳。

假设 4:管理者和教师从合作转向不合作时,管理者和教师就越过了博弈的界限,教学激励与教学的关系也会发生改变。

大学内部的教学激励模型有三种类型:一是教学契约与伦理约束下,教学激励效果一般;二是低经济教学契约与伦理约束下,教学激励效果差;三是高经济教学契约与伦理约束下,教学激励效果好。

(二)教学激励下的行动策略类型

教学激励的成效取决于大学组织实施教学激励的策略和教师的教学行为策略。大学实施教学激励的举措主要有两种:一是增加教学奖励投入,包括大学晋升制度纳入对教学贡献的认可、教学奖励制度的优化、大学层级治理结构下的教学激励契约关系;二是强化教学惩罚,最主要的是将教学事故与教师晋升制度挂钩。

大学管理者实施教学激励的策略主要有高教学奖励投入、低教学惩罚,或者低教学奖励投入、高教学惩罚。作者将教学奖励投入大于教学惩罚定义为强教学投入,将教学惩罚大于教学奖励定义为低教学投入。大学教师的教学行为策略主要有四种:一是高教学工作量下的低教学质量投入;二是高教学工作量下的高教学质量投入;三是低教学工作量下的低教学质量投入;四是低教学工作量下的高教学质量投入。作者将高教学工作量下的高教学质量投入,低教学工作量下的高教学质量投入归为高教学投入,将高教学工作量下的低教学质量投入,低教学工作量下的低教学质量投入归为低教学投入。

大学实施的教学奖励和教学惩罚不能完全决定教师的行为策略。管理者作为博弈参与人加强教学奖励或教学惩罚,与教师的行为策略共同构成了行动者的实践选择,主要有共同合作,一方合作而另一方不合作(管理者增加教学激励、教师选择机会主义;管理者减少教学激励、教师选择增加教学投入),管理者和教师都选择不合作等四种。

无论管理者采取什么样的教学激励水平都会影响教师的教学行为策略,同时教师的教学行为策略也会影响管理者实施教学激励的策略。不同类型的行动者会在不同的策略组合下获取不同的收益。大学管理者和教师在教学激励的经济和伦理约束下形成了三种不同的博弈结构:第一种,低强度教学激励和伦理约束下不同行动者的实践逻辑;第二种,中等强度教学激励和伦理约束下不同行动者的实践逻辑;第三种,高强度教学激励和伦理约束下不同行动者的实践逻辑。

第一种,中等强度教学激励契约与外部伦理约束下博弈双方的行动策略。

大学组织中不同类型的行动者在教学工作方面存在博弈。作者将教师看作是 A,管理者看作是 B,建立一个 2×2 矩阵的标准的囚徒困境[①],其中用数字表示的回报代表的是两个博弈者的效用序数指数。组织中不同类型的行动者之间的权力关系使行动博弈变成可能,大学组织制度环境下不同类型的行动者选择不同的博弈策略。第一象限 I 表示 A 和 B 都采取合作策略(A 合作,B 合作),第二象限 II 表示 A 和 B 采取不同策略(A 合作,B 不合作),第三象限 III 也表示 A 和 B 采取不同策略(A 不合作,B 合作),第四象限 IV 表示 A 和 B 采取不合作策略(A 不合作,B 不合作),见表 7.37。

---

①　囚徒困境反映了一个问题:从个人角度所选择的占优策略,从整体来看,却是最差的结局。其中用数字表示的回报代表的是两个博弈者的效用序数指数。囚徒困境的标准模型表示为 2 * 2 矩阵。

表 7.37　中等强度教学激励契约与外部伦理约束下的博弈结果

博弈		管理者 B(行动者)	
		合作 b_1 中等偏高教学激励策略	不合作 b_2 中等偏低教学激励策略
教师 A (行动者)	a_1 合作 高教学投入	Ⅰ(3,3)行动者 A 增加教学投入收益为3,行动者 B 实施高教学激励策略的收益是3。行动者 A 与 B 达到博弈均衡	Ⅱ(1,4)行动者 A 增加教学投入收益为1,行动者 B 实施低教学激励策略的收益是4。行动者 A 增加教学投入,需要自己支付增加教学投入的额外成本。管理者 B 获得溢出性收益
	a_2 不合作 低教学投入	Ⅲ(4,1)行动者 A 不增加教学投入收益获得4,行动者 B 实施高教学激励策略的收益是1。行动者 A 获得溢出性收益	Ⅳ(2,2)行动者 A 不增加教学投入收益获得2,行动者 B 实施低教学激励策略的收益是2

　　如果教师 A 和管理者 B 都采取合作策略,这是两个博弈者的行为集合达成的协议。博弈双方的交易是符合经济和伦理依赖的,那么管理者和教师都愿意增加投入,A 与 B 在第一象限(Ⅰ)达到均衡。这种均衡是一种帕累托相关,即互动关系中的某一方或双方的策略影响到另一方的效用水平,而且存在相应的安排可以修正相应的行为以有利于所有当事人,那么就会存在帕累托相关的外部性。[①] 在博弈结果第一象限(Ⅰ)中,每一个博弈者是以自己独立行动的自由交易或换取其同伴接受相应的限制。每个博弈者之所以同样约束自己,不是为了自身的利益而对自己的行为进行限制,而是因为只有接受这样的约束,才能确保对另一方主体的行为进行相应的控制。教师和管理者在大学场域内在伦理方面同样是相互依赖的。任何一方偏离基于合作策略达成的协议或在其外单独采取行动,都会单方面影响到另一人的效用。[②] 如果双方都能够根据合作的伦理规则,那么合

---

　　① 布坎南.宪法秩序的经济学与伦理学[M].朱泱,毕洪海,李广乾,译.北京:商务印书馆,2008:237.

　　② 布坎南.宪法秩序的经济学与伦理学[M].朱泱,毕洪海,李广乾,译.北京:商务印书馆,2008:236.

作才会成为双方的策略。在第一象限(Ⅰ)学校增加教学激励的投入,教师在教学中获得了更多的保障,在第二象限(Ⅱ)管理者的投入获得教师更多的投入。这就表明博弈双方在经济和伦理依赖下都愿意增加投入以产生效果。博弈双方(A与B)的关系呈现出一种平衡的相互关系,协商与交换如果不合理,要么管理者不再投入资源到教学激励上,即Ⅱ(1,4),要么教师在管理者不增加投入的情景下减少或者维持较低的教学投入,即Ⅲ(4,1)。最直接影响的就是在Ⅳ(2,2)的情况下教学激励效果最差,即教师的教学投入在该博弈规则下最差。具体见表7.37。

第二,低强度教学激励契约与外部伦理约束下博弈双方的行动策略。

教师群体普遍认为教学不负责是不对的。教师普遍选择对教学工作承担某种程度的责任,并遵守一定程度的道德准则,并认为这是合乎理性的。这符合马奇(James Garduer March)提出的"合乎情理的逻辑"的决策模式①。人的行为并不像理性模式那样追求最大化目标,而是受到"合乎情理的逻辑"的约束,虽然合乎情理的逻辑并不能保证决策的正确。布坎南认为,道德的约束来源有三个:信仰、宪法、认知。其中一个是非理性的,另外两个则是以理性选择为基础。道德建构主义者试图通过改变潜在主体的道德来改变其行为。从传统上说,道德家一直竭力灌输道德,这些道德据称得自于外部的知识来源,得自于理性和自然法则。道德也可以建立在现有认知和偏好的基础之上,而不是建立在某种超个人主义的来源之上。合法性道德是理性选择必不可少的组成部分。道德规则并不约束根据效用最大化作出的选择。在可以预测彼此行为的环境中,道德还是合乎理性的。②

因此,大学教学工作秩序的维持要求足够多的教师普遍遵守理性的道德规则,从而使得搭便车与机会行为仅是例外而非常规。当大学管理者无法实施高强度教学激励策略时,他们需要通过威慑和权威实施低强度教学激励策略,即采用威胁和惩罚的教学激励策略。只有教师采取合作策略,实施教学惩罚的管理者才不会威胁到他们。在一定程度上,管理者实施惩

---

① 周雪光.组织社会学十讲[M].北京:社会科学文献出版社,2003:296.
② 布坎南.宪法秩序的经济学与伦理学[M].朱泱,毕洪海,李广乾,译.北京:商务印书馆,2008:303.

罚策略能够带来教学工作的稳定。大学管理者采取低强度教学激励策略主要基于三方面的原因。一是管理者认为通过教学激励改变教师自身的偏好是比较难的。教师的效用或偏好函数是固定不变的。如果教师个人的偏好确实非常坚定因而不可改变,那么任何通过诱使偏好发生变化从而修正教师教学行为的投入根本就不会取得什么结果。在此情形下,教师教学行为的不确定性导致他们不愿意对教学进行高投入。二是大学管理者认为科研能够让教师获得更多的资本,高科研激励使得大学管理者认为即使实施高教学激励也不可能获得教师的高教学投入行为。教学工作存在不确定信息,在一定限度内,教师个体不能排除教学工作中的搭便车倾向,更多的教师在教学工作中选择不合作的策略。三是管理者更愿意选择一种适用于整个共同体的惩罚制度,惩罚制度本身的目的在于维持教学工作的秩序。

如表 7.38 所示,当 $a_2 \rightarrow a_1$,A 的收益从 4→2 减少了,与此同时 B 的收益从 1→2,博弈边界的变动导致 B 获得的收益增加 1;但 $b_2 \rightarrow b_1$,A 的收益从 1→2,B 的收益从 4→2,A 的收益增加 1,而 B 的成本增加 2,这说明 B 从Ⅲ象限到Ⅰ象限的收益为 1,而Ⅱ象限到Ⅰ象限的成本增加了 2,导致 B 从Ⅱ象限到Ⅰ象限的成本高于Ⅲ象限到Ⅰ象限的收益。因此,动态的结构表明,即使教师 A 从 $a_2 \rightarrow a_1$,管理者也依然会选择 b_2,即 A 从 $a_2 \rightarrow a_1$,即使教师提高教学投入,也不能调动管理者从 $b_2 \rightarrow b_1$。这就表示 A 的合作行为并不会导致 B 也采取合作的行为。表 7.38 的博弈结果表示教师的行为约束更多的是基于教学伦理,管理者不会提供合理的教学激励契约,或者管理者实施教学激励受到约束,无法提供教学激励的经济性保障,那么仅仅是依靠伦理依赖就会导致教师不得不改变高投入的教学行为,最后双方博弈者在象限Ⅳ达到均衡,这里的Ⅳ(3,3)指的是管理者和教师都减少投入,Ⅳ(3,3)是管理者和教师不合作下的理性选择。Ⅳ(3,3)导致无法产生帕累托相关,即互动关系中的某一方无法影响到另一方的效用水平,导致双方都不合作的博弈结果,即 A 和 B 都选择不合作策略。而且(3,3)中的教学激励效果最低,学生是最大的损失者。

表 7.38 低强度教学激励契约与外部伦理约束下的博弈结果

博弈		管理者 B(行动者)	
		合作 b_1 低等偏高教学激励策略	不合作 b_2 低等偏低教学激励策略
教师 A（行动者）	a_1 合作 高教学投入	Ⅰ(2,2)行动者 A 增加教学投入收益为2,行动者 B 实施高教学激励策略的收益是2	Ⅱ(1,4)行动者 A 增加教学投入收益为1,行动者实施低教学激励策略的收益是4。行动者 A 增加教学投入,需要自己支付增加教学投入的额外成本。管理者 B 获得溢出性收益
	a_2 不合作 低教学投入	Ⅲ(4,1)行动者 A 不增加教学投入收益获得4,行动者 B 实施高教学激励策略的收益是1。行动者 A 获得溢出性收益	Ⅳ(3,3)行动者 A 不增加教学投入收益获得3,行动者 B 实施低教学激励策略的收益是3。A 与 B 获得博弈均衡,但教学激励效果最低(学生的利益受损)

第三,高强度教学激励契约与内部伦理约束下博弈双方的行动策略。

教师个体为自己选择遵从某些安排或行为规则,这些安排或规则将指导他们在一系列与其他人相互作用的过程中选择行为模式。教师个体是在可供挑选的"道德约束"中选择,而不是在特定情形下的最终状态之间进行选择。个人理性的道德确实需要约束特定情形下无限制的选择权。教师的教学行为受到道德约束,或者换句话说,这种道德约束既可以内在于潜在主体的精神,也可以从外部强加。一个人可以由于内心的道德命令(教学不负责任不对)而保持教学投入,也可以因为外部的制裁(我如果不负责,将会受到惩罚)而继续保持教学投入。与此同时,管理者实施的高强度教学激励契约与教学伦理共同形成了教学激励的理想模型。如表 7.39 所示,当 $a_2 \rightarrow a_1$,A 从 3→4,B 从 2→4,达到帕累托最优。

表 7.39　高强度教学激励契约与内部伦理约束下的博弈结果

博弈		管理者 B（行动者）	
		合作 b_1 高等偏高教学激励策略	不合作 b_2 高等偏低教学激励策略
教师 A（行动者）	合作 a_1 高教学投入	Ⅰ(4,4)行动者 A 增加教学投入收益为4,行动者 B 实施高教学激励策略的收益是4。行动者 A 与 B 达到博弈均衡。外部性最高,学生利益获得保障	Ⅱ(2,3)行动者 A 增加教学投入收益为2,行动者实施低教学激励策略的收益是3。行动者 A 增加教学投入,需要自己支付增加教学投入的额外成本。管理者 B 获得溢出性收益
	不合作 a_2 低教学投入	Ⅲ(3,2)行动者 A 不增加教学投入收益获得3,行动者 B 实施高教学激励策略的收益是2。行动者 A 获得溢出性收益	Ⅳ(1,1)行动者 A 不增加教学投入收益获得1,行动者 B 实施低教学激励策略的收益是1

（三）三种博弈结构的比较

以上三种博弈类型表明:(1)表 7.39 是最理性的博弈结果,表 7.37 较表 7.39 差。这主要是因为表 7.37 的伦理相互依赖是外部性的。表 7.39 表明除了高强度教学契约,行动者存在内部性的伦理相互依赖。(2)需要注意的是大学组织应尽量避免表 7.38 的情况出现。表 7.38 中的交易矩阵显示,无论双方如何互动,都不可能获得最好的收益,因此表 7.38 的博弈结果最差。低强度教学契约和伦理相互依赖性不仅使得单独一方 A(教师)提高教学投入时,不可能调动另一方 B(管理者)增加教学激励的行动,这意味着博弈中的行动者都会采取不合作的策略,即管理者和教师尽管都考虑到学生的利益或受到道德伦理的约束,最后的博弈均衡结果也很难形成教师投入和管理者经费投入的最优结构。更严重的后果是行动者 A 和 B 采取不合作的策略使 A 和 B 获得更大的利益,但却导致大学教学工作的教学激励效果最差,即学生受损的结果。(3)表 7.38 和表 7.37 具有本质差别。表 7.37 在Ⅰ象限达到博弈均衡,A 和 B 都采取了合作的实践逻辑,该实践逻辑的形成主要基于经济教学契约和伦理依赖的共存。而表

7.38 仅存在伦理依赖。前者是帕累托相关的外部性,即实现帕累托更优的矫正实施。后者是外部性的,非帕累托相关的,不存在可以进一步利用的经济相互依赖性,即一旦形成,无论如何互动,都无法从交易中获得更多的收益。[①] 当游戏规则能够解决部分经济和伦理约束时,教学激励机制处于第一种类型中。当游戏规则无法解决经济利益的约束时,大学教学激励机制处于第二种类型。当游戏规则能够加大经费投入和焕发教师的内部伦理时,教学激励机制是理想的类型,也就是第三种类型。

可见,大学组织中管理者和教师的行为博弈具有不确定性。这既受到客观上的不确定性,如技术对组织的影响,也受到"人为的"不确定性的影响,如围绕权威力量分布而建构的不确定性,围绕信息的通道而建构的不确定性,围绕合法性的限制力量而建构的不确定性等。这种人为的制度环境是组织之中的成员之间进行互动,从事有组织的集体活动的前提条件之一,它使得人们之间的讨价还价得以达成,并使行动成员为保留自己的自由余地成为可能。

博弈的过程体现出权力关系。权力关系不是某种权威结构的简单体现和产物,不仅仅是组织权威结构中的管理者拥有权,教师也具有教学工作中的专业权。管理者与教师之间的权力关系指的是管理者对教师群体施加教学激励影响的可能性。这种博弈者之间的权力只能在某种共同关系实施中才能表现出来。在这种关系中,管理者必须依赖教师才能实现大学"教书育人"的共同目的,而这一共同目的又制约着他们的各种目标。管理者能够实施教学激励的权力只能通过在某个给定的关系里的行动者的交换中表现出来。两方之间的任何关系,都意味着相互交换和相互适应。组织中的权力关系不能使博弈者共同采取合作的策略,只有当双方满足基于利益的教学激励契约和伦理约束(外部伦理和内部伦理),大学教学激励的问题才能得到改善或优化。如果大学管理者选择不增加教学激励的强度,博弈者之间缺乏一种工具性关系,如教学工作缺乏资源投入、层级结构中缺乏激励契约关系、组织与教师的低强度教学契约关系等,那么教师的教学行为缺乏激励效果。仅仅靠教学的外部伦理约束,就会使更多的教师

---

① 布坎南.宪法秩序的经济学与伦理学[M].朱泱,毕洪海,李广乾,译.北京:商务印书馆,2008:237.

选择不合作策略,如果教学契约实施仅仅散发具有威胁性的"信号",教师就会选择完成规定的教学工作量。教师在教学工作中的专业权并不一定代表他们选择高教学投入的合作策略。权力关系不能保证教师在教学工作中采取合作策略,如果大部分教师都采取不合作策略,道德危机下的最直接的结果就是"教书育人"的共识受到破坏,导致教学激励效果最低的后果。

二、松散联合下教学行动者策略的解读

从系统论的角度看,大学校级、院级和教师层级都属于大学系统的子系统。校级受到外部制度环境的影响,院级受到校级层级的影响,教师受到校级和院级的影响。与之相反,教师群体也对院级和校级构成了影响。这种互动的影响取决于哪一个层级拥有更加重要的权力,即使不同层级相互影响,但层级之间并不是牢固联合的,而是松散联合的。松散联合(loose coupling)一词在信息技术、管理学等领域是一个常用概念,与牢固联合(tight coupling)相对。组织理论中松散联合意即系统内组织成分间"较少出现的、受到限制的、相互作用微弱的、不重要或反应迟缓的结合"。① 这种松散联合的特征决定了大学组织校级、院级和教师能够共同分享权力。

教学激励机制的生成是一个互动的过程。校级与院级、校院两级与教师的行动策略都能够对教学激励的生成产生影响,并推动教学激励机制的变迁或扩散。大学教学激励机制本身带有权威性、合法性、秩序性,是大学教师教学行动策略形成的结构框架。但必须认识到大学教师层级是教学激励制度的最终行动者,大学教师的行动策略通过反馈影响制度设计与执行,由此教学激励制度结构不断处于调整中,新的教学激励制度结构不断生成。

首先,无论是教师个体还是教师群体对教学激励机制的识别、判断都需要一个内化的过程。对大部分的教师来说,教学行动是教师筹算及决策后的理性行为。教师个体在特定环境下的策略选择取决于他或她如何考

---

① 伯恩鲍姆.大学运行模式:大学组织与领导的控制系统[M].别敦荣,主译.青岛:中国海洋大学出版社,2003:37.

察并权衡各种不同策略的收益和成本及它们的可能结果。教学投入是建基于教师的"有限理性"之上的。虽然教师认为教学是重要的,是需要对学生负责和大量的投入,但是教师总是希望自己付出的劳动能够与收获相匹配。

当更多的教师权衡利益时,他们的教学行动策略体现为"减少教学投入",这个过程一般不是显性的,而是隐性的,甚至有可能是不自觉的。在这种情况下,"减少教学投入"这一教学行动策略并不能理解为教师个体的决策,而是制度结构与教师能动性共同形成的策略选择,是一种教师群体不约而同的教学行为策略。简而言之,教师的教学行为策略是教师能动性与教学激励机制互动的结果,即教师的教学行为策略既符合刺激—反应或需求—限制的被动模式,也可能符合教师个体决策的自主模式。

其次,教师个体在教学中是大学制度结构约束下的积极行动者。大学教师既是遵守大学教学秩序的行为者,也是具有自我意识与能动性的行动者。教师在一定的时空里能够决定他们付出努力的程度,每个教师对教学所花费的精力和投入的热情都是不一样的。在这个意义上,教师对自己劳动的支配具有任意性,教师能够决定个体的教学行为策略。教师是大学教学文化最重要的载体,大学教师在可能的框架内寻求变革教学激励制度的力量。必须认识到大学教师作为积极的行动者在一定程度上能够不断地贯彻、改进与优化教学激励制度,并促进正向的教学文化在大学的生成。

最后,大学教学激励机制对教师个体的教学行为具有重要但有限的影响。合理的外部教学激励制度确实能够为教师提供一个合适的制度环境,不过正如萨乔万尼(Thomas J. Sergiovanni)在《道德领导:抵及学校改善的核心》中所指出的"外部奖赏没有足够的力量去激励人"。[①] 教学激励机制能够顺利发挥作用的前提是大学形成了"自觉地投入教学"的文化。大学是一个自我管理的组织,教学工作主要以教师的学术自治为主。教学激励机制与教师的教学投入之间的关系不能视为单向的"决定—被决定"的关系。一方面,教学激励机制可能"框架性"地规定了大学教师教学工作获得奖励和惩罚的方式,但另一方面,教学激励机制无法完全决定大学教师

---

① 萨乔万尼.道德领导:抵及学校改善的核心[M].冯大鸣,译.上海:上海教育出版社,2002:71.

的教学行为。外部的奖励机制对高教学投入的教师而言更多的是一种心理补偿，作为高级知识分子的教师主要是基于道德的承诺和责任感以及对于学科、专业自身的坚持来完成自身的教学任务。他们能够长期地"坚守教学"并不是因为奖励和惩罚机制，而是对"教书育人"的天职的认同感。可见，大学教师投入教学的积极性与教学激励机制之间并不是线性关系。

　　在制度结构约束下，大学教师的教学行动策略在一定程度上可以反制教学管理者，而管理者也会依教学情况而调整教学激励制度。当大学组织发现教学服务的差异性逐渐增大，教师逐渐与教学、学生"离心"，教学边缘化愈演愈烈时，大学管理者发现"教学激励"问题逐渐凸显并需要通过制度化行为给予"教学"更多的关注，如面对"激励结构的失衡"，国家开始出台教学评估制度和各种教学奖励制度，不同类型的大学也开始改革单一科研导向的激励制度，各种教学成果、教学名师和教学奖也已经获得制度性的认可和奖励，并且大学层级都实施了差异性的制度化和非制度化教学激励。

第八章　大学教学激励机制的反思与优化

　　再多的物质与精神激励都不能解决大学教师教学激励的问题。大学教学激励机制的建立需要考虑的是:科研与教学的激励结构,大学治理结构中的权力与决策,以及大学教师的行动与制度之间的互动。大学教学激励机制的生成逻辑包含了制度环境对大学实施教学激励的影响,大学层级结构之间实施教学激励的行动,以及教师行动策略与制度之间的互动生成。根据大学教学激励机制的生成逻辑,作者从四个方面来探讨大学教学激励机制的优化路径:一是从问责制出发,探讨自上而下推动的教学激励制度的优化;二是从大学内部层级治理角度探讨如何优化教学激励机制;三是从大学正式和非正式教学激励制度层面探讨制度对教师策略的影响;四是优化教师文化,注重教师教学伦理建设,培育基于生命自觉的教学责任感,以教师文化的更新与变革反塑教学激励机制。

第一节　权限与激励导向:问责制的优化方向

　　大学组织同质化发展是否符合当前中国大学的改革逻辑?所有大学都实施以"科研"为导向的教学激励机制,这种强制性同形或模仿性同形的后果值得深思。结果却是"事情越变越是老样子",一种典型的实践简单地被另一种所取代,但教师教学行为和行为规则却没有发生任何有意义的变化。教学激励机制的运行受到制度环境的约束和压力。国家一边给大学更多的资源,一边实施问责制。要注意的是,问责制的实施应该是有限的。现在,自上而下推行的问责制迫使大学的教学激励制度同形化,导致了教师集体行为的改变。这种强制性同形无法兼顾大学差异化发展的需求。绩效问责是"重科研、轻教学"的自上而下的惯习的生成根源,教学评估问责使得大学实施教学激励的行动逻辑出现同质化现象。大学教学普遍出现了奖励性激励有限,评估和发展激励不足的结构性激励问题(作者在第五章重点论述了以上两个问题)。作者认为,问责制的优化是大学实施教学激励的逻辑起点。问责制的优化分为两个部分:一是绩效优化,二是教学评估优化。

一、扭转强科研主导的绩效评价

大学教学激励机制的优化与绩效评价密切相关,要扭转当前强科研主导的绩效评价,利益为上而导致的无序竞争甚至生态失衡的问题,避免功利主义侵蚀教学绩效评价。实践表明,对教学工作重视的制度环境比教学激励更重要。随着治理变革及新公共管理理论的出现,政府改变了以往对高校的盲目信任转而依靠合同、绩效、拨款、评估、代理以及市场机制等方式与高校发生新的联系,同时扩大高校的自主权。政府职能的转变,客观上要求大学也必须进行相应的制度改革。[①] 就两者的关系看,政府推行的绩效评估处于主动地位,它对大学实施教学激励实施了外部压力。这种外部压力来源于三个方面。第一,科研绩效考核指标的量化和片面化,不仅使得科研水平的提高没有反哺教学,反而加深了教学与科研之间的隔阂。大学绩效实施的最大问题不在于过分强调科研,而是科研卓越和教学卓越逐渐分离,科研遮蔽教学,科研抢占教学存在的空间,大学教学与科研脱节严重,人才培养质量出现了潜在的危机。第二,强科研对教学激励的负面作用,使"弱教学"或者说"低学术性"教学不断增多。实践中,大学教学被认为是一种不包含学术的活动,教学更多被视为是一种"简单的、低学术"的活动。教学的低学术化特点使得人才培养缺乏了"灵魂"。第三,"重科研"的惯习切断了教师投入教学的热情,也切断了大部分教师与教学心灵的联系。从教师个人的理性角度上说,大学教师专注于科研,甚至轻教学,以牺牲培养学生质量为代价提供较低水平的教学,是符合理性的。以上三

---

① 熊志翔.高等教育质量保障的制度性变革[J].高教探索,2008(2):54-58.

个方面都表明激励的科研导向需要一个限度,对科研的过度重视会对教学激励存在负面影响,需要考虑科研和教学的激励平衡。

（一）注意制度激励的限度

制度激励主要是从管理教学的角度出发的,以奖优罚劣作为主要手段,坚持结果导向,从全面角度判定教学成效,为大学教学质量的提升作出了贡献。对教师开展科学合理的教学绩效考核,能够将教学行为指标化、数量化,以更加形象和直观的特征,促进教育教学活动的不断改善和教学效果的不断提升。

但是"强科研"导向的制度激励对于教学的促进作用是有限的。从教育角度而言,教学绩效考核的最终目标在于推动教育教学的改善,如果教学激励不能坚持问题导向,不把对教学问题的整改举措作为主要内容,就很容易产生激励的反作用。尽管社会希望教师不要忽视他们的教学责任,却几乎都在奖励他们的科研和著作成果。这一点在那些大的、声望很好的大学几乎是成立的。尽管有"好的研究和好的教学形影不离"之类的观点。有研究表明,科研绩效影响教学效能而非相反。原因可能在于,科研对教学的促进要远超过教学对科研的促进。① 教学对科研的促进是有前提的,就是教师在教学过程中愿意发现问题、进行知识创新而非照本宣科。但是在时间分配上,教师往往发现自己必须在教学和科研之间进行选择。教学成果的报酬通常仅限于杰出教师奖,只有小部分优秀教师或是具有学术资本的教师可以得到,金钱与荣誉回报也很少。教学成果的学术标准并没有像科研成果一样的要求。大学组织希望教师能够关注教学,但专业教学需求大都由于缺乏授权或分权被忽略了。大学组织希望教师在教学学术上有所进展,但教学发展平台的经费投入和制度设计无法满足教师教学丰富化的要求。大学希望教师将教学视为基本责任,不断强调道德,但大学却实施以效率为导向的激励机制。

教学绩效的时效性决定了制度激励的时间限度所在。一所大学办学质量的好坏,不是一朝一夕形成的。它是长期发展、积累的结果。某一时

① 张俊超,吴洪福.变革大学组织制度:改善教学与科研关系[J].中国地质大学学报(社会科学版),2009(5):120.

间节点的绩效指标状况只能部分反映大学质量和水平,而非全部。① 大学
绩效制度的执行必须慎重考虑教学、科研、社会服务激励的适用范围和边
界,不要过度强调和依赖科研考核和激励,否则效果可能适得其反。考核
制度设计应该认识到教学与科研的评价本身极为困难,既不能不考核,又
不能过度考核。过度的科研考核会影响教师对教学的投入。大学组织在
教学、科研、社会服务激励设计时需要仔细评估差异。大学绩效激励制度
的目的应该是促进大学的科研和办学质量的提高,不能够使理念全部让位
于功利主义技术。量化评估的执行不能够忘记,大学的根本任务是教学、
科研和社会服务对人才培养的共同作用。大学绩效评估优化也需要偏重
以教与学为中心的绩效评价指标体系。大学教学质量的指标不应仅仅是
教学设施、条件等硬件指标,还应包括人才培养的软指标。教师科研水平
的提高如果不能反馈教学,人才培养的低水平将是可以预料的事情。大学
绩效制度应体现教学、科研和社会服务等各方面并进行多元化评价,在多
元评价中,教学评价应是第一位的。在教学实践中,防止专业化教学指标
和管理绩效发展指标的相悖状态,而要使两者的激励方向大致相符。

(二)导向"质量"的绩效评价

导向"质量"的教学绩效评价应发展多元评价主体与评价方式。多元
评价主体包括同行、上级、学生,以及社会专家等在内,评价方向逐渐向相
应教学目标、学生成长发展、资源利用效率等方面靠拢。不同类型的大学
如果都采取同质性"绩效评价指标",容易导致大学出现自身的错位。如许
多教学科研型大学、教学型大学过度强调自己的研究使命,教师的绩效评
价制度都追求同质性科研绩效。这种大学场域的惯习成为管理者的行为
圭臬,导致有关科研与教学的决策发展为一种公共性困惑。任何评价都是
一种价值判断,都带有目的性。同一所大学在不同价值观的大学排行榜上
应该得到不同的位置,用只符合研究型大学价值观的排行榜去衡量所有大
学,自然会出现"顶端一致"和"中低端巨大差异"两种现象。②

"大学的根本"是培养人才。大学搞科学研究本来是为了更好地提高
教育质量、培养人才。一般地说,不同层次、类型的高等学校,都应开展相

① 任青.当前国内大学排名现状及对策探析[J].理论观察,2013(7):121-122.
② 刘海峰.大学排行榜时代的"两校互竞现象"[J].现代大学教育,2009(6):16-21,81.

应的科学研究,但是现在许多科学研究与教学无关,而且过重的科研工作和繁杂的事务负担往往影响了教师对人才培养的时间、精力投入。① 过度量化的学术标准不仅导致了学术场域内部学术的粗制滥造和学术生成意义的危机,更使教学成为最大的受损者。"质量"导向的科研和教学应该成为大学绩效评价制度的核心,并保持"科研"与"教学"的合理界限。在"双一流"大学和学科的建设中,也要防止将"教学"直接归入"科研"发展指标之中,以免导致科研发展快于教学,教学隐蔽于科研之后的现象。

大学应制定向教学倾斜的绩效考核办法和考核标准,将学生的培养质量,包括学生的学业表现、课程教学质量、教师的教学投入和教学研究、同行评价等纳入绩效考核标准。通过加大教学绩效在教师考核中的比重的方式,调动广大教师教书育人的积极性,在一定程度上扭转"重科研、轻教学"的现状,引导教师重视"以学生为中心"的教学学术研究,最终促进教师的教学学术发展和学生的成长。

"质量"绩效评价应注重对教师教学的过程性评价,评估教师在教学全链条中聚焦教学任务、瞄准教学目标、调配教学资源、创新教学手段,进而提高教学质量的最终成效。科学的绩效考核需要对教师教学行为、教学内容、教学成效以指标化的形式进行量化打分,做出科学评判并提出可行性较高的改进建议。但现阶段绩效考核的过程性评价不足,导致考核目标指向性不够、过程市场化过度、结果可信度不高等问题,必须从过程性评价和教学过程的内在逻辑入手,把备课、听课、评课整合推进,细分考核步骤、细化考核指标、细究考核短板,使教学绩效化考核逐渐贴近教学实际、符合教学规律、反映真实教学成效。教学绩效考核是一个动态发展过程,具有完整的工作链条,对它优化其实是对相关要素进行重新排列组合、对过程环境进行不断净化、对内耗进行削减的内控过程。教学绩效评价是新形势下对教师教学活动进行综合评价的主要手段,其着眼点应是通过绩效评价寻找教学中的问题,以便改进教学和提升教学质量。

教学活动的最重要的主体是教师和学生,也是绩效评价的主要力量。学生由于直接参与、直接感受、直接反馈,对教学绩效评价有着更加清晰和

---

① 潘懋元,陈春梅.高等教育质量建设的理论设计[J].高等教育研究,2016(3):1-5.

明确的判断,学生评教模式下学生作为评价方对教师、课堂、质量等各个指标进行评判,有利于确保教学绩效评价的科学化。但也要防止"学生评教"中存在的主观认知偏差,评价随意性较强,评价成果比较粗略且不被重视等问题。

教学绩效评价要从教法创新、教学效率和教材运用等多角度对教师教学进行全方位评估,可以一个学期为时间节点进行阶段性教学评估,也可以从一个学年或一个教育阶段进行结果性评估。教学绩效评价走向信息化和智能化的时代,更应当创新评教方式,改变传统的一张表打分的模式,充分运用调查问卷、面对面座谈以及各方代表发言等形式,合理利用校园网上的互动回复、微信公众号中的群组调查等途径搜集评价结果。有意识、由外而内地审视教学链条的组织架构,将影响教学绩效的教师考评制度、培训制度、教学资源倾斜力度以及教学环境等各方元素,按照不同领域进行分类,在教学绩效评价中统筹考虑。在教学绩效评价的设计阶段,有意识地由近及远地审视教学绩效目标,以及不同学科、不同阶段的教学成效的长期性与差异性。

"质量"绩效评价指标将重构大学科研导向的新实践逻辑。要防止教学绩效评价制度随人随事而轻易"改弦易辙"的可能,要通过制度对框架和条款进行固化,杜绝随意性和主观化。这种实践逻辑将引导大学教师回归以兴趣、探究与创新为主旨的科研学术。大学是知识生产和传播的中心,需要在不断超越自我的同时保持某些亘古不变的品质,这种品质即为对知识的整理、解释、探究、创新、传播和应用。"质量"科研评价指标将使大学教师不必不间断投入科研,大学教师能够将科研反思和教学反思加以结合。

二、调整评估导向:奖励激励向评估与发展激励转变

林毅夫认为,制度变迁主要有两种模式:一种是自下而上的诱致性制度变迁,它受利益的驱使,"由个人或一群人在响应获利机会时自发倡导、组织和实行";一种是自上而下的强制性制度变迁,它由国家强制推进,"由

政府命令和法律引入和实行"。① 大学教学激励机制的生成具有自上而下
强制性变迁的特征。政府推动的成果导向的教学评估使得教学激励机制
具有强制性、形式化的特点。教学激励制度的优化方向应该是效率逻辑和
内涵逻辑的平衡,而不是单一逻辑的独大。教学评估与奖励机制绑定虽然
成为提高教学绩效的重要动力,但会出现很多消极后果。大学面对政府和
社会的问责,迫切需要教学评估不断上升的成绩单来回应政府部门和社会
的关注,来指导资源的再投入。为了优化单一的教学评估指标,大多数学
校将教学绩效、精神激励(称号、荣誉、晋升制度中的教学认可)和物质激励
作为激励教师投入教学工作的最核心的制度设计。然而教学评估制度导
致教学激励偏向技术性,这种导向虽然激励大学关注公开发布的教改论文
和教学项目的级别,但并不代表所有公开发布的教改论文和教学实践都是
教学学术成果。大学组织实施教学评估制度的应然目的是促使大学创造
一个更加有效的教学环境氛围,促成大学教学学术文化的生长。然而遗憾
的是,目前单一、规范和同形的指标体系,单一的教学数据收集使大学在实
施教学评估和教学激励方面缺乏创新。

应以"发展、评估和奖励"相结合作为大学实施教学评估的新导向,要
在不断发展的基础上进行评估,又在评估的基础上进行有效的激励。教学
激励要在切实尊师重教的氛围中进行,特别是对致力于本科教学质量提升
的教师给予重大的物质和精神上的激励,与此同时,学校与学院应对一些
教学水平不高且不在教学上努力上进的教师强化引导,使他们提高教学能
力并积极投入教学,促使教师整体教学水平不断提升。

(一)加强教学发展激励的资源划拨

资源缺乏已经成为高等教育场域的现实问题。大学的生存与发展需
要得到外部各方面的支持,一些关系大学生存的稀缺和珍贵的资源都存在
于外部环境中。大学不得不将科研成果作为获得经费的筹码,这使得大学
在教学质量提高方面缺乏动力。要转变这种现状,涉及人力资源、财政资
源、绩效指标体系的创建、社会合法性地位、社会关注及技术和物质的投入
都需要国家的支持。大学教育质量的不断提升需要更多的资源划拨,国家

---

① 林毅夫.关于制度变迁的经济学理论:诱致性变迁与强制性变迁[G]//财产权利与制度变
迁——产权学派与新制度学派译文集.上海:上海三联书店,1991:384.

已经通过预算拨款制度为大学教学发展提供更多的支持。2015 年，根据财政部、教育部出台的《关于改革完善中央高校预算拨款制度的通知》（财教〔2015〕467 号）要求，对基本支出拨款项进行了调整，将十几类项目支出改为六类，构建了"基本支出＋项目支出"的高校财政拨款模式。其中项目支出包括改善基本办学条件专项资金、教育教学改革专项资金、基本科研业务费、建设世界一流大学（学科）和特色发展引导专项资金、捐赠配比专项资金、管理改革等绩效拨款。但还存在经费使用绩效评价不突出、教学与科研基本职能未能得到保障等问题。由于专款专用，各个项目之间不能根据大学的具体情况再进行分配，因此出现"多的用不完，少的不够用"的问题。国家应建立以大学"教与学"为中心的资助框架和财政拨款制度，教学发展内涵是大学实施教学激励的核心导向。基于内涵逻辑的教学发展激励能够获得更多的教师认同。构建以"教与学"为中心的资助框架能够为"教与学"提供更好的经费支持。合理的资金划拨不仅能够推动教学发展组织的持续改善，更重要的是使教学发展成为大学教学治理改革的重大资助导向，促进教师走向教学发展。

国家应构建科学合理的大学绩效指标体系，将划拨的大量资金与教学绩效表现挂钩，为了确保教学绩效分配到足够的资金，起到有力的激励作用，将所有的绩效指标和条款不作为附加条件而是整合纳入到政府资助框架中，使大学教学运转更加稳定持久。这种从基础预算中分配绩效资金的模式相比于创建补充资金的模式更具有强大的激励作用。国家要通过导向教学发展的绩效指标体系引导大学真正将办学重心转向教与学，促使教学成果的流动与共享，促进教学学术知识总和的增加，进一步促进大学的教学发展。

（二）弱化教学奖励性激励

教学评估制度不应该仅仅是规范和指标体系的评估，而应该是能在"持续改进教学"方面起到积极引导和建设作用，如"优秀教学""学术性教学""教学学术"应该成为教学评估的重要指标。联合国教科文组织在《关于高等教育的变革与发展的政策性文件》中指出，质量评估对于寻求提高高等教育质量的办法是非常重要的。必须注意的是在进行质量评估时，不应只想到财政问题，或者主要涉及高等院校的全面工作中那些用数量来表示的质量指标,而应当充分注意遵守学术自由和学校自治的原则的问题。①

大学评估应强调"弱奖励性激励"。德西(E. L. Deci)等为代表的认知学派提出,奖金可能削弱个体的创作热情,奖励包含的条件性会削弱个体的自我决定感,强化金钱奖励的外在归因会对内在动机产生"挤出效应"。② 相较于强激励,弱奖励性激励应该是评估和发展激励的有力补充。"弱奖励性激励"鼓励大学教学评估激励的多元化发展。"弱奖励"在于打破大学过度关注同质化的教学产出指标。当教学评估弱化投入—产出的评价模式,优化教学激励机制才会转向以"内涵"为核心的制度设计,大学教学发展和教学学术发展才能够成为提升教师教学水平和提高教育教学质量的重要措施。

第二节 管理问责与授权:层级教学激励治理优化

利普斯基认为,"与大多数组织中的低层职员不同,街头官僚在决定他们的机构供给的利益和惩罚的性质、数量和质量时拥有相当大的自由裁量权"。③ 在利普斯基看来,街头官僚具有政策制定者和执行者的双重角色。A大学11个基层学院的多个案研究显示,基层学院管理者实施学院层面的教学激励制度的自由裁量权是有限的。基层学院管理者的角色认知、对学院教学工作情境的复杂性的认知和对教师教学需求的反馈等都会影响教学激励的实施。布劳最早从社会学角度讨论了官僚组织中层级控制与自由裁量权的关系问题,他认为要想在层级之间的控制和自主性间获得平

---

① 联合国教科文组织.关于高等教育的变革与发展的政策性文件[EB/OL]. http://www.moe.edu.cn/publicfiles/business/htmlfiles/moe/moe-236/200409/975.html.

② MOLLER A C, RYAN R M, DECI E L. Self-determination theory and public policy: Improving the quality of consumer decisions without using coercion[J]. Journal of Public Policy & Marketing,2013,25(1):104-116.

③ 王猛,毛寿龙.自由裁量、标准化与治道变革——以杭州市上城区为例[J].上海行政学院报,2016,17(1):58-68.

衡,往往需要向自主性倾斜,允许相对多的自由裁量行为的存在。[①] 院级教学激励机制的生成和效果评价呼唤基层学院在教学事务方面获得更大的决策权,以便使工作导向的教学激励、物质和精神激励的实施能够更贴近和适合教师的教学需求。

一、层级管理问责

教学激励机制优化是一项非常复杂的系统工程,涉及多个层级主体,要提高教学激励机制运行的公正性、科学性和有效性,必须对大学不同层级的职责作出明晰的、合理的划分。问责是利益相关者的权益诉求方式。问责制表明反馈与自我调整在任何行为中都起着至关重要的作用。层级管理问责是指校级层面对基层学院的教学管理行为具有监管与促进的职责,基层学院对教师的教学行为负有监管与促进的职责。教师从教学管理问责的反馈中不断地学习和提高,观察学生反应并适时调整教学,在最广泛的意义上达到教学目标,提升学生的表现。

校级层级的职能应由直接管理转向间接调控,校级层面不再直接实施教学激励,而应将大量的、具体的激励授权给基层学院组织。校级层级主要负责制定或者认可基本的教学激励标准和准则,并对基层学院予以监督。这既可以避免将教学激励方案的制订者、实施者和评价者混为一体,影响激励的公正性和科学性,又可以避免直接过度介入。

(一)层级资源配置方案

在教学事务中经常出现各种教学管理权限和教学资源分配的问题,需要校院两层共同决定。教学资源按类型划分,一般包括人力资源、课程资源、设施与环境资源、实践资源以及制度资源,按存在状态划分,可分为直接应用于教学过程的资源与通过整合才能应用于教学过程的潜在教学资源。实践中,校级层面在教学管理、资源分配上拥有话语权,这就需要重新设计层级之间的资源配置方案和改革高校教学管理的二级财务制度。大学应合理制订二级经费划拨办法,实行二级预算精细化管理,建立二级管

---

① BLAU P. The Dynamics of Bureaucracy: A study of Interpersonal Relationships in Two Government Agencies [M]. Chicago: University of Chicago Press, 1995.

理绩效年度报告制度,也就是需要从财务制度设计上建立校长、财务处长、学院院长三级经济责任制,明确院长、财务部门、财务机构负责人的职责与权限。同时,大学要在校级层面上进行一定程度上的教学资源整合,将有限的人力、物力、财力等资源进行调整优化和重组,也就是说大学要以人才培养为核心,采取一系列的方法和手段,对各种潜在的可能的教学资源进行开发,对现有的教学资源进行结构性配置和重组,以达成提升人才培养质量的目标。

(二)健全二级激励相容的管理问责制度

大学应完善校院两级教学管理体制。因为基层学院作为较为松散的组织,对教师的教学实践、教学研究甚至集体生活如果采取过于宽松的管理,教师的教学出现随意化现象容易对教学质量产生影响。大学应构建校内监督体系,建立健全校级对基层学院相关责任的追究处理和协调机制,完善层级间的奖惩机制,实施激励性层级契约,校、院双方应签订内容完备的二级管理任务书。

大学校级层面应通过建立专业教学质量标准、课程与专业建设标准以及投入和政策激励机制,使院系教学管理真正转移到重视专业与课程建设以及教学改革的轨道上来,促进基层学院对长期存在的教学质量问题进行评估和纠正。校级对完成目标责任的学院,可以从招生计划、人员配置、教师待遇、资源配置等方面给予相应的嘉奖措施,同时可将二级管理的效果与学院领导的职务晋升、教师福利待遇挂钩。基层学院应结合自身办学的实际、学科的特点、师资队伍具体情况等作出更合理可行的安排。此外,二级激励相容的管理问责制度需要校、院两级之间进行有效的沟通协调,避免教学任务存在重复交叉甚至矛盾,奖罚分明,对教学工作推诿扯皮的现象进行批评与引导。

建立健全大学内部教学质量监控系统,完善学校、学院两级教学督导制,学院赋予督导制专业特性,通过“督促”和“引导”对教学全过程的各个方面进行经常性的检查、督促和评议,确保正常的教学秩序,强化教学过程管理,不断提高教学质量,引导教师和学生改进教学方法和学习方法,优化教学过程,提高教学管理水平,保证教学质量。校级层面要对学院人才培养模式和方案进行分析研究和评估,对专业、课程和教材的建设方案和实施情况进行评估、检查并提出建议,对学院的教风、学风建设进行调查研究和监督评估。基层学院要对教师的教学活动给予指导和建议,帮助青年教师进行教学改革,提高教学质量,深入课堂教学、实验教学、生产实习与毕业设计等环节,进行现场调查研究和评议督促,广泛收集师生对教学工作的意见和建议,沟通信息反馈渠道。基层学院还需提出教学管理和教学改革的意见和建议:对各类教学评奖、教师职称晋升和岗位聘任,从教学态度和教学效果方面给予建议性评价;检查院、系两级教学管理部门对教学计划、教学大纲、教学日历、教学规章制度等教学文件的执行情况,对学院办学条件的保障措施进行分析研究,提出建设性意见,并根据学校教学督导委员会的统一部署,结合各学院自身的特点,每学年确定学院教学督导工作重点,制定学期工作计划,定期撰写调研报告和教学督导信息,为学院提供决策参考。

二、授权基层学院

教学激励机制的优化依赖于大学内部治理结构的优化。目前层级教学管理的权力与决策模式使教学激励机制运行的效率很难提高。大学中主导教学激励的权力始终是自上而下的,权力集中于校级层面,基层学院缺乏实施教学激励的正式权力,这使得本应最能够有效实施教学激励的基层学术组织缺乏资源迅速反应并解决实践中出现的教学激励问题。教学事务的层级权力失衡导致校级层面容易出现"垃圾桶"现象,而基层学院在教学激励制度创新方面动力不足。因此,教学激励机制的优化需要赋予基层学院更多的资源和权力,使教学激励创新进一步多样化。

（一）教学事务授权

基层学院作为大学教学工作首要的组织者,在教师教学成长中的重要性无可比拟,作用无法替代,理应获得校级层面对教学事务的授权。校级对基层学院教学事务的授权,包括课程设置、学位设置、专业设置,以及教学事务资源的分配、新学科的建设等。教学内容和课程体系的有效改革才能够形成一批教学质量高的优质课程。基层学院拥有更多的教学事务的决策权,更多的专业权威参与教学事务的决策才成为可能。正如政治学者科恩（C. Cohen）所说,民主在本质上"是一种社会管理体制,在该体制中社会成员大体上能直接或间接地参与或可以参与影响全体成员的决策"。①作为民主的核心要素,参与广度和参与深度是衡量民主广度和民主深度的具体标尺。基层学院获得更多教学事务的授权时,更大范围的教师才能够参与院级决策,这就凸显了教师作为院系办学主体和核心利益相关者的地位,彰显了"教师治教"的理念,使教学事务的决策更加依循学术逻辑而非行政逻辑,以便教学事务决策获得更高的价值合法性和程序合法性。提高基层学院对教学事务的权力,使教师的专业性获得更多的认同,增加教师的专业认可度和对学院治理的归宿感,对教师的教学积极性具有正向影响。

　　基层学院在教师教学发展中承担起相应的责任,充分发挥基层教学组织的作用,不仅组织同专业教师进行教学研讨,开展教学反思,而且可以组织"教学沙龙"之类的教学活动,打破学科专业界限,让不同专业的教师相互取长补短,共享教学经验,共获教学智慧。

　　(二)教学评估授权

　　在教学评估事务决策中,校级行政领导和院级管理者在评估总体信息方面具有优势,而基层学院管理者的信息优势在于对专业学术知识的占有、了解和洞察。作者认为能够更好启动教学评估激励的路径在于赋予基层学院实施教学的评估权。评估权的下放使得信息、奖励、知识和权逐渐从行政权过渡到基层学院的专家权,接近一线教学的教授获得更大的权利并积极参与到教学工作设计和教学同行评价中,教师参与性评估权得以实现。教学评估的授权使基层学院能够在专业复杂性和同行评估的基础上构建专业差异的教学工作设计。教师不再是被动的聆听者,教师主导的教学评估能够从评估专家和同行那里获得教学工作的信息,这使得教师主导的专业权能够在评估激励方面发挥积极的作用。教师主导的教学评估使专业激励目标更明确,也更能够使教师个体的教学评价成为一种教学反思,激励教师个体更好地持续地改进教学。教师主导的教学评估能够设计专业的目标,实施一种社会化激励,在激励教师教学反思方面发挥重要的作用。归宿感、教师的自尊心和胜任感都能够通过同行教学评估得以实

---

① 科恩.论民主[M].聂崇信,朱秀贤,译.北京:商务印书馆,2004:10,21.

现。教学工作很难实施广泛的被认可的绩效，因此，要构建一个重视教学工作的环境，让同行更多地参与到自己和他人的教学评估过程中，以期建立一个可信任的、公共讨论的、公共决策的教学评估氛围。

因此，本科教学评估的激励功能的实现有赖于基层学院管理者和教师个体的积极性、主体性和创造性。基层学院管理者和教师在教学评估中发挥着重要的作用。科学的教学评估质量指标能够促进大学教师在有限时间内将最重要、最核心的内容传授给学生。而仅仅当获得教学评估的授权时，基层学院才能够在专业复杂性的基础上构建专业差异的教学工作设计、评估指标和评估模式。这种专业导向的评估执行制度能够建立更富有激励性和更令人满意的教学工作环境。当高度信任的模式建立起来，教师的满意度提高，教师才更有可能提供较高水平的教学服务，教学评估激励才成为可能。

（三）实施差异性教学绩效制度

绩效制度使大学实施激励有章可循，是较为突出的激励制度。校级层面实施统一的教学绩效，其最大的负面影响主要在于：一是绩效制度突出同质性教学考核的指标，无法体现学科差异；二是大学绩效目标具有"重成果"的趋势。因此，面对校级实施教学激励的负面性评价普遍存在，基层学院获得更多的授权才能使差异性、创新性和多元性的教学绩效制度得以实施。

首先，基层学院应获得教学绩效授权，实施差异性的教学绩效制度。它将教师教学表现与薪酬制度相挂钩，它的优化能够激励更大范围的教师持续改进教学。教学绩效制度要凸显得到组织奖励的那一类型的教师对组织的重要性。每个组织能用以分配的奖励有限，如何分配决定了谁会继续在组织工作，教师会多努力，以及教师对组织的态度。外在奖励的分配体现了大学组织对教师人力资本的投入度，继而产生了大学组织如何对那一类教师进行激励的一个重要问题。

其次，基层学院应获得教学绩效授权，使更多教师参与教学绩效的制定和执行，扩大教师集体认可的范围，使教学激励制度具有更高的合法性和合理性。学科不同很难形成大范围的教师认可，学院实施教学绩效考核能够在小范围内提升实施教学绩效的合理性。学院层面出台的教学绩效考核能够加强基层学院对教师教学的控制权力。学院在专业教学中的合法权威性使他们制定的教学考核目标是可以通过组织集体的努力达到的,有利于构建更稳定的教学工作环境。

最后,基层学院实施的教学绩效应包含更多的非制度化因素。基层学院作为一个相对规模小的集团,人际之间的相互影响很容易体现,非理性的情感在教学激励中起着重要的作用。当基层学院获得绩效制度的授权时,教师的行为的确会体现为理性,但利他行为也绝非罕见,这在很大程度上证明了,"责任伦理"是激励教师投入教学的核心要素。

第三节　制度与非制度激励并重: 教师教学激励制度的优化导向

大学教师的教学和科研等学术活动是以大学为组织依托,通过大学这一组织平台来实施的。教学、科研与社会服务都是大学的核心职能。大学是大学教师进行科研和教学的理想场所。正如科塞(Lewis Coser)所认为的,知识分子离不开大学,大学是最适应他们生存的社区,因为大学为知识分子提供了最有力的制度背景。① 当大学组织过于迷恋"客观"的标准,并擅长于用可量化的标准来衡量和进行报酬绩效时,大学组织无法提供一个宽松的学术环境,取而代之的则是充满竞争和压力的制度环境。

大学教师具有多重社会角色。美国学者詹姆斯·杜德斯达(James J. Duderstadt)甚至认为,新时代大学教师的角色必须多样化,他们要作为学者、顾问、评估者,以及学习的保证者。② 面对这些多样化的社会角色,大学组织并不能要求大学教师在所有的社会角色中都表现优秀,而应该是要求他们在多重社会角色上有所侧重,他们可以是知识的发现者,或是知识的发现与应用结合的综合者,或是知识的传授和解惑者。大学组织应该对大学教师作为传道授业解惑者的身份给予认可,因为大学教师参与人才培养的最重要的方式是教学,通过高深学问的传授以促进大学生的发展。也

① 张意忠.论大学与教授的生成逻辑[J].河北师范大学学报(教育科学版),2010(1):99-103.
② 杜德斯达.世纪的大学[M].刘彤,主译.北京:北京大学出版社,2005:128.

正是在这一理由上,允许多重权重的教师评价组合,使得不同学术(发现的学术水平、综合的学术水平、应用的学术水平和教学的学术水平)[①]之间更好相互结合。

一、推行教学发展为核心的激励制度

教学激励导向应以提高教学质量作为激励的目标。教学质量的提高更多的是基于大学教学发展激励制度的实施,教学学术的教学成果、公开发布的教学研究、研究性的教学项目和能够推广的教师实践才能够带动更多的教师投入教学。内涵性教学评价导向才能促使大学认可教学工作的文化共识的生成,才能激励教师长期投入教学。

教学发展激励制度应能激励教师进行持续的专业学习、教学实践反思、课程发展行动与教学规律的探究,从而提高教师的教学专业之意识、知识和精神,然后通过教学活动促进学生有效学习及提升自身生命价值。这既是教师专业成长的过程,也是学生进步的过程。教学发展激励制度应包括校、院两级组织以及与教师个体之间互动融合所形成的支持与保障教学的各种制度规定,目的是为了改进教师的教学,提升教学品质,寻求卓越教学的可能。同时,教学发展激励制度应有助于在大学内部形成关注教学、崇尚教学的氛围,超越教师个体的自觉行为,有利于打造与教学相关的学习共同体,传播教学文化和提升教学学术,最后达成提升教育教学质量的目标。

大学应增加教学发展激励制度中关于教学学术的方面,包括奖励力度等。一些大学已经作出了探索与尝试。浙江大学"永平奖教金"奖励教学方面作出突出贡献的教师,杰出教学贡献奖每人奖励 100 万元,教学贡献奖每人 10 万元,教学贡献提名奖每人奖励 5 万元。武汉大学设置了本科优秀教学业绩奖。广西财经大学 2019 年制定了《本科教育教学奖励办法(征求意见稿)》,对教学、科研进行同等奖励。提升教师的教学能力有两条最常用的途径:在教学实践中培养;在教学研究中升华。教学学术的积淀

---

　① 吕达,周满生.当代外国教育改革著名文献:美国卷(第 3 册)[M].北京:人民教育出版社,2004:18.

需要学位教育、社区教育、校本教育等三种模式的相互联系①，在联系的过程中消解各自存在的不足，增强合力，发挥累积效应。其中，以大学为培育主体的模式对于教师教学能力的提升最为重要。教学发展激励制度要有助于教学学术培育。

教学发展激励制度应重视对教师教学工作的设计。以教学工作设计的丰富性和多样性为特征的教学发展制度是重要的教学激励制度。教学发展制度的一个核心就是要改变教学工作设计以影响教师对教学工作的态度和行为。教学工作设计能够影响教师对教学工作的满意度、动机以及工作绩效，加强教师对教学工作的认可以及工作方式的自主性和责任性，能够提高教学工作的效率和工作质量，提高教师的满足感同时又具有经济效应。

实践中，新的教学工作设计能够激发教师内在的教学工作动力，从而影响教学服务的质量。教学工作吸引力的提高在一定程度上促使教师在他们认为有吸引力和能够完成的任务上不断努力。教学成就感和教学效果能够促使教师加大和维持一定程度的教学投入。教学工作的挑战使得教师感受到兴趣和自我实现。教学工作设计一旦被教师所接受和认同，教师就需要对新的教学工作设计进行更多的投入，这种投入与传统的教学投入是不一样的。当通过新的教学工作获得良好的绩效时，教师的教学动力就会逐渐加强，当在教学工作中获得成果的可能性越高，教师就越能够在教学工作中得到满足，并获得更高的成就。教师在教学工作中逐渐成为教学改革模式的专家，长期和高强度的教学工作经验能够持久地改变教师对教学工作的取向。

教师对不同的教学工作设计的体验是不同的。这种体验会对教学需要和教学目标产生较大的影响。如果教师发现改革教学工作设计是一种极大的乐趣或痛苦，这种情感状态会在教学工作经历中形成某种暗示。如果这种体验是有效的，那么继续实施创新性的教学工作模式对教师具有较高的吸引力。但是引导教师改变工作设计也有显性成本，教学工作设计并不一定对所有的教师都是有效益的。具有强烈的高层次需要的教师通过

①   时伟.大学教师专业发展模式探析——基于大学教学学术性的视角[J].教育研究,2008(7):81-84.

教学工作设计能够增加他们教学工作的动力和满足感。教师如果积极参与教学发展项目，就能有教学交往的机会，也能满足教学发展培训的需求，以及丰富教学工作的体验。教师在实践中体验到工作丰富化的成就感。但是对于较低教学发展需求的教师，工作丰富化对他们的激励效果并不明显。

教学发展制度为教学工作设计提供了经费保障、项目平台。教学发展制度就是通过各种培训项目、工作坊等拓宽了教学工作的丰富性，它本身就是实行工作设计激励的制度保障，包括听课制度、助教制度、"传帮带"制度、教学档案制度、教学竞赛制度、名师导航制度、教学研究制度、教学发展评价制度等。教学发展制度的目的应该是提高教师在教学工作设计需求方面的动力和满足感。当教师通过参与教学发展过程，体验到多样性、自主性、完整性和反馈这四个教学工作设计的核心特征时，教师就会获得良好的教学工作绩效，从而在教学工作中体验到意义丰富的满足感和自我实现感。

校级层面的教学发展激励制度应有连贯性与统一性。主管教学的不同部门出台的教学发展制度应避免有所冲突之处，以免降低制度应有的权威性及效能。与教学有关的不同部门应充分沟通，使教学发展制度切实得以整合，形成规范合理、各司其职的制度链条，真正提高教学发展制度的运行效率。在促进教学发展的共同目标下，不同部门应有不同的侧重点。教师教学发展中心主要负责教师职业生涯过程中教学素养的获得与教学品格的提升，人事处主要会同有关部门把好准入关，同时在保障激励方面出台必要的细则，教务处主要通过专业建设、课程建设等人才培养的主要环节推动教师的专业化进程。

教学发展中心是大学组织促使教师持续投入教学和改进教学的重要机构。我们既不能夸大教学发展中心的作用，也不能窄化它的功能。作为校级层面促进教师教学发展的机构，具有行政性和学术性的双重使命，应承载多元的促进教师教学发展的职能，不能仅作为教师教学培训机构的"替代品"，还应拓宽教学发展的功能，成为教师教学发展链条上重要的促进机构，获得应有的地位并发挥应有的功效。教学发展中心要加强自身的学术性、独立性、专业性和感召力，完善中心的定位和功能，完备建制，充分在教学事务中发挥作用。

教学发展中心使得大学教师发展成为可能,应始终聚焦于教师的教学发展,"从理论到实践"系统地服务于教师的教学成长。具体而言,主要负责教师职业生涯过程中的教学素养培养与提高,包括如何有效推进立德树人、如何开展以学习者为中心的教学、如何创造有意义的学习经历、如何帮助学生进行深刻而卓有成效的学习、如何提升教学的有效性、如何从有效教学走向卓越教学等。通过学习,使教师能够由"工具性"的工作观(教学激励就是需要获得教学成果)转变为"精神面"的工作观(教学激励就是寻求教师工作的内在价值)。教师通过学习不断获得新成绩,得到他人的尊重,在教学工作中获得自我实现的满足感。

二、突出晋升制度教学认可

大学组织内部需要构建奖励好的教学和激励教师持续改进教学的惯习。教学激励机制的优化不是单纯的内部调整就能够实现的,需要结合制度环境。教学激励机制的运行需要考虑共同利益。共同利益的存在让管理者和教师产生了一种向心力,以达成共同的利益目标。行动者在其合作的过程之中处于不同的位置上,因教师的行动能力不一,发挥着不同的作用,其影响也各不一样。有的教师在科研项目、论文发表、获得各种奖项方面作出重要的贡献,主导和引导科研共同体的发展,为组织获得资源作出了巨大的贡献。有的教师在教学工作中兢兢业业,在人才培养、教学改革方面作出贡献,虽然他们无法为大学组织获得与科研同样多的资源,但他们在大学文化和人才培养方面具有突出贡献。无论教师关注科研或关注教学都应该使他们在大学组织中享有应有的地位、声望和影响力。当然这些影响力和贡献具有差异,在某种程度上决定了行动者能够分享的、各自所占的利益的份额,大学组织在利益分配差异下出现了一定程度的矛盾与冲突。面对这些冲突和矛盾,大学组织需要做的是协调激励结构,从制度上认可教学和科研的贡献,竭尽所能保持科研和教学的地位和利益。大学教学激励机制需要奖励好的教学(rewarding good teaching),而奖励教学就需要颠覆原有的激励体系(reward system),特别是需要打破原有的偏向科研的晋升激励体系,新的晋升激励体系必须平衡教学和科研的关系。

晋升制度是大学教师最重要的激励制度,晋升制度中的教学认可是大学实施奖励性绩效最核心的方式。莱姆顿(P. Ramsden)认为,需要用大学教师可以理解的方式来奖励教学,而职称晋升和聘任是对教师认可和回报的最重要因素。实际上与聘任和职称晋升相比,教学奖励等类似其他的奖励方式就显得不是很重要了。[①]

大学晋升制度的实施是为了激励教师在教学、科研、社会服务等三个方面不断取得成就。尽管奖励性晋升制度受到大学教师的质疑,但仍然是大学组织最有效的激励制度之一。晋升制度的改善应成为大学优化教学激励机制的方向。大学教学激励的实施必须考虑晋升制度中的科研和教学认可。大学组织实施教学贡献的奖励性分配,实质上就是希望奖励他们想要奖励的人。基于平衡激励结构的角度,增加教学奖励是制度优化的必然选择。要在平等的学术成果及其价值认同的前提下,建立基于教学学术的职称晋升制度。欧内斯特·博耶说:"应使教师的工作有尊严且多样化,既让有能力、有机会从事科研的教师在科学发现和发明方面获得认可,也让那些对教学有兴趣且有能力的卓越教师拥有获得认可的机会。"[②]要对大学教学进行反思和公开,承认教学学术成果及其价值与科研学术成果一样具有学术价值。大学要建立教学学术价值认可的发展制度,平等地评价教师教学学术成果和科研学术成果,使教学学术成果具有与科研学术成果同等的地位,在职称评审中获得同样的认可和声誉,具有同等地位,制定并完善教学型教授职称评定标准和实施方案,改变"重科研学术成果、轻教学学术成果"的弊端。

三、重视非制度激励

教学激励机制运行的目标是什么? 教学激励机制的目标是促进教师的教和学生的学,保持教师持续提高教学的活力和信念。制度激励具有刚性、正式化的特点,容易被认为是对教学工作"惯例"的激励,非制度激励则

---

① RAMSDEN P, MARTIN E. Recognition of good university teaching: Policies from an Australian study[J]. Studies in Higher Education,1996,21(3):299-315.

② 博耶.学术水平反思——教授工作的重点领域[M]//国家教育发展研究中心.发达国家教育改革的动向和趋势:第5集.北京:人民教育出版社,1994:23.

更具有灵活性、适应性、创新性,是一种"软性"激励方式。

　　教师的教学能力和专业知识需要不断提高,但如果教师对教学无心,或是缺乏灵性,那么所有的教学激励都是无效的。"真正好的教学不能降低到技术层面,真正好的教学来自于教师的自身认同和自身完善。"①那么真正的教学激励也不能降低到技术性成果的认可和物质奖励的层面,真正好的教学激励也必须能够维护教师的"教学心灵",即获得更大范围的教学认可。教师关心学术、关注教学内容,教师与学生心灵相通,就是一个有活力的教师。教学模式和教学技术的变革仅仅是教师武器的更新,有助于教师持续改进教学。但是教师如果缺乏教学的活力,那么所有的教学方法、教学技巧、教学能力、教学理念都失去了实施的主体。而且教学心灵是无法规定的,教学活力也很难界定。

　　教学激励机制运行的目的在于如何呵护这种珍贵的精神资源,如何支持认可教师教学工作的价值,如何体现大学组织对长期投入教学工作的教师的尊重和认可。大学教学尽管无法给教师带来丰厚的报酬,但教学依然能够使大部分教师体味到帮助学生成长与发展的满足感和自我实现。正如霍弗(C. W. Hofer)提及了非经济性激励因素,即通过满足人的精神利益或需要来调动其积极性的一种奖励方式,是一种"不花钱"的有效激励手段。② 迪亚茨(Beverlie Ann Dietze)强调,组织文化、领导能力、交流、关于专业发展的政策影响教师教学动机。③ 大部分高教学投入的教师将教学视为"教书育人"的过程,不仅仅是获取"金钱"的工作,而是凭借专业知识和关怀在学生求学生涯中发挥重要作用。他们认为教学是具有重要社会化价值的工作,不是重复性的乏味的工作,是教师与学生互动的活动。

　　(一)培育教学心灵

　　信念和价值观才是促使教师进行教学投入的最深层动力。符合教学工作特性的、共享的价值观才使得教学激励制度能够包容创造性、复杂性

---

　　① 帕尔默.教学勇气:漫步教师心灵:十周年纪念版[M].吴国珍,等译.上海:华东师范大学出版社,2014:2.

　　② HOFER C W. Turnaround strategies[J]. Journal of Business Strategy,1980,1(1):19-31.

　　③ DIETZE B A. Beyond the faculty contract: exploring value-added and discretionary working Ontario's community colleges[D]. Canada: University of Toronto,2005.

和不确定性。技术性的教学激励指标虽然能够减少复杂性,但并不一定受到具有专业性和创造性的教师的欢迎。技术性激励手段的最大局限就是对教学激励的目标的认可仅仅体现为量化指标。而事实上,教学激励制度只有在符合教师能够接受的信念和价值观的基础上才有意义。只有让大学教师意识到,所有自我拥有共同的教学心灵,所有的心灵都是平等的,大学场域的同理心才会筑起。教学心灵不一定是指教师在教学上有教学技术的创新,也不是教师应该拥有多么高水准的教学改革项目。教学心灵并不一定需要通过各种项目来证明教师的教学工作是有价值的。教学心灵是一种教师灵魂的呼唤,来源于教师与学生的灵魂相遇。教学心灵来自于教师的教学反思和实践,来自于教师在教学工作中的自我认同。大学将逐渐从强制价值认同(绩效导向)转为内生价值认同(价值自觉),以激发教师的价值自觉意识,鼓励教师追随内心的价值轴线和兴趣,真正点亮教师在科研和教学上的激情和高投入。

(二)培育教学认同

大学教学激励机制不能仅仅停留在技术层面,经济激励也不是唯一的激励手段。教师投入教学更多是为了获得声望、尊重、友谊以及其他社会和心理目标。当经济激励很难驱使教师个体为教学工作投入更多时,社会激励会驱使具有心理契约的教师持续保持较高的教学投入。教学激励的目标不能仅仅是提高教学成果的指标,指标提升并不意味着教学质量的提升。好的教学激励机制应该能获得教师的认同。教学激励机制的一个巨大收益就是为教师提供了一个能够实现自我舞台的机会。在师生交往的教学活动中,教师被赋予了教书育人的神圣使命,具有高心理契约的教师在这个过程中获得了高峰体验,感受到快乐的情感体验。高峰体验是马斯洛研究自我实现时提出的一个重要概念,是指人进入自我实现和超越自我的一种极乐瞬时体验。教师在教学活动过程中的高峰体验就是教师在教学过程中充分实现自身的社会价值时产生的一种极度愉悦和完美的情感体验。[①] 教学激励机制在多大程度上能为教师提供教学激励意味着教学激励机制的执行力的效度。

---

① 肖正德.教学文化变革与重构教师发展的灵魂[M].上海:华东师范大学出版社,2016:25-26.

（三）重视情感激励

大学教学管理者要注重通过情感激励建立与教师之间的纽带与联结。情感激励是指一种在工作中建立起来的情感支持和情感信任，以及由此而进行的任务授权和目标激励。[①] 路易斯（James R. Lewis）和梅斯（Daniel K. Mayes）认为，情感激励是对教师工作满意度的提升，是情感的满足。[②] 情感激励作为以关心连接激励主体与激励对象的纽带，是通过一定的形式和途径，对激励客体的情感发生影响，从而使其焕发内在精神力量的过程。情感激励有助于激发教师内部潜在的教学动机，将大学组织的关怀转化为自身专业发展所需要的内部情感动力，从而实现情感的关怀驱动。对于教学管理的情感激励有利于将管理工作由硬性转变为柔性的。教师所获得的"被尊重感"和"被认可感"使得教师能够在教学中焕发新的活力，并坚定教学信念。

总而言之，大学应该提供多元化的教学激励。著名管理学家弗雷德·卢桑斯（Fred Luthans）教授于 1976 年提出权变性激励策略。在卢桑斯看来，管理活动中不存在所谓一成不变的管理模式和管理方法，而应依据管理活动面临的具体情境，采用灵活多样的管理方式，视具体情境而定。[③] 技术和非技术激励的目标都是重建教师的教学信念，重视教学价值，改善教师的教学激励困境，增强教学的自我实现。有效的教学激励机制不仅仅是提出正式的激励指标，而且要触及教师的"灵魂"。好的教学激励机制能够影响教师的教学信念，它能够将教学价值内化为教师的自觉行为，形成一种独特的价值观。

第四节 大学教师文化：基于行动者视角的思考

从"结构—行动"二元交融的视角，大学教学激励机制和作为行动者的

---

① 张慧.关于情感激励在公办高校学生管理工作中作用的开发研究[D].苏州：苏州大学，2009：9.

② LEWIS J R, MAYES D K. Development and psychometric evaluation of the Emotional Metric Outcomes(EMO) questionnaire[J]. International Journal of Human-Computer Interaction，2014，30 (9)：685-702.

③ 刘慧琼.激励方式的新视角——权变激励[J].广东行政学院学报，2007，19(6)：77-80.

教师在教学活动上是一个双向互动的过程。比较好的教学激励机制能够促进作为行动者的教师的觉醒,反过来,决定一项命令是否具有权威,不是发号施令的人,而是接受命令的人,即教师。[1] 教师并不是教学激励机制的消极行动者或"应声虫",而是在一定程度上能够保证教学制度更好地贯彻、改进以及优化的能动者。基于行动者的视角,任何外在教学激励机制要真正发挥作用,都需要教师自觉参与,因此,大学教师教学激励机制的生成与变革,不仅需要在机制自身的意义上寻求优化的可能性,而且需要教师文化自身的变革,从而鼓舞教师坚守责任伦理,在生命自觉的状态中践行一个行动者的教学责任。这不仅是机制建设的题中应有之意,更重要的是,由此形成的"结构—行动"的协同共生效应,也是教学激励机制改革可持续发展的内生性支撑力量。

对于大学教师而言,意识到自我是教学激励机制的参与性建构力量,至少包含两重意义:一方面是意识到自我在教学激励机制的维护、巩固和有效运作方面所发挥的参与性力量;另一方面则是意识到自我在教学激励机制的改良或变革中所可能发挥的影响力。正如比彻(Tony Becher)和特罗勒尔(Paul R. Trowler)所指出的:"像所有其他社会活动参与者一样,学者并不是环境的牺牲品,不是完全受外部力量驱使的'社会同化者',而是至少被部分地有意识或(多数)无意识地赋权去重建文化环境。"[2]可见,一方面,教学激励机制对教师的行为形成了一定的制约,使得教师个体在大学组织内的行为具有趋同的特征;另一方面,教师个体的行为并不限于激励机制的约束,教师个体根据个人对责任伦理的认知分配个体的资源和时间。也就是说,教师个体能够在一定范围内确定自己的活动领域以及如何在该活动领域内行动。教师总是能够以他自身的责任伦理与大学组织的制度规则建立联系。大学组织的制度规则与教师个体的责任伦理或和谐或冲突,其中教师文化起到了重要的缓冲作用。

---

[1] 斯科特,戴维斯.组织理论:理性、自然与开放系统的视角[M].高俊山,译.北京:中国人民大学出版社,2011:81.

[2] 孙元涛.研究主体:体制化时代教育学者的学术立场和生命实践[M].上海:华东师范出版社,2015:168.

一、教师的文化自觉

良好的大学教学文化的建构需要教师在教学事务上发出自己的声音。这意味着,教师个体应以文化自觉的心态来推动大学教学制度的发展与优化。所谓文化自觉,是指"这样一种文化心态:它是通过文化反省的途径来认识文化的没落和新文化的产生的必然趋势,从而清醒地意识到自身的历史使命,并付诸实践"。① 教师不仅是秉持外部动机即"所能获得的奖赏使教师去做",亦不仅是坚持内在的动机即"正在得到的奖赏使教师去做",而是基于责任或义务的道德动机,即"美好的东西使教师去做"②来积极投入教学,并以内在的激情唤醒其他教师对本职业的内在尊严与快乐以及推动教学制度的"进化"。这也同时意味着,作为建构教师文化的主体,教师要在合理合法的范围内,尝试以组织化的方式表达自身的合理诉求,并明确自身对于建构教师文化的主体责任。

首先,从文化哲学的视角看,教学本身就是人类的文化创造,教学活动本质上是人类的一种特定文化活动,是人类特定的文化存在状态和文化生存方式。人是一种文化的存在,人本身是文化的创造物,人类的一切活动本质上都是文化活动,人正是通过自身的文化活动,生成和创造着新的文化,因而也进一步创造和改变着人自身的文化存在和文化生存状态。"我们是文化的生成者,但我们也是文化的创造物。"③根据费孝通对于文化自觉的解释,文化自觉是指生活在一定文化中的人对其文化有自知之明,明白它的来历、形成过程、所具有的特色和它发展的趋向,不带任何"文化回归"的意思,不是要"复归",同时也不主张"全盘西化"或"全盘他化"。④ 在这个意义上,教师文化自觉是教师对教育教学文化生活中自我文化存在状态和文化生存方式的一种反思和批判,是一种在教育文化传承活动中的认同、追求和实践。⑤ 大学教学从文化的意义上来说,是文化认同、传承、创

---

① 许苏民.文化哲学[M].上海:上海人民出版社,1990:305.
② 萨乔万尼.道德领导:抵及学校改善的核心[M].冯大鸣,译.上海:上海教育出版社,2002:69.
③ 李纯.教学本质的文化哲学之思[J].天中学刊,2010,25(4):130-132.
④ 费孝通.费孝通文集第 14 卷[M].北京:群言出版社,1999:197.
⑤ 周卫勇,曾继耘.论教学文化危机与教师文化自觉[J].当代教育科学,2014(19):13-16,53.

新的过程,教师的文化自觉则是教学的基础。只有在认识自己的文化、理解所接触的多种文化的基础上,才有条件在这个正在形成中的多元文化的世界里确立自己的位置。① 因此,教师要在文化自觉的意义上对自身的存在与角色进行定位,认同大学组织已经存在的优秀教学文化。

其次,教师的文化自觉阶段从其自身而言,主要表现在教师的角色认同和专业自觉之上。教师是理性的群体,他们对于自身行为的判断、选择是其文化知识水平达到某一高度的标志。到达文化自觉阶段,教师便能理性地认识自身的历史使命,更好地把握自己的前途命运,主动追求更高的精神境界,探索更大的人生价值意义,在具体的教学实践中则更加注重教学的科学性、合理性和规律性。教师文化自觉是科学理性、人文理性、价值理性、多元理性等多种理性的总和。教师角色认同是指教师对于自身在这一职业所处的社会地位、社会责任的认识。从多方面而言,教师职业认同与教师对自身工作的满意度和职业认可度等方面有关系。教师对自身职业认同度越高,在工作中投入的热情和激情也就越高,对自我发展、工作任务、教学能力等方面越是认可,其工作积极性和主动性也会越高。教师专业自觉是指教师对自身的工作有着清晰、科学和完整的认识。教师还需要根据实际情况,结合当前教师专业发展的不同需求,坚持以未来发展为目标对相关理念进行科学化、规范化的认知。在教师专业自觉中,应该保持其教师自主性这一核心内容,树立起专业、切实的理想,加强职业认同感,这些都是生成教师专业自觉的途径。

再次,教师的文化自觉要形成对大学教学激励机制的问责力量。教师要对教学中的不良现象拥有批判意识,进行教学文化批判。"所谓文化批判,就是指人类对自身存在方式及演变的检视和反思,抑或是面对危机而进行的文化反抗和文化治理。它既是一种理论的澄清与划界,也是一种实践的建构与解构;既是一种文化焦虑的自我拯救,也是一种文化自觉的精神喷涌。文化批判代表着特定时期的人类精神的觉醒,是对这一特定时期文化和生活方式的一种审视和反省。"② 知识分子常常被认为是"社会的良心",是人类基本价值的维护者,既然都可以对社会现象针砭时弊,当然也

---

①　王夫艳.教师的道德困境与道德选择[J].全球教育展望,2015(8):85-93.

②　李金齐.文化理想、文化批判、文化创造与文化自觉[J].思想战线,2009,35(1):87-91.

可以对自己所存身的大学教学活动"发声",形成对教学制度的"问责"力量。

最后,"实践与文化作为人在其特有对象性活动中凸显出来的两种独特的存在方式,它构成了人的本质力量的两种展示方式"。① 同样,教师文化自觉的存在方式和实现途径,正是教师自觉的文化实践。教师的文化实践包括两个基本方面。其一,致力于自身文化素养提高的文化实践。教师要自觉主动地提高自身的文化素养,践行自己的文化精神。教师不是教书的机器,而应是拥有丰富知识、深刻思想和深厚文化素养的文化活动主体。"教学与科研相统一",以科研促教学,以教学促科研。教师要追求卓越,摒弃平庸。教师必须以积极和主动的心态研究和分析教学中出现的各种问题,在与学生交流中,充分感受到教师这一职业的实际意义和真正价值,体会到作为一名教师的乐趣,并充分发挥自身的才能,肯定自己取得的所有成就,在各方面找到作为一名教师的幸福感和满足感。在这样的情况下,教师势必会更加积极地进行自我文化建设,在建设中努力完善自身在教学中的不足,从而成为一名受人爱戴和肯定的优秀教师。其二,在具体教育教学活动中的文化实践。教师要对教学变革或革新保持好奇心,能够有所探索。德国文化教育学的主要代表人物斯普朗格(Eduard Spranger)曾明确强调,教育教学"是一种文化活动,这种文化活动指向不断发展着的主体的个性生命生成,它的最终目的,是把既有的客观精神(文化)的真正富有价值的内涵分娩于主体之中"。② 教师在教学活动中的文化追求,体现为将教学活动作为一种真正意义上的文化活动,追求课程内容的文化内涵,追求教学交往的文化意蕴,追求教学研究的文化价值,追求在教学活动中自身文化生命的存在、成长和价值实现,追求对学生成长的文化哺育。现代教育理念更新速度非常快,教师在实际工作中必须具备一定的自我专业发展意识。在开展教学活动时,要对工作中的责任主动进行担负。要不断地加强自我管理,通过不断地反思与自我学习来提升自身综合素质,为学生提供更好的服务,进而达到自我发展、自我更新的目的。同时,教师还应对教学有激情和热情,在遇到困难时,理性地解决问题,并勇于承担起相应

---

① 王君琦.论实践与文化的同构性[J].文史哲,1998(5):63-67.

② 石中英.教育哲学导论[M].北京:北京师范大学出版社,2002:110.

的社会责任，从心底里认可教师这一行业，以身为一名教师为荣。教师要在自己的教育教学实践中，自觉追求自身的文化实现，同时体现教育教学活动的文化特质。教师要对教学内容有所理解与选择，要善于追寻和揭示其中的文化品性；教学环境的创设，要体现文化的意旨；教学的组织与管理，要体现文化的理解与包容；知识的传授，要善于揭示其中的文化承载；师生的交流，要注重文化的差异、文化理解与沟通；对学生的指导，要有文化培育的意识；对学生的关爱，要渗透对学生文化成长的关注。总之，只有教师自觉的文化实践，才能从真正意义上彰显教师的文化自觉，体现出教师文化主体的文化生命。

二、教师的责任伦理

良好的教师文化的建构需要教师坚守责任伦理。责任伦理不仅关照个体行动前的价值判断，更以个体行动后的结果和责任意识作为判断此次行动的善恶标准。责任伦理是"一种对行为及其后果的评价与担当意识，它追问行为本身的善恶以及行为后果的良窳，它对人们主观意图的善恶抱有理性的怀疑，并否定一切以善的意图虚饰的恶的行为"。[①] 责任作为教师首要的道德品性已成为无可争议的共识，责任伦理应成为教师伦理的基本范型。一方面，教学激励机制对教师的行为形成了一定的制约，使得教师个体在大学组织内的行为具有组织的特征；另一方面，教师个体的行为并不仅仅局限于教学激励机制的约束，教师个体根据对责任伦理的认知分配自身的资源和时间。也就是说，教师个体能够在一定范围内确定自己的活动领域以及如何在该活动领域行动。教师总是能够以他自身的责任伦理与大学组织的制度规则建立联系。大学组织的制度规则与教师个体的责任伦理建立了一个共同认知的游戏规则，规则扩散形成一种平衡的惯习。

首先，教师责任伦理是指教师为其教育行为及其结果负责。[②] 教书育人的职责范围广泛，既包括课堂内的知识讲授及学生综合素质培养，也包

---

①　高宁,刘佳.社会组织的社会责任[M].太原:山西人民出版社,2015:79.
②　沈璿.主体间性视阈下教师责任伦理的探究[J].当代教师教育,2009(4):5-9.

含课堂外的社会实践等。[①] 作为一种道德存在,责任伦理不仅是维系教师群体职业发展的精神纽带,也是促进教育事业健康发展的内在驱动力。为了改变私人社会的伦理问题,马克斯·韦伯提出"责任伦理",是指那些社会角色的人发挥一定的社会作用,就要考虑个人的行为带来的后果,承担他们义务履行的责任。[②] 一个人在现代社会面对各种危机,要有负责任的毅力和勇气,这意味着根据个人所确立的价值观来决定个人的行动方向,以负责态度勇敢地履行自己的"职责"。

其次,"师德"是教师伦理的集约表达。传统社会中的教师伦理具有某种言传身教的道德特征,就王夫之所言:"师弟子者,以道相交而为人伦之一……故言必正言,行必正行,教必正教,相扶以。"[③]教师责任建立在师生教育伦理关系基础之上,它通过具体的教与学的互动关系构建师生之间相对稳定的职业规范,用以约束教师的教育行为和内在的精神追求。需要注意的是,"教师职业伦理虽是个人的,但也是社会的"。[④] 教师的责任伦理是对教师职业的个人情感和工作义务的结合。在实践活动中,伦理关系与现实秩序并无二致,在伦理性中,个人肩负客观义务;在个人性格中,德是伦理性的具体体现。从思想层面来看,处于伦理关系中的人所具有的感悟和操守即为德性。因材施教是教育过程的基本态度和基本方法,这是教师责任伦理产生的源头。教育制度属于一种别具特色的道德事业。从语言上来看,可以将"教育"视为"规范—评价"词汇;从逻辑角度进行推理,教育包括道德行为,为此我们也可以将其视为道德准则的一种行为实践。[⑤] 简言之,教育者应该把坚持个人道德诉求作为制度设计的首要条件。

再次,在汉娜·阿伦特(Hannah Arendt)看来,教师想要成为那种在黑暗时代闪烁且经常处于微亮状态的人,需要同时满足两个前提条件:一是始终不变的信仰,二是近乎孤独的智慧。[⑥] 教师基于自我文化修养和教

---

① 李秉德.教学论[M].北京:人民教育出版社,2007:154.
② 韦伯.学术与政治[M].冯克利,译.北京:生活·读书·新知三联书店,2005:3.
③ 周慧杰.王夫之教育思想述论[J].河南大学学报(社会科学版),1992(3):90-94.
④ 龙献忠,许烨,舒常春.教师职业伦理及其后现代诠释[J].大学教育科学,2012(1):60-65.
⑤ 阿伦特.耶路撒冷的艾希曼[M].长春:吉林人民出版社,2003:194.
⑥ 古德莱德,索德,斯罗特尼克.提升教师的教育境界:教学的道德尺度[M].汪菊,译.北京:教育科学出版社,2012:251-252.

育实践经验,在个体与社会的基本道德价值判断方面为学生答疑解惑,促进其自我发展及相关能力的提升。教师作为传道授业解惑者,为学习者提供通向可能生活的价值路径是其不容推卸的职责。不可否认,教师在价值资源方面优势凸显,但学习者作为独立个体,其尊严不容侵犯,即在任何情形下教师都不应试图对他人进行设计操纵。在任何场景下,一个具有自知之明的知识人(包括教师)都不应去充当时代的先知。在保持"头脑清明"的前提下,对学生进行引导是教师唯一能做的"工作"。

教师的职责是带领学生发现并了解那些"令人不舒服的事实",使其具备领悟问题的能力,通过独立思考,找出切实可行的应对方式。教育的本质是通过教师的努力,对人类生命价值有着新的理解和诠释,将创造和丰富人类精神世界视为不变的追求。任何个体都具有独一无二的成长轨迹,其情感、态度、价值观因其先天禀赋和后天生活差异而千差万别,但他们都是以完整的生命形态参与成长过程。对于教师而言,能否以独真的生命之火启蒙学生鲜活的生命历程考验着教师对于责任伦理的认知程度,同时也是一种沉甸甸的教育责任,此时,可以将责任伦理解读为恪守职责的意识。

从次,责任伦理是教师实现自身、发展自身和延续自身的过程,这个过程和教师的生命相连,和教师的职业生活相连,是教师职业生命的充盈,是教师职场生活的实践。[①] 教师的责任伦理可以被理解为自愿地承担起职业义务,自愿地把世俗的职业义务当作神圣的生命义务来承担。[②] 责任伦理是对自我承担意识的保持,其根本目的是要求教师在现代社会中独善其身,恪尽职守。虽然教育产业化及教育管理的技术化加剧教师责任伦理的迷失,特别是在严苛制度化环境下,教育制度逐步地趋向于功利性,个人的道德准则被放弃了,教师责任伦理的缺失集中表现为"平庸之恶"。究其根源在于科层制和功利主义的教育制度环境剥夺了教师个体基于教育本质而有的自由空间,教师沦为教育工厂的"机械师",服从于科研和教学产出等的量化考核。资本逻辑成为主宰当下教育产业化的关键变量,侧重于教学的技术性投入和产出,教师甚至学生本身成为资本增值的工具。面对

---

①　李清雁.责任伦理:教师伦理范型的基石[J].教育伦理研究,2015(1):91-100.

②　沈璿.建构教师责任伦理制度刍议[M]//周树智,主编.价值哲学发展论.西安:陕西人民出版社,2009:297.

"平庸之恶",教师应主动承担属己责任。在当前阶段,教师对自身伦理责任有着更为清晰的认识,克服自身的平庸之恶和对现实的无动于衷或者说"躺平"的想法,坚守教育的道德本意和教育的初衷。教师要摆脱教育产业化对于教学的侵蚀,教师是人性边界的开拓者,是人格独立与自由的捍卫者,更应是人性体制区分与差异的敏锐观察者。这就意味着教师的天职并非沉浸于教育资本技术性的"摆设",而是专注于万千生命个体人格的达成,而这正是当下重提教师责任伦理的意义之所在。

最后,教师责任伦理强调教师的主体地位,具备责任伦理的教师能够对教师角色和职业要求进行积极主动的接纳和追求,在这个过程中,教师是责任伦理的认识主体、选择主体和行动主体,并自觉对教学结果负责。"教学一旦沦为一种价值中立或价值无涉的技术性活动,作为教学主体的教师的价值思考和意义追求自然也就被消解了。"[①]如果教学难以产生师生间的精神性共鸣,失去了彼此间的情感性交流,教师就越来越像工人,学生就越来越像产品,教室就越来越像车间。教师的责任伦理意味着教师要坚守与具体价值情境相对应的价值立场,为教师职业的意义的积极阐释奠基,为教育中师者的"安身立命"提供价值指引方向。教师要统一角色的双重内容。"教师角色的特点决定了他们必须比一般人具有更高的角色伦理要求和更强烈的道德义务感,只有这样,教师才能担负起传承文化、教书育人、为人师表的伦理责任和道德义务。"[②]教师责任伦理既强调教育使命感的价值,也重视育人任务的完成,教育使命感在前,完成育人任务在后,两者相辅相成,缺一不可。在长期的教育实践历练中,教师责任伦理渐趋内化为教师的精神品质,从而得以持续地、稳定地发挥作用,成为引导教师教学行为开展的有效力量。具有责任伦理精神的教师不但知道"不能做什么",还知道"应该做什么"。"尽管'应当'往往以'能够'为前提,唯有基于'能够','应当'才具有现实性;然而'好'或'善'却无疑'应当'成为道德追求的目标。"[③]

---

①　徐继存,车丽娜.教学理解的意义之维[J].中国社会科学文摘,2018(3):139-140.

②　田秀云,白臣.当代社会责任伦理[M].北京:人民出版社,2008.

③　杨国荣.伦理与存在[M].上海:上海人民出版社,2002.

　　总之,责任伦理是一种他者思维、复杂思维、境遇思维。[①] 教师对教学的责任伦理的坚守意味着对不良的教学制度的存在也要"尽己之责",抱有对学科、专业的敬业意识,拥有高度负责的理性精神,并对大学教学活动有负责任的态度。教师必须对如何落实自己的责任有着理性的认识,具备辨别外在干预力量和学生身心发展之间关联的能力。当学校的不合理制度和自我的教学主张相矛盾时,教师应该尽量协调两者之间的关系,如若不能兼顾,便要坚定自己的教学立场,而非一味地向外在干预力量妥协。教师只有具备了必要的伦理素养,才能自觉地将专业精神、专业知识、专业技能等内容加以内化。从深层意义上讲,伦理素养是教师审视和反思"教什么""怎样教"以及"如何更好地教"等问题的基本向度,更具有根本意义。教师责任伦理既强调教师自觉尽责的信念又重视育人任务的承担,这种勇于担责、敢于作为的品质是教师提升教学质量、落实立德树人根本任务的保证。

三、教师的自我反思

　　良好的教师文化需要教师改变自我的"世界观",反思自己的教学实践,同时也改变自我与学生对话的方式。大学教师对教学工作的长期投入,是一种精神生产活动,需要一定的价值取向的引领。尽管大学组织存在各种不尽人意的地方,但教学就是"教师与学生的心灵对话和知识传授的场所",坚守"育人"的目标应该成为教师一生的价值追求。

　　自我反思是指教师对自己教学的行为以及由此产生的结果进行审视和分析的过程。这种反思不是一般意义上的回顾,而是反省、思考、探索和解决教育教学过程中各方面存在的问题以及自己应该吸取的经验和教训等,它具有研究的性质。教师在教学过程中,把自我和教学活动本身作为意识的对象,不断地对自我及教学过程进行积极、主动的计划、检查、评价、反馈、控制和调节。苏格拉底认为,如果生活未经审视,其存在意义有待商榷。同时,人是理性与感性兼备的存在物,面对理性问题能够给予相应的回答。随着自我反思行为的推进,人的德性以及对价值的认知将会有大幅

---

① 　肖群忠,主编.中国伦理学年鉴·2013年[M].北京:九州出版社,2016:287.

度的提升。随着自我反思行为的增加，自我认知将会有质的提升，打破制度的束缚，创造更多的可能性。从理论角度来看，一个人有权掌控自己的生活，选择自己的人生之路，而不受他人干涉。[①] 因此，反思要求从自身出发理解对象，理解自己。自我反思应该以完善知识、架构学生的能力体系及形成科学的情感价值态度为目标。

自我反思是教师超越个体立场的行为，用别样的眼光来看待自己的行动。这种别样的眼光，可能意味着多种角度、多种立场、多种声音。它们的来源往往是更广大的教育研究社群。所以说，要想真正落实对知识基础的观照，教师反思不应只是一项个人行为，而是个人与更广大人群的联合。实践的超越性在很大程度上依赖于理论对现实的反思精神，当理论失去了它的指导性之后，那些在表面上看来是联系实际的做法在本质上很可能背离了实践的要求，导致教育实践对教育理论的偏离甚至有悖于目标达成。因此，把反思作为个人意见的表达，不但个人难以获得提升，对人群的贡献也较少。这种个人化的反思，不是专业反思，而更像是普通人生活中所进行的日常反思。个人的经验判断和价值立场的阐述就带有这种日常色彩。弗雷德·柯瑟根（Fred A. J. Korthagen）是荷兰乌德勒支大学（Utrecht University）教育学教授、国际知名教育学者，他倡导的现实主义教育范式指出，在教学方面，教师学习是一个"有指导的再创造"（guided reinvention）过程。教师最终所掌握的是自己建构出来的"小写的理论"（theory with a small t），而不是由研究者所确立的"大写的理论"（Theory with a capital T）。"大写的理论"是抽象的、概念化的（conceptual），它建立在科学研究的基础上，它帮助我们理解和应对多样化的情境。"小写的理论"是具体的、知觉化的（perceptual），它建立在个人经验的基础上，它引导我们感知特定的情境并注意到情境中的某些线索。[②] 教师借助人际互动以及对自身经验的反思自下而上发展出来的理论，是"小写的理论"，即

———

　　① 贾塞特.生活与命运：奥德嘉·贾塞特讲演录[M].陈升，胡继伟，译.南宁：广西人民出版社，2008：231.

　　② KORTHAGEN F. Practice，Theory，And Person in Life-Long Professional Learning[M]// BEIJAARD D. Teacher Professional Development in Changing Conditions. Dordrecht：Springer，2005：82.

教师的实践智慧。① 对环境、行为、能力和信念的反思，着眼点是"专业"，意在培养"能干的教师"；而聚焦于认同和使命的核心反思，着眼点是"自我"，意在造就"有健全人格的人"。②

澳大利亚学者凯米斯（S. Kemmis）认为，专业有三个显著特征：一是其成员采用的方法与程序有系统的理论知识和研究作为支持；二是其成员以顾客的利益为压倒一切的任务；三是其成员不受专业外势力的控制和限定，有权作出自主的职业判断。③ 在这三个特征中"顾客利益至上"要求教师必须从思想层面反思教学目的的伦理性、价值性，"专业自主"则要求教师不能做"传声筒""扬声器"而必须有自己的思想，必须对外部规约做思想层面的反思和检视。从教师发展阶段来说，教师自我反思并不总是必需的。美国学者波林纳（D. C. Berliner）通过实证研究将教师发展划分为新手教师、熟练新手教师、胜任型教师、业务精干型教师和专家型教师五个阶段。专家型教师的重要特征是很少出现反省思维，只有在事情的结果与预期不一致时他们才进行反思和分析。④ 专家型教师时刻对自己的教育教学表现出审慎的态度、品格和习惯，他们习惯于以开放的姿态，善于把他人的成功之因素嫁接到自我经验的相应部位，实践智慧就是在个人经验和性格之上生长出来的果实。如果教师把自己的同类经验与之联系起来，展开反思、同化、顺应、内省、嫁接与迁移，促使自己的感觉、表达与行动都介入其中，便获得了产生必要知识的某种条件。

美国学者瓦利（L. Valli）认为，教师的反思包括技术性反思、行动中反思、缜密性反思、人格性反思和批判性反思。加拿大教育学家范梅南（Max van Manen）根据哈贝马斯关于人类认识的"技术兴趣""实践兴趣"和"解放兴趣"理论，把教师的反思分为经验——分析模式反思、解释学——现象学模式反思和批判——辩证模式反思。⑤ 在他们看来，技术层面的反思虽

---

① KORTHAGEN F. Linking Theory and Practice: The Pedagogy of Realistic Teacher Education[M]. Mahwah: Lawrence Erlbaum Associates, 2001: 194.

② 周成海. 弗雷德·柯瑟根教师反思理论述评[J]. 外国教育研究, 2014, 41(10): 3-14.

③ 高慎英. 教师成为研究者 "教师专业化"问题探讨[J]. 教育理论与实践, 1998, 18(3): 31-34.

④ 张学民, 申继亮. 国外教师教学专长及发展理论述评[J]. 比较教育研究, 2001, 22(3): 1-5.

⑤ VAN MANEN M. Linking ways of knowing with ways of being practical[J]. Curriculum Inquiry, 1977, 6(3): 205-228.

然必要但仅仅处于初级阶段,是教师最为肤浅的自我反思。依照沃德(J. R. Ward)和麦克考特(S. S. McCotter)的概括,低水平反思总是缺少高水平反思的一项或多项共同特征。① 元反思是对反思的再反思,是"超越反思"的思维活动。它着眼于预防、纠正和解决教师反思过程中出现的失误或困境,旨在帮助教师突破常规、更正以往的思路而进行的有效反思。教师要立足于自我之外对反思本身加以能动的解析和审慎修正,以元反思助力反思常态化。教师要意识到和承认问题的存在、厘清和确认问题、重新建构和模拟问题、尝试解决和能动的验证。这些环节既彼此独立又相互关联和影响。

总而言之,教学激励的力量已经渗透到大学场域,对每一个教师而言,要获得奖励就必须接受制度规范,甚至按照激励的规则,不得不为此努力将自己的潜力发挥到最大限度,以求更好适应大学发展的需要,或者在制度设计的框架中谋求更好的发展。但是,大学教师是具有能动性的人,拥有相当大的自主权,他拥有在诸多可能性中选择的权力与机会,拥有对诸多与自身价值取向、学术志趣等相符的活动进行投入的选择权。大学教师具有自我选择的权利,其行动的后果应当更多地由自我来负责。大学教师在不断地反思教学激励机制的不合理性的同时,也必须审慎地"照看"自我。说到底,育人的问题还是需要教师自身的改变。大学教师"抱怨"教学激励机制的不足具有一定的合理性,但过多地抱怨教学激励的不当之处,则反而忽略了对教学自我责任的思考和担当,更可能在一定程度上推卸作为教师的责任伦理,从而将"育人"引入了消极和懈怠的困境。必须认识到,结合教师个体的内在自觉和教学激励机制的优化这两种路径才能共同构建并实现更好的"育人文化"。

---

① WARD J R, MCCOTTER S S. Reflection as a visible outcome for preservice teachers[J]. Teaching and Teacher Education, 2004,20(3): 243-257.

结　　语

　　本书着眼于"大学教师教学激励机制"的研究是有价值的。因为这一研究问题既是教师个体每天面对的现实,是大学组织无可规避、必须要解决的任务,又是"教学激励"研究领域亟须拓展的理论问题。本书以 A 大学为个案,通过扎根理论质性方法,采用 NVivo Plus 软件这一工具,以组织社会学理论、组织激励理论、结构与行动交互生成理论为基础,探讨了大学组织内部形成的校级—院级、院级—教师、校级—教师三个层面的教学激励机制的运行,从而构建了两类模型:单层级教学激励机制生成模型和层级间教学激励机制的生成模型(见第三章第二节)。单层级教学激励机制生成模型包括校级教学激励机制生成模型、院级教学激励机制生成模型和教师个体教学激励机制生成模型。本书在此基础上得出以下结论。

　　第一,大学教学激励机制的生成路径分为垂直路径和水平路径。教学激励机制的生成是一个连续的过程,大学正式组织层级链的行动逻辑导致了两种鲜明的教学激励机制生成路径,即垂直路径和水平路径。垂直路径指的是在校级组织和院级组织的层级之间存在一个统一的、自上而下的实施教学激励的行为逻辑和制度规则,而水平路径指校级组织和基层学院各层级内部存在不同的激励教学的行为逻辑和制度规则。

　　第二,大学教学激励机制具有制度化扩散的特征。在大学教学激励机制生成的垂直路径中,不同层级制度是多博弈动态调整过程的结果。上一层级的制度结构调整会影响下一层级的行动调整,校级与院级共同构成了教学激励制度化扩散的路径。

　　第三,大学教学激励机制的生成具有松散联合的特征。[①] 大学本来就具有松散联合的特征,正式激励和非正式激励形成了结合性的力量对教师的教学工作产生了影响。大学校级的权力规则对院级实施教学激励具有框定和制约的影响,但基层学院行动者的专业属性、角色认知和资源禀赋的差异使得基层学院的实施行为需要经历一个内化的过程,从而使得基层学院在有限自由裁量权下能够采取制度化和非制度化策略。作为一个底部沉重的组织,教学激励机制的运行是否有效,取决于大学组织行动者积极参与教学工作的方式。教师是否接受"教书育人"的目标,是否为该目标的实现作出贡献是教学激励机制能够起作用的核心条件。

　　第四,大学教学激励机制的生成是一个动态的过程。单层级教学激励机制形成后,相互之间会发生互动,最终形成不断"稳定—优化—稳定"的教学激励机制体系。"校—院"教学激励机制会直接作用于教师个体,通过教师个体心理契约影响教师的行为策略。教师是教学文化构建的主体,教师集体的教学行动策略是对教学激励机制的反馈和互动,并推动"校—院"实施的正式与非正式教学激励制度进行修正,可见,单层级之间的教学激励机制互动是一个动态调整的过程。

　　根据以上结论,作者认为大学教师教学激励机制的优化不应局限于大学组织内部的正式结构与非正式结构,应进一步关注教师教学激励机制生成过程中的核心要素,通过改善核心要素及要素间的关系来反哺和优化教学激励机制的运行。

　　第一,在政府迫切寻求保证教育质量的时候,教学评估制度的合理推行是有必要的和有作用的。教学评估作为一种信息传递模式将政府提高教学质量的目标和信念传达给学校,要求大学将提高教学质量、实施人才培养模式创新作为大学的核心任务。国家层面的权力和责任应该保证大

---

　　① 松散联合(loose coupling)一词在信息技术、管理学等领域是一个常用概念,相对于牢固联合(tight coupling)。组织理论中松散联合意即系统内组织成分间"较少出现的、受到限制的、相互作用微弱的、不重要或反应迟缓的结合",相互关联的系统各要素间相对独立,具体来讲,是指"联结的各方都是互相影响、互相作用的,但是,每个被联结的方面也保持它自身的特征,具有一些逻辑的和物质的独特性。它们之间的联系是有限的、不经常的,相互影响是微弱的、不重要的,相互之间的反应也是缓慢的"。参见伯恩鲍姆.大学运行模式:大学组织与领导的控制系统[M].别敦荣,主译.青岛:中国海洋大学出版社,2003:170-171.

学组织之间资源分配的公平。教学评估制度的实施目的应该是为大学确定一套综合的、一致性的交易目标,应该是为大学提供一个可以共同操作的基本框架,在这个框架中,大学可以有不同的理解和做法,可以根据规模、地理位置、在高等教育场域中的位置采取各种不同的措施。这就需要在一个共同的基本制度框架下打破大学实施教学激励的制度同形,这也需要国家层面设定的基本制度框架允许大学拥有更多的权能,担负更多的责任,进行更多的制度创新。

第二,教学评估制度关注的应该不是所有大学都提高教学质量的统一性和同质化的问题,而是应当避免教学评估过程中具体细节的一致性。一是教学评估制度设立的激励目标不能仅仅是规范教学,更应该是促使优质教学的发生。国家应该培养大学提升教学质量这一方面的"自力更生"的能力,以促使大学更好地管理自己的事务,将提高教学质量作为教学评估的核心目标。二是教学评估制度只有在具备公开、公平的对话、信任关系和责任感的条件下才有可能进行。最好把教学评估作为大学和教师的共同责任的一部分。教学评估制度不应是固定的行为准则,而应是有机的、纲领性的,允许一所学校可能低于某种评估指标,但在其他指标方面却高于一般水平。

第三,大学权能和责任的下放并不是使大学放任自流,而是国家与大学之间形成一种相互扶助、相互监督的网络。国家和省级部门为大学提供相应的供给和广泛的联系,而大学组织内部对自身的运行更要把好方向,并对国家和省级部门的政策进行恰当与合理的反馈。大学在很大程度上应该制定自己改革的方向而不是随外部政策而动。大学应有更新的能力以实施制度创新和变革。国家层面应该激励大学制定长期规划,促进教学和科研的平衡发展。

第四,学校组织的权力应该进一步下放到基层学院,鼓励自我更新能力的发展比行政命令更有可能激发创新的方式以达到期望的目标。因为基层学院是最贴近教学的权利组织。

第五,教学激励机制与教学文化是一个互动生成的过程。教师是教学文化的构建主体。教学激励机制作为一种外在的力量作用于教师个体是通过大学教师文化而起作用的。大学教师文化对于教学激励机制具有缓冲作用。大学教师文化是教师在大学教育、教学、生活、学习、社交等活动中形成与发展起来的价值观念、行为方式、知识素养等,是教师文化中一种特定的群体文化。[①] 大学教师文化是教师群体所创造的,同时又创造着教师群体本身,影响教育教学的实施并制约着教师自身的发展。[②] 良好的大学教师文化是教学激励机制的"矫正器",而不良的大学教师文化是教学激励机制的"发酵物"。在实践中要慎重注意两种不良倾向。其一,过度夸大教学激励机制的作用。由于过于相信教学激励机制的作用,可能会导致对教学激励机制的过度强调,这种情况会使教师的教学工作的外部压力急剧增大,容易改变大学教师对教学工作的责任,使得教学激励机制这个外在的力量超越教师内在的、道德的对于教学的坚守。其二,避免大学形成"为奖励而教"或"为避免惩罚而教"的教学文化。奖励和惩罚机制的运行并不能忽视教师作为自我管理者和自我激励者的力量。"为奖励而教"或"为避免惩罚而教"意味着教师投入教学工作不再是因为教学工作本身,而是因为奖励或惩罚才被动教学。这种被迫秉持对投入教学的时间和精力进行"计算"的方式将会极大破坏教师的教学热情。当然在规避不良倾向的同时,必须认识到大学教师是教学的行动者,需要创造唤起教师职业的内在尊严与欢乐的良好氛围。大学教师投入教学不仅需要激励机制,也需要一定的精神力量的支持,需要一定的价值取向的鼓舞,需要"教书育人"的教师文化的重构。大学教师是有着清醒自我意识和角色意识的存在。大学教师要有非凡的道德勇气和经得起考验的人格力量,需要一生淡泊名利,需要有足以感召学生的人格力量;大学教师需要保持和激发对其愿望和成就的不满足感,并孜孜以求;大学教师要积极投入教育实践,不懈怠行动,作出积极反应,在大学场域中扮演一个恰如其分的重要角色。

---

① 张松青.大学教师文化[M].成都:西南交通大学出版社,2012:35.
② 张松青.大学教师文化[M].成都:西南交通大学出版社,2012:53-54.

参考文献

中文文献

（一）著作

[1] 阿伦特.耶路撒冷的艾希曼[M].孙传钊,译.长春:吉林人民出版社,2003.

[2] 艾恩.奖励的惩罚[M].程寅,等译.上海:上海三联书店,2006.

[3] 奥克斯,等.教学与社会变革[M].程亮,等译.上海:华东师范大学出版社,2008.

[4] 奥斯特罗姆,等.制度激励与可持续发展[M].毛寿龙,等译.上海:上海三联书店,2000.

[5] 奥特,帕克斯,辛普森.组织行为学经典文献(第 3 版)[M].王蔷,朱为群,孔晏,等译.上海:上海财经大学出版社,2009.

[6] 包尔生.德国大学与大学学习[M].张弛,郄海霞,耿益群,译.北京:人民教育出版社,2009.

[7] 鲍尔生.德国教育史[M].腾大春,腾大生,译.北京:人民教育出版社,1986.

[8] 鲍威尔,迪马吉奥,主编.组织分析的新制度主义[M].姚伟,译.上海:上海人民出版社,2008.

[9] 本-戴维.科学家在社会中的角色[M].赵佳苓,译.成都:四川人民出版社,1988.

[10] 本-戴维.学术研究的历史、目的和组织[J].李亚玲,译.外国教育资料,1989(6):27-30.

[11] 毕雪阳.管理心理学[M].上海:上海财经大学出版社,2010.

[12] 伯恩鲍姆. 大学运行模式: 大学组织与领导的控制系统[M]. 别敦荣, 主译. 青岛: 中国海洋大学出版社, 2003.

[13] 博克. 走出象牙塔——现代大学的社会责任[M]. 徐小洲, 陈军, 译. 杭州: 浙江教育出版社, 2001.

[14] 博客. 回归大学之道[M]. 侯定凯, 译. 上海: 华东师大出版社, 2008.

[15] 博耶. 关于美国教育改革的演讲[M]. 涂艳国, 方彤, 译. 北京: 教育科学出版社, 2007.

[16] 博耶. 学术水平反思——教授工作的重点领域[M]//国家教育发展研究中心. 发达国家教育改革的动向和趋势(第5集). 北京: 人民教育出版社, 1994.

[17] 布迪厄, 华康德. 实践与反思: 反思社会学导引[M]. 李猛, 李康, 译. 北京: 中央编译出版社, 1998.

[18] 布尔迪厄. 文化资本与社会炼金术: 布尔迪厄访谈录[M]. 包亚明, 译. 上海: 上海人民出版社, 1997.

[19] 布坎南. 宪法秩序的经济学与伦理学[M]. 朱泱, 毕洪海, 李广乾, 译. 北京: 商务印书馆, 2008.

[20] 布劳, 迈耶. 现代社会中的科层制[M]. 马戎, 时宪民, 邱泽奇, 译. 上海: 学林出版社, 2001.

[21] 布劳, 斯科特. 正规组织: 一种比较方法[M]. 夏明忠, 译. 北京: 东方出版社, 2006.

[22] 布鲁贝克. 高等教育哲学[M]. 王承绪, 等译. 杭州: 浙江教育出版社, 1987.

[23] 陈洪捷. 德国古典大学观[M]. 北京: 北京大学出版社, 2006.

[24] 陈向明. 质的研究方法与社会科学研究[M]. 北京: 教育科学出版社, 2000.

[25] 陈玉现. 教育评价学[M]. 北京: 人民教育出版社, 1999.

[26] 程继隆. 社会学大辞典[M]. 北京: 中国人事出版社, 1995.

[27] 丹森. 情感沦[M]. 魏中军, 孙安迹, 译. 辽宁人民出版社, 1989.

[28] 德兰迪. 知识社会中的大学[M]. 黄建如, 译. 北京: 北京大学出

版社,2010.

[29] 迪马吉奥,鲍威尔.关于"铁笼"的再思考:组织场域中的制度性
同形与集体理性[M]//鲍威尔,迪马吉奥.组织分析的新制度主
义.姚伟,译.上海:上海人民出版社,2008.

[30] 杜德斯达.世纪的大学[M].刘彤,主译.北京:北京大学出版
社,2005.

[31] 凡勃伦.学与商的博弈:论美国高等教育[M].惠圣,译.上海:上
海人民出版社,2008.

[32] 凡勃伦.有闲阶级论:关于制度的经济研究[M].蔡受百,译.北
京:商务印书馆,2005.

[33] 菲佛,萨兰基克.组织的外部控制——对组织资源依赖的分析
[M].闫蕊,译.北京:东方出版社,2006.

[34] 费孝通.费孝通文集第 14 卷[M].北京:群言出版社,1999.

[35] 冯平.评价论[M].北京:东方出版社,1995.

[36] 弗莱克斯纳.现代大学论:英美德大学研究[M].徐辉,陈晓菲,
译.杭州:浙江教育出版社,2001.

[37] 高宁,刘佳.社会组织的社会责任[M].太原:山西人民出版
社,2015.

[38] 格兰特.中世纪的物理科学思想[M].郝刘祥,译.上海:复旦大
学出版社,2000.

[39] 古德莱德,索德,斯罗特尼克.提升教师的教育境界:教学的道德
尺度[M].汪菊,译.北京:教育科学出版社,2012.

[40] 郭冬生.大学教学管理制度论[M].北京:高等教育出版
社,2005.

[41] 郭石明.社会变革中的大学管理[M].杭州:浙江大学出版
社,2004.

[42] 哈格里夫斯.远离焦虑与怀旧[M]//奥恩斯坦,霍伦斯坦,帕荣
克.当代课程问题(第 3 版).余强,等译.杭州:浙江教育出版社,
2004:189-199.

[43] 哈斯金斯.大学的兴起[M].梅义征,译.上海:上海三联书

店,2007.

[44] 哈耶克.法律、立法与自由(第3卷)自由社会的政治秩序[M].
邓正来,等译.北京:中国大百科全书出版社,2000.

[45] 黑尧.现代国家的政策过程[M].赵成根,译.北京:中国青年出
版社,2004.

[46] 亨德里克斯.组织的经济学与管理学:协调、激励与策略[M].胡
雅梅,张学源,曹利群,译.北京:中国人民大学出版社,2007.

[47] 洪堡.论柏林高等学术机构的内部和外部组织[M]//程洪捷.德
国古典大学观.北京:北京大学出版社,2006.

[48] 吉登斯.社会的构成:结构化理论纲要[M].李康,李猛,译.北
京:中国人民大学出版社,2016.

[49] 吉登斯.社会理论的核心问题:社会分析中的行动、结构与矛盾
[M].郭忠华,徐法寅,译.上海:上海译文出版社,2015.

[50] 加塞特.大学的使命[M].徐小洲,陈军,译.杭州:浙江教育出版
社,2001.

[51] 贾塞特.生活与命运:奥德嘉·贾塞特讲演录[M].陈升,胡继
伟,译.南宁:广西人民出版社,2008.

[52] 卡麦兹.建构扎根理论:质性研究实践指南[M].边国英,译.重
庆:重庆大学出版社,2016.

[53] 卡斯特,罗森茨韦克.组织与管理:系统方法与权变方法[M].傅
严,李柱流,等译.北京:中国社会科学出版社,2000.

[54] 阚阅.当代英国高等绩效评估研究[M].北京:高等教育出版
社,2010.

[55] 科宾,施特劳施.质性研究的基础:形成扎根理论的程序与方法
(第3版)[M].朱光明,译.重庆大学出版社,2015.

[56] 科伯.高等教育市场化的底线[M].晓征,译.北京:北京大学出
版社,2008.

[57] 科恩.论民主[M].聂崇信,朱秀贤,译.北京:商务印书馆,2004.

[58] 克拉克.高等教育系统[M].王承绪,等译.杭州:杭州大学出版
社,1994.

[59] 克拉克.高等教育新论:多学科的研究[M].王承绪,等译.杭州:浙江教育出版社,2001.

[60] 克拉克.探究的场所——现代大学的科研和研究生教育[M].王承绪,译.杭州:浙江教育出版社,2001.

[61] 拉法耶.组织社会学[M].安延,译.北京:社会科学文献出版社,2000.

[62] 朗特里.西方教育词典[M].陈建平,杨立义,邵霞君,等译.上海:上海译文出版社,1988.

[63] 李秉德.教学论[M].北京:人民教育出版社,2007.

[64] 李明芹,主编.管理学基础[M].东营:石油大学出版社,2005.

[65] 李友梅.组织社会学及其决策分析[M].上海:上海大学出版社,2003.

[66] 利普斯基.基层官僚:公职人员的困境[M].苏文贤,译.台北:学富文化事业有限公司,2010.

[67] 林毅夫.关于制度变迁的经济学理论:诱致性变迁与强制性变迁[G]//财产权利与制度变迁——产权学派与新制度学派译文集.上海:上海三联书店,1991.

[68] 林玉体.西洋教育史[M].台北:文景出版社,1985.

[69] 刘永芳.归因理论及其应用[M].修订版.上海:上海教育出版社,2010.

[70] 洛佩兹,等.社会结构[M].允春喜,译.长春:吉林人民出版社,2007.

[71] 吕达,周满生.当代外国教育改革著名文献:美国卷(第3册)[M].北京:人民教育出版社,2004.

[72] 迈耶,罗恩.制度化的组织:作为神话与仪式的正式结构[M]//鲍威尔,迪马吉奥.组织分析的新制度主义.姚伟,译.上海:上海人民出版社,2008.

[73] 麦克米金.教学发展的激励理论[M].武向荣,译.北京:北京师范大学出版社,2009.

[74] 米尔斯.社会学的想象力(第2版)[M].陈强,张永强,译.北京:

生活・读书・新知三联书店,2005.

[75] 纳伊曼.世界高等教育的探讨[M].令华,严南德,译.北京:教育科学出版社,1982.

[76] 奈特.制度与社会冲突[M].周伟林,译.上海:上海人民出版社,2009.

[77] 纽曼.大学的理想(节本)[M].徐辉,顾建新,何曙荣,译.杭州:浙江教育出版社,2001.

[78] 诺斯.制度、制度变迁与经济绩效[M].杭行,译.上海:格致出版社,2008.

[79] 欧兰德森,哈里斯,史克普,等.做自然主义研究——方法指南[M].李涤非,译.重庆:重庆大学出版社,2007.

[80] 帕尔默.教学勇气:漫步教师心灵(十周年纪念版)[M].吴国珍,等译.上海:华东师范大学出版社,2014.

[81] 帕利坎.大学理念重审:与纽曼对话[M].杨德友,译.北京:北京大学出版社,2008.

[82] 彭海斌.公平竞争制度选择[M].北京:商务印书馆,2006.

[83] 普鲁特.社会冲突:升级、僵局及解决(第3版)[M].金盛熙,王凡妹,译.北京:人民邮电出版社,2013.

[84] 青木昌彦.比较制度分析[M].周黎安,译.上海:上海远东出版社,2001.

[85] 萨乔万尼.道德领导:抵及学校改善的核心[M].冯大鸣,译.上海:上海教育出版社,2002.

[86] 沈璿.建构教师责任伦理制度刍议[M]//周树智.价值哲学发展论.西安:陕西人民出版社,2009.

[87] 沈映春.高校的社会责任[M].太原:山西人民出版社,2015.

[88] 施恩.职业的有效管理[M].仇海清,译.北京:生活・读书・新知三联书店,1992.

[89] 石中英.教育哲学导论[M].北京:北京师范大学出版社,2002.

[90] 斯科特,戴维斯.组织理论:理性、自然与开放系统的视角[M].高俊山,译.北京:中国人民大学出版社,2011.

[91] 斯科特.制度与组织:思想观念与物质利益[M].姚伟,王黎芳,译.北京:中国人民大学出版社,2010.

[92] 斯劳特,莱斯利.学术资本主义[M].梁骁,黎丽,译.北京:北京大学出版社,2008.

[93] 斯梅尔瑟,斯威德伯格,主编.经济社会学手册(第2版)[M].罗教讲,张永宏,等译.北京:华夏出版社,2014.

[94] 斯沃茨.文化与权力:布尔迪厄的社会学[M].陶东风,译.上海:上海译文出版社,2012.

[95] 宋文红,等.高校教师专业化发展及其组织模式:国际经验与本土实践[M].济南:山东人民出版社,2013.

[96] 苏霍姆林斯基.怎样培养真正的人[M].蔡汀,译.教育科学出版社,1992.

[97] 孙元涛.研究主体:体制化时代教育学者的学术立场和生命实践[M].上海:华东师范出版社,2015.

[98] 汤普金斯.公共管理学——组织理论与公共管理[M].夏镇平,译.上海:上海译文出版社,2010.

[99] 汤普森.行动中的组织:行政理论的社会科学基础[M].敬乂嘉,译.上海:上海人民出版社,2007.

[100] 汤普森.历史著作史:十八及十九世纪(下卷·第3分册)[M].孙秉莹,谢德风,译.北京:商务印书馆,1992.

[101] 唐斯.官僚制内幕[M].郭小聪,等译.北京:中国人民大学出版社,2006.

[102] 田秀云,白臣.当代社会责任伦理[M].北京:人民出版社,2008.

[103] 王斌华.教师评价:绩效管理与专业发展[M].上海:上海教育出版社,2005.

[104] 王占军.高等院校组织趋同机制研究[M].北京:北京师范大学出版社,2012.

[105] 韦伯.新教伦理与资本主义精神[M].陈平,译.西安:陕西师范大学出版社,2002.

[106] 韦伯.学术与政治[M].冯克利,译.北京:生活·读书·新知三联书店,2005.

[107] 韦默.以学习者为中心的教学:给教学实践带来的五项关键变化[M].洪岗,译.杭州:浙江大学出版社,2006.

[108] 沃森.德国天才——近现代德意志的思想、科技和文化(第 2 卷)受教育中间阶层的崛起[M].王志华,译.北京:商务印书馆,2016.

[109] 西蒙.管理行为[M].杨砾,韩春立,徐立,译.北京:北京经济学院出版社,1988.

[110] 夏托克.成功大学的管理之道[M].范怡红,主译.北京:北京大学出版社,2005.

[111] 肖静.自媒体时代的大学权力结构与大学治理[M].北京:电子工业出版社,2016.

[112] 肖群忠.中国伦理学年鉴·2013 年[M].北京:九州出版社,2016.

[113] 肖正德.教学文化变革与重构教师发展的灵魂[M].上海:华东师范大学出版社,2016.

[114] 邢强,刘毅.教师心理健康教育[M].广州:广东人民出版社,2013.

[115] 徐贲.布迪厄的科学知识分子和知识政治[M]//陶东风,金元浦,等.文化研究(第 4 辑).北京:中央编译出版社,2003.

[116] 许苏民.文化哲学[M].上海:上海人民出版社,1990.

[117] 雅斯贝尔斯.什么是教育[M].邹进,译.北京:生活·读书·新知三联书店,1991.

[118] 杨成虎.政策过程研究[M].北京:知识产权出版社,2012.

[119] 杨国荣.伦理与存在[M].上海:上海人民出版社,2002.

[120] 杨黎明.地方教学研究型大学教学资源配置研究[M].武汉:华中师范大学出版社,2012.

[121] 俞国良,辛自强.社会性发展心理学[M].合肥:安徽教育出版社,2004.

[122] 张松青.大学教师文化[M].成都:西南交通大学出版社,2012.

[123] 张铁明.教育产业论[M].广州:广东高等教育出版社,1998.

[124] 张永宏,主编.组织社会学的新制度主要学派[M].上海:上海人民出版社,2007.

[125] 周雪光.组织社会学十讲[M].北京:社会科学文献出版社,2003.

(二)期刊及学位论文

[1] 鲍威,吴红斌.象牙塔里的薪资定价:中国高校教师薪资影响机制[J].北京大学教育评论,2016(2):113-132,191.

[2] 曹威麟,朱仁发,郭江平.心理契约的概念、主体及构建机制研究[J].经济社会体制比较,2007(2):132-137.

[3] 曾洁,李志峰,马瑞.基于"教学学术"的高校教师教学激励机制构建[J].江苏高教,2018(5):48-53.

[4] 曾粤,姚利民.美国高校教师教学发展机构设置与职责[J].中国大学教学,2015(3):89-93,84.

[5] 陈超,郗海霞.美国研究型大学的教学激励机制及其启示[J].高等教育研究,2011(5):70-76.

[6] 陈加洲,方俐洛,凌文辁.心理契约的测量与评定[J].心理学动态,2001(3):253-257.

[7] 陈向明.从一个到全体——质的研究结果的推论问题[J].教育研究与实验,2000(2):1-8,72.

[8] 陈向明.扎根理论的思路和方法[J].教育研究与实验,1999:58-63,73.

[9] 陈向明.扎根理论在中国教育研究中的运用探索[J].北京大学教育评论,2015,13(1):2-15,188.

[10] 陈玉琨,戚业国.论我国高校内部管理的权力机制[J].高等教育究,1999,(3):41-44.

[11] 陈真.哥梯尔的"协议道德"理论评析[J].河北学刊,2004,24(3):58-61.

[12] 陈子晨.疾病的概念隐喻及其社会心理效应[J].广东社会科学,

2020(6):204-214.

[13] 程瑛.社会转型期我国大学资源竞争研究[D].武汉:华中科技大学,2011.

[14] 刁彩霞,孙冬梅.大学教师身份的三重标识[J].现代大学教育,2011(5):22-26,112.

[15] 董健康,韩雁,梁志星.《教育部关于普通高等学校本科教学评估工作的意见》解读[J].高教发展与评估,2013,29(5):12-18,101.

[16] 杜驰,沈红.教育场域中的制度同形与组织绩效[J].清华大学教育研究,2009(5):67-70.

[17] 范国睿.教育制度变革的当下史:1978—2018——基于国家视野的教育政策与法律文本分析[J].华东师范大学学报(教育科学版),2018,36(5):1-19,165.

[18] 费小冬.扎根理论研究方法论:要素、研究程序和评判标准[J].公共行政评论,2008(3):23-43,197.

[19] 付梦芸.柯罗诺斯之困[D].上海:华东师范大学,2017.

[20] 高洪波.启用激励机制提高教学质量[J].山东工业大学学报(社会科学版),1994(3):73-76.

[21] 高慎英.教师成为研究者"教师专业化"问题探讨[J].教育理论与实践,1998,18(3):31-34.

[22] 宫隽睿.大学教学文化反思与重振[D].南京:南京航空航天大学,2016.

[23] 郭建如.社会学组织分析中的新老制度主义与教育研究[J].北京大学教育评论,2008,6(3):136-151.

[24] 何妮.教师本科教学投入问题研究[D].西安:西北大学,2012.

[25] 何晓雷,邓纯考,刘庆斌.美国大学教学学术研究20年:成绩、问题与展望[J].比较教育研究,2012,34(9):29-33.

[26] 何晓雷.西方大学教学学术研究:历史发展与演进[J].外国教育研究,2016,43(1):3-16.

[27] 贺国庆,何振海.成就完整的大学——习明纳的历史及现实意义[J].教育研究,2019(2):41-49.

[28] 洪艺敏.高等学校教学运作配套管理组织问题研究[J].教育教究,2008(4):36-40.

[29] 胡钦晓.学术资本视角下中世纪大学之源起[J].吉首大学学报:社会科学版,2019,40(5):1-13.

[30] 黄亲国.对洪堡原则的再审视[J].教育与现代化,2004(2):3-7.

[31] 黄旭华,施晶晖.中世纪大学的"执教资格"与"通用执教资格":教师流动的视角[J].高教探索,2019(11):103-108.

[32] 姜斯宪.科研与教学:不能以"零和"思维做选择[J].教育发展研究,2016,36(11):3.

[33] 姜艳.实践逻辑下的社会资本产生——浅读布迪厄《实践感》[J].世纪桥,2007(5):40.

[34] 康健.大学"去行政化"难在哪里?[J].北京大学教育评论,2010(3):180-187.

[35] 柯伯杰,熊卫雁,叶会元.构建高等教育教学标准:教师专业发展中心在四所世界一流大学的实践与应用[J].北京大学教育评论,2014,12(2):27-46,189-190.

[36] 李纯.教学本质的文化哲学之思[J].天中学刊,2010,25(4):130-132.

[37] 李恒,刘益.关于企业组织激励的探讨[J].数量经济技术经济研究,1999(5):35-39.

[38] 李金齐.文化理想、文化批判、文化创造与文化自觉[J].思想战线,2009,35(1):87-91.

[39] 李楠.我国高等学校教师绩效评价研究——以教学绩效评价为主[D].北京:首都经济贸易大学,2012.

[40] 李清雁.责任伦理:教师伦理范型的基石[J].教育伦理研究,2015(1):91-100.

[41] 李水源.建筑业新生代农民工的就业现状及对策研究[D].广州:广州大学,2016.

[42] 李蔚,周杰,段远源.研究型大学多模式、个性化教学评价体系的建立和发展[J].清华大学教育研究,2009(4):108-111.

［43］李以渝.机制论:事物机制的系统科学分析[J].系统科学学报,2007(4):22-26.

［44］李原,郭德俊.员工心理契约的结构及其内部关系研究[J].社会学研究,2006(5):151-168,245.

［45］李泽彧,曹如军.大众化时期大学教学与科研关系审视[J].高等教育研究,2008(3):51-56.

［46］廉思,张琳娜.转型期"蚁族"社会不公平感研究[J].中国青年研究,2011(6):15-20.

［47］林小英.分析归纳法和连续比较法:质性研巧的路径探析[J].北京大学教育评论,2015(1):16-39.

［48］刘海峰.大学排行榜时代的"两校互竞现象"[J].现代大学教育,2009(6):16-21,81.

［49］刘海洋,郭路,孔祥贞.学术锦标赛机制下的激励与扭曲——是什么导致了中国学术界的高数量与低质量[J].南开经济研究,2012(1):3-18.

［50］刘慧琼.激励方式的新视角——权变激励[J].广东行政学院学报,2007,19(6):77-80.

［51］刘隽颖."教学学术"研究体系的四维建构及其实践机制[J].江苏高教,2019(1):74-82.

［52］刘强,丁瑞常.QS大学排名体系剖析[J].比较教育研究,2013,35(3):44-50,91.

［53］刘振天.高校教师教学投入的理论、现状及其策略[J].中国高教研究,2013(8):14-19.

［54］刘正周.管理激励与激励机制[J].管理世界,1996(5):213-215.

［55］柳友荣.教师"教学投入不足":概念内涵、现实问题与实践向度[J].江苏高教,2020(11):66-74.

［56］龙献忠,许烨,舒常春.教师职业伦理及其后现代诠释[J].大学教育科学,2012(1):60-65.

［57］卢晖临,李雪.如何走出个案——从个案研究到扩展个案研究[J].中国社会科学,2007(1):118-130,207-208.

[58] 卢晓中,陈先哲.学术锦标赛制下的制度认同与行动逻辑[J].高等教育研究,2014(7):34-40.

[59] 罗小连."沃尔夫事件"——一个经典事件史论题的社会文化史分析[J].北京大学教育评论,2018,16(2):77-103,189-189.

[60] 吕林海,SHEN C.大学教学的内部支持性机构及其经验借鉴研究——澳大利亚纽卡斯尔大学"学习与教学中心"的个案调研报告[J].比较教育研究,2010(8):45-50.

[61] 马鹰.教师群体激励机制的探究——不同地区教师工作积极性比较研究[D].上海:华东师范大学,2001.

[62] 潘懋元,陈春梅.高等教育质量建设的理论设计[J].高等教育研究,2016(3):1-5.

[63] 丘海雄.组织社会学理论回顾(下)(续上期)[J].中山大学学报论丛,1996(1):14-24.

[64] 任国强,尚明伟,潘秀丽.参照群与群间相对剥夺:理论与实证[J].财经研究,2014,40(8):130-144.

[65] 任梦,秦捷,吴美丽.高校师生心理契约的特殊性及其构建[J].大学教育,2018(6):105-107.

[66] 任青.当前国内大学排名现状及对策探析[J].理论观察,2013(7):121-122.

[67] 沈红,谷志远,刘茜.大学教师工作时间影响因素的实证研究[J].高等教育研究,2011(9):55-63.

[68] 沈璿.主体间性视阈下教师责任伦理的探究[J].当代教师教育,2009(4):5-9.

[69] 石晶,崔丽娟.国外心理契约破坏及结果变量与调节变量:述评与展望[J].心理科学,2011,34(2):429-434.

[70] 时伟.大学教师专业发展模式探析——基于大学教学学术性的视角[J].教育研究,2008(7):81-84.

[71] 司俊峰,唐玉光.高等教育"学术漂移"现象的动因探析——基于社会学制度主义的视角[J].高等教育研究,2016,37(9):38-44.

[72] 斯科特,李国武.对组织社会学50年来发展的反思[J].国外社

会科学,2006(1):7-14.

[73] 宋鑫,魏戈,游蠡,等.国内一流大学教师教学现状探究——基于北京大学的实证调查[J].高等理科教育,2014(6):9-19.

[74] 孙立平."道德滑坡"的社会学分析[J].中国青年政治学院学报,2001(5):65-69.

[75] 王保华.高等教育地方化研究——制度与政策视角[D].武汉:华中科技大学教育科学研究院,2006:176.

[76] 王保星.威斯康星观念的诞生及对美国高等教育的影响[J].河北师范大学学报(教育科学版),2000(1):50-54.

[77] 王夫艳.教师的道德困境与道德选择[J].全球教育展望,2015(8):85-93.

[78] 王海颖.我国财政分权对地方义务教育供给的影响[D].南京:南京师范大学,2015.

[79] 王徽,杨琳.心理契约本质内涵及其外延拓展[J].兰州学刊,2007(4):124-126.

[80] 王建华.大学教师发展——"教学学术"的维度[J].现代大学教育,2007(2):1-5.

[81] 王建华.重温"教学与科研相统一"[J].教育学报,2015(3):77-86.

[82] 王晋.教师专业成长的晋升锦标赛制度研究——从吉尔兹的地方性知识理论说开去[J].教育发展研究,2013(22):43-49.

[83] 王君琦.论实践与文化的同构性[J].文史哲,1998(5):63-67.

[84] 王莉华.我国高等教育绩效拨款的局限与对策[J].中国高教研究,2010(5):13-16.

[85] 王猛,毛寿龙.自由裁量、标准化与治道变革——以杭州市上城区为例[J].上海行政学院报,2016,17(1):58-68.

[86] 王晓宇.高校教学与科研等效评价机制研究——教师激励的视角[D].杭州:浙江工业大学,2011.

[87] 王志强.传承与超越:威斯康星理念的百年流变[J].清华大学教育研究,2017(4):57-64.

[88] 王重鸣.专家与新生决策知识的获取与结构分析[J].心理科学, 1992,5(1):1-4.

[89] 魏峰,李燊,张文贤.国内外心理契约研究的新进展[J].管理科学学报,2005(5):86-93.

[90] 魏冠凤,何静.教学科研人员激励制度有效性的实证研究[J].管理评论,2009,21(5):70-76.

[91] 邬大光.教学文化:大学教师发展的根基[J].中国高等教育, 2013(8):34-36.

[92] 吴迪.高校教师教学激励模式研究[D].哈尔滨:哈尔滨工业大学,2014.

[93] 吴洪富.大学场域变迁中的教学与科研关系[D].武汉:华中科技大学,2011.

[94] 吴洪富.大学教学与科研关系的历史演化[J].高教探索,2012 (5):98-103.

[95] 吴洪富.纽曼论大学教学与科研关系[J].现代大学教育,2010 (6):82-87,112-113.

[96] 吴继霞,何雯静.扎根理论的方法论意涵、建构与融合[J].苏州大学学报(教育科学版),2019(1):35-49.

[97] 武书连.再探大学分类[J].中国高等教育评估,2002(4):51-56.

[98] 肖冬霞.HT上海分公司"新生代"员工激励机制优化策略研究[D].上海:华东理工大学,2016.

[99] 肖兴安,陈敏.我国本科教学评估政策的历史演变[J].国家教育行政学院学报,2009(2):71-77.

[100] 谢峰,胡志金,汪海涛.加强高校人才培养的内部动力建设[J].教育研究,2014(6):155-158.

[101] 熊志翔.高等教育质量保障的制度性变革[J].高教探索,2008 (2):54-58.

[102] 徐继存,车丽娜.教学理解的意义之维[J].中国社会科学文摘, 2018(3):139-140.

[103] 徐颖.大学教学与科研非良性互动成因及对策[J].中国高等教

育,2011(12):54-55,61.

[104] 宣勇.论大学的校院关系与二级学院治理[J].现代教育管理,2016(7):1-5.

[105] 阎光才.象牙塔背后的阴影——高校教师职业压力及其对学术活力影响述评[J].高等教育研究,2018(4):48-58.

[106] 阎光才.学术等级系统与锦标赛制[J].北京大学教育评论,2012,10(3):8-23,187.

[107] 杨九斌,王咏梅.大学与城市:二战后美国研究型大学科研在城市创新中的角色研究[J].教育学术月刊,2020(7):17-24.

[108] 杨明.从高校与企业的似与不似看高校组织的性质[J].浙江大学学报(人文社会科学版),2002(3):118-125.

[109] 姚利民,成黎明.期望与现实——大学教师教学现状调查分析[J].中国大学教学,2007(3):37-40.

[110] 叶峰.高校本科专业评估思考与探索[J].上海教育评估研究,2017,6(6):25-28.

[111] 叶赋桂,罗燕.大学制度变革:洪堡及其意义[J].清华大学教育研究,2015(5):21-30.

[112] 殷进功,汪应洛.高校教师激励因素及其相互关系研究[J].科学学研究,2004,22(2):179-182.

[113] 俞可.洪堡2010,何去何从[J].复旦教育论坛,2010(6):23-30.

[114] 翟洪江.高校教师本科教学投入的影响因素与对策研究[J].教育探索,2015(5):144-148.

[115] 张慧.关于情感激励在公办高校学生管理工作中作用的开发研究[D].苏州:苏州大学,2009:9.

[116] 张俊超,吴洪福.变革大学组织制度:改善教学与科研关系[J].中国地质大学学报(社会科学版),2009(5):120.

[117] 张男星,王春春,姜朝晖.高校绩效评价:实践探索的理论思考[J].教育研究,2015(6):19-28.

[118] 张秋硕.高校内部教学质量评估组织的发展机制研究[D].武汉:华中师范大学,2016:16.

[119] 张学民,申继亮.国外教师教学专长及发展理论述评[J].比较教育研究,2001,22(3):1-5.

[120] 张意忠.论大学与教授的生成逻辑[J].河北师范大学学报(教育科学版),2010(1):99-103.

[121] 张志远,李俊林,赵金安.中西部地区地方高校青年教师生存状态的调查与研究[J].国家教育行政学院学报,2014(3):9-15.

[122] 章建丽.英国剑桥大学的大学教师发展及其启示[J].外国教育研究,2008(9):51-54.

[123] 赵昌木.欧洲大学组织结构与教授权力形态[J].北京社会科学,2017(1):4-12.

[124] 赵俊伟,张新民,曹中秋.地方高校构建发展性教师激励机制的探索[J].中国大学教学,2008(11):70-72,78.

[125] 赵鑫全.激励因素对高校教师教学效能的影响[J].中国劳动关系学院学报,2012,26(3):107-109.

[126] 钟春玲,杨晓翔.基于期望理论的大学教师教学激励机制优化研究[J].福建医科大学学报:社会科学版,2012,13(3):51-55.

[127] 钟勇为,于萍.我国大学教学改革的利益生态调查研究[J].国家教育行政学院学报,2013(11):72-77.

[128] 周成海.弗雷德·柯瑟根教师反思理论述评[J].外国教育研究,2014,41(10):3-14.

[129] 周光礼.经费配置模式与大学战略选择:中国大学趋同化的经济学解释[J].中国高教研究,2015(9):4-13.

[130] 周慧杰.王夫之教育思想述论[J].河南大学学报(社会科学版),1992(3):90-94.

[131] 周济.大力推进高等学校教学评估工作 全面提高高等教育教学质量——在教育部高等教育教学评估中心成立新闻发布会上的讲话[J].中国大学教学,2004(11):4-7.

[132] 周黎安.中国地方官员的晋升锦标赛模式研究[J].经济研究,2007(7):36-50.

[133] 周卫勇,曾继耘.论教学文化危机与教师文化自觉[J].当代教

育科学,2014(19):13-16+53.

[134] 朱红蕊.大学教师教学工作量研究[D].上海:华东师范大学,2014.

（三）其他

[1] 邓正来.全球化时代的"大学之道"——陈平原教授在复旦大学的讲演[N].文汇报,2009-03-14(08).

[2] 教育部,财政部.关于"十二五"期间实施"高等学校本科教学质量与教学改革工程"的意见[Z].2011-07-01.

[3] 教育部.关于批准实施"十二五"期间本科教学工程 2013 年建设项目的通知[Z].2013-03-20.

[4] 教育部.教育部关于印发《普通高等学校本科教育教学审核评估实施方案（2021—2025 年）》的通知[Z].2021-01-21.

[5] 教育部.普通高等学校教育评估暂行规定[Z].1990-10-31.

[6] 教育部办公厅.关于印发《普通高等学校本科教学工作水平评估方案（试行）》的通知[Z].2004-08-12.

[7] 教育部办公厅.教育部办公厅关于开展普通高等学校本科教学工作合格评估的通知[Z].2011-12-23.

[8] 教育部高等教育司.关于批准厦门大学教师发展中心等 30 个"十二五"国家级教师教学发展示范中心的通知[Z].2012-10-31.

[9] 教育部高等教育司.关于启动国家级教师教学发展示范中心建设工作的通知[Z].2012-07-12.

[10] 联合国教科文组织.关于高等教育的变革与发展的政策性文件[EB/OL]. http://www. moe. edu. cn/publicfiles/business/htmlfiles/moe/moe-236/200409/975. html.

[11] 刘振天.拿什么来激励教师教学变革[N].中国教育报,2012-07-09(05).

[12] 陆一.重奖激励教学勿止步宣传效应[N].中国教育报,2014-09-15(02).

[13] 普芮,周哲.教书匠之死:是什么逼得高校教师不愿教书?[EB/N].（2014-12-29）[2021-06-25]. https://cul. qq. com/a/

20141229/016425. htm

[14] 中华人民共和国教育部. 教育部关于开展普通高等学校本科教学工作审核评估的通知[Z]. 2013-12-05.

外文文献

（一）著作

[1] ARGYRIS C，DITZ G W. Understanding Organizational Behavior[M]. Homewood Illinois：Dorsey Press,1960.

[2] BARNES B. The Nature of Power[M]. Cambridge，UK：Polity Press,1988.

[3] BARNETT R. Beyond All Reason：Living With Ideology In the University[M]. Buckingham：Society for Research into Higher Education/Open University Press,2003.

[4] BLAU P. The Dynamics of Bureaucracy：A Study of Interpersonal Relationships in Two Government Agencies [M]. Chicago：University of Chicago Press，1995.

[5] BOURDIEU P. Distinction：A Social Critique of the Judgment of Taste[M]. London：Routledge，1984.

[6] BOURDIEU P. Outline of a Theory of Practice [M]. Cambridge：Cambridge University Press,1977.

[7] BOYER E. Scholarship Reconsidered：Priorities of the Professoriate[M]. Princeton，NJ：Jossey-Bass,1990.

[8] BRINT S，KARABEL J. Institutional Origins and Transformations：The Case of American Community Colleges [M]//POWELL W W，DIMAGGIO P J. The New Institutionalism in Organizational Analysis. Chicago：The University of Chicago Press,1991.

[9] BRUBACHER J S. On the Philosophy of Higher Education[M]. San Francisco：Jossey-Bass，1982.

[10] CASTELLS M. Power of Identity，The Information Age：

Economy，Society，and Culture［M］. Oxfordshire：Blackwell Publishers，1997.

［11］CASTELLS M. The Rise of the Network Society［M］. Malden：Blackwell，2000.

［12］CLARK B R. The Higher Education System，Academic Organization in Cross-National Perspective［M］. Berkeley：University of California Press，1983.

［13］COBBAN A B. The Medieval Universities：Their Development and Organization［M］. London：Methuen & Co Ltd，1975.

［14］CROZIER M，FRIEDBERG E. Actors and System：The Politics of Collective Action［M］. Chicago：The University of Chicago Press，1980.

［15］DEWAY J. The Quest for Certainty［M］. New York：G. P. Putnam，1929.

［16］GIDDENS A. A Contemporary Critique of Historical Materialism［M］. London：The Macmillan Press Ltd，1981.

［17］GIDDENS A. Central Problems in Social Theory：Action，Structure and Contradiction in Social Analysis［M］. Berkeley and Los Angeles：University of California Press，1979.

［18］GIDDENS A. New Rules of the Sociological Method［M］. London：Hurxhinaon，1976.

［19］GIDDENS A. The Constitution of Society：Outline of the Theory of Structuration［M］. Cambridge：Polity Press，1984.

［20］GLASER B G. The Grounded Theory Perspective：Conceptualisation Contrasted with Description［M］. Mill Valley：Sociology Press，2001.

［21］GLASSICK C E，HUBER M T，MAEROFF G I. Scholarship Assessed：Evaluation of the Professoriate［M］. San Francisco：Jossey-Bass，1997.

［22］HATCH T. Into the Classroom：Developing the Scholarship of

Teaching and Learning[M]. San Francisco: Jossey-Bass and Carnegie Foundation, 2006.

[23] KNIGHT J. Cross-Board Education: An Analytical Framework for Programs and Provider Mobility[M]//SMART J C. Higher Education: Handbook of Theory and Research. Dordrecht, Netherland: Springer, 2006.

[24] KORTHAGEN F. Linking Theory and Practice: The Pedagogy of Realistic Teacher Education [M]. Mahwah: Lawrence Erlbaum Associates, 2001.

[25] KORTHAGEN F. Practice, Theory, And Person in Life-Long Professional Learning [M]//BEIJAARD D. Teacher Professional Development in Changing Conditions. Dordrecht: Springer, 2005.

[26] LEVINSON H, PRICE C R, MANDEN K J. Men, Management and Mental Health[M]. Cambridge: Harvard University Press, 1962.

[27] MCKINNEY K. Enhancing Learning Through the Scholarship of Teaching and Learning: The Challenges and Joys of Juggling [M]. Bolton: Anker, 2007.

[28] MCNAUGHT C, ANWYL J. Awards for Teaching Excellence at Australian Universities[M]. Melbourne: Center for the Study of Higher Education, University of Melbourne, 1993.

[29] MEYER H D, ROWAN B. The New Institutionalism in Education[M]. New York: State University of New York Press, 2006.

[30] MEYER J W, ROWAN B. The Structure of Educational Organizations [M]//MEYER J W, SCOTT W R. Organizational Environments: Ritual and Rationality. Sage, 1985.

[31] MEYER J W. Institutionalization and the Rationality of Formal

Organizational Structure[M]//MEYER J W, SCOTT W R. Organizational Environments: Ritual and Rationality. Beverly Hills, California: Sage,1983.

[32] MILES M B, HUBERMAN A M. Qualitative Data Analysis: A Sourcebook of New Methods[M]. New York: Sage,1984.

[33] NAIDOO R. University in the Marketplace: The Distortion of Teaching and Research[M]//BARNETT R. Reshaping the University: New Relationships Between Research, Scholarship and Teaching. Maidenhead: Mc Graw-Hill/Open University Press, 2005.

[34] PERKINS J A. Organization and Functions of the University [M]//PERKINS J A. The University as an Organization. New York: McGraw-Hill, 1973.

[35] RHOADES G. Political Competition and Differentiation in Higher Education[M]//ALEXANDER J C, COLONY P. Differentiation Theory and Social Change. New York: Columbia University Press, 1990.

[36] ROUSSEAU D M. Psychological Contracts in Organizations: Understanding Written and Unwritten Agreements [M]. California: Sage,1995.

[37] RUNCIMAN W G. Relative Deprivation and Social Justice: A Study of Attitudes to Social Inequality in Twentieth Century England [M]. Berkeley: University of California Press,1966.

[38] SCHEIN E H. Organizational Psychology[M]. USA: New Jersey Prentice-Hall,1980.

[39] SCOTT P. The Meaning of Mass Higher Education[M]. Maidenhead: Society for Research into Higher Education/Open University Press, 1995.

[40] SCOTT W R. Institutions and Organizations[M]. Albany, NY: Sage Publications,2002.

[41] SCOTT W R. Organizations: Rational, Natural and Open Systems[M]. 5th ed. Upper Saddle Reiver, N J: Prentice-Hall, 2003.

[42] SHULMAN L S. Visions of the Possible: Models for Campus Support of the Scholarship of Teaching and Learning[M]// BECKER W E, ANDREWS M L. The Scholarship of Teaching and Learning in Higher Education: Contributions of Research Universities. Bloomington: Indiana University Press, 2004.

[43] STARK J. The Wisconsin Idea: The University's Service to the State[M]//STARK J, KNOX A B, CORRY J. 1995—1996 Wisconsin Blue Book. Pennsylvania: The Legislative Reference Bureau,1995.

[44] TRIGWELL K, ASHWIN P, LINDBLOM-YLANNE S, et al. Variation in Approaches to Teaching: The Role of Regulation and Motivation[C]//European Association For Research on Learning and Instruction(EARLI). Higher Education Special Interest Group Conference. Stockholm: Sweden, 2004.

（二）期刊、学位论文及其他

[1] ARVEY R D, IVANCEVICH J M. Punishment in organizations: A review, propositions and research suggestions [J]. Academy of Management Review, 1980, 5(1): 123-132.

[2] BAILEY J G. Academics' motivation and self-efficacy for teaching and research [J]. Higher Education Research & Development, 1991,18(3): 343-359.

[3] BECKER B E, HUSELID M A. The incentive effects of tournament compensation systems[J]. Administrative Science Quarterly, 1992,37(2): 336-350.

[4] BENNETT R J, ROBINSON S L. Development of a measure of workplace deviance[J]. Journal of Applied Psychology, 2000, 85 (3): 349-360.

[5] BOSHIER R. Why is the scholarship of teaching and learning such a hard sell [J]. Higher Education Research and Development,2009,28(1): 1-15.

[6] BRAWER J, STEINERT Y, ST-CYR J, et al. The significance and impact of a faculty teaching award: Disparate perceptions of department chairs and award recipients[J]. Medical faculty, 2009, 28(7): 614-617.

[7] BREW A. Learning to develop the relationship between research and teaching at an institutional Level[J]. New Directions for Teaching and Learning, 2006, 107(8): 13-22.

[8] BRUCH E E, MARE R D. Neighborhood Choice and Neighborhood Change[J]. American Journal of Sociology, 2006, 112(3): 667-709.

[9] CALEESE M, BLANDH A, BERGER V, et al. Report to the European commission on improving the quality of teaching and learning in Europe's higher education institutions [R]. Luxembourg: Publication Office of the European Union, 2013: 27.

[10] CANNING J. The invisible developers? Academic coordinators in the UK Subject Centre Network[J]. Teaching in Higher Education, 2010, 47(3): 271-282.

[11] CARROLL A O. How professors think: Inside the curious world of academic judgment by M. Lamont[J]. British Journal of Sociology, 2010, 61(2): 393-394.

[12] CASCIARO T, PISKORSKI M J. Power imbalance, mutual dependence and constraint absorption: A closer look at resource dependence theory[J]. Administrative Science Quarterly, 2005, 50(2): 167-199.

[13] CHISM N V N, FRASER J M, ARNOLD R L. Teaching academies: Honoring and promoting teaching through a

community of expertise[J]. New Directions for Teaching and Learning, 1996(65): 25-32.

[14] CLARK B R. The Academic life: Small Worlds, Different Worlds[R]. The Carnegie Foundation For the Advancement of Teaching, 1987: 70-71.

[15] CLARK S M. The academic profession and career: Perspectives and problems[J]. Teaching Sociology,1986, 14(1): 24-34.

[16] COATE K, BARNETT R, Williams G. Relationships Between Teaching and Research in Higher Education in England[J]. Higher Educational Quarterly. 2001,55(2): 158-174.

[17] COX M. Proven faculty development tools that foster the scholarship of teaching in faculty learning communities[J]. To Improve the Academy, 2003(21): 109-142.

[18] COYLE-SHAPIRO J, KESSLER I. Consequences of the psychological contract for the employment relationship[J]. Journal of Management Studies, 2000, 37(7): 903-930.

[19] DARLEY J. Setting standard seeks control, risks distortion, IGS Public Affairs Report [R]. Berkeley: University of California at Berkeley,1991.

[20] DECI E L. The effects of contingent and noncontingent rewards and controls on intrinsic motivation [J]. Organizational Behavior and Human Performance,1972(8): 217-229.

[21] DEERY S J, IVERSON R D, WALSH J T. Toward a better understanding of psychological contract breach: A study of customer service employees[J]. Journal of Applied Psychology, 2006,91(1): 166-175.

[22] DIETZE B A. Beyond the faculty contract: Exploring value-added and discretionary working Ontario's community colleges [D]. Canada: University of Toronto,2005.

[23] FAIRBURN J A, MALCOMSON J M. Performance,

promotion, and the peter principle[J]. The Review of Economic Studies, 2001,68(1): 45-66.

[24] FELTEN P, KALISH A, PINGREE A, et al. Toward a scholarship of teaching and learning in educational development [J]. To Improve the Academy, 2007(25): 93-108.

[25] FRAME P, JOHNSON M, ROSIE A. Reward or award? Reflections on the initial experiences of winners of a National Teaching Fellowship [J]. Innovations in Education and Teaching International, 2006,43(4): 409-419.

[26] FRASER K, GOSLING D, SORCINELLI M D. Conceptualizing evolving models of education development[J]. New Directions for Teaching and Learning, 2010(122): 49-58.

[27] FREESE C, SCHALK R. Implications of differences in psychological contracts for human resources management[J]. European Journal of Work and Organizational Psychology,1996 (5): 221-233.

[28] GIBBS G. Reflections on the changing nature of educational development [J]. International Journal of Academic Development,2013,18(1): 4-14.

[29] GLASER B G, STRAUSS A L. The discovery of grounded theory: Strategies for qualitative research [J]. Nursing Research, 1967(4): 377-380.

[30] GOMEZ-MEJIA L R, BALKIN D B. Determinants of faculty pay: An agency theory perspective [J]. Academy of Management Journal,1992, 35(5): 921-955.

[31] GOSLING D, HANNAN A. Responses to a policy initiative: The case of centres for excellence in teaching and learning[J]. Studies in Higher Education, 2007, 32(5): 633-646.

[32] GOULET D. Material and moral incentives as economic policy instruments[J]. Humannomics, 1994,10(1): 5-24.

[33] GREEBERG J, LIEBEMAN M. Incentives: The missing in strategic performance[J]. Journal of Business Strategy, 1990 (7-8): 8-11.

[34] GRIMMER M, ODDY M. Violation of the psychological contract: The mediating effect of relational versus transactional beliefs[J]. Australian Journal of Management, 2007, 32(1): 153-174.

[35] GURUNG R, SCHWARTZ B. Riding the Third Wave of SoTL [J]. International Journal for the Scholarship of Teaching and Learning, 2010, 4(2): 1-6.

[36] HARRIS A. Teacher leadership and distributed leadership: An exploration of the literature[J]. Leading and managing, 2004, 10(2): 1-9.

[37] HATTIE J. MARSH H W. The relationship between research and teaching a meta-analysis [J]. Review of Educational Research, 1996, 66(4): 507-542.

[38] HEDTROM P, SWEDBERG R. Social mechanisms[J]. Acta Sociologica, 1996(39): 281-308.

[39] HEINER R A. The origin of predictable behavior [J]. American Economic Review, 1983, 75(3): 579-585.

[40] HERZBERG F. One more time: How do you motivate employees? [J]. Harvard Business Review. 1987, 9(10): 5-16.

[41] HOFER C W. Turnaround strategies[J]. Journal of Business Strategy, 1980, 1(1): 19-31.

[42] HUI C, LEE C, ROUSSEAU D M. Psychological contract and organizational citizenship behavior in China: Investigating generalizability and instrumentality [J]. Journal of Applied Psychology, 2004, 89(2): 311-321.

[43] HUISMAN J, MEEK L, WOOD F. Institutional diversity in higher education: A cross-national and longitudinal analysis[J].

Higher Education Quarterly, 2007(10): 563-577.

[44] JONES J. Building pedagogic excellence: Learning and teaching fellowships within communities of practice at the University of Brighton [J]. Innovations in Education and Teaching International, 2010, 47(3): 271-282.

[45] KATZ D. Faculty salaries, promotions and productivity at a large university[J]. American Economic Review, 1973(63): 469-477.

[46] KATZ D. The motivational basis of organizational behavior[J]. Behavioral Science, 1964, 9(2): 131-146.

[47] KICKUL J R, NEUMAN G, PARKER C, et al. Settling the score: The role of organizational justice in the relationship between psychological contract breach and anticitizenship behavior[J]. Employee Responsibilities and Rights Journal, 2002,13(2): 77-93.

[48] KICKUL J, LESTER S W. Broken promises: Equity sensitivity as a moderator between psychological contract breach and employee attitudes and behavior[J]. Journal of Business and Psychology, 2001,16(2): 191-213.

[49] KOTTER J. P. The psychological contract [J]. California Management Review, 1973, 15(3): 91-99.

[50] KREBER C, KANUKA H. The scholarship of teaching and learning and the online classroom[J]. Canadian Journal of University Continuing Education, 2006, 32(2): 109-131.

[51] KREBER C. Controversy and consensus on the scholarship of teaching[J]. Studies in Higher Education, 2002, 27 (2): 151-167.

[52] KUMAR K, BHATTACHARYA S, HICKS R, et al. Employee perceptions of organization culture with respect to fraud-where to look and what to look for[J]. Pacific Accounting

Review,2018,30(2):187-198.

[53] LAZEAR E P, ROSEN S. Rank-order tournaments as an optimum labor contracts[J]. Journal of Political Economy, 1981,89(5):841-864.

[54] LESTER S W, TURNLEY W H, BLOODGOOD J M, et al. Not seeing eye to eye: Differences in supervisor and subordinate perceptions of and attributions for psychological contract breach [J]. Journal of Organizational behavior, 2002,23(1):39-56.

[55] LEWIS J R, MAYES D K. Development and psychometric evaluation of the Emotional Metric Outcomes (EMO) questionnaire[J]. International Journal of Human-Computer Interaction,2014,30(9):685-702.

[56] MAYSON S, SCHAPPER J. Constructing teaching and research relations from the top: An analysis of senior manager discourses on research-led teaching[J]. Higher Education, 2012, 64(6):473-487.

[57] MEEK V L. The transformation of Australian higher education: From binary to unitary system[J]. Higher Education, 1991(21):461-494

[58] MERTON R K. The Matthew Effect in science[J]. Science, 1968,159(3810):56-63.

[59] MOLLER A C, RYAN R M, DECI E L. Self-determination theory and public policy: Improving the quality of consumer decisions without using coercion[J]. Journal of Public Policy & Marketing,2013,25(1):104-116.

[60] MORRISON E W, ROBINSON S L. When employees feel betrayed: A model of how psychological contract violation develops[J]. The Academy of Management Review, 1997,22 (1):226-256.

[61] O'CONNELL C. College polices off target in fostering faculty

development[J]. Journal of Higher Education，1983（54）：662-675.

[62] PFEFFER J，DAVIS-BLAKE A. Determinations of salary dispersion in organization[J]. Industrial relations，1990（29）：38-45.

[63] POSTAREFF L，LINDBLOM-YLANNE S，NEVGI A. The effect of pedagogical training on teaching in higher education [J]. Teaching and faculty education，2007,23（5）：571-577.

[64] RAMSDEN P，MARTIN E. Recognition of good university teaching：Policies from an Australian study[J]. Studies in Higher Education,1996,21（3）：299-315.

[65] RESTUBOG S L D，BORDIA P，BORDIA S. The interactive effects of procedural justice and equity sensitivity in predicting responses to psychological contract breach：An interactionist perspective[J]. Journal of Business and Psychology，2009,24（2）：165-178.

[66] RESTUBOG S L D，BORDIA P，TANG R L. Effects of psychological contract breach on performance of IT employees：The mediating role of affective commitment[J]. Journal of Occupational and Organizational Psychology，2006,79（2）：299-306.

[67] RESTUBOG S L D，HORNSEY M J，BORDIA P，et al. Effects of psychological contract breach on organizational citizenship behavior：Insights from the group value model[J]. Journal of Management Studies，2008,45（8）：1377-1400 .

[68] RICE R E. Beyond scholarship reconsidered：Toward an enlarged vision of the scholarly work of faculty members[J]. New Directions for Teaching and Learning,2002（90）：7-17.

[69] ROBINSON S L，MORRISON E W. Psychological contracts and OCB：The effects of unfulfilled obligations on civic virtue

behavior[J]. Journal of Organizational Behavior, 1995, 16(3): 289-298.

[70] ROBINSON S, KRAATZ M, ROUSSEAU D. Changing obligations and the psychological contract a longitudinal study [J]. Academic of Management Journal,1994,37(1): 137-152.

[71] ROSEN C C, CHANG C H, JOHNSON R E, et al. Perceptions of the organizational context and psychological contract breach: Assessing competing perspectives [J]. Organizational Behavior and Human Decision Processes, 2009, 108(2): 202-217.

[72] ROSS P S. A descriptive study of adjunct faculty motivation [D]. California: Pepperdine University,2003.

[73] ROTHBART M. Effects of motivation, Equity and compliance on the use of reward and punishment[J]. Journal of Personality and Social Psychology, 1968,9(4): 353-362.

[74] ROUSSEAU D M, PARKS J M. The contract of individuals and organizations[J]. Research in organizational behavior, 1993 (15): 1-43.

[75] ROUSSEAU D M, TIJORIWALA S A. What's a good reason to change? Motivated reasoning and social accounts in promoting organizational change [J]. Journal of Applied Psychology,1999,84(4): 514-528.

[76] RYAN R M, DECI E L. Intrinsic and extrinsic motivations: Classic definitions and new directions [J]. Contemporary Educational Psychology, 2000(25): 54-67.

[77] SCHEER L K, MIAO C F, GARRETT J. The effects of supplier capabilities on industrial customers' loyalty: The role of dependence [J]. Journal of the Academy of Marketing Science,2010, 38(1): 90-104.

[78] SCHEER L K, MIAO C F, PALMATIER R W. Dependence

and interdependence in marketing relationship: Meta-analytic insights[J]. Journal of the Academy of Marketing Science, 2015,43(6): 694-712.

[79] SCHMIDTZ D. The cement of society: A study of social order by Jon Elster[J]. American Journal of Sociology, 1989, 101 (3): 653-655.

[80] SCOTT P. Globalization and higher education: Challengers for the 21st Century[J]. Journal of Studies in Higher Education, 2006, 4(3): 5-6.

[81] SCOTT S G, BRUCE R A. Determinants of innovation behavior: A path model of individual innovation in the workplace[J]. Academy of Management Journal, 1994,37(3): 580-607.

[82] SELZNICK P. Foundations of the theory of organization[J]. American Sociological Review, 1948, 13(1): 25-35.

[83] SHULMAN L S. Forum: Teaching as community property: Putting an end to pedagogical solitude [J]. Change: The Magazine of Higher Learning,1993,25(6): 6-7.

[84] SHULMAN L S. Signature Pedagogies in the Professions[J]. Daedalus,2005,134(3): 52-59.

[85] SHULMAN L S. Taking learning seriously[J]. Change: The Magazine of Higher Learning,1999,31(4): 10-17.

[86] SHULMAN L S. The scholarship of teaching and learning: A personal account and reflection[J]. International Journal for the Scholarship of Teaching and Learning, 2011, 5(1): 30.

[87] STENSTORM R C. Teaching, research, and promotion—is science education in decay? [J]. Journal of Geological Education,1999(39): 4-5.

[88] TAYLOR I. Pursued by excellence: Rewards and performance culture in higher education[J]. Social Work Education, 2007,

26(5): 504-519

[89] TAYLOR J S, FAGHRI S, AGGARWAL N, et al. Developing a peer-mentor program for medical students[J]. Teaching and Learning in Medicine, 2013, 25(1): 97-102.

[90] TRIGWELL K. Evidence of the impact of scholarship of teaching and learning purposes [J]. Teaching and Learning Inquiry, 2013, 1(1): 95-105.

[91] TSCHANNEN-MORAN M, HOY A W, HOY W K. Teacher efficacy: Its meaning and measure[J]. Review of Educational Research, 1998, 68(2): 202-248.

[92] TURNER R, GOSLING D. Rewarding excellent teaching: The translation of a policy initiative in the United Kingdom[J]. Higher Education Quarterly, 2012, 66(4): 415-430.

[93] ÜSTÜNLÜOGLU E. Understanding misbehavior at university level: Lecturer perceptions from the US and Turkey[J]. Egitim ve Bilim-Education and Science,2013,38(169): 224-235.

[94] VAN MANEN M. Linking ways of knowing with ways of being practical[J]. Curriculum Inquiry,1977,6(3): 205-228.

[95] VISSER-WIJNVEEN G J, STES A, VAN PETEGEM P. Development and validation of a questionnaire measuring teachers' motivations for teaching in higher education [J]. Higher Education, 2012, 64(3): 421-436.

[96] WALSHE T. Rewarding excellence and promoting improvement in higher education teaching in Australia [J]. Journal of Higher Education Policy and Management, 2008, 30 (3): 273-282.

[97] WARD J R, MCCOTTER S S. Reflection as a visible outcome for preservice teachers[J]. Teaching and Teacher Education, 2004,20(3): 243-257.

[98] YUKER H E. Faculty workload research, theory and

interpretation［R］. ASHE-ERIC Higher Education Research Report,1984(10)：17-18.

[99] ZHAO H，WAYNE S J，GLIBKOWSKI B C，et al. The impact of psychological contract breach on work-related outcomes：a meta-analysis［J］. Personnel psychology，2010，60 (3)：647-680.

[100] American Association of University Professors. The Work of Faculty：Expectations，Priorities，and Rewards［EB/OL］. (2013-11-27). http：//www. jstor. org/stable/40250591.

[101] GOODY A. Preparing academics to teach in Higher Education (PATHE)［EB/OL］. Mapping of foundations programs,2007. Http：//www. flinders,edu. au/pathe/aim. html.

附录 大学教师教学现状的问卷调查

尊敬的老师：

　　您好！衷心感谢您在闲暇之余抽空填写本问卷。为完成科研项目,需了解您的教学工作的现状,请您帮助填写此问卷,谢谢您！我们保证此调查仅为学术目的,调查结果仅作为研究资料。再次对您的支持与合作表示感谢！

　　1. 您的性别 [单选题]

　　A. 男　　　　　　　B. 女

　　2. 您所在大学的类型 [单选题]

　　A. 211 高校　　　B. 非 985 和 211 高校　　　C. 985 高校

　　3. 您热爱您所在的大学吗？[单选题]

　　A. 特别热爱　　　B. 热爱　　　C. 一般　　　D. 不热爱

　　4. 您的专业类属？[单选题]

　　A. 理科　　　　　B. 工科　　　C. 社会科学　D. 人文

　　E. 其他

　　5. 您热爱您所在的学科吗？[单选题]

　　A. 特别热爱　　　B. 热爱　　　C. 一般　　　D. 不热爱

　　6. 您热爱您所在的学院吗？[单选题]

　　A. 特别热爱　　　　B. 热爱　　　C. 一般　　　D. 不认可

7. 您对您所在的学校还是对学院的归属感强？[单选题]

A. 对学校的归属感强于学院　　　B. 对学院的归属感强于学校

C. 对学校和学院都没有归属感　　D. 对学校和学院都有归属感

8. 您的学历 [单选题]

A. 博士　　　　　　B. 在读博士　　C. 硕士　　　　　D. 本科

E. 其他

9. 您的职称 [单选题]

A. 教授　　　　　　　　　　　　B. 副教授

C. 讲师　　　　　　　　　　　　D. 特殊引进人才 ＿＿＿＿＿

10. 您的年龄 [单选题]

A. 25 岁以下　　　　B. 26～35 岁　C. 36～45 岁　D. 46 岁以上

11. 您的工作年限 [单选题]

A. 1 年以下　　　　B. 1～5 年　　C. 6～10 年　　D. 11～15 年

E. 16～20 年　　　　F. 21 年以上

12. 您的岗位类型 [单选题]

A. 研究型　　　　　　B. 教学科研型　　　　　C. 教学型

13. 请选择您成功申报的最高科研项目级别 [单选题]

A. 国家级项目　　　B. 部级项目　C. 省级项目　D. 校级科研项目

E. 没有项目

14. 您对当前大学实施的科研奖励是否感到满意？[单选题]

A. 满意　　　　　　B. 比较满意　C. 一般　　　　D. 不满意

E. 极不满意

15. 您对教学工作的认知是什么？[多选题]

A. 教师与学生之间的知识与心灵沟通

B. 教学就是教学工作量

C. 教学工作存在高教学风险

D. 教学对评职称具有较低的贡献

E. 教学就是良心活

F. 其他_____

16. 您对教学责任的认知？［多选题］

A. 教书育人是我的责任

B. 教书育人不是我可以解决的问题

C. 我无法处理学生积极性不高这一问题

D. 学校应出台各种制度关注教学

E. 学生管理制度要执行高惩罚

F. 我个人增加对学生的约束才能有好的效果

G. 其他 _____

17. 教学是否符合您的个人志趣？［单选题］

A. 特别符合　　　B. 符合　　　C. 一般　　　D. 不符合

E. 极不符合

18. 您的本科理论教学工作量属于以下哪一个类别？［单选题］

A. 年 301 节以上　　　　　B. 年 201～300 节

C. 年 101～200 节　　　　　D. 年 72～100 节

E. 年 71 节以下

19. 如果没有规则约束，您是否愿意上课？［单选题］

A. 愿意（请至第 20 题）　　　　B. 不愿意（请跳至第 21 题）

20. 您愿意上本科课程的原因？［多选题］

A. 完成教学工作量　　　　　B. 教学兴趣

C. 学生认可我产生个人成就感

D. 我个人的教学表现让我有个人感知的成就感

E. 教师的基本职责是教学　　　F. 其他 _____

21. 您不愿意上本科课程的原因？［多选题］

A. 课时费与我的投入不相符　　　B. 教学事故的威胁

C. 教学督导干扰　　　　　　　　D. 教学对评职称的权重不高

E. 缺乏教学兴趣　　　　　　　　F. 不擅长教学

G. 科研压力高　　　　　　　　　F. 其他 _____

22. 您所在大学具有哪些教学激励制度？［多选题］

A. 教学名师　　　　　　　　　B. 教学奖

C. 增加教师个体教学改革项目的资助

D. 教师与学生的 SRT、教学竞赛等项目的资助

E. 增加教学发展项目的资助

F. 教学项目结题的沟通平台　　G. 其他 ＿＿＿＿＿＿＿＿

23. 您所在学院具有以下哪些教学激励手段？［多选题］

A. 课时费的补贴　　　　　　　B. 教学实践的补贴

C. 教学成果的奖励　　　　　　D. 学院层级的教学项目

E. 学院层级的教学竞赛与奖励

F. 与教学工作相关的报销程序简化或代办

G. 没有任何奖励　　　　　　　H. 感觉不到任何激励

I. 其他 ＿＿＿＿＿＿＿＿

24. 您对学校层级还是对学院层级的教学奖励规则更为敏感？［单选题］

A. 学校层面的教学激励规则　　B. 学院层面的教学激励规则

25. 您所在的大学实施的教学激励是否能够改变您的教学行为？［单选题］

A. 正向影响　　　　B. 负面影响　　　　C. 没有影响

26. 以下哪个选项符合您的备课时间？［单选题］

A. 3 个小时以上　　　　　　　B. 1 小时到 3 个小时

C. 1 小时到半个小时　　　　　D. 半个小时以下

27. 您个人对课时工作量投入程度受到以下哪些原因的影响？［多选题］

A. 课时费收入　　　　　　　　B. 学生学习积极性

C. 岗位契约要求　　　　　　　D. 个人自我约束

E. 教学督导　　　　　　　　　F. 不能出教学事故

G. 其他 ＿＿＿＿＿＿＿＿

28. 您参加学院层面教学事务的投入程度？包括教学大纲制定,学科专业项目申报,教研活动等。[单选题]

　A. 相对于其他同事高　　　　B. 一般　　　　　C. 低于其他同事

29. 以下哪些原因使得您会参与学院的教学事务?[多选题]

　A. 学院归属高　　　　　　　B. 专业归属强

　C. 和学院领导的关系好　　　D. 学院强制安排任务

　E. 教研室主任　　　　　　　F. 其他 _____

30. 以下哪些是您不参与学院教学事务原因?[多选题]

　A. 科研压力大　　　　　　　B. 对教学事务不感兴趣

　C. 教学事务过度烦琐　　　　D. 对学院的归属感不高

　E. 其他 _____

31. 您以为认为教学项目投入是否提高您的教学质量?[单选题]

　A. 强相关关系　　　　　　B. 有关系　　　　C. 没有关系

32. 您是否愿意申请教育改革课题?[单选题]

　A. 愿意（请至第 33 题）　　　B. 不愿意（请跳至第 34 题）

33. 您愿意申请教学项目的原因[多选题]

　A. 评职称和岗位要求　　　　B. 个人教学兴趣和反思

　C. 学院强制安排　　　　　　D. 其他 _____

34. 您不愿申请教学改革项目的原因?[多选题]

　A. 教学改革项目结题烦琐　　B. 经费相对科研经费少

　C. 没有兴趣　　　　　　　　D. 其他 _____

35. 目前教学评估制度的实施是否提升您对教学的关注?[单选题]

　A. 是（请至第 36 题）　　　　B. 否（请跳至第 37 题）

36. 您认为教学评估制度实施具有哪方面的效果?[多选题]

A. 更加关注试题的规范和学生考试成绩的合理性

B. 更加关注学生的上课专注度

C. 更加关注学生的出勤率

D. 采用新的教学方法提升授课的有效度

E. 参加各种教学培训提升教学能力

37. 您认为教学评估制度实施效果不佳的原因？[多选题]

A. 形式化评估无法焕发我的教学反思

B. 削弱教师的教学权利

C. 情感上不受到尊重

D. 无法实质上改变我的教学行为

38. 您是否满意您所在大学提供的教学发展项目？[单选题]

A. 满意　　　　　B. 比较满意　C. 一般　　　　D. 不满意

E. 极不满意

39. 以下哪些选项符合您参与教学发展活动的原因？[多选题]

A. 提升教学能力提高教学质量　　B. 职称或是岗位的刚性要求

C. 学院委派的任务　　　　　　　D. 学校实施教学发展的要求

E. 教学发展活动能够促进更好的教学反思

F. 其他＿＿＿＿＿＿＿

40. 参与教学发展活动（项目或会议）是否能够促使您更好地教学？
[单选题]

A. 是（请至第 41 题）　　　　　B. 否（请跳至第 42 题）

41. 参与教学发展活动能够促进您更好教学的原因？[多选题]

A. 对教学发展的观念产生了变化　B. 引导教学反思的方向

C. 教学能力获得提升　　　　　　D. 更好地申报教学改革项目

E. 更加热爱教学

F. 能够在教学工作中获得更多的成就感

G. 其他

42. 您认为参与教学发展活动无法促进教学工作的原因？[多选题]

A. 观念与教学实践脱节

B. 专业导向的教学发展才有针对性

C. 我个人对教学发展并不感兴趣

D. 其他

43. 以下哪<u>些</u>选项能够激励您更好地投入教学?［多选题］

A. 学生投诉的合理性 　　　　　 B. 调课规则的合理性

C. 提高教学物质奖励 　　　　　 D. 提高晋升中的教学贡献

E. 质量导向的教学发展项目资助

F. 专业化导向的教学改革结题讨论平台

G. 尊重教师的文化 　　　　　 H. 学生对教师的教学表现打分

后　　记

　　教学是大学的生命线。教学激励作为一个"老"问题,伴随着大学的起伏传承、时间流变,不断涌现新时代的"新"问题,而且在高等教育研究史上始终占据着一席之地。教学激励机制与大学的教学水平、教学质量息息相关。近年来,政府和大学自身对教学问题的关注度不断提升,相继出台了一系列教学激励政策。但教学激励机制对教师教学积极性的提升似乎没有起到想象中的作用,教学仍是教师以"良心"和情怀来坚守的事业。因此,探讨构建更有效的大学教学激励机制,真正使教学成为大学的第一要务,不仅有助于破解一系列教学激励和评价的实践问题,也有助于相关理论研究的深化和拓展。

　　本书的最终付梓要感谢我的学术生涯和生活中的很多人。首先要感谢引领我迈入学术道路的博士生导师孙元涛教授。当我深陷写作的"瓶颈"时,孙老师以他敏锐的学术眼光精准地为我指明方向,使我从"烦琐的访谈材料"中摆脱出来,并提点我以"结构与行动"的关系为分析的切入点,于是我开始思考如何从理论的视野去解析"材料"背后的逻辑。还要感谢浙江大学教育学院的许多老师,你们的思想、观点和指导使我时时刻刻在学术中有所进步。

　　感谢贵州大学经济学院的朋友和同事:安海燕、江东波、朱满德。每次和你们的交谈,总能给我带来深刻的思考,你们也会在我想草草敷衍时敲响警钟,拷打我的灵魂。在与你们的思维碰撞中,我实现了"理论与实践"的结合,选择 A 大学作为研究对象,从校级、院级和教师三个层级选择访谈对象并进行了深度访谈,获得了大量的第一手访谈材料,对该研究问题开始具备更客观和真实的理解。你们的意见和建议赋予了本书新的价值和生命,使我不断地学习、思考,提升我的思维能力,并使我以后学术生涯的发展有了更多可能和"续航"的动力。

感谢夏永明——博士阶段的最佳闺蜜。感谢你这么多年来的陪伴,我们相互鼓励一起度过那些孤灯伏案的寂寞时光。我们一起分享了博士学位论文写作的点点滴滴,我们在相互勉励中度过众多令人沮丧的时刻。我这几年的"酸甜苦辣"只有你最懂。每当你硬着头皮阅读我那无法见人的"初初初稿",我就压抑不住对你的"崇拜"之情。当我无数次想要"放弃"对本书的修订时,是你一次次地鼓励我继续前行。你是我最忠实的"读者",谢谢你对我的宽容、理解和支持! 同时感谢经常鼓励我、信任我、帮助我的同学和好友! 虽然在这里没有一一列出他(们)的名字,但请相信,我把每一位都记在了心底!

谢谢我至亲至爱的家人! 我的公婆,为照顾我们任劳任怨,他们的宽厚善良,给了我空间不断地提升自我。我的父母,多年来默默地倾尽他们能及之力关爱、呵护着我,我的父亲时刻记挂本书的出版,出版之前仔细地阅读了我的书稿。此恩此情,一生难以报答。我最亲爱的老公,以他一贯的温和宽容包容着我的任性和焦虑,一直陪伴我前行。感谢我的女儿,从一个"小糊涂虫"蜕变成为"自力更生"的小朋友,她的成长让我无限欣慰。谢谢你们! 我想把本书作为礼物送给你们,谢谢你们这几年的支持、理解和包容!

感谢本书的责任编辑余健波老师和钱济平老师。两位老师时时耐心地提出修改意见,鼓励我提升表达的准确性与优美性,是他们的督促与关心才使本书能够更快与你们见面!

本书系教育部人文社会科学研究规划基金"大学教学激励机制生成机理与优化路径研究"(19YJA880025)、贵州大学 2020 年引进人才科研项目[贵大人基字(2020)020 号]和贵州省研究生教育教学改革重点课题项目阶段性成果。同时衷心感谢贵州大学社科学术出版基金和贵州大学马克思主义经济学发展与应用研究中心基金给予的资助。

学术是永无止境的,对"教学激励"问题的探讨会一直贯穿我之后的学术生涯,这也是一个值得时时关注的研究问题。在本书的写作过程中难免在论证和语言表述上还有可以改进的地方,我会继续在学术的道路上提升自己,达到"虽不能至,心向往之"的学术境界,以期与你们共勉。

李　侠

2021 年 10 月 28 日

图书在版编目（CIP）数据

大学教学激励机制生成机理与优化路径研究 / 李侠
著. —杭州：浙江大学出版社，2021.12
ISBN 978-7-308-22148-1

Ⅰ. ①大… Ⅱ. ①李… Ⅲ. ①高等学校－教学研究－
激励制度 Ⅳ. ①G642.0

中国版本图书馆 CIP 数据核字（2021）第 263327 号

大学教学激励机制生成机理与优化路径研究

李　侠　著

责任编辑	钱济平　余健波	
责任校对	许艺涛	
封面设计	周　灵	
出版发行	浙江大学出版社	
	（杭州市天目山路 148 号　邮政编码 310007）	
	（网址：http://www.zjupress.com）	
排　　版	杭州好友排版工作室	
印　　刷	杭州高腾印务有限公司	
开　　本	710mm×1000mm　1/16	
印　　张	27	
字　　数	421 千	
版 印 次	2021 年 12 月第 1 版　2021 年 12 月第 1 次印刷	
书　　号	ISBN 978-7-308-22148-1	
定　　价	88.00 元	